शासन : मुद्दे और चुनौतियाँ

Governance : Issues and Challenges

लेखक मंडल

अभय प्रसाद सिंह, सीनियर सहायक प्रोफेसर, पीजीडीएवी कॉलेज, दिल्ली विश्वविद्यालय।

अभिषेक नाथ, सहायक प्रोफेसर, राजनीति विज्ञान विभाग, दिल्ली विश्वविद्यालय।

कंचन शर्मा, शोधार्थी, केंद्रीय शिक्षा संस्थान, दिल्ली विश्वविद्यालय।

कृष्ण मुरारी, सहायक प्रोफेसर, शहीद भगत सिंह कॉलेज, दिल्ली विश्वविद्यालय।

चंदन कुमार, शोधार्थी, राजनीति विज्ञान विभाग, दिल्ली विश्वविद्यालय।

जीतेंद्र कुमार पांडे, सहायक प्रोफेसर, स्वामी श्रद्धानन्द कॉलेज, दिल्ली विश्वविद्यालय।

दीपक कुमार, सहायक प्रोफेसर, श्यामलाल कॉलेज, दिल्ली विश्वविद्यालय।

पुष्पा सिंह, सहायक प्रोफेसर, मिरांडा हाउस कॉलेज, दिल्ली विश्वविद्यालय।

महेंद्र प्रसाद सिंह, प्रोफेसर (से.नि.), राजनीति विज्ञान विभाग, दिल्ली विश्वविद्यालय।

राहुल कुमार सिंह, पोस्ट-डॉक्टरल फेलो, सेंटर फॉर रशिया एवं सेंट्रल एशियन स्टडीज, जवाहरलाल नेहरू विश्वविद्यालय।

राधिका कुमार, सहायक प्रोफेसर, मोतीलाल नेहरू कॉलेज, दिल्ली विश्वविद्यालय।

रेखा सक्सेना, प्रोफेसर, राजनीति विज्ञान विभाग, दिल्ली विश्वविद्यालय।

विवेक रत्न, सहायक प्रोफेसर, दयाल सिंह कॉलेज, दिल्ली विश्वविद्यालय।

शरद कुमार यादव, सहायक प्रोफेसर, शहीद भगत सिंह कॉलेज (सांध्य), दिल्ली विश्वविद्यालय।

शिम्पी पाण्डे, शोधार्थी, राजनीति विज्ञान विभाग, दिल्ली विश्वविद्यालय।

सोनाली चितलकर, सहायक प्रोफेसर, मिरांडा हाउस कॉलेज, दिल्ली विश्वविद्यालय।

सोनू कुमार, सहायक प्रोफेसर, आत्माराम सनातन धर्म कॉलेज, दिल्ली विश्वविद्यालय।

शासन : मुद्दे और चुनौतियाँ

Governance : Issues and Challenges

संपादन

अभय प्रसाद सिंह
पीजीडीएवी कॉलेज
दिल्ली विश्वविद्यालय

कृष्ण मुरारी
शहीद भगत सिंह कॉलेज
दिल्ली विश्वविद्यालय

ओरियंट ब्लैकस्वॉन

शासन : मुद्दे और चुनौतियाँ

ओरियंट ब्लैकस्वॉन प्राइवेट लिमिटेड

मुख्य कार्यालय
3-6-752 हिमायतनगर, हैदराबाद 500 029, तेलंगाना, भारत
ई-मेल: centraloffice@orientblackswan.com

शाखाएँ
बंग्लुरू, भोपाल, चेन्नई, गुवाहाटी, हैदराबाद, जयपुर, कोलकाता, लखनऊ, मुंबई, नई दिल्ली, नोएडा, पटना, विजयवाड़ा

सर्वप्रथम प्रकाशित 2018

026830

ISBN 978-93-5287-202-2

पुस्तक सज्जा : ओरियंट ब्लैकस्वॉन
आवरण सज्जा : OSDATA, हैदराबाद

लेज़रटाइपसेटर
कमल लेज़र ग्राफ़िक्स, नई दिल्ली द्वारा वॉकमैन चाणक्य 905 12.5/15 पाइंट में टंकणांकित

मुद्रक
यश प्रिन्टोग्राफ़िक्स, नोएडा

प्रकाशक
ओरियंट ब्लैकस्वॉन प्राइवेट लिमिटेड
3-6-752 हिमायतनगर, हैदराबाद 500 029, तेलंगाना, भारत
ई-मेल: info@orientblackswan.com

विषयानुक्रम

भूमिका

दिल्ली विश्वविद्यालय तथा अन्य केंद्रीय विश्वविद्यालयों में स्नातक स्तर पर सीबीसीएस पाठ्यचर्या प्रारंभ की गई है। इस पाठ्यचर्या के अंतर्गत अंतर्विषयी पाठ्यक्रम पर भी बल दिया गया है। इसके तहत सामाजिक विज्ञान तथा मानविकी के विद्यार्थीगण अपने-अपने विषय के साथ-साथ अन्य विषयों का भी अध्ययन कर सकते हैं। इस क्रम में लोकतांत्रिक राजव्यवस्थाओं और वैश्विक क्रियाकलापों से जुड़े शासनिक एवं नीतिगत आयामों से सामाजिक विज्ञान तथा मानविकी के शिक्षार्थियों एवं शोधार्थियों का संवाद आवश्यक है। भारतीय लोकतंत्र, प्रशासन, लोक नीति, अर्थव्यवस्था, सामाजिक वर्ग और नागरिक समाज के बीच अनवरत चल रही अंत:क्रिया, विमर्श और संघर्ष को समझने की विद्वत प्रक्रिया पाठकों एवं शोधार्थियों को राजनीतिक-अर्थशास्त्रीय संकल्पनाओं संबंधी नित-नए दृष्टिकोण प्रदान करती है। सामाजिक वैज्ञानिकों द्वारा लिखित पुस्तकों में से कम पुस्तकें ही हिंदी भाषी विद्यार्थियों को अनुवादित संस्करण के रूप में उपलब्ध हो पाती हैं तथा इन गिनी-चुनी पुस्तकों में भी कई का शाब्दिक अनुवाद होने के कारण शिक्षार्थियों और शोधार्थियों में तात्विक एवं सैद्धांतिक समझ विकसित नहीं हो पाती। हिंदी भाषी पाठकों की इन जरूरतों को ध्यान में रखते हुए दिल्ली विश्वविद्यालय के विभिन्न कॉलेजों के प्राध्यापकों ने सीबीसीएस पाठ्यक्रम के 'गवर्नेंस इश्यूज एंड चैलेंजेस' के पेपर के अनुरूप इस पुस्तक को तैयार किया है।

शासन : मुद्दे और चुनौतियाँ विषय पर लिखित इस पुस्तक का मूल उद्देश्य हिंदी भाषा में अध्ययन, अध्यापन तथा शोध से जुड़े लोगों को एक प्रामाणिक तथा स्तरीय पठन सामग्री उपलब्ध कराना है ताकि उनमें अपनी भाषा में सोचने, शोध करने और मौलिक अन्वेषण की क्षमता का विकास हो।

इस पुस्तक के सभी लेखकों ने जिस प्रकार शैक्षणिक और शोधात्मक दृष्टिकोणों को अपने-अपने आलेखों में प्रस्तुत किया है, उसके लिए हम सभी विद्वान साथियों के प्रति अपना सच्चा आभार प्रकट करते हैं।

हमें शोधार्थी जीवन से ही कई अध्यापकों का अभिभावकत्व मिलता रहा, उनमें प्रमुख प्रोफेसर एम.पी. सिंह, प्रोफेसर उज्ज्वल कुमार सिंह, प्रोफेसर अनुपमा

राय, प्रोफेसर संगीत रागी, प्रोफेसर श्रीप्रकाश सिंह और प्रोफेसर रेखा सक्सेना के प्रति हम अपनी सच्ची श्रद्धा व्यक्त करते हैं। साथ ही प्रोफेसर एन. सुकुमार द्वारा समय-समय पर दिए गए सुझावों के प्रति भी धन्यवाद ज्ञापन करते हैं।

हम पीजीडीएवी कॉलेज के प्राचार्य डॉ. मुकेश अग्रवाल तथा शहीद भगत सिंह कॉलेज के प्राचार्य डॉ. पी. के. खुराना का आभार व्यक्त करते हैं जिन्होंने लेखन एवं शोध कार्य में हमारा उत्साहवर्धन किया है। हम अपने कॉलेज के सभी सहयोगियों को धन्यवाद देते हैं जिनके समर्थन से इस पुस्तक का प्रकाशन संभव हो सका।

हम वैज्ञानिक तथा तकनीकी शब्दावली आयोग से जुड़े भाषा-अधिकारी डॉ. शाहजाद अंसारी के प्रति भी अपना आभार व्यक्त करते हैं, जिनसे हमें समय-समय पर शब्दों के तकनीकी पक्ष पर सुझाव और सलाह मिलती रही।

अंत में, हम ओरियंट ब्लैकस्वॉन के हिंदी विभाग के प्रति हार्दिक आभार प्रकट करते हैं जिनके अथक प्रयास और तत्परता के कारण इस पुस्तक का प्रकाशन समय पर संभव हो सका।

यह पुस्तक विश्वविद्यालयों एवं महाविद्यालयों में अध्ययन और शोधरत राजनीति विज्ञान विषय के अंतर्विषयी विद्यार्थियों की जरूरतों के अनुरूप लिखी गई है। हालांकि यह पुस्तक लोक प्रशासन, अर्थशास्त्र, समाजशास्त्र तथा लोक सेवा और अन्य प्रतियोगिता परीक्षाओं के लिए अवश्य ही लाभकारी होगी। इस पुस्तक की गुणवत्ता एवं प्रासंगिकता बनाए रखने के लिए हम पाठकों की प्रतिक्रियाओं और सुझावों का स्वागत करते हैं।

नई दिल्ली
14 जनवरी, 2018

अभय प्रसाद सिंह
कृष्ण मुरारी

पारिभाषिक शब्दावली
(Glossary)

आकाशगंगा (Aakashganga): 'आकाशगंगा' पहल द्वारा श्री कामधेनु इलेक्ट्रॉनिक्स प्राइवेट लिमिटेड ने 1996 से ग्रामीण क्षेत्र के दुग्ध उत्पादकों से सीधे दुग्ध संग्रहण प्रारंभ किया।

आधारभूत संरचना (Basic Structure): किसी राष्ट्र में विकास से संबंधित आधारभूत भौतिक, सांगठनिक एवं आर्थिक संरचना और सुविधा जो उस राष्ट्र में उद्यम तथा विकास के लिए अति आवश्यक हो। उदाहरण के तौर पर, भारत में लोक यातायात के साधन – जैसे रेल परिवहन, मेट्रो रेल, सड़क परिवहन, वायु एवं जल परिवहन, भारतीय खाद्य निगम (खाद्यान्न भंडारण), शिक्षा व स्वास्थ्य संस्थाएं, विशेष आर्थिक क्षेत्र, आई.टी. पार्क, डी.आर.डी.ओ., आई.एस.आर.ओ., बी.एस.एन.एल., एस.ए.आई.एल., बी.एच.ई.एल., जी.ए.आई.एल., बैंक, आदि।

ई-चौपाल (E-Chaupal): ई-चौपाल भारत में ग्रामीण कृषकों को तकनीकी साधनों (ई-कॉमर्स ऑफ एग्रो-प्रोडक्ट्स) द्वारा उनके कृषि उत्पादों के विपणन की सुविधा प्रदान करता है। भारत में यह पहल आई.टी.सी. लिमिटेड द्वारा की गई है।

ई-शासन (E-Governance): ई-शासन सुशासन का आधार है। इसके तहत शासन प्रणाली के तकनीकीकरण द्वारा शासन में गति और पारदर्शिता लाई जाती है। यह लोकतंत्र के अंतर्गत सहभागिता को बढ़ाता है। यह सरकार से सरकार, नागरिक एवं सरकार, सरकार एवं व्यवसाय, सरकार एवं कार्मिकों के बीच सूचना के संचार का प्रभावी उपाय प्रस्तुत करता है। ई-शासन, शासन में नैतिकता और दायित्व को भी बढ़ावा देता है।

उपभोक्तावाद (Consumerism): जहां एक तरफ, उपभोक्तावाद को उपभोक्ता के हित एवं सुरक्षा, जैसे उपभोग की वस्तुओं से संबंधित सुरक्षा मानकों में सुधार, भ्रामक विज्ञापन पर रोक, अनुचित वस्तु विक्रय संस्कृति पर विधिगत नियंत्रण आदि से जोड़ कर देखा जाता है। वहीं दूसरी ओर, इसे उन प्रवृत्तियों से भी जोड़ कर देखा जाता है जो लोगों में वस्तुओं के उपभोग रुझान को बढ़ावा देती हैं।

गहरे-पारिस्थितिकी (Deep Ecology): यह एक पारिस्थितिकी दर्शन है जो उपयोगितावादी मानवीय उपभोगों के परे गैर-मानवीय जीवों के महत्त्व को रेखांकित करता है तथा आधुनिक एवं उपभोक्तावादी मानव जीवन शैली में बदलाव की वकालत करता है।

जनसहभागिता (People's Participation): जनसहभागिता का तात्पर्य सरकार या अन्य

किसी सांगठनिक कार्य में सामान्य जनता की भूमिका से है, जो नियुक्त अधिकारियों और कर्मचारियों से भिन्न है। अर्थात् ऐसे लोग, जो न तो सरकार में शामिल हैं, न ही सरकारी कार्यकर्ता हैं; बल्कि सामान्य हित में सरकारी प्रयासों में अपनी भूमिका का निर्वाह करते हैं। ऐसा किसी भी स्तर पर हो सकता है - ग्राम से लेकर राष्ट्र तक। यह सहभागिता प्रत्यक्ष या अप्रत्यक्ष भी हो सकती है।

जन-सुनवाई (Jan-Sunwai): मजदूर किसान शक्ति संगठन ने जन-सुनवाई के माध्यम से सरकारी अफसरों और नागरिकों को भ्रष्टाचार से जुड़े मुद्दों पर आमने-सामने किया। इन जन-सुनवाइयों में स्थानीय अफसरों के साथ-साथ निर्वाचित प्रतिनिधियों को भी शामिल किया गया। जन-सुनवाई के दौरान कागजातों का मिलान किया जाता था और धांधली उजागर की जाती थी।

जलवायु परिवर्तन (Climate Change): औसत मौसम की दशाओं में दीर्घकालिक परिवर्तन; जो जैव प्रक्रियाओं, सौर विकिरण में बदलाव, ज्वालामुखी विस्फोट, प्रदूषण तथा भूमंडलीय तापकरण के कारण हो रहा है। जलवायु परिवर्तन के मुद्दे को संबोधित करने के उद्देश्य से जलवायु परिवर्तन पर संयुक्त राष्ट्र फ्रेमवर्क कन्वेंशन (यूएनएफसीसीसी) (पृथ्वी या रियो सम्मेलन), 1992, इसके बाद क्योटो प्रोटोकॉल (11 दिसंबर, 1997), और 2012 में विकास पर आयोजित संयुक्त राष्ट्र सम्मेलन आयोजित किया गया (जिसे आमतौर पर रियो +20 पृथ्वी शिखर सम्मेलन के रूप में जाना जाता है)।

जवाबदेयता (Accountability): सरकार एवं शासनिक निकायों की नागरिकों के प्रति जवाबदेही।

जैव-विविधता (Bio-diversity): यह सामान्यत: पृथ्वी पर जीवों की विविधता एवं परिवर्तनशीलता का परिचायक है। संयुक्त राष्ट्र पर्यावरण कार्यक्रम के अनुसार जैव विविधता आनुवंशिक, जैविक एवं पारितंत्रिक परिवर्तनशीलता को मापती है। सुशासन में जैव विविधता का विमर्श जलवायु परिवर्तन (climate change) एवं भूमंडलीय तापकरण (global warming) के कारण विलुप्त हो रही प्रजातियों के कारण लोक नीति की मुख्यधारा में आया। इस संबंध में संयुक्त राष्ट्र के तत्त्वावधान में कई अंतर्राष्ट्रीय कानूनों एवं अभिसमयों को वैश्विक स्तर पर लागू किया गया है।

ज्ञानदूत (Gyandoot): इसकी स्थापना मध्य प्रदेश के अभावग्रस्त जनजातीय बहुल ग्रामीण क्षेत्र में सामुदायिक स्वामित्व वाले तकनीकी दृष्टि से नूतन और स्थायी सूचना किओस्कों के रूप में की गई है।

ट्रिपल बॉटम लाइन (Triple Bottom Line): 'ट्रिपल बॉटम लाइन' अवधारणा का संबंध अर्थव्यवस्था, पर्यावरण एवं समाज के विकास से है।

डिजिटल इंडिया कार्यक्रम (Digital India Programme): यह कार्यक्रम 'संचार एवं सूचना प्रौद्योगिकी मंत्रालय' की एक पहल है। इसका उद्देश्य भारत को डिजिटल रूप से सक्षम बनाने तथा सशक्त सूचना समाज एवं ज्ञान आधारित अर्थव्यवस्था में रूपांतरित करना है। इसके साथ सरकारी प्रक्रियाओं को नया रूप देना तथा उन्हें डिजिटलाइज

करना और इलेक्ट्रॉनिक रूप से सरकारी सेवाओं को उपलब्ध कराना एवं उनकी पहुंच को आसान बनाना भी है।

नवउदारवादी विकास (Neoliberal Development): यह विकास प्रतिमान अर्थव्यवस्थाओं के वैश्विक एकीकरण, मुक्त व्यापार, मुक्त निवेश एवं बहुराष्ट्रीय निगमों की भूमिका को राज्य की केंद्रीय भूमिका पर प्राथमिकता देता है।

नागरिक चार्टर (Citizen's Charter): नागरिक चार्टर नागरिकों को विभिन्न सेवाओं, विभिन्न अधिकारों, जिसके वे हकदार हैं और उन्हें प्रदान की गई सेवाओं में सुधार के लिए विभिन्न सूचनाएं, 'बिना मांगे' (*सूओ मोटो*) प्रदान करता है।

नागरिक समाज (Civil Society): राज्य और सामाजिक वर्गों के बीच मध्यस्थता करने वाला बौद्धिक वर्ग, जन-संचार के माध्यम, सामाजिक एवं नव-सामाजिक आंदोलन, गैर-सरकारी संगठन, ऐच्छिक समूह, हित समूह, दबाव समूह, श्रमिक संघ, आदि नागरिक समाज के घटक हैं।

नियोजित विकास (Planned Development): विकास से संबंधित योजना आधारित नीति निर्माण में राज्य एवं उसके अभिकरणों की केंद्रीय भूमिका।

निर्यातोन्मुखी औद्योगीकरण (Export-oriented Industrialization): भारत में वैश्वीकरण की प्रक्रिया के पूर्व आयात प्रतिस्थापन औद्योगीकरण की नीति अपनाई गई थी ताकि अर्थव्यवस्था की आयातित वस्तुओं एवं तकनीकों पर अति-निर्भरता न हो। 1991 की नई आर्थिक नीति के बाद भारत में विशेष आर्थिक क्षेत्र, मुक्त व्यापार क्षेत्र आदि का विकास किया जा रहा है जिसका उद्देश्य निर्यातोन्मुखी औद्योगीकरण है। दूसरे शब्दों में, अब भारतीय अर्थव्यवस्था निर्यात के लिए औद्योगीकरण कर रही है न कि सिर्फ घरेलू जरूरतों के लिए।

न्यासिता (Trusteeship): भारतीय औद्योगीकरण के परिप्रेक्ष्य में महात्मा गांधी ने 'सामाजिक दायित्व' पर बल देते हुए न्यासिता का सिद्धांत संपादित किया।

पर्यावरण शासन (Environmental Governance): पर्यावरणीय नीति और राजनीतिक पारिस्थितिकी में पर्यावरण शासन की धारणा सभी मानवीय गतिविधियों –राजनीतिक, सामाजिक और आर्थिक, के उस समुचित प्रबंधन से संबंधित है जो सतत विकास सुनिश्चित करे।

पारदर्शिता (Transparency): नागरिकों को शासनिक निर्णयों, नीतियों, नियोजनों, कार्यक्रमों, परियोजनाओं, संविधानिक अधिकारों एवं हकदारियों को जानने का अधिकार।

प्रधानमंत्री जन-धन योजना (PMJDY): प्रधानमंत्री जन-धन योजना का मुख्य उद्देश्य भारत के नागरिकों को बुनियादी वित्तीय सेवा, जैसे बैंक खाता, डेबिट कार्ड, आदि उपलब्ध कराना है। वित्तीय समावेशन के राष्ट्रीय मिशन को आगे बढ़ाने के लिए, यह योजना शुरू की गई है। इस योजना में मुख्य रूप से आर्थिक विकास को बढ़ाना, और जनता को वित्तीय सेवाएं जैसे बैंक जमा खाते, कर्ज और बीमा प्रदान करने के लिए,

एक साधन के तौर पर तैयार किया गया है। इसकी मूल भावना डिजिटल इंडिया के लक्ष्यों को पूरा करना है।

लोकतंत्र (Democracy): प्रतिनिध्यात्मक, विमर्शात्मक व सहभागी शासकीय व्यवस्था को लोकतंत्र कहा जाता है।

लोकमित्र (Lok Mitra): इस परियोजना का विकास राष्ट्रीय सूचना विज्ञान केंद्र द्वारा हिमाचल प्रदेश में किया गया है, ताकि दूर-दराज के क्षेत्रों में लोगों को इंटरनेट तक आसान पहुंच उपलब्ध कराई जा सके और उनकी शिकायतें दूर की जा सकें।

लोकसंसाधनों की त्रासदी (Tragedy of the Commons): सतत विकास के संदर्भ में लोकसंसाधनों की त्रासदी का विमर्श महत्त्वपूर्ण है। इस में आर्थिक संवृद्धि एवं पर्यावरणीय संरक्षण के बीच संतुलन की आवश्यकता पर बल दिया गया है। लोकसंसाधनों की त्रासदी आर्थिक सिद्धांत की उस स्थिति का आकलन है जिसमें एक व्यक्तिगत उपभोक्ता अपने स्वार्थ में साझे संसाधनों का ऐसा उपभोग करता है जिससे साझे हित को क्षति पहुंचती है। पहली बार इसका प्रयोग 1833 में ब्रिटिश अर्थशास्त्री विलियम फोस्टर (William Foster Lloyd) ने अपने निबंध में किया। यह अवधारणा पर्यावरणविद गर्रेट हार्डिन (Garrett Hardin) द्वारा लिखित 1968 के शोध लेख से फिर से चर्चा में आ गई। इस निबंध में उन्होंने लोक संसाधनों (public commons) में जलवायु, महासागर, नदियों, जलीय जीवों, वन संसाधनों, आदि को शामिल किया।

विकास रणनीति (Development Strategy): किसी राजनीतिक व्यवस्था द्वारा संसाधनों की उपलब्धता और सामाजिक वर्गों के विकास की जरूरतों के आकलन के आधार पर विकास शीर्षों के प्राथमिकीकरण से संबंधित नीतिगत फैसला।

विकेंद्रीकरण (Decentralization): विकेंद्रीकरण से तात्पर्य है शक्ति का बंटवारा। यह सत्ता में साझेदारी के रूप में हो या शक्ति के हस्तांतरण के रूप में, यानि वह राजनीतिक हो या प्रशासनिक, लेकिन इसके मूल में यह भाव छिपा है कि जनसहभागिता द्वारा नागरिकों के जीवन स्तर में गुणात्मक सुधार।

संरचनात्मक समायोजन (Structural Adjustment): आर्थिक संकट से गुजर रही अर्थव्यवस्थाओं पर विश्व बैंक तथा अंतर्राष्ट्रीय मुद्रा कोष द्वारा लगाया गया नीतिगत अंकुश, जिसके तहत इन कर्जदार अर्थव्यवस्थाओं को अपनी आर्थिक नीतियों को इस प्रकार समायोजित करना है ताकि उनका भुगतान असंतुलन ठीक किया जा सके तथा उक्त संस्थाओं द्वारा इन अर्थव्यवस्थाओं को भविष्य में और कर्ज दिया जा सके।

सतत विकास (Sustainable Development): सतत विकास की आधुनिक अवधारणा 1987 के ब्रंटलैंड रिपोर्ट में प्रकाशित हुई। सतत विकास का अर्थ उस सामाजिक-पर्यावरणीय व्यवस्था से है, जिसके तहत संसाधनों का इस्तेमाल इस प्रकार हो कि बिना प्रकृति के सौंदर्य, स्थिरता एवं संपूर्णता पर प्रतिघात किए हुए आने वाली मानव पीढ़ियों की आवश्यकताओं को पूरा किया जा सके।

सहभागिता (Participation): नीति निर्माण एवं क्रियान्वयन में जन-सहभागिता।

सामाजिक पूंजी (Social Capital): सामाजिक पूंजी का तात्पर्य समुदाय के तहत सामाजिक संबंधों के ऐसे ताने-बाने से है जिसके द्वारा लोकतंत्र और विकास को बढ़ावा दिया जा सकता है। पुतनम (R. Putnam) के अनुसार, सामाजिक पूंजी आर्थिक और सांस्कृतिक पूंजी का ऐसा स्वरूप है जिसमें सामाजिक संजाल (social networks) का केंद्रीय महत्त्व है। इस प्रारूप में कार्य संपादन (transactions) पारस्परिकता, विश्वास और सहयोग पर आधारित होता है और बाजार के अभिकरण वस्तुओं और सेवाओं का उत्पादन जन हित के लिए करते हैं।

सार्वजनिक सेवा (Public Service): सार्वजनिक सेवाओं में केंद्रीय एवं स्थानीय सेवाएं जैसे पेयजल, खाद्य आपूर्ति, शिक्षा, स्वास्थ्य, बिजली, आदि के प्रदाय से लेकर विशेषज्ञ सेवाओं जैसे सामाजिक रूप से बहिष्कृत समूहों के लिए शिक्षण एवं प्रशिक्षण के अवसर तक शामिल होते हैं। इसका उद्देश्य देश के प्रत्येक नागरिक के संपूर्ण व्यक्तित्व का विकास करना होता है।

सीमित राज्य (Minimalist State): जॉन लॉक, फ्रेड्रिक हायेक, मिल्टन फ्राइडमैन, नोजिक, आदि विद्वानों ने सीमित राज्य संबंधित सिद्धांत की संस्तुति दी। नव-उदारवादी सिद्धांतों में पुनर्वितरण और आर्थिक वृद्धि को बढ़ाने के लिए सीमित राज्य और बाजार की भूमिका का तर्क दिया जाता है। आर्थिक सुधार और संरचनात्मक कार्यक्रमों द्वारा सीमित राज्य को बढ़ावा दिया जा रहा है।

सुशासन (Good Governance): सुशासन का संबंध उस प्रशासन, संरचना और प्रक्रिया से है जिनके द्वारा लोक नीति निर्मित एवं कार्यान्वित होती है। सुशासन एक 'मूल्य-भारित'(value-laden) अवधारणा है। सुशासन सर्वप्रथम विश्व बैंक द्वारा विकास के उद्देश्य से सहायता-प्रभावशीलता को सुनिश्चित करने के लिए शुरू किया गया। जहां एक तरफ, लोकतंत्र सरकार की वैधता का सूचक है, वहीं दूसरी तरफ, सुशासन सरकार की प्रभावशीलता का। विश्व बैंक के अनुसार सुशासन के छह आयाम हैं - विचार और जवाबदेयता, सरकार की प्रभावशीलता, नियामक बोझ में कमी, कानून का शासन, न्यायालयों की स्वतंत्रता और भ्रष्टाचार पर नियंत्रण।

सूचना का अधिकार (Right to Information): सूचना का अधिकार एक जवाबदेह, पारदर्शी, सहभागितापूर्ण शासन और जन-केंद्रित विकास के लिए, सबसे प्राथमिक शर्त है। वैश्विक स्तर पर इसकी शुरुआत 1766 से मानी जाती है, जब स्वीडन ने अपने नागरिकों को यह अधिकार प्रदान किया। भारत में सूचना का अधिकार अधिनियम, 2005 एक केंद्रीय कानून के रूप में लागू किया गया है।

सेवा प्रदायगी ढांचा (Service Delivery Structure): भारत में जन वितरण प्रणाली, जल बोर्ड, केंद्रीय माध्यमिक शिक्षा बोर्ड, अखिल भारतीय चिकित्सा परिषद्, खाद्य एवं लोक आपूर्ति विभाग, विद्युत बोर्ड आदि सेवा प्रदायगी अभिकरण हैं। इन अभिकरणों में ढांचागत सुधार, जवाबदेही एवं इनकी कार्य शैली में पारदर्शिता की आवश्यकता है।

स्थानीय शासन (Local Governance): स्थानीय शासन लोक प्रशासन का सामान्यत: वह रूप है जो किसी राज्य की प्रशासनिक संरचना में तृणमूल स्तर पर स्थानीय सहभागिता द्वारा कार्यरत हो। गांधीजी के ग्राम स्वराज की संकल्पना को संविधान के नीति निदेशक तत्त्व में शामिल किया गया जिसे 73वें और 74वें संवैधानिक संशोधन द्वारा पंचायतीराज एवं नगरपालिका प्रशासन के रूप में अनिवार्य बनाया गया।

हरित शासन (Green Governance): सतत विकास के उद्देश्य की प्राप्ति के लिए स्थानीय, राष्ट्रीय, या अंतर्राष्ट्रीय स्तर पर शासकीय पहल। इस प्रयोजन में शासकीय, निजी एवं सामुदायिक साझेदारी भी हो सकती है। इस लक्ष्य की प्राप्ति की दिशा में हरित शासन एक व्यवस्थित सतत प्रयास है।

हिंदू संवृद्धि दर (Hindu Rate of Growth): 1991 में उदारीकरण से पूर्व भारतीय अर्थव्यवस्था की निम्न वार्षिक संवृद्धि दर को इंगित करता है।

1

संवृद्धि एवं विकास विमर्श : शासन से सुशासन

Growth and Development Debate: Governance to Good-Governance

अभय प्रसाद सिंह
कृष्ण मुरारी

महत्त्वपूर्ण शब्द राष्ट्र-राज्य, वैश्वीकरण, औद्योगीकरण, पर्यावरण संकट, शासन, सुशासन, सहभागिता, पारदर्शिता, डिजिटल शासन, सतत विकास।

कथ्य *आधुनिक राष्ट्र-राज्य की प्रकृति के विश्लेषण संबंधी विमर्श में समय-समय में बदलाव आते रहे हैं। वेस्टफालिया की अवधारणा पर आधारित राष्ट्र-राज्य अपने विधिक और संस्थागत पहलुओं से शासनिक प्रक्रियाओं की ओर अग्रसर हुआ है। वैश्वीकरण के दौर में नव-उदारवादी राज्य अपनी शासकीय जवाबदेही के निर्वहन में नागरिक समाज तथा निगमित उद्यमों की साझेदारी को भी बढ़ावा दे रहा है। शासन की प्रभाविता, पारदर्शिता और जवाबदेही को सुनिश्चित कर समकालीन राज्य सुशासन की ओर बढ़ रहा है। इस प्रक्रिया में नागरिक चार्टर, सूचना का अधिकार, डिजिटल शासन, आदि ने सुशासन की प्रक्रिया को और अधिक प्रभावी बना दिया है। डिजिटल शासन के संभावित खतरे के निवारण के लिए भारत में निजता के अधिकार को मौलिक अधिकार में शामिल किया गया है। औद्योगीकरण जनित संवृद्धि की असीम लालसा ने पर्यावरण संकट उत्पन्न कर दिया है। अंतर्राष्ट्रीय एवं राष्ट्रीय स्तर पर इस चुनौती का हल नीतिगत एवं विधिक प्रयासों के माध्यम से ढूंढा जा रहा है। पर्यावरण संरक्षण तथा सतत एवं समावेशी विकास सुनिश्चित करने के लिए सार्वजनिक क्षेत्र, निगमित क्षेत्र एवं नागरिक समाज के बीच एक साझे एवं पारदर्शी प्रयास की आवश्यकता है।*

राज्य, राजनीतिक व्यवस्था और शासन के मध्य अवधारणात्मक अंतर है। सामान्यत: सरकार को राज्य के एक अनुभाग के रूप में देखा जाता है। राज्य की भांति ही, राजनीतिक व्यवस्था को समाज की अंतर्निहित सत्ता के रूप में देखा गया है जो शक्तियों तथा संसाधनों के आधिकारिक

आबंटन और वितरण का कार्य करता है। राजनीतिक व्यवस्था, राज्य की तुलना में, ज्यादा समाज-केंद्रित है। सरकारी निर्णयन समाज के समर्थन व मांग और आधिकारिक निर्णयों पर सामाजिक प्रतिक्रियाओं पर आधारित होता है।

आधुनिक राष्ट्र-राज्य जो संप्रभुता, भूभागिता (territoriality) और नागरिकता के सांगठनिक सिद्धांतों पर आधारित है, उसकी उत्पत्ति वेस्टफालिया संधि (Treaty of Westphalia) (1648-1659) के द्वारा हुई। अमेरिकी स्वतंत्रता (1776) और फ्रांस की राज्य-क्रांति (1789) ने "राष्ट्रवाद" और "राज्य" की अवधारणाओं के सहसंबंध को मजबूत किया। प्रिंट पूंजीवाद (print capitalism) के विकास ने भाषायी राष्ट्रवाद का सृजन किया। इससे राष्ट्रवाद की आधुनिक राजनीतिक विचारधारा का उद्‌भव हुआ, जिसे बेनेडिक्ट एंडरसन ने "काल्पनिक राजनीतिक समुदाय" (imagined community) कहा है। इस अवधारणा के अनुसार, राष्ट्र बीज रूप से सर्वकालिक विचार है, परंतु राष्ट्रवाद एक आधुनिक विचारधारा है जो कल्पित एवं समाज द्वारा निर्मित है।

लोकतंत्र, शासन एवं सुशासन

(Democracy, Governance and Good Governance)

1980 के दशक से प्रारंभ हुए वैश्विक आर्थिक एकीकरण ने विकास की प्रक्रिया से जनमानस के एक बड़े हिस्से को हाशिये पर ला दिया। सुशासन का उद्‌भव उप-सहारा अफ्रीका के देशों में दी जाने वाली आर्थिक सहायता के संदर्भ में विश्व बैंक के दस्तावेजों में हुआ। विकास के उद्देश्यों की प्राप्ति में आर्थिक सहायता की प्रभाविता को सुनिश्चित करने के उद्देश्य से विश्व बैंक (World Bank) ने सुशासन की अवधारणा का पक्ष लिया। इस परिप्रेक्ष्य में सुशासन का तात्पर्य सामाजिक एवं आर्थिक संसाधनों के विकास के उद्देश्यों के लिए समुचित प्रयोग से है। वैश्वीकरण जनित विकास की प्रक्रिया से बहिष्कृत सामाजिक वर्गों को लोकतांत्रिक प्रक्रिया से जोड़े रखने के लिए नव-उदारवादी राज्यों ने शासन एवं सुशासन की अवधारणाओं को क्रियान्वित किया। अब यह तर्क दिया जाने लगा कि, जहां लोकतंत्र सरकार की वैधता, वहीं सुशासन सरकार की प्रभावशीलता का सूचक है। जहां शासन को प्रक्रिया के रूप में समझा जाता है, वहीं सुशासन एक नैतिक अवधारणा है। सुशासन ने शासन की संकल्पना में गुणात्मक आयाम जोड़ दिया। विश्व बैंक के अनुसार, सुशासन के छह आयाम हैं। इसके अंतर्गत : विचार और जवाबदेयता (voice and accountability), राजनीतिक स्थिरता एवं हिंसा का अभाव (political stability and lack of violence), सरकार की प्रभावशीलता

(government effectiveness), नियामक गुणवत्ता (regulatory quality), कानून का शासन एवं न्यायालयों की स्वतंत्रता (rule of law and freedom of judiciary) और भ्रष्टाचार पर नियंत्रण (control of corruption) शामिल हैं।[1]

विकासशील देशों ने सुशासन के अंतर्गत मुख्य रूप से विधिक और न्यायिक सुधारों के साथ विकेंद्रीकरण के उपाय और लोक सेवा सुधारों पर बल दिया। यह लोकतंत्र की व्यापक समझ को दर्शाता है जो अब सिर्फ नियमित चुनावों तक ही सीमित नहीं है। लोकतांत्रिक राज्य सुशासन को दो प्रकार से स्थापित कर सकता है–एक, विकेंद्रीकरण द्वारा और दूसरा, नागरिक समाज संगठनों के साथ साझेदारी द्वारा। सुशासन की अवधारणा राज्य और नागरिक समाज दोनों में सहभागिता, जवाबदेही और पारदर्शिता के सिद्धांतों द्वारा लोकतांत्रिकरण की सिफारिश करती है।

सहभागिता, जवाबदेही और पारदर्शिता
(Participation, Accountability and Transparency)

सहभागिता एक द्विपक्षीय प्रक्रिया है, जिसमें एक ओर सामान्य नागरिक एवं दूसरी ओर शासकीय अभिकरण की सहभागिता आवश्यक है। सहभागिता को सुनिश्चित करने के लिए सत्ता का विकेंद्रीकरण एवं ऐसे प्रशासनिक सुधारों की जरूरत होती है, जिससे आम आदमी सहजता से नीति निर्माण की प्रक्रिया से जुड़ सके और नीतिगत उद्देश्यों से लाभ उठा सके। लोगों की प्रशासन तक सरल एवं सहज पहुंच (access) को सुनिश्चित किया जा सके तथा प्रशासन की जन सेवा प्रदायगी की जवाबदेही भी तय की जा सके। भारत में प्रशासनिक सुधार आयोगों की संस्तुतियों एवं संविधान के 73वें व 74वें संशोधन द्वारा इस दिशा में पहल की गई है।[2]

नव–उदारवादी आर्थिक सुधार के काल में जहां राज्य लोक कल्याणकारी जवाबदेहियों से पीछे हट रहा है, वहीं सुशासन की अवधारणा के तहत राष्ट्र–राज्य की जवाबदेही बनती है कि वह अपने नागरिकों को प्रभावी, सुचारू और संगतपूर्ण वस्तुओं व सार्वजनिक सेवाओं की पहुंच सहजता से मुहैया कराए, जिससे समावेशी विकास और न्यायपूर्ण समाज का निर्माण सुनिश्चित हो सके। इस उद्देश्य की प्राप्ति के लिए सार्वजनिक सेवा प्रदायगी ढांचे की जवाबदेही एवं पुनर्गठन की आवश्यकता है।

सार्वजनिक सेवाएं राज्य द्वारा या राज्य की ओर से स्वैच्छिक व सामुदायिक संगठनों द्वारा या निजी क्षेत्र की कंपनियों द्वारा भी मुहैया की जा सकती हैं।

सार्वजनिक क्षेत्र की सेवाओं में केंद्रीय एवं स्थानीय सेवाएं जैसे–पेयजल, खाद्य आपूर्ति, शिक्षा, स्वास्थ्य, बैंक, बिजली, आदि के प्रदाय से लेकर विशेषज्ञ सेवाओं जैसे सामाजिक रूप से बहिष्कृत समूहों एवं अल्पसंख्यक समुदायों के लिए शिक्षण, प्रशिक्षण एवं रोजगार के अवसर तक शामिल होते हैं। प्रधानमंत्री जन–धन योजना के तहत लगभग 30 करोड़ लोगों का आर्थिक समावेशन हुआ। ये लोग सीधे तौर पर बैंक से जुड़ गए तथा सरकारी नीतियों का उन्हें सीधा लाभ मिलने लगा। बिचौलियों का भ्रष्ट तंत्र, जो पहले सरकारी नीतियों के लाभ को उसके लक्ष्य समूह तक नहीं पहुंचने दे रहे थे, पर लगाम लगाई गई। अब लाभार्थी के बैंक खाते में रोजगार भत्ता, सब्सिडी, आदि का सीधा भुगतान किया जाने लगा है। सार्वजनिक सेवा प्रदायगी में जवाबदेही को सुनिश्चित करने के लिए कुछ प्रमुख नीतिगत प्रयास किए गए हैं, उदाहरणस्वरूप, नागरिक चार्टर, सूचना का अधिकार और ई–शासन।

नागरिक चार्टर (Citizen's Charter)

नागरिक चार्टर के तहत विभिन्न सेवा प्रदाता अभिकरण, नागरिकों को सूचना मांगे बिना ही उन्हें प्रदत्त सेवाओं के संबंध में सूचनाएं उपलब्ध कराते हैं तथा प्रदत्त सेवाओं की गुणवत्ता में सुधार करते हैं। नागरिक चार्टर सुशासन की अवधारणा से प्रत्यक्ष रूप से जुड़ा हुआ है। नागरिक चार्टर सबसे पहले यूनाइटेड किंगडम में जॉन मेजर द्वारा 1991 में लाया गया, जिसे टोनी ब्लेयर ने अपने प्रधानमंत्रित्व काल में ज्यादा प्रभावशाली बना दिया। इसके तहत सेवाओं की गुणवत्ता, विकल्प, प्रमाणिकता, मूल्य, जवाबदेही और पारदर्शिता को महत्त्व दिया गया।

भारत में नागरिक चार्टर का मुख्य उद्देश्य पारदर्शिता के माध्यम से सेवा की गुणवत्ता में सुधार करना है। संबंधित मंत्रालय और विभागों की वेबसाइट पर इससे संबंधित सूचनाएं उपलब्ध कराई जाती हैं, जिसके माध्यम से संबंधित अभिकरणों द्वारा प्रदत्त सेवाओं से संबंधित गुणवत्ता सुनिश्चित कर सकते हैं तथा उनका शिकायत निवारण भी किया जा सकता है। भारत में अभी तक नागरिक चार्टर अपने आप में कोई कानूनी अधिकार नहीं है; हालांकि, कार्मिक शिकायत निवारण एवं पेंशन मंत्रालय के प्रशासनिक सुधार एवं लोक शिकायत विभाग को इसकी जवाबदेही दी गई है। दिसंबर 2011 में संयुक्त प्रगतिशील गठबंधन (UPA, यूपीए) सरकार ने नागरिक चार्टर और शिकायत निवारण विधेयक (Citizen's Charter and Grievance Redressal Bill] 2011) लोक सभा में प्रस्तुत किया। परंतु यह विधेयक पारित नहीं हो पाया।

जहां नागरिक चार्टर के तहत सेवा प्रदायगी के निकाय स्वतः सूचना प्रदान करते हैं, वहीं सूचना के अधिकार अधिनियम, 2005 के तहत नागरिकों को शासकीय नीतियों, परियोजनाओं, कार्यक्रमों एवं निर्णयों से संबंधित सूचना प्राप्त करने का अधिकार है। नागरिक चार्टर और सूचना के अधिकार द्वारा जन सेवा प्रदायगी में जवाबदेही सुनिश्चित की गई है। सूचना के अधिकार से मानवाधिकार की सुरक्षा सुनिश्चित की जा रही है, विकास की प्रक्रिया को सहभागी बनाया जा रहा है तथा लोक वित्त तथा लोक पदों से संबंधित भ्रष्टाचार को नियंत्रित किया जा रहा है।[3] पारदर्शिता सुनिश्चित करने की दिशा में ई-शासन व डिजिटल शासन भारतीय लोकतंत्र की नवीन शासकीय पहल है।

ई-शासन (E-Governance)

ई-शासन द्वारा सरकारी सेवाओं, वस्तुओं और सूचनाओं को जन-जन तक सुलभ करवाए जाने का प्रयास किया जा रहा है। ई-शासन सुशासन का आधार है। इसके तहत शासन प्रणाली के तकनीकीकरण द्वारा शासन में गति और पारदर्शिता लाई जाती है। इससे शासन में लोकतांत्रिक सहभागिता बढ़ती है। यह सरकारों के बीच के समन्वय एवं संचार, नागरिक एवं सरकार, व्यवसायिक एवं सरकार, तथा सरकार एवं कार्मिकों के बीच सूचना के संचार का प्रभावी साधन उपलब्ध कराता है। ई-शासन शासन में नैतिकता और जवाबदेही को भी सुनिश्चित करता है। सूचना प्रौद्योगिकी अधिनियम, 2000 भारत में डिजिटल शासन को वैधता प्रदान करता है। भारत सरकार द्वारा 2008 में नई ई-शासन नीति (Policy on Open Standard for E- Governance) की शुरुआत की गई है। इसके माध्यम से ई-व्यवसाय, ई-शासन, ई-हस्ताक्षर, ई-शिक्षा, ई-भुगतान, ई-पहचान, आदि को वैधता प्रदान की गई है। सरकार ने न्यूनतम-नकद अर्थव्यवस्था को बढ़ावा देने के लिए डिजिटल भुगतान को प्रोत्साहित किया है। कराधान पर आधारित राष्ट्रीय राजस्व को बढ़ावा देने के लिए जुलाई 2017 से वस्तु एवं सेवा कर (Goods and Services Tax, GST, जीएसटी) को लागू किया गया, जिससे कराधान से संबंधित सहकारी संघीय कानून व्यवस्था लागू हुई तथा कर के विभिन्न स्तरों पर हो रहे भ्रष्टाचार पर लगाम लगाने का प्रयास किया गया है।

भ्रष्टाचार पर लगाम लगाने के उद्देश्य से मोदी सरकार ने 8 नवंबर 2016 को 500 रूपये एवं 1000 रूपये के मूल्य की मुद्राओं का विमुद्रीकरण (demonetization) किया। इसके अतिरिक्त, यूपीए सरकार द्वारा लाए गए आधार

कार्ड, जिसमें हरेक नागरिक को उसकी अलग राष्ट्रीय पहचान सुनिश्चित करने के उद्देश्य से विशिष्ट पहचान क्रमांक (unique identification number) दिया जाता है, जिसे आधार (Aadhaar) क्रमांक कहा जाता है, को मोदी सरकार द्वारा वृहत स्तर पर आर्थिक लेन-देन से जोड़ दिया गया है।

ई-शासन एवं डिजिटल शासन के तहत व्यक्तिगत सूचनाओं, निजी विवरणों एवं आंकड़ों के दुरूपयोग का खतरा बना रहता है। इस कारण उच्चतम न्यायालय ने कर्नाटक उच्च न्यायालय के सेवानिवृत्त न्यायाधीश के. एस. पुत्तास्वामी द्वारा दाखिल जनहित याचिका की सुनवाई में 24 अगस्त 2017 को 9 न्यायाधीशों की संविधान पीठ द्वारा यह फैसला दिया कि निजता का अधिकार (right to privacy) संविधान के अनुच्छेद 21 के तहत मौलिक अधिकार है।[4]

संवृद्धि, पर्यावरण शासन एवं सतत विकास
(Growth, Environment Governance and Sustainable Development)

उन्नीसवीं शताब्दी में औद्योगिक पूंजीवाद के प्रारंभ ने औद्योगिक जगत में संवृद्धि एवं औद्योगीकरण की होड़ का सूत्रपात किया। इसके परिणामस्वरूप साम्राज्यवादी पूंजीवाद द्वारा उपनिवेशित देशों के प्राकृतिक और भौतिक संसाधनों का निर्बाध दोहन किया गया। द्वितीय विश्व युद्ध के बाद वि-उपनिवेशीकरण का दौर प्रारंभ हुआ, जिसके परिणामस्वरूप कई उपनिवेश स्वतंत्र हुए और लोकतंत्रीकरण एवं आर्थिक विकास को राष्ट्रीय नीति के केंद्र में स्थान दिया गया। लोकतंत्रीकरण के संदर्भ में, पार्थ चटर्जी के अनुसार, भारतीय उत्तर-औपनिवेशिक राज्य ने सरकार के प्रतिनिधि स्वरूप को अपनाया है जो सार्वभौमिक वयस्क मताधिकार पर आधारित है; जबकि, भारत में योजनात्मक विकास का मूल उद्देश्य –संचयन और वैधीकरण था।[5] आर्थिक विकास प्रतिमान में औद्योगीकरण को प्राथमिकता दी गई, जिससे प्रकृति का असीम और अबाधित दोहन किया जाने लगा।

लगातार हो रहे औद्योगीकरण और संवृद्धि की होड़ से बीसवीं शताब्दी के उत्तरार्द्ध में पर्यावरण संकट तथा औद्योगिक एवं संवृद्धि जनित विस्थापन से संबंधित समस्याएं परिलक्षित हुईं। इसलिए समकालीन समय में पर्यावरण संरक्षण के सार्वभौमिक लक्ष्य प्राप्ति के लिए राष्ट्रीय और वैश्विक स्तर पर बल दिया गया और इस दिशा में कई पहल भी की गई। संयुक्त राष्ट्र के नेतृत्व में स्टॉकहोम (Stockholm) में 1972 में मानव पर्यावरण सम्मेलन में इन मुद्दों पर गतिविधियों की श्रृंखला शुरू की गई। परिणामस्वरूप संयुक्त राष्ट्र पर्यावरण कार्यक्रम (UNEP)

शुरू किया गया; जिसमें हरित अर्थव्यवस्थाओं को बढ़ावा देना, जन जागरूकता पैदा करना, आदि जैसे मुद्दे शामिल थे–जो प्राकृतिक संसाधनों, पारिस्थितिकी तंत्र और जैव-विविधता के संरक्षण के लिए सभी देशों द्वारा अधिनियमित पर्यावरण कानूनों के लिए गाइड के रूप में कार्य करता है।

ब्राजील के रियो दे जेनेरियो शहर में पर्यावरण और विकास पर संयुक्त राष्ट्र सम्मेलन (UNCED), 1992 का आयोजन किया गया, जिसे पृथ्वी सम्मेलन या रियो सम्मेलन के नाम से भी जाना जाता है। इसके द्वारा पारित एजेंडा-21 में इस बात की पुष्टि की गई है कि सतत विकास के आदर्श को पाने के लिए गैर-राजकीय कर्ताओं की प्रतिबद्ध तथा सक्रिय भागीदारी अति आवश्यक है। नागरिक समाज की विश्वसनीयता इनकी जिम्मेवार और रचनात्मक भूमिका के कारण है। एजेंडा-21 के कार्यान्वयन में औपचारिक तथा अनौपचारिक संस्थाएं जन-आंदोलन, मीडिया, पर्यावरण शोध संस्थान, आदि की मान्यता तथा हिस्सेदारी सुनिश्चित की गई है।[6]

सतत विकास का अर्थ उस सामाजिक-पर्यावरणीय व्यवस्था से है जिसके तहत संसाधनों का इस्तेमाल इस प्रकार हो कि बिना प्रकृति के सौंदर्य, स्थिरता एवं संपूर्णता पर प्रतिघात किए हुए आने वाली मानव पीढ़ियों की आवश्यकताओं को पूरा किया जा सके। 1987 में प्रस्तुत ब्रंटलैंड रिपोर्ट में सतत विकास को परिभाषित करते हुए कहा गया कि, 'मानवता के लिए यह संभव है कि वह विकास को सतत बना सके जिससे वह अपनी वर्तमान आवश्यकताओं की पूर्ति इस प्रकार करे ताकि भविष्य की पीढ़ियों को किसी संकट का सामना न करना पड़े। सतत विकास की अवधारणा में यह निहित है कि सीमाएं निरपेक्ष नहीं हैं–सीमाएं निहित हैं–वर्तमान प्रौद्योगिकी में, हमारे सामाजिक संगठन में, तथा भू-जीवमंडल की मानवीय गतिविधियों को झेलने की क्षमता में। प्रौद्योगिकी तथा सामाजिक संगठन दोनों का प्रबंधन तथा संवर्धन संभव है जिससे हम आर्थिक संवृद्धि का एक नया अध्याय लिख सकते हैं।

सतत विकास की अवधारणा प्राकृतिक तंत्र की क्षमता तथा मानव द्वारा सामना किए जा रही सामाजिक, राजनैतिक एवं आर्थिक चुनौतियों के एकीकृत समाधान की दिशा ढूंढती है। सतत विकास के चार मुख्य स्तंभ हैं - पारिस्थितिकी (इकोलॉजी), आर्थिक, साम्य और लोक-संस्कृति संस्थाएं एवं शासन (गवर्नेंस)। सतत विकास केवल मानवीय चिंताओं तक सीमित नहीं है, बल्कि इसमें सभी प्रजातियों का कल्याण सम्मिलित है। वैज्ञानिक नवोन्मेष एवं शोध सतत विकास-विमर्श के केंद्र में है। इसके तहत अर्थव्यवस्था को पर्यावरण संवेदी बनाने की आवश्यकता है।

साथ ही, उद्योग-व्यवसाय, खासकर बहुराष्ट्रीय निगमों को पर्यावरण प्रबंधन तथा सतत विकास को अपने व्यावसायिक नीति के शीर्ष उद्देश्यों में शामिल करना होगा। इस प्रकार लोकतांत्रिक शासन व्यवस्था ने औद्योगिक क्षेत्र को महत्त्वपूर्ण विधिगत दायित्वों से जोड़ दिया; जिसमें प्रथम दायित्व पर्यावरण संरक्षण से संबंधित था जबकि दूसरा दायित्व समाज के समावेशी विकास के प्रति। भारत में निगमों के पर्यावरण संरक्षण के दायित्व के तहत उनके उद्योगों को कानूनन जहरीली गैस, वायु प्रदूषण की मनाही है। अब उद्योगों पर वनीकरण, जल संरक्षण, अपशिष्ट प्रबंधन (waste management) आदि का भी दायित्व है। इसके साथ ही, निगमों का सामाजिक दायित्व (Corporate Social Responsibility CSR-सीएसआर) भी तय किया गया है।

कॉर्पोरेट सामाजिक दायित्व (सीएसआर)
(Corporate Social Responsibility, CSR)

सीएसआर का आशय किसी व्यवसाय के ऐसे दायित्व से है जिसका उद्देश्य "समाज कल्याण" सुनिश्चित करना हो। अर्थात, यह अवधारणा संसाधनों के इस प्रकार से आवंटन की मांग करती है कि विकास का लाभ समाज के सभी वर्गों को मिले। दूसरे शब्दों में, निगमित उद्यमों का यह दायित्व है कि वह राज्य द्वारा सुशासन सुनिश्चित करने में अपनी भागीदारी दे। महात्मा गांधी ने औद्योगिक सामाजिक दायित्व की इस अवधारणा को न्यासिता (Trusteeship) का नाम दिया था।[7] भारत में सीएसआर की संस्कृति पहले से मौजूद है। पूरे देश में उद्योगपति घनश्याम दास बिड़ला तथा जमशेदजी टाटा के समय से ही यात्रियों के लिए धर्मशाला, विद्यार्थियों के लिए विद्यालय, महाविद्यालय, पुस्तकालय आदि की स्थापना की जाती रही है।

भारत सरकार द्वारा कॉर्पोरेट सामाजिक दायित्व के निर्वाह हेतु कंपनी अधिनियम, 2013 लाया गया, जो 1 अप्रैल 2014 से प्रभावी हुआ। इसके तहत जिस कंपनी के पास 500 करोड़ या उससे अधिक शुद्ध संपत्ति/ कुल मूल्य हो, अथवा 1000 करोड़ रूपये का कारोबार या इससे अधिक है, अथवा किसी भी वित्तीय वर्ष क्रे दौरान पांच करोड़ या उससे अधिक शुद्ध लाभ अर्जित कर रहा हो वैसी कंपनी को अपने तीन वर्ष के औसत लाभ का हर वित्तीय वर्ष में कम-से-कम 2 प्रतिशत सीएसआर पर खर्च करना होगा।[8] इस प्रकार, अब भारत में उक्त कंपनियों द्वारा 2013 अधिनियम के तहत विभिन्न सामाजिक उद्देश्यों के निमित्त सीएसआर पर व्यय किया जाता है।

इस प्रकार, सरकार से शासन तथा सुशासन तक के सफर में मात्र संवृद्धि एवं विकास ही नहीं, बल्कि सतत एवं समावेशी विकास पर बल दिया गया है। इस प्रक्रिया में, सरकार जनोन्मुखी होती है और शासन में सरकार के साथ निगमों और नागरिक समाज की भी महत्त्वपूर्ण भूमिका तय की गई है। सरकार की यह जिम्मेदारी है कि वह सहभागिता सुनिश्चित करने के उद्देश्य से विकेंद्रीकरण को बढ़ावा दें। परंतु सरकार यह भी सुनिश्चित करे कि विकेंद्रीकरण महज भ्रष्टाचार का विकेंद्रीकरण न हो। अपितु, जनसहभागिता से भ्रष्टाचार रहित, पारदर्शी एवं सहभागी शासन द्वारा संवृद्धि एवं समावेशी विकास सुनिश्चित किया जा सके। इसके अतिरिक्त, संवृद्धि और विकास के नाम पर अनियंत्रित और अबाध प्राकृतिक एवं भौतिक संसाधनों का दोहन न किया जा रहा हो। सतत विकास सुनिश्चित हो ताकि हम अपनी आने वाली पीढ़ियों के लिए भी प्राकृतिक संसाधनों का भंडार छोड़ सकें। यह भी ध्यान में रखा जाना चाहिए कि औद्योगिक एवं ढांचागत विकास की प्रक्रिया में पर्यावरण के नुकसान की भरपाई की जा सके और लोगों का न्यूनतम विस्थापन हो, जो लोग इस प्रक्रिया में विस्थापित हो रहे हों, उनका पहले पुनर्वास सुनिश्चित किया गया हो तथा लोगों को, विशेषकर जनजातियों को, उनके जल, जंगल और जमीन के अधिकारों से वंचित न किया जाए। कुल मिला कर, जहां नव-उदारीकरण ने राज्यों को सीमित बनाया था, वहीं सुशासन ने निगमों एवं नागरिक समूहों को शासन में सरकार का साझीदार बना दिया है और इस साझे प्रयास में राज्य एवं सरकार के कार्य का दायरा पुनर्परिभाषित हुआ है।

संदर्भ-ग्रंथ (References)

[1] Daniel Kaufmann and Aart Kraay, (2002), 'Growth Without Governance', *World Bank Policy Research Working Paper* No. 2928, November, pp. 1-35.

[2] Amitabh Rajan, (2017), 'Institutional Dynamics of Governance Reform in India (1991-2016)', *Indian Journal of Public Administration*, vol. 63, no. 1, January-March, pp.41-62.

[3] देखें एन. भास्कर राव, (2017), *सुशासन: भ्रष्टाचार-मुक्त लोक सेवाओं का प्रदाता*, सेज भाषा, नई दिल्ली।

[4] *The Indian Express*, New Delhi, 25 August 2017, pp. 1-2.

[5] Partha Chatterjee,(1997) 'Development Planning and the Indian State', in Terrence J. Byres (ed.), *The State Development Planning and Liberalization in India*, Studies on South Asia (SOAS), Oxford University Press, New Delhi, p. 91.

[6] UNCED, 1992, Agenda 21, accessed from <https:èkèksustain-abledevelopment.un.orgèkoutcomedocumentsèkagenda21> on 04 September 2017.

[7] M.K. Gandhi in Interview with Nirmal Kumar Bose on 9-10 November 1934, published in *Modern Review*, October, 1935, p. 412.

[8] Ministry of Corporate Affairs (2013), Government of India, Ministry of Corporate Affairs, *The Gazette of India*, The Companies Act, 2013, 29 August 2013, p. 294. [Online: web] Accessed from <http:èkèkwww.mca.gov.inèkMinistryèkpdfèkCompaniesAct2013.pdf> on 4th December, 2016.

2

भूमंडलीकरण के दौर में भारत

Indian State in the Era of Globalisation

महेंद्र प्रसाद सिंह
रेखा सक्सेना

महत्त्वपूर्ण शब्द राज्य, नागरिक समाज, संसदीय-संघात्मक संरचना, नव-उदारवाद, न्याय।

कथ्य *ब्रिटिश हुकूमत द्वारा निर्मित राष्ट्र-राज्य ने भारत की आर्थिक एवं सामाजिक गतिविधियों की संरचनाओं को प्रभावित किया। अपनी हुकूमत को मजबूत करने के लिए उसने औपनिवेशिक पूंजीवाद, नौकरशाही, कानून संहिता आदि को स्थापित किया। 1935 के अधिनियम ने संपत्ति एवं शिक्षा की योग्यता के आधार पर सरकार के गठन में जनमत के सीमित प्रतिनिधित्व को बढ़ावा दिया। भारत की संविधान सभा ने संसदीय-संघात्मक व्यवस्था को स्वीकार किया। इसमें सार्वभौमिक मताधिकार, विधायी जवाबदेही तथा राज्यों को शासन में ज्यादा स्वायत्तता को बढ़ावा दिया गया। भारत के उत्तर-औपनिवेशिक राज्य ने पिछले सात दशकों में नेहरू की समाजवादी, इंदिरा गांधी की लोक-लुभावन तथा नव-उदारवादी विकास रणनीतियों को क्रियान्वित किया है। भारत दक्षेश (SAARC) देशों से अपेक्षाकृत ज्यादा वैश्वीकृत है। अन्य देशों की तरह वैश्वीकरण ने भारतीय राष्ट्र-राज्य की संप्रभुता को प्रभावित किया है। हालांकि, भारत इस प्रक्रिया में दक्षिणी-विश्व के देशों की तुलना में ज्यादा सतर्क रहा है। भारत में वैश्वीकरण ने सामाजिक वर्गों को अलग-अलग तरीके से प्रभावित किया है। महानगरों में संपन्नता केंद्रित होती जा रही है, जबकि ग्रामीण भारत गरीबी और वंचना का शिकार होता रहा है। आरक्षण नीतियों एवं अल्पसंख्यक जनकल्याण नीतियों के परिणामस्वरूप वैश्वीकरण-जनित असमानताएं कम की जा रही हैं। वर्ग, जाति, समुदाय के आर्थिक विकास और जेंडर, न्याय व समता के लिए यह आवश्यक है कि अपेक्षित न्यायिक बदलाव हो, संविधानिक संशोधन हो तथा राजनीतिक विधेयन हो।*

"राज्य", "सरकार", और "राजनीतिक व्यवस्था" सर्वथा एकार्थक शब्द नहीं हैं। इनके अर्थ अंशत: एक-दूसरे से मिलते-जुलते हैं; किंतु इन शब्दों के अर्थों के मध्य सूक्ष्म अंतर विद्यमान है।

जी. सार्तोरी (Giovanni Sartori) इन शब्दों पर टिप्पणी करते हैं कि एक लंबे समय तक अंग्रेजी (English) में "सरकार" शब्द का प्रयोग "राज्य" के लिए ज्यादा प्रचलित था, और फ्रेंच (French) में *इता* (Etat) और जर्मन (German) में शब्द *स्तात* (staat) राज्यवाची शब्द हैं। अधिकतर महाद्वीपीय यूरोपीय भाषाओं में, इसके विपरीत, सामान्यत: "सरकार" को "राज्य" के एक अनुभाग के रूप में देखा गया।[1] राज्य की भांति ही, "राजनीतिक व्यवस्था" (political system) को समाज की अंतर्निहित सत्ता के रूप में देखा गया है जो शक्तियों तथा संसाधनों के आधिकारिक आबंटन और वितरण का कार्य करता है; किंतु राजनीतिक व्यवस्था, राज्य की तुलना में, ज्यादा समाज-केंद्रित है। यह आगत-निर्गत (input-output), समाज के समर्थन व मांग (demand and support), और आधिकारिक निर्णयों पर सामाजिक प्रतिक्रियाओं का सिस्टम में पुन: इनपुट (feedback loop) की प्रक्रियाओं का समुच्चय है। संप्रभुता, सिस्टम की तुलना में, राज्य का लक्षण है, जबकि डेविड ईस्टन के सिस्टम की परिभाषा में यह "मूल्यों के आधिकारिक आबंटन या वितरण" (authoritative allocation of values) की राजनीतिक प्रक्रिया का उपकरण है।

प्राचीन भारत के विषय में यह कहा जा सकता है कि यहां सरकार के समान कोई शब्द नहीं था, यहां सिर्फ "राज्य" शब्द ही प्रयोग में लाया जाता था।[2] कौटिल्य के ग्रंथ *अर्थशास्त्र* के अंतर्गत राज्य के सप्तांग सिद्धांत (स्वामी, अमात्य, जनपद अथवा राष्ट्र, दुर्ग, कोष, दंड, मित्र) का वर्णन किया गया है। भारतीय इतिहासकारों, जैसे–आर. एस. शर्मा और रोमिला थापर, ने कौटिल्य (जिसे चाणक्य, विष्णुगुप्त, के नाम से भी तक्षक्षिला के प्राचीन विद्यालय के शिक्षक के रूप में जाना जाता है) के *अर्थशास्त्र* को भारतीय इतिहास में मौर्य वंश के आरंभ का ग्रंथ माना गया है। नंद वंश के अंतिम राजा महापदमानंद (c. 362-335 BCE) का अंत कर, मौर्य वंश का प्रथम शासक चंद्रगुप्त मौर्य (c. 322-298 BCE) सत्ता में आया। यद्यपि कौटिल्य को इस बात का श्रेय भी दिया जाता है कि उन्होंने चंद्रगुप्त मौर्य की महापदमानंद पर विजय प्राप्त करने हेतु सेना की रणनीति बनाने में सहायता प्रदान की थी। इसी काल के समानांतर यूनानी शासक अलेक्जेंडर ने पंजाब पर आक्रमण किया और पुरु या पोरस (c. 327-325 BCE) को परास्त किया।

भारतीय इतिहास के वैदिक व आरंभिक बौद्ध काल को राज्य-पूर्व की सामाजिक स्थिति माना जाता है, जिसमें राज्य की अपेक्षा राजनीतिक सिस्टम की अवधारणा ज्यादा उपयुक्त प्रतीत होती है। उदाहरण के लिए, 'ऋग्वैदिक सभा,

"समिति", और "विदथ"; एवं उत्तर-वैदिक काल में "जनपद" व प्रारंभिक बौद्ध युग में "महाजनपद", "महासम्मत" और "गणसंघ" की संस्थाओं को राज्य के उदय की पूर्वकालिक संस्थाओं के रूप में देखा गया है। जैसे-जैसे संपत्ति और राजनीतिक शक्तियों में असमानता में वृद्धि हुई समाज की संरचनात्मक और कार्यात्मक संरचना में जटिलता (complexity) आती गई'... भारतीय इतिहास में प्रथम राज्य की स्थापना मगध में नंद वंश के साथ बिंबिसार (c.546-594 BCE) द्वारा स्थापित मानी जाती है। साहित्यिक दृष्टि से *अर्थशास्त्र* के ऐतिहासिक पक्ष के अध्ययन से यह स्पष्ट होता है कि कौटिल्य की तुलना मैकियावली से की जाती है व माना जाता है कि कौटिल्य ने ही सर्वप्रथम प्राचीन भारत में केंद्रीकृत या नौकरशाही से युक्त राजतंत्र (centralised bureaucratic monarchy) के सिद्धांत का निर्माण किया व उसकी विस्तृत व्याख्या की। यद्यपि मगध में मौर्य वंश के पतन के बाद कौटिल्य के आदर्श केंद्रीकृत नौकरशाही साम्राज्य की स्थापना सरलता से दुहराई नहीं जा सकी। इतिहासकार आर. एस. शर्मा ने भारतीय सामंतवाद की शुरुआत को मौर्य वंश की केंद्रीकृत व्यवस्था के पतन के परिणाम के रूप में देखा है, और (*i*) सामंतों और सामंती वर्ग को केंद्रीय राज्य द्वारा भू-अनुदान व क्षेत्रीय भू-आधिपत्य प्रदान करने के परिणाम के रूप में देखा है, (*ii*) उनके अनुसार उपमहाद्वीपीय राज्य के क्षेत्रीय राज्यों के विखंडन के फलस्वरूप राज्य सत्ता का बंटवारा करना पड़ा। सम्राट ने अपने आधिपत्य के अंतर्गत सामंतों को सत्ता में भागीदारी प्रदान की। ये क्षेत्रीय राज्य, भारतीय जनमानस पर, मौर्यकाल के उपरांत, आधिपत्य स्थापित करने हेतु आपस में प्रतिस्पर्धा में लगे हुए थे। एस. एन. आइजेस्ताद (S N Eisenstadt) और हैरिएट हार्टमैन (Harriet Hartman) ने टिप्पणी करते हुए लिखा है: 'भारतीय सभ्यता का अधिकतर केंद्र राजनीतिक नहीं, बल्कि धार्मिक-अनुष्ठान थे, जो अन्य वैश्विक प्रभावों से संबंधित थे व अपने पर्यावरण से प्रभावित थे। साथ ही, वे विभिन्न लक्षणों (features) के साथ सन्निहित थे, जैसे—नृजातीयता (ethnicity), एकीकृत, संघटनात्मक उपकेंद्र, धार्मिक स्थल, मंदिर, वर्ग, विद्यालय इत्यादि सभी अपने क्षेत्रीय राज्यों की राजनीतिक सीमाओं से बाहर तक फैलकर भारतीय उपमहाद्वीप (continent) तक विस्तारित हो रहे थे।'[3] आधुनिकता-पूर्व भारत में, जिसमें मध्यकाल भी सम्मिलित था, ग्राम समुदाय व्यापक शक्ति-संरचनाओं के सूक्ष्म (micro) आधार थे, जिनके ऊपर क्षेत्रीय राज्यों और उप-द्वीपीय राज्यों का निर्माण या विखंडन होता रहता था।[4] इस प्रकार, भारतीय इतिहास में संप्रभुता का स्वरूप अंशतः ठोस या मूर्त था और अंशतः बिखरा हुआ या अमूर्त था।

राजनीतिक सिद्धांत में संप्रभुता का उद्भव पवित्र यूनानी साम्राज्य (Holy Roman Empire) के पतन के बाद हस्ताक्षरित वेस्टफेलिया संधि (Treaty of Westphalia) (1648-1659) के द्वारा नए राज्यों की उत्पत्ति के रूप में हुआ। इसके उपरांत ही यूरोप में प्रथम संप्रभु राज्यों की स्थापना हुई। लैटिन के स्थान पर आम बोलचाल की मातृभाषाओं जैसे–जर्मन, फ्रेंच, इटालियन, अंग्रेजी, स्पैनिश इत्यादि (German, French, Italian, English, Spanish, etc.) के विकास से भाषायी पहचान का निर्माण हुआ एवं यह मुद्रण तकनीक के प्रारंभ से समाचार पत्रों व गल्प साहित्य के विकास से और अधिक सुदृढ़ हो गई। प्रिंट पूंजीवाद (print capitalism) के विकास ने मातृभाषायी अखबारों को प्रत्येक भाषायी राज्य के सीमांतर्गत प्रचलित किया व भाषायी राष्ट्रवाद का सृजन किया। इसने राष्ट्रवाद (nationalism) की आधुनिक राजनीतिक विचारधारा का उद्भव किया, जिसे बेनेडिक्ट ऐंडरसन (Benedict Anderson) ने ''काल्पनिक राजनीतिक समुदाय'' (imagined community) कहा है। इस अवधारणा के अनुसार, राष्ट्र बीज रूप से सार्वकालिक (perennial) विचार (idea) है, परंतु ''राष्ट्रवाद'' एक आधुनिक विचारधारा (modern ideology) है, जो कल्पित एवं सामाजिकत: निर्मित है। फ्रांस की राज्य-क्रांति (1789) ने ''राष्ट्रवाद'' और ''राज्य'' की भावनाओं के मध्य सहसंबंध स्थापित किया। विभिन्न पश्चिमी यूरोपीय राज्यों के राजनीतिक सिद्धांतकारों ने ''संप्रभुता'' (sovereignty) की संकल्पना को सर्वोच्च राजनीतिक शक्ति के रूप में प्रस्तुत किया है।

भारतीय इतिहास में संप्रभुता आंशिक रूप से सुसंगठित या निश्चित व आंशिक रूप से असंगठित रही है। मजबूत राज्य केंद्रीकृत थे, किंतु उनमें भी कुछ विकेंद्रीकरण के लक्षण पाए जाते थे। संप्रभुता का यह रूप राज्य के विभिन्न समूहों और क्षेत्रों के द्वारा प्रायोजित था, इसे एक जटिल अंतर-राज्य संगठन की व्यवस्था के रूप में विद्यमान या अवनतिग्रस्त देखा गया। यह कथन सुदृढ़ राज्यों, जैसे–मौर्य, मुगल, और ब्रिटिश शासन–पर भी, कम या अधिक मात्रा में, लागू होता है। सामंती स्वायत्तता की व्यवस्था मौर्य राज्य के बाद के प्राचीन व आधुनिक युग के सभी राज्यों में, कमोबेश मात्रा में, विद्यमान थी, जो अब वर्तमान भारत के संसदीय-संघीय संविधानिक व्यवस्था में राज्य-सरकारों की स्वायत्ता के आधुनिक लोकतांत्रिक अवतार के रूप में रूपांतरित है।[5]

भारत में आधुनिक राज्य, अपने शुरुआती रूप में ब्रिटिश पूंजीवादी उपनिवेशवाद का, जो अपने साम्राज्यवादी चरण में था, उत्पाद था। ब्रिटिश भारतीय उपनिवेशवाद के दो पहलू थे: (1) प्रादेशिक शासनतंत्र जो सीधे ब्रिटिश प्रशासन के अंतर्गत

था और (2) सामंतवादी शासनतंत्र का पहलू जो देशी राज्यों या रियासतों में था, जो ब्रिटिश क्राउन के अधीनस्थ थे।[6] ब्रिटिश औपनिवेशिक राज्य ने ब्रिटिश भारतीय प्रदेशों में प्रतिनिधित्व संस्थाओं को सीमित रूप में स्थापित किया, जो विभिन्न स्तरों पर क्रमिक रूप में बढ़ रही थीं। सन् 1935 तक शैक्षिक योग्यता और संपत्ति के आधार पर ब्रिटिश भारतीय प्रांतों में 28.5 प्रतिशत जनसंख्या को मताधिकार प्रदान कर दिया गया था। भारतीय शासन अधिनियम, 1935, के द्वारा ब्रिटिश संसद के अंतर्गत सर्वप्रथम संघीय शासन व्यवस्था को अपनाया गया। यद्यपि 1935 के संविधान का महत्त्व इसलिए भी बढ़ जाता है कि भारत की स्वतंत्रता के उपरांत 1950 के संविधान में 1935 के संघीय ढांचे को किंचित सुधारों के साथ अपनाया गया। आधुनिक भारतीय राज्य की स्थापना कई मायनों में महत्त्वपूर्ण है, जिसे ''तृतीय विश्व'' (''प्रथम विश्व'' पश्चिमी उदारवादी राज्य; और ''द्वितीय विश्व'' साम्यवादी राज्य) का सदस्य माना गया। भारतीय ''मिश्रित'' आधुनिकता यूरोपीय उदारवाद और उत्तर-पुनर्जागरण की आधुनिकता से अलग है। यह विभिन्न देशों में व्याप्त क्रांतिकारी साम्यवाद की विचारधारा से भी अलग है। भारत में राज्य का गठन एक जटिल प्रक्रिया है, जिसका इतिहास प्राचीन और मध्यकाल से संबंधित है। आधुनिक राष्ट्र-राज्य (nation-state) का गठन मुख्यत: निम्न कारकों से प्रभावित था : (1) ब्रिटिश औपनिवेशिक राज्य, (2) भारतीय स्वतंत्रता के लिए राष्ट्रवादी आंदोलन, और (3)पूर्व-औपनिवेशिक राज्य की परंपराएं।

आधुनिक भारतीय राज्य का गठन न केवल औपनिवेशिक और सामंती इतिहास की पृष्ठभूमि में, बल्कि एक जटिल प्राचीन सभ्यता और आधुनिक राजनीतिक संस्कृति के संदर्भ में भी हुआ है। समकालीन जगत के मध्यम वर्ग ने, जिसमें बुद्धिजीवी व शिक्षित समुदाय केंद्र में स्थित है, भारतीय राष्ट्रवादी आंदोलन को गतिमान बनाने में नेतृत्वकारी भूमिका अदा की। इसने राष्ट्रवादी वैचारिक संवाद को समावेशी व एकत्रित किया। इस वर्ग ने आरंभिक बीसवीं सदी के मूल्यों - राजनीतिक लोकतंत्र, आर्थिक और सामाजिक विकास - को भारत के उत्तर-औपनिवेशिक राज्य में स्थापित करने के क्षेत्र में भी अहम भूमिका निभाई है। साथ ही, राष्ट्रीय नेतृत्व में विभिन्न वर्गों व आम जनता की भागीदारी को बढ़ाने का कार्य भी किया। राज्य के गठन व विकास का उद्देश्य एक-समान व न्यायप्रिय समाज की स्थापना करना होता है। किंतु भारत में वर्ण व जाति-व्यवस्था, व पितृसत्तात्मक परंपरा, धार्मिक, भाषायी, नृजातीय बहुलता, क्षेत्रीय विषमता इत्यादि का राज्य को सामना करना पड़ता है। यह सभी विविध

कारक ना केवल ऐतिहासिक हैं, बल्कि यह आधुनिक व समकालीन युग में भी विद्यमान हैं, जिनका सामना करते हुए राज्य के संगठन को सशक्त बनाना आवश्यक है।

राजनीतिक उदारवाद और राज्य (Political Liberalism and State)

यद्यपि भारतीय राष्ट्रीय कांग्रेस, स्वतंत्रता प्राप्ति के समय, स्वाधीनता संघर्ष और उत्तर-औपनिवेशिक पुनर्स्थापना के समय का अग्रगण्य आंदोलन या दल अनिवार्य रूप से बना रहा, जिसका वैचारिक आधार मध्यम मार्ग बना। कई महान नेताओं का इसकी राजनीति में महत्त्वपूर्ण स्थान रहा, जैसे नेहरू, सुभाष चंद्र बोस और जयप्रकाश नारायण इत्यादि। कांग्रेस की अधिकांश विकासवादी योजनाएं इसी समूह के नेताओं द्वारा ही बनाई गईं, जो उदारवाद से लेकर मार्क्सवाद तक की विभिन्न विचारधाराओं से संबंधित थीं। भारतीय राष्ट्रीय कांग्रेस की स्वतंत्रता-पूर्व वैचारिक संघटक के महत्त्वपूर्ण उदाहरण हैं–इसके लाहौर प्रस्ताव (1930) और कराची प्रस्ताव (1931)। ब्रिटिश संसद द्वारा पारित भारत शासन अधिनियम, 1935, के अंतर्गत इसकी प्रांतीय सरकारें बनीं। कांग्रेस अध्यक्ष, सुभाष चंद्र बोस ने जवाहरलाल नेहरू की अध्यक्षता में राष्ट्रीय योजना समिति (National Planning Committee) (1938) की नियुक्ति की। यह पंद्रह सदस्यों की समिति थी जिसमें चार व्यापारी और उद्योगपति, पांच वैज्ञानिक, दो अर्थशास्त्री, एक इंजीनियर जिसने योजना पर पुस्तक लिखी थी, व तीन राजनीतिज्ञ थे। कराची प्रस्ताव में भावी भारतीय राज्य के अंतर्गत नागरिकों के राजनीतिक व आर्थिक अधिकारों की रूपरेखा प्रस्तुत की गई, जिनका उद्देश्य मुफ्त प्राथमिक शिक्षा, नियमित वेतन, मजदूरों, बीमार, बूढ़े व्यक्तियों के कार्यस्थल की मानवीय स्थिति, बंधुआ मजदूरी पर प्रतिबंध, महिला मजदूरों की सुरक्षा, मातृत्व अवकाश, बाल मजदूरी पर प्रतिबंध, मजदूरों के अधिकारों का संरक्षण, उचित मशीनों की व्यवस्था, कृषि लगान में कमी, छोटे जमींदारों को छूट, मुख्य उद्योगों व खनिज पदार्थों पर राज्य का स्वामित्व, इत्यादि।[7]

राष्ट्रीय योजना समिति के कार्य द्वितीय विश्व युद्ध के प्रकोप के कारण प्रतिबाधित हुए, प्रांतीय कांग्रेस के मंत्रिमंडलों का इस्तीफा और नेहरू की गिरफ्तारी इत्यादि घटनाएं हुईं, किंतु पार्थ चटर्जी ने इसे 'कांग्रेस के एवं प्रमुख रूप से नेहरू के राजनीतिक नेतृत्व के प्रमुख घटनाक्रम के रूप में देखा है, जो राष्ट्रीय योजना के विचार पर आधारित था।'[8]

संविधान-निर्माण के पहले ही कांग्रेस के वामपंथी भाग का बोस के नेतृत्व में कांग्रेस से अलगाव हो गया, और बोस की असमय मृत्यु हो गई। कांग्रेस के समाजवादियों द्वारा संविधान सभा के बहिष्कार के बाद कांग्रेस का वामपंथ कमजोर हो गया। यह एक प्रमुख कारण था कि आर्थिक अधिकारों को राजनीतिक और कानूनी अधिकारों से नहीं जोड़ा गया व इन्हें राज्य नीति के निदेशक सिद्धांतों (Directive Principles of State Policy) से जोड़ दिया गया। कराची प्रस्ताव (1931) में ये दोनों प्रकार के अधिकार एक साथ सम्मिलित थे।

नेहरू ने भारतीय राज्य में 1950 के उपरांत समाजवादी उद्देश्यों के नियोजित आर्थिक विकास की रणनीति की आर्थिक विचारधारा को केंद्र में स्थापित किया। भारतीय राज्य में विकासात्मक योजना के विषय में पार्थ चटर्जी ने राज्य की लोकतांत्रिक (democratic) और विकासात्मक (developmental) भूमिका के मध्य की दुविधा की ओर ध्यान आकर्षित किया है, जहां एक ओर भारतीय राज्य में आर्थिक विकासात्मक उद्देश्य के विभिन्न तत्त्व हैं, 'जो औपनिवेशिक राज्य के चरित्र के प्रतिकूल हैं। वहीं दूसरी ओर, नौकरशाही को नए सामाजिक-आर्थिक उद्देश्यों के अनुरूप विकासात्मक प्रशासन द्वारा लोकतांत्रिक प्रतिनिधित्व की नीतियों के विकास करने का दायित्व दिया गया।[9]

नेहरू-महालनोबिस मॉडल की आर्थिक विकास की रणनीतियां द्वितीय पंचवर्षीय योजना का आधार बनीं। औद्योगीकरण में राज्य की भूमिका को बढ़ावा दिया गया और राज्य को अर्थव्यवस्था के "आदेशात्मक शीर्ष" (commanding heights) पर पहुंचाया गया। विकासात्मक रणनीति के मुख्य तत्त्व इस प्रकार थे : (*i*) विदेशी आर्थिक निर्भरता को न्यून करना व पूंजीवाद से स्वतंत्र आर्थिक विकास की ओर अग्रसर होना; (*ii*) शहरी क्षेत्रों में राज्य के नेतृत्व में पूंजीवादी विकास; और (*iii*) अर्ध-सामंती कृषि से पूंजीवादी कृषि की ओर यात्रा।

नेहरू की आर्थिक और राजनीतिक नीतियों में परिवर्तन व राज्य के उठाए कदम मुख्य रूप से अंतर्राष्ट्रीय और घरेलू दबाव में लिए गए। नेहरू की प्रमुख उपलब्धि आत्मनिर्भर आर्थिक वृद्धि और राजनीतिक लक्ष्य की संसदीय व्यवस्था है। नेहरू के स्वयं के वैचारिक लोकतांत्रिक समाजवाद और साम्यवादी प्रभाव की झलक उनकी नीतियों में स्पष्ट रूप से दिखती है। नेहरू की अधिकांश नीतियां अंतर्राष्ट्रीय स्तर पर गुटनिरपेक्षता की थी, जिसमें भारत पश्चिमी व समाजवादी दोनों ही देशों से सैन्य व व्यापार बढ़ोत्तरी हेतु सहायता प्राप्त कर सकता था। नेहरू का मुख्य ध्यान मूलभूत उद्योगों (capital goods industries) पर था, जिस कारण उपभोक्ता उद्योग, सेना, शहरी संरचनात्मक विकास और कृषि विकास इत्यादि पर

ध्यान नहीं दिया गया। खाद्यान्न की आपूर्ति के लिए विदेशों पर निर्भरता, 1962 के चीन युद्ध में हार, शहरी जीवन शैली का दबाव, आदि कारक समस्या उत्पन्न कर रहे थे। राज्य के एकाधिकार वाले आर्थिक क्षेत्र का बढ़ता आकार घरेलू व अंतर्राष्ट्रीय स्तर पर प्रतिस्पर्धा में पिछड़ रहा था। इसके साथ ही, अर्थव्यवस्था की असफलता, गैर-संसदीय जन आंदोलन व संसदीय विपक्ष, संघ व राज्य विधायिकायों में बहुमत होने के बाद भी वैधता का संकट, आपातकाल से उत्पन्न हुआ संकट, प्रेस की स्वतंत्रता को समाप्त करने संबंधी निर्णय, नागरिक समाज और न्यायपालिका की स्वतंत्रता पर प्रतिबंध इत्यादि देश की राजनीतिक तथा आर्थिक व्यवस्था को कमजोर बना रहे थे। अभिजात मानसिकता व जीवन शैली ने अभिजन तथा आम जनता के मध्य अंतर बढ़ा दिया। राज्य व नागरिक समाज, शहरी और ग्रामीण राजनीतिक अर्थव्यवस्था, नृजातीय और क्षेत्रीय समूहों के मध्य अंतर बढ़ता गया। इन विकृतियों के सुधार हेतु विभिन्न कदम उठाए गए। प्रथम, भोजन की कमी, सूखा और भुखमरी, विदेशी विनिमय से हुए घाटे से निपटने के लिए कृषि में 1960 के दशक के मध्य हरित क्रांति आदि आर्थिक विकास के मुख्य विषय बन गए। द्वितीय, 1962 में चीन से मिली हार ने सेना और सुरक्षा पर पुनः रणनीति बनाने पर विवश कर दिया, जिसके उदाहरण हैं–दक्षिण एशिया में भारतीय प्रभुत्व की स्थापना करना, बांग्लादेश की स्वतंत्रता में सफल योगदान, तथा श्रीलंका के गृहयुद्ध में आमंत्रित हस्तक्षेप। तृतीय, राज्य के आर्थिक क्षेत्र की अक्षमता उत्तरकालीन 1960 और 1970 के दशकों तक प्रकट हो गई, और उसके निवारण हेतु 1980 और 90 के दशकों तक में अर्थव्यवस्था का आर्थिक उदारीकरण किया गया, ''लाइसेंस राज'' को लचीला किया गया, अर्थव्यवस्था को भूमंडलीकरण के लिए खोला गया। चतुर्थ, औद्योगिक पूंजीवाद के आकार और आतंरिक विभिन्नता में वृद्धि देखी गई व विभिन्न स्तरों और लघु-उत्पादक उद्योगों पर क्षेत्रीय विभेद प्रकट हुए। भारतीय बहुराष्ट्रीय निगमों का तृतीय विश्व के देशों व अन्य क्षेत्रों में विस्तार देखा गया। पंचम, पूंजीवादी कृषि और मध्यम किसान राजनीति में भी उभार हुआ, राज्य की राजधानियों और नई दिल्ली में भी कृषक वर्ग उभरकर सामने आया। कृषकों के प्रभावी राष्ट्रीय संगठन बनाए गए, कृषि में आधुनिक तकनीक प्रयोग में लाई गई। षष्ठम, मुद्रास्फीति के क्षेत्र में मुख्य रूप से केंद्र सरकार और भारतीय रिजर्व बैंक (RBI) घाटा कम करने हेतु सजग हुए। 1987-88 के बजट में घाटा 1/6 और सकल राष्ट्रीय उत्पाद (GNP) का 45 प्रतिशत भाग आया जो उच्च दर है, किंतु बहुत अधिक नहीं है। 1973 में पेट्रोलियम की कीमतों में अचानक वृद्धि से, भारत में तेल-आयात के लिए

पश्चिमी एशिया और खाड़ी (Gulf) के नए बाजारों से लेन-देन का आरंभ किया गया। भारत के व्यापारिक सहयोगियों के साथ संबंध समय के साथ बढ़ने भी लगे व बदलने भी लगे। सन् 1985-86 में व्यापारिक घाटा अपने चरम पर कुल सकल घरेलू उत्पाद (GDP) का 37 प्रतिशत पर पहुंच गया था, किंतु 1986-87 में यह गिरकर कुल जीडीपी का 3.2 प्रतिशत हो गया और 1987-88 में निर्यात में उच्च वृद्धि होने से यह गिरकर 2.8 प्रतिशत हो गया।[11]

सप्तम, 1980 और उसके बाद के दशक में केंद्र सरकार के खिलाफ, शक्तिशाली राज्य और क्षेत्रीय स्वायत्तता आंदोलन, प्रेस की स्वतंत्रता का विरोध, इत्यादि अधिक होने लगे।

व्यापारिक/वाणिज्यिक उदारवाद और राज्य
(Trade Liberalism and State)

भारत में 1991 का वर्ष आर्थिक नीतियों के प्रतिमान में व्यापक परिवर्तन के मोड़ के रूप में सामने आया। अपवादस्वरूप, 1970 में भी विभिन्न कदम उठाए गए व औपचारिक रूप से 1991 में आर्थिक उदारवाद की नीतियों को त्वरित किया गया। इंदिरा गांधी के नेतृत्व वाली कांग्रेस सरकार (1980 के उपरांत), राजीव गांधी (1984-89) और पी वी नरसिम्हा राव (1991-96) की सरकारें, नई आर्थिक नीतियों की दिशा में महत्त्वपूर्ण हैं। इनके पूर्व ही जनता पार्टी की सरकार (1977-79) द्वारा इन नीतियों की शुरुआत हो गई थी, राष्ट्रीय मोर्चा (National Front) और संयुक्त मोर्चा (United Front) की सरकारों ने भी 1989 के बाद से इन नीतियों में परिवर्तन नहीं किया। इसके अतिरिक्त जब राव सरकार ने नीतियों के क्षेत्र में ज्यादा तेजी लाई तो यह अल्पमत की एकदलीय कांग्रेस सरकार थी जिसे राव ने "चाणक्य नीति" से व्यापक प्रतिपक्ष के मुद्दा-दर-मुद्दा समर्थन से चलाया, पर अपने पांच-वर्षीय जनादेश के उत्तरार्द्ध में राव सरकार ने येन-केन-प्रकारेण बहुमत हासिल कर लिया। पर तब इन्हीं सुधारों के कारण भी आर्थिक सुधारों की गति और भी धीमी हो गई, क्योंकि उसी समय इसे विधान सभा के चुनावों में पराजय का सामना करना पड़ा।

एक अर्थशास्त्री ने शुरू के सुधारों को "चोरी-छिपे आर्थिक सुधार" (reforms by stealth) कहा।[12] और एक अन्य अर्थशास्त्री ने 1990 के दशक के आर्थिक नवउदारवाद के पैकेज (package) को अर्थव्यवस्था में आमूलचूल परिवर्तनवादी कहा।[13] इस पैकेज (package) के अंतर्गत दो उपांगों को भी सम्मिलित किया गया जिसमें अर्थव्यवस्था को अल्पकालिक स्थिरता और मध्यमकालिक और

दीर्घकालिक संरचनात्मक समायोजन (structural adjustment) प्रदान करने करने का प्रयास था। बीर्स (Byres) इसका सार प्रस्तुत करते हैं[14]–समायोजन के अंतर्गत रूपये का 20 प्रतिशत अवमूल्यन किया गया और सार्वजनिक खर्चों में कटौती गई (जैसे किसानों और कृषकों को अनुदान दिया जाना, वित्तीय घाटे पर नियंत्रण और विदेशी पूंजी का मुक्त संचरण)। संरचनात्मक समायोजन की नीतियों में शामिल हैं–मुक्त व्यापार, रूपये का स्वतंत्र विनिमय, औद्योगिक विनियंत्रण, सार्वजानिक क्षेत्र में विनिवेश, और कुछ क्षेत्रों का पुनः निजीकरण जहां घाटा हो रहा हो, कीमतों की स्थिरता में उच्च स्वायत्तता, स्वतंत्र राष्ट्रीय व विदेशी बैंक क्षेत्र, उत्पाद शुल्क और सीमा शुल्क में कर सुधार, अधिक से अधिक प्रत्यक्ष विदेशी निवेश (FDI) को बढ़ावा देना और तकनीकी और बाजार की उपलब्धता। विभिन्न कारकों ने आर्थिक उदारवाद की नीतियों को अपनाने में महत्त्वपूर्ण भूमिका निभाई है, जिसमें राज्य से बाजार की ओर मोड़ सामने आया है। बलदेव राज नायर[15] तर्क देते हैं कि 1991 के नव-उदारवादी आर्थिक सुधारों का वास्तविक कारण भारत के अपने राज्य-नियंत्रित या स्वामित्व वाली औद्योगिक रणनीति की असफलता है। यदि अंतर्राष्ट्रीय मुद्रा कोष (IMF) और विश्व बैंक (World Bank) अपनी नीतियों के लिए दबाव भी डालें तो यह कहा जा सकता है कि, वह उन पर अधिक दबाव बना रहा है जो दरवाजे पहले से ही खुलने के लिए तैयार हैं। 'उत्तर-सुधारवादी चरण में भी भारत की आर्थिक स्वायत्तता विद्यमान थी तथा विश्व अर्थव्यवस्था में शामिल होना किसी बाह्य दबाव में नहीं था, बल्कि यह दबाव नगण्य ही था और स्वेच्छा से इसे अपनाया गया' संजय बारु (Sanjay Baru)[16] इसका वास्तविक अवलोकन करते हैं:

> राष्ट्रीय संप्रभुता का जो चित्र प्रस्तुत होता है वह किसी एक रंग में रंजित और ना ही साम्राज्यवादी सत्ता पर विजय प्राप्त करने या उसके समक्ष झुकने से संबंधित है। इसमें कुछ धुंधली छवि सामने आती है, जो आंतरिक और बाह्य हित की जटिल निर्भरता और अंतरनिर्भरता को उजागर करती है, जिसके परिणामस्वरूप उलझी हुई नीतियां उत्पन्न होती हैं।

भारतीय अर्थव्यवस्था अपने शुरुआती दौर में घरेलू उद्योगों के लिए वैश्वीकरण की शक्तियों के विरुद्ध सुरक्षात्मक अवस्था में थी। 1990 के दशक में आर्थिक उदारवाद का सूत्रपात हुआ जो 1960 के उत्तरार्द्ध से औद्योगिक क्षेत्र में गिरती हुए वृद्धि दर के कारण हुआ। सार्वजनिक निवेश में कमी, कृषि विकास के असमान और अक्षम स्वरूप ने मांग और पूर्ति के चक्र में मंदी ला दी। जैसा कि सुमित रॉय[17] लिखते हैं:

औद्योगिक उत्पादन वृद्धि दर 1951 से 1965 के मध्य 7 प्रतिशत से नीचे गिर गई और 1965–70 के मध्य के काल में यह 3.3 प्रतिशत थी, 1970–77 में यह बढ़कर 4.8 प्रतिशत हो गई, किंतु यह 1979–80 में पुनः 1 प्रतिशत गिर गई। यद्यपि 1960 से कुछ उद्योगों में नकारात्मक वृद्धि देखी गई। कई अर्थशास्त्रियों द्वारा 1980 की वृद्धि दर के आधार पर प्रश्न भी उठाया गया।

उस समय आर्थिक विकास के लिए सार्वजनिक निवेश में गिरावट देखी गई। उस समय इंदिरा गांधी एवं जनता दल के शासन के चरण में केंद्र और विभिन्न राज्यों में क्षेत्रीय स्तर पर जन लोकतंत्र के स्वरूप में परिवर्तन देखा गया। "भारतीय समाजवाद" अर्ध-सामंती, नवपितृसत्तामक राजनीतिक अर्थव्यवस्था में परिवर्तित हो गया।

यद्यपि, 1970 और 1980 के दशक में संघ और राज्य स्तर की लोक–लुभावनवाद (populism) की राजनीति के चरण में एक सकारात्मक प्रभाव देखा गया, जिसके अंतर्गत गरीबी में कुछ गिरावट देखी गई। 1970 के मध्य और 1980 के अंत के राष्ट्रीय सैंपल सर्वे (NSS) के आंकड़ों से ग्रामीण गरीबी में एक विकृतिकारी निशान (dent) देखा गया। यह प्रवृत्ति शुरुआती दशकों में स्पष्ट नहीं थी। हालांकि, यह तर्क भी दिया जाता है कि सरकार द्वारा सामाजिक क्षेत्र में उठाए गए कदमों और जन–गरीबी के स्तर में गिरावट के मध्य कुछ सकारात्मक सहसंबंध भी पाया जाता है।[18] 1970 में सार्वजनिक व्यय में वृद्धि देखी गई और 1980 में राष्ट्रीय और अंतर्राष्ट्रीय बाजारों से लिया गया ऋण, समाजवादी गुट – सोवियत संघ (USSR) और पूर्वी यूरोप – के साथ व्यापरिक घाटा, 1980 में भारत में आयात–निर्यात और भुगतान के संतुलन में अपक्षरण, इत्यादि, महत्त्वपूर्ण घटनाक्रम थे। पश्चिमी एशिया से तेल आयात से उत्पन्न समस्याएं, 1991 के मध्य आर्थिक नीतियों का प्रभाव आदि भारतीय अर्थव्यवस्था को प्रभावित कर रहे थे। निजीकरण और पूंजीवादी उदारीकरण में नई आर्थिक नीतियों और संरचनात्मक समायोजन के कार्यक्रम में नौकरशाही द्वारा विनियमन (deregulation), आदि पूर्वतः नियंत्रित अर्थव्यवस्था में वृहत परिवर्तन ला रहे थे। इन परिवर्तनों ने द्वितीय विश्व युद्ध के बाद के काल के किंसियन (Keynesian) राजनीतिक उदारवाद (political liberalism) और पश्चिम के कल्याणकारी राज्यों की अवधारणा को जिसे भारत ने अपनाया था, कमजोर करना शुरू किया। इस प्रवृत्ति ने 1970 में गति प्राप्त की और 1980 तक यह रूढ़िवादी, नव–परंपरावादी अर्थशास्त्रियों के मध्य हठधर्मिता के रूप में स्थापित हो गई।[19] इसके अतिरिक्त, भारत में सापेक्ष आर्थिक ह्रास पूर्व और दक्षिण–पूर्वी एशिया की अर्थव्यवस्थाओं में बाजारवादी अर्थव्यवस्था की सफलता ने नेहरू और इंदिरा गांधी की विकासवादी और

राजनीतिक उदारवाद की सुधारवादी रणनीतियों को नव-उदारवादी आलोचना के लिए आसान शिकार बना दिया।[20]

भारतीय मतदाता 2010 और 2011 के चुनावों तक व उससे पहले मार्क्सवादी राज्य सरकारों को हटाने में अनिच्छुक था व साम्यवादी संगठनों ने भी सरकारों का भाग बनाने में रुचि नहीं दिखा कर स्वयं अपनी सरकार बनाने में ज्यादा रुचि ली थी। अपने अतीत से एक निर्णायक अलगाव संवैधानिक, सामाजिक, और आर्थिक कारणों से ना तो संभव है और ना ही वांछनीय है, वे ऐसा मानते थे। संवैधानिक रूप से यह कहा जा सकता है कि भारत मात्र एक अर्थव्यवस्था ही नहीं, बल्कि एक राज्य (polity) भी है, एक लोकतंत्र भी है। जैसा कि चटर्जी[21] लिखते हैं:

> 'वह प्रमुख संदर्भ जिसमें भारत में योजना को अपनाया गया, पूंजी संचयन को वैधता के साथ सामंजस्य स्थापित करना चाहिए, ऐसा माना गया। 'सरकार के प्रतिनिधि स्वरूप को अपनाया गया जो सार्वभौमिक वयस्क मताधिकार पर आधारित है; वह राजनीतिक शक्ति के प्रयोग को प्रभावित करता है, राष्ट्रीय आंदोलन की विरासत के आर्थिक उद्देश्य भी इसके भाग थे। 'यह दो उद्देश्य संचयन और वैधीकरण भारत में योजना के दो निहितार्थ उत्पन्न करते हैं। एक ओर, योजना में अनावश्यक औद्योगिक परिवर्तनों को अनदेखा किया जाने का प्रयास किया गया क्योंकि यह भारतीय जनता को प्रभावित करता है। वहीं दूसरी ओर, योजना उपमहाद्वीप व्यापकता और विजातीय विवादों के समाधान का 'एक सकारात्मक यंत्र बन गया है'।

उदारवादी लोकतांत्रिक शासन व्यवस्था में किसी भी आर्थिक नीति-निर्माण में यह दो विशेषताएं अनिवार्य रूप से पाई जाती हैं। लोकतंत्र और पूंजीवाद के मध्य के विवाद के विषय में हेबरमास[22] ने टिप्पणी करते हुए यह समीक्षा की है : यह विरोधाभास स्पष्ट है कि यदि विकसित पूंजीवाद लोकतंत्र में दल शक्ति प्राप्त करना अथवा सत्ता में बने रहना चाहते हैं तो, उन्हें निजी निवेशकों और आम जनता के विश्वास को एक साथ सुनिश्चित करना होगा।'

समाजशास्त्रीय रूप से, भारतीय समाज का शक्तिशाली वर्ग संपूर्ण वैश्विक आर्थिक उदारीकरण का विरोध कर सकता है; जबकि आंतरिक नौकरशाही के विनियमन का मार्क्सवादी राजनीतिक दलों के अतिरिक्त सभी खुले रूप से स्वागत करते हैं, और अर्थव्यवस्था के वैश्वीकरण का सामान्यतया नौकरशाही, राष्ट्रीय बुर्जुआवादी वर्ग, कृषकों, श्रमिकों द्वारा विरोध किया गया। भारतीय राज्य की आर्थिक नीतियों के अंतर्गत सामूहिक हितों का ध्यान रखा जाना राजनीतिक दृष्टि से महत्त्वपूर्ण था व इसके सकारात्मक परिणामों की अपेक्षा की गई। क्षेत्रीय बुर्जुआवादी, अमीर किसानों और संपन्न श्रमिकों के द्वारा वैश्वीकरण का प्रारंभ

में समर्थन किया गया। राष्ट्रीय बुर्जुआवाद का प्रतिनिधित्व करने वाले समूह फिक्की (FICCI , फेडरेशन ऑफ इंडियन चैंबर्स ऑफ कॉमर्स एंड इंडस्ट्री) और विदेशभक्त बुर्जुआ के प्रतिनिधि ऐसोचेम (ASSOCHAM, एसोसिएटेड चेंबर्स ऑफ कॉमर्स ऐंड इंडस्ट्री इन इंडिया) (दोनों ही विदेशी निवेश और तकनीक और उदारवाद के आयात का समर्थन करते हैं)। बारु[23] इसका गहन अवलोकन करते हुए कहते हैं कि:

> सभी व्यापारी वर्गों को विदेशी पूंजी का भक्त नहीं कहा जा सकता है। पिछले पचास या साठ सालों के वास्तविक ऐतिहासिक अनुभव भी इस निष्कर्ष का विरोध करते हैं। इसकी सरल व्याख्या इस बात से भी की जा सकती है कि बड़े व्यापारी अपने हित के लिए उदारवाद मुख्य रूप से बाह्य उदारीकरण से मिलने वाले अवसरों से लाभ उठाने में इच्छुक रहे हैं; इसमें अपने व्यापार का पुनर्गठन, तार्किकीकरण और अपने उद्योगों को पुनः व्यवस्थापित करने की क्रियाएं शामिल हैं।

वह आगे कहते हैं :

> भारत सरकार ने भारतीय व्यवसायों को तकनीकी रूप से सक्रिय बनाने के लिए विवश करने की जापान और दक्षिण कोरिया की सरकारों की तरह, सशक्त नीतियों को नहीं अपनाया। परिणामस्वरूप, भारतीय उद्योग नई तकनीकों को तभी प्राप्त कर सकते हैं, जब वह आत्मनिर्भर बन जाएं और आर्थिक उदारवाद से प्राप्त अवसरों का तकनीकी आधार सुदृढ़ बनाने में भलीभांति उपयोग करें। यदि यह विदेशी पूंजी के साथ समझौते के लिए अनिवार्य है तो वे इसे भी इच्छा-अनिच्छा से मान लेंगें।[24]

अतः, यह स्वराज और स्वदेशी विचार के लिए एक अनुकूल आर्थिक दृष्टि होगी कि राज्य अर्थव्यवस्था में आंतरिक और बाह्य दोनों ही प्रकार से उच्च प्रतिस्पर्धा को बढ़ावा दे, व इसे आर्थिक विकास और राष्ट्रीय प्राथमिकताओं के आयोजक तथा संकेतक योजनाकार के रूप में बाजार-अनुकूलन में सहायक की भूमिका का निर्वहन करे।[25]

भारत के समक्ष राज्य के नेहरूवादी ''समाजवाद'' की असफलता और आगामी चरण में बाजारवाद की भी संभावित असफलता को रोकने का कार्य था, क्योंकि क्षेत्रीय व सामाजिक विषमता लगातार बढ़ती जा रही थी। वर्तमान के लिए, समस्या का विषय है छद्म-समाजवाद और छद्म-लोकतंत्र से होने वाले नकारात्मक आर्थिक परिणाम। भारत और चीन की अर्थव्यवस्था के तुलनात्मक अध्ययन से यह स्पष्ट है कि 'चीन की क्रांति ने लोकतंत्र के लिए आधार बनाया जो अब फल-फूल सकता है, जबकि भारत में लोकतंत्र का पर्ण-समूह भूमि पर धूप पड़ने से रोक कर विकास को बाधित कर रहा है। तृणमूल को पालन पोषण की आवश्यकता है।[26]

व्यापारिक उदारवाद और वैश्विक पूंजीवाद के साथ राष्ट्रीय अर्थव्यवस्था

का एकीकरण चुनौतियों के साथ-साथ अवसर भी उपलब्ध करता है। आर्थिक विकास से मिलने वाले लाभ और दीर्घकालिक अर्थव्यवस्था के लिए भारी मात्रा में सामाजिक और पर्यावरणीय कीमत चुकानी पड़ती है। सामाजिक कीमत के अंतर्गत देखा गया कि सरकार के सार्वजनिक व्यय में कमी आई है जिसने समाज के गरीबों, पिछड़े क्षेत्रों के लोगों और कमजोर वर्गों को प्रताड़ित किया है। निजी निवेश हरित चारागाह पसंद करता है तथा धनाढ्य वर्गों को फायदा पहुंचाता है इससे विभिन्न समस्याओं का भी जन्म हुआ।

नई आर्थिक नीतियों के ग्रामीण और शहरी क्षेत्रों, समृद्ध शहरी और मध्यम वर्ग, शहर के निम्न वर्गों और गांव के गरीबों पर भिन्न-भिन्न प्रकार के प्रभाव पड़े हैं। पामेला शुर्मेर स्मिथ (Pamela Shurmer Smith 2000) के दो कथन इन बिंदुओं को भली प्रकार से स्पष्ट करते हैं:

1. भारत के ग्रामीण क्षेत्रों में गरीबी की जो स्थिति पाई जाती है, उसमें केवल राज्य ही निवेश कर सकता है, जबकि उदारीकरण की नीतियों में अधिकाधिक बाजार-केंद्रित उपागमों की आवश्यकता होती है। बाजार भूमि-सुधार हेतु प्रयास नहीं करता, जबकि उसकी अधिक आवश्यकता है; ना ही वह विस्थापित व्यक्तियों को क्षतिपूर्ति-हेतु भूमि दिए जाने को सुनिश्चित करता है। यह सभी स्थितियां इस बात को दर्शाती हैं कि नकद पैदावार अधिक से अधिक भूमिहीन व्यक्तियों की संख्या का विस्तार करेगी, ऋणग्रस्तता को बढ़ाएगी और जल के लिए प्रतिस्पर्धा उत्पन्न करेगी।[27]
2. भारत के शहरी क्षेत्र की वृद्धि प्रतिवर्ष 3 प्रतिशत की दर से हो रही है; इसकी आधी वृद्धि प्राकृतिक रूप से हुई, व शेष आधी ग्रामीण-से- शहरी पलायन के रूप में हुई है। कृषि संपन्न क्षेत्र जैसे पंजाब और पश्चिमी उत्तर प्रदेश के छोटे शहरों में तेजी से वृद्धि देखी गई। गाजियाबाद, मेरठ, मुजफ्फरनगर आदि ऐसे शहर हैं जो महानगर बनने की ओर अग्रसर हैं जिनमें नए उद्योग स्थापित हो रहे हैं। इनके लाभ की स्थिति में होने का एक कारण यह रहा है कि कृषि पूंजी, सामंती राजनीति, और रोजगार संरचना, स्वास्थ्य व सुरक्षा और प्रदूषण-नियंत्रण के नियमों में ढील का अच्छा मिश्रण था।[28]

इन दोनों ही संदर्भों में, राज्य के हस्तक्षेप की अनुपस्थिति ने बाजार के डार्विनवाद को पनपाया एवं अपराध और हिंसा को बढ़ावा दिया।

अपने प्रारंभिक रूप में भारत में नव-उदारवादी विचारधारा, नौकरशाही का नियमन और निजीकरण को अपनी पूर्वकालिक स्थिति से निकलने के मार्ग के

रूप में देखा गया। दक्षिण भारत के एक अध्ययन के अंतर्गत उपर्युक्त जटिल परिवेश और मूल दुविधा की स्थिति सुचित्रित रूप से सामने आती है।[29]

समकालीन भारतीय संदर्भ में राज्य और बाजार के संबंध के विषय का अध्ययन करने वाले लेखक व्यावहारिक उपागम का प्रयोग करते हैं। एम. एन. श्रीनिवास और जी. एस. अरोड़ा[30] ने निष्कर्ष के रूप में व्याख्या की है। उन्होंने संरचनात्मक सामंजस्य का स्वागत किया जिससे राज्य की भूमिका में कटौती और राजस्व संबंधी नीतियों को मुख्यधारा से जोड़ा गया। किंतु इन्होंने यह भी कहा कि ना सिर्फ अर्थव्यवस्था बल्कि राजनीतिक और नागरिक समाज के नवीनीकरण की भी आवश्यकता है, और ''मानवीय विकास के उद्देश्यों'' पर बल दिया। कुछ अन्य विश्लेषकों ने भी राजनीतिक-आर्थिक परिवर्तन की व्याख्या को रेखांकित किया कि (*i*) अधिकारितांत्रिक राज्य से बाजार-नियामक राज्य में बदलाव और (*ii*) संसदीय-प्रधान व्यवस्था से संघीय-प्रधान राजनीतिक व्यवस्था की ओर परिवर्तन की जरूरत है।[31]

वैश्वीकरण, क्षेत्रीय एकीकरण, और राज्य
(Globalisation, Regional Integration and State)

वैश्वीकरण का विश्व पटल पर तेजी से विस्तार हो रहा है और व्यापक परिवर्तन भी हो रहे हैं। अन्य सभी शब्दों की तरह इसमें भी सुस्पष्टता का अभाव है। वैश्वीकरण को सूचना, तकनीकी, और पूंजी की व अन्य परिवर्तनों की परिघटना से जोड़ा जाता है। समीक्षा के लिए उदाहरणस्वरूप, दो प्रमुख सामाजिक वैज्ञानिकों के दो परस्पर-विरोधी कथन प्रस्तुत किए गए हैं:

1. संप्रभुता, सामाजिक रूप से निर्मित सिद्धांत है, व सदैव ही वास्तविकता के विभिन्न स्तर देखे गए हैं और वर्तमान दशकों में इसे घटते और बढ़ते भी देखा गया है। तब भी, यह अंतर-राज्य संबंधों का आधार है व इसे इसी रूप में वर्णित भी किया जाता है।[32]
2. 'आर्थिक क्रियाओं के वास्तविक प्रवाह के रूप में, वर्तमान सीमाविहीन विश्व में राष्ट्र-राज्य (nation-state) वैश्विक अर्थव्यवस्था में अपनी अर्थपूर्ण भागीदार इकाई की भूमिका खो चुके हैं।'[33]

वास्तविकता के विषय में यह कहा जा सकता है कि वह इस दो परस्पर-विरोधी कथनों के मध्य में कहीं अव्यवस्थित है। इसके अतिरिक्त, भारतीय राज्य के आंतरिक और बाह्य संदर्भों के अलावा वैश्वीकरण के प्रभाव की भी जांच आवश्यक है। भारत में लोकतांत्रिक विकासात्मक राज्य (democratic developmental state)

की शुरुआत 1950 में द्वितीय विश्व युद्ध के उपरांत किंसियन (Keynsian) विचारधारा के वातावरण में की गई, जिसका उद्देश्य था—न्याय की वृद्धि करना व राष्ट्रीय अर्थव्यवस्था को स्वावलंबी बनाना।[34]

1970 के दशक की शुरुआत तक, यद्यपि विकास की रणनीति संकट की स्थिति में थी और भारत के समक्ष चयन का प्रश्न था कि वह लोकतंत्र या विकास में से किसे प्राथमिकता दे। भारतीय विकास के मौलिक ढांचे में, लोकतंत्र और विकास को समान महत्त्व दिया गया था, किंतु पिछड़ी हुई अर्थव्यवस्था और राजनीतिक विवशताओं ने दोनों को एकसमान प्राथमिकता दिए जाने का अवसर नहीं दिया। दक्षिण कोरिया और कुछ पूर्वी-एशियाई देशों के विपरीत, जिनका ऊपर उल्लेख किया गया हैं, भारत लोकतंत्र के मार्ग पर चलता रहा, और विकासात्मक लक्ष्यों को एक हद तक दरकिनार कर दिया। भारत की तुलना में पूर्वी एशिया में गैर-लोकतांत्रिक हस्तक्षेप अधिक संभव हुआ है।[35]

इंदिरा गांधी के आपातकाल को दरकिनार कर दें तो भारत में निर्वाचक लोकतंत्र अविरल रहा है। 1990 के दशक के बाद का काल भारत सरकार की आर्थिक नीतियों में परिवर्तनकारी सिद्ध हुआ, और राष्ट्रीय वैश्विक पूंजी और तकनीक का द्वार खोला गया। नव-उदारवादी बदलाव ने भारतीय नीतियों को पश्चिम की ओर उन्मुख कर दिया।

यद्यपि भारतीय राज्य के वैश्वीकरण के साथ संबंधों के अध्ययन में भारत के विभिन्न लक्षणों का विशेष महत्त्व है। यह लक्षण भारतीय राज्य और अर्थव्यवस्था की प्रकृति का उल्लेख करते हैं, यथा भारत के पड़ोसी देशों और विश्व के साथ उसका संबंध, भू-राजनीतिक संदर्भ इत्यादि। इसकी शुरुआत, भारत के "कमजोर-शक्तिशाली" राज्य (weak-strong state) के रूप के साथ ही भारत की अर्थव्यवस्था भी "कमजोर-शक्तिशाली" थी। राज्य और अर्थव्यवस्था दोनों का विकास विभिन्न संस्थाओं के ही अल्पविकास के दायरे में हुआ। क्षेत्रीय और राष्ट्रीय स्तर का विकास हुआ, यहां के बाजारों का विकास हुआ, व्यापारिक संगठन वैश्विक स्तर पर अपनी पहचान बनाने लगे। भारत-पाकिस्तान के तनाव/विवाद, दक्षिण एशिया का पिछड़ापन, दक्षिण एशियाई क्षेत्रीय सहयोग संगठन (सार्क, SAARC) जिसकी स्थापना 1985 में हुई, वह विश्व में क्षेत्रीय स्तर पर सबसे शिथिल आर्थिक समूह के रूप में अस्तित्त्व में रहा। समकालीन दक्षिण एशिया में भारत अध्ययन हेतु एक महत्त्वपूर्ण विषय बन सकता है। सार्क को इस रूप में देखा जा सकता कि किस प्रकार प्रतिस्पर्धी शक्तियां राष्ट्रवाद, क्षेत्रवाद और उदारवाद आदि कार्य करती हैं। कैकोविच्ज (Kacowicz) ने अवलोकन

किया है कि यह तीनों शक्तियां 'एक-दूसरे से परस्पर संबंधित और अतिव्यापित (overlapping) हैं, कई बार यह विरोधी और कई बार यह एक दूसरे के प्रति सहयोगात्मक होती हैं, किंतु यह कभी एकसमान नहीं होती।[36]

भारत अधि-राष्ट्रीय स्तर पर दक्षिण एशिया के साथ और वैश्विक पूंजीवाद के साथ पूर्णतः संबद्ध नहीं हुआ है। भारत क्षेत्रीय दक्षिण एशिया या एफ्रो-एशियाई विश्व की अपेक्षा वैश्विक अर्थव्यवस्था से अपेक्षाकृत ज्यादा समन्वित है। इसके पांच कारण हैं—प्रथम, प्रारंभ में भारत ने आत्मनिर्भरता के लिए आर्थिक राष्ट्रवाद और राज्य द्वारा देशी उद्योगों के प्रति संरक्षणवादी आर्थिक नीतियों के मिश्रण को अपनाया। इसके अंतर्गत राज्यवाद (statism) और राजनीतिक उदारवाद और लोकप्रियतावाद और व्यापारिक उदारवाद, बड़े घरेलू बाजार, निर्यात-केंद्रित अर्थव्यवस्था के लिए विकास रणनीति बनाई। द्वितीय, भारत की व्यावहारिक गुटनिरपेक्षता जो सोवियत और पूर्वी यूरोपीय समाजवादी/साम्यवादी अर्थव्यवस्थाओं की ओर व्यापारिक संबंधों हेतु झुकी हुई थी, उसे पश्चिम में साम्यवाद के विखंडन के परिणामस्वरूप एक गहरा धक्का लगा। तृतीय, दक्षिण एशिया में सुरक्षा मुद्दे ने यथार्थवादी रूप ले लिया, जिससे क्षेत्रीय आर्थिक एकीकरण (regional economic integration) के विषय निष्प्रभ हो गए। भारत के विभाजन के पश्चात् ही सुरक्षा समस्या एक गहन विषय बन गया। भारत-पाकिस्तान और भारत-चीन प्रतिद्वंद्विता दक्षिण एशिया में भारत के क्षेत्रीय एकीकरण में बाधक बन गए, व अन्य छोटे देश इस भय में हैं कि भारत अपनी अर्थव्यवस्था और सैन्य शक्ति का प्रयोग क्षेत्रीय एकीकरण के द्वारा अपने हित में करेगा। चतुर्थ, क्षेत्र के यथार्थवादी सुरक्षा वातावरण ने भारत पर निरंतर यह दबाव बनाया कि यह अपने अल्प आर्थिक संसाधनों का प्रयोग अपनी सुरक्षा पर करे। स्वतंत्रता प्राप्ति के पश्चात् से ही, भारत को पाकिस्तान और चीन के साथ युद्ध का सामना करना पड़ा, जैसे 1947, 1962, 1965 और 1999 के युद्ध। भारत की क्षेत्रीय सुरक्षा पर 1971 के बांग्लादेश की आजादी और उसके उद्भव में सहायता प्रदान करने और उस समय शरणार्थियों की समस्या का बोझ आ पड़ा और 1984 में श्रीलंका के निमंत्रण पर शांति-रक्षण हेतु हस्तक्षेप आदि प्रमुख हैं। पंचम्, भारत और इसके प्रमुख पड़ोसी देशों की यथार्थवादी सुरक्षा चिंता उस समय और बढ़ गई, जब 1998 में भारत और पाकिस्तान नाभिकीय अस्त्र (nuclear weaponization)-संपन्न देश बन गए, और अल्प आर्थिक संसाधनों का प्रयोग विकास से सुरक्षा की ओर होने लगा। इन सभी कारणों से यह स्पष्ट है कि, भारत का क्षेत्रीय आर्थिक एकीकरण, वैश्विक एकीकरण से अपेक्षाकृत अभी बहुत पीछे है।

ढाका में 1985 में दक्षिण एशियाई क्षेत्रीय सहयोग संगठन सार्क (SAARC) की स्थापना की गई, सार्क की अधि-संघीय संविदा के अनुच्छेद के अंतर्गत यह वर्णित किया गया कि द्विपक्षीय विवादित विषय इसके सम्मेलनों का भाग नहीं होंगे। यह इसकी दुर्बलता और शक्ति दोनों ही थी। कोलंबो सम्मलेन में व्यापार में उदारीकरण हेतु दक्षिण एशियाई मुक्त व्यापार समझौते साफ्टा (SAFTA) की शुरुआत की गई, किंतु व्यापार अब भी द्विपक्षीय रूप से किए जाते हैं। एक समीक्षक के अनुसार, छोटे क्षेत्रीय राज्य इस भय में थे कि भारत को उनकी अर्थव्यवस्था पर प्रभुत्व का मौका मिल जाएगा, जबकि भारत का भय था कि अंतर्राष्ट्रीय निकाय के छोटे राज्य इसको भारत-विरोध के लिए प्रयोग में लाएंगे, और उन्हें भारत के बड़े बाजार तक पहुंचने में सरलता होगी।[37]

1993 के सम्मलेन में आर्थिक सहयोग को बढ़ावा देने हेतु एक महत्त्वपूर्ण कदम उठाया गया, जिसे साप्टा (SAPTA, South Asian Preferential Trading Arrangement) कहा गया। इसका उद्देश्य सदस्य-देशों के मध्य आपसी व्यापार को बढ़ावा देना होगा और आपसी सहमति द्वारा विभिन्न वस्तुओं पर दरों को कम किया जा सकेगा या उन्हें समाप्त कर दिया जाएगा। चार कम विकसित देशों–बांग्लादेश, भूटान, मालदीव और नेपाल - को अधिक विकसित सदस्यों - भारत, श्रीलंका, और पाकिस्तान - की तुलना में कुछ वस्तुओं पर विशेष व्यापार सुविधा अथवा छूट दी गई।

बहरहाल, एक क्षेत्रीय समूह के रूप में सार्क का प्रदर्शन सदैव निराशाजनक रहा है। यह विश्व के निर्यात में 1.4 प्रतिशत भाग और आयात के 2.3 प्रतिशत भाग में साझीदार है, जो कि नाफ्टा (NAFTA) के 46 और 38 प्रतिशत और यूरोपीय यूनियन (ईयू, EU) के 44.4 और 44.7 प्रतिशत से बहुत कम है। अंतर-क्षेत्रीय व्यापार के क्षेत्र में भी इसका प्रदर्शन निराशाजनक है। सार्क का अंतर-क्षेत्रीय व्यापार 5 प्रतिशत है, जबकि नाफ्टा का 52.2 प्रतिशत और ईयू का 62.4 प्रतिशत है।[38]

सरकार से शासन की ओर (From Government to Governance)

1973 में उत्तर कोरिया और यूरोप में वैश्विक तेल बाजार में मंदी का दौर देखा गया और विकसित औद्योगिक अर्थव्यवस्थाओं में कल्याणकारी राज्यों पर वित्तीय व्यय बहुत अधिक बढ़ गया, इस पर पुनर्विचार किया जाने लगा और 1980 के दौरान विकसित औद्योगिक लोकतंत्रों में किंसियन कल्याणकारी अर्थव्यवस्था

संकटग्रस्त होने लगी। 1990 के दशक में दक्षिण एशिया में भी विभिन्न आर्थिक परिवर्तन देखे गए, यह सभी घटनाएं विश्व में नव-उदारीकरण की विचारधारा के प्रभुत्व के उदय का आधार बन गई। फलस्वरूप, द्वितीय विश्व युद्ध के पश्चात् यूरोप और अन्य महाद्वीपों में क्षेत्रीय आर्थिक एकीकरण की प्रक्रिया मजबूत हुई।

वैश्वीकरण और क्षेत्रीय एकीकरण के साथ ही उससे संबंधित एक राजनीतिक विमर्श शुरू हुआ, जिसे सरकार (government) से भिन्न शासनत्व (governance) कहा गया। राज्य और उसकी संस्था, सरकार, को यह आवश्यकता और वांछनीयता अनुभव हुई कि नागरिक समाज और बाजार की संस्थाओं को शासन की प्रक्रिया में शामिल किया जाए। नीति निर्माण व कार्यान्वयन में, पारदर्शिता, सूचना का अधिकार, अधिकारितांत्रिक राज्य से अलग स्वायत्त नियंत्रक निकाय (independent regulatory authorities), कानून का शासन और लोकतांत्रिक भागीदारी और सार्वजनिक जवाबदेयता जो राज्य के साथ नागरिक समाज और बाजार संस्थाओं के जाल की शुरुआत इस विकास के परिणामस्वरूप सामने आए।

भारतीय संदर्भ में सरकार से शासनत्व की ओर वैश्विक परिवर्तन के कारकों के रूप में नेहरूवादी समाजवाद की असफलता और इंदिरा गांधी के लोकरंजन (Popular) के संकट को देखा जा सकता है। 1980 के अंत तक आर्थिक और राजनीतिक दोनों संकटों ने एक अरक्षणीय भुगतान असंतुलन (unsustainable balance of payment) की समस्या को जन्म दिया। भारतीय समाजवाद के प्रतिमान से व्यापारिक उदारवाद के प्रतिमान में परिवर्तन आया, और 1991 में पी.वी. नरसिम्हा राव के नेतृत्व वाली कांग्रेस अल्पमत की सरकार द्वारा वैश्वीकरण शुरू किया गया। सरकार से शासन की ओर परिवर्तन के संकेत 2002-2007 की पंचवर्षीय योजना में स्पष्ट थे, और उसके पश्चात् वर्ष 2014-2015 में नरेंद्र मोदी की राष्ट्रीय लोकतांत्रिक गठबंधन की सरकार द्वारा योजना आयोग को नीति आयोग (NITI—National Institution for Transforming India) में बदल दिया गया। योजना आयोग, नेहरू के भारतीय समाजवाद का उपकरण था; जबकि नीति आयोग अपनी पूर्ववर्ती संस्था का ही नव-उदारवादी अवतार है।

सरकार से शासन की ओर प्रस्थापित होने में राज्य को प्रक्रिया और संस्था संबंधी बहुत-सी चुनौतियों का सामना करना पड़ता है। यद्यपि, निजीकरण, बाजारीकरण, गैर-सरकारी संगठनों (NGOs) के होने के बाद भी राज्य की

भूमिका महत्त्वपूर्ण ही रहती है, पर कुछ रूपांतरण अवश्य हो जाता है। वास्तविक रूप से, राज्य की भूमिका विश्व के विभिन्न भागों जैसे–वैश्विक दक्षिण और उत्तर में, व्यापक रूप से अभी भी काफी मौजूद है। अन्य शब्दों में, यह सत्य है कि विश्व में राज्य समान रूप से कमजोर या गौण नहीं हो रहा। यह विकसित देशों की महान शक्तियों में अभी भी सुदृढ़ है और विकासशील विश्व जगत में मध्यम शक्ति के राष्ट्रों में यह राष्ट्रीय सुरक्षा राज्य (national security states) के रूप में विद्यमान है।

तुलनात्मक राजनीति के सामान्य सिद्धांत में, आशावादी विश्लेषक सु-शासनत्व (Good governance) को राजनीति विज्ञान में एक नए प्रतिमान के रूप में देखते हैं।[39] यद्यपि, अधिक यथार्थवादी समीक्षक यह टिप्पणी करते हैं कि प्राप्त प्रमाण कुछ उभरती हुई प्रवृत्तियों को दर्शाते हैं। कुछ नई प्रवृत्तियां राज्य से शासनत्व में परिवर्तन की ओर संकेत करती हैं, किंतु राज्य की भूमिका और उसकी पहुंच अब भी प्रमुख रूप से धुंधली नहीं पड़ी है; यह भी है कि हम परिवर्तन (change) से ज्यादा अनुकूलन (adaptation) देखते हैं, जो पूर्ववर्ती संस्थाओं व प्रक्रियाओं की अनुकृति में काफी हद तक मार्ग-निर्भरता (path dependency) के लक्षणों से युक्त है।[40] भारत भी, जैसा कि पहले ही वर्णन किया गया है, इसका कोई अपवाद नहीं है।

सामान्य रूप से हमें भी यह स्मरण रखना चाहिए कि राज्य सर्वाधिक समावेशी विधिक-तार्किक संस्था है, जो सार्वभौमिक नागरिकता से युक्त है, ना कोई बाजार ना ही नागरिक समाज ही पूर्णतः उसकी प्रतिकृति (replicate) करने के योग्य है। कल्याणकारी राज्य के संकट, सामाजिक लोकतंत्र और साम्यवाद के पतन के बाद नव-उदारवाद, वैश्वीकरण और क्षेत्रीय आर्थिक एकीकरण समाधान के रूप में आए, लेकिन समाधान के बदले नए संकट सामने आते जा रहे हैं। उदाहरण हैं - 1997 में पूर्वी एशिया में वित्तीय संकट, लैटिन अमेरिका का वित्तीय संकट, और 2008-2009 में उत्तर अमेरिका और पश्चिमी यूरोप में आर्थिक महामंदी, 2016 का ब्रेक्सिट (Brexit), 2017 के राष्ट्रपति के चुनाव में डोनाल्ड ट्रम्प की विजय, और संरक्षणवादी राष्ट्रवादियों ने मुक्त व्यापार और प्रवसन का विरोध वैश्विक उत्तर और दक्षिण में उभरते हुए वर्ग, क्षेत्रीय असमानता में अपार वृद्धि इत्यादि। विश्व में वैश्वीकरण के संकट सघन होते जा रहे हैं। अब चुनौती है कि एक नई समावेशी और सहभागी राजनीतिक और आर्थिक शासन की विचारधारा निर्मित की जाए जो समतावादी सहभाजनपूर्ण और संरक्षणीय पर्यावरणात्मक विकास पर आधारित हो।

संदर्भ-ग्रंथ (References)

[1] Giovanni Sartory, (1984), 'Guidelines for Concept Analysis', in G. Sartori (ed.), *Social Science Concepts*, Beverly Hills, California, Sage Publications, p. 19.

[2] R.S. Sharma, (1989), *Origin of the State in India : D.D. Kosambi Memorial Lecture, 1987*, University of Bombay Publication, Bombay, p. 2.

[3] S.N. Einsenstadt and Harriet Hartman, (1997), 'Historical Experience, Cultural Traditions, State Formation and Political Dynamics in India and Europe' in Martin Doornbos and Sudipta Kaviraj (eds.), *Dynamics of State Formation : India and Europe Compared, Indo-Dutch Studies on Development Alternatives, 19*, Sage Publications, New Delhi, p. 39.

[4] Sudipta Kaviraj, (1997), 'The Modern State in India', *op. cit.*, p. 227.

[5] M.P. Singh, (1994-95), 'Indian State : Historical context and Change', *The Indian Historical Review*, vol. XXI, nos. 1-2, July 1994 & January 1995, p. 52.

[6] R.S. Sharma, (1991), *Aspects of Political Ideas and Institutions in Ancient India*, 3rd edition; Motilal Banarsidas, Delhi; Romila Thapar, (1984), *From Lineage to State : Social Formations in the mid-First Millennium B.C., in the Ganga Valley*, Oxford University Press, Delhi; Hermann Kulke and Dietmar Rothermund, (1991), *A History of India*, Rupa and Company Delhi.

[7] Arjun Dev *el. al. (eds.), (1996), Human Rights : A Source Book*, NCERT, New Delhi, pp. 16-18.

[8] Partha Chatterjee, (2000), 'Development Planning and the Indian State', in Zoya Hasan, (ed.), *Politics and the State in India*, New Delhi: Oxford University Press, p. 117.

[9] *Ibid.*, pp. 122-123.

[10] Figures are from A.M. Khusro, (1988), 'Economic Party Initiatives : II-High Interest and Subsidy Regime', *Economic Times*, New Delhi, 9th February.

[11] Ministry of Finance (Economic Division), (1990), *Economic Survey 1989-90*, New Delhi, Government of India Press, p. 110.

[12] Jagdish Bhagwati and T.N. Srinivasan, (1993), *India's Economic Reforms*, Ministry of Finance, Government of India, New Delhi, p. 9.

[13] C.T. Kurien, (1996), *Economic Reforms and The People*, Madhyam Books, Delhi, pp. 3-4, and 10 and Terrence J. Byres (ed.), (1997), *The State Development Planning and Liberalization in India, Studies on South Asia (SOAS)*, Oxford University Press, New Delhi, pp. 4-5.

[14] Terrence J. Byres, *Ibid.*, pp. 5-6.

[15] Baldev Raj Nayar, (2007), 'Globalization and India's National Autonomy', in Baldev Raj Nayar, (ed.), *Globalization and Politics in India*, Oxford University Press, New Delhi, pp. 346-383.

[16] Sanjaya Baru, (1995), 'Continuity and Change in Indian Industrial Policy', in T.V. Satyamurthy, (ed.), *Industry and Agriculture in India : Since Independence*, Oxford University Press, New Delhi, p. 132.

[17] Sumit Roy, (1995), 'Liberalization and Indian Economy : Myth and Reality', in T.V. Satyamurthi, (ed.), *Industry and Agriculture in India : Since Independence*, Oxford University Press, New Delhi, p.136.

[18] Rumki Basu, (2000), *Economic Liberalization and Poverty Alleviation : Social Sector Expenditures and Centre-State Relations*, Deep & Deep, New Delhi, p. xi.

[19] Terrence J. Byres,*op.cit.*, p. 1.

[20] Neeraj Kumar, (2004), *The Role of the State in Developmental Process : A Study of the South Korean Experience*, Ph.D., Thesis in Political Science, University of Delhi.

[21] Partha Chatterjee,(1997), 'Development Planning and the Indian State', in Terrence J.

Byres (ed.),*The State Development Planning and Liberalization in India, Studies on South Asia* (SOAS), Oxford University Press, New Delhi, p. 91.

[22] Jurgen Habermas, (1981), *The Theory of Communicative Action, vol. II, Life, World and System : A Critique of Functionalist Reason* (Trans. From the German by Thomas McCarthy), Polity Press, Cambridge, First Published in German in 1981, p. 346.

[23] Sanjaya Baru, *op.cit.*, p. 130.

[24] *Ibid.*

[25] Neeraj Kumar, *op. cit.*

[26] T.K. Arun, (2005), 'Nurture the Grass Roots',*The Economic Times*, New Delhi, 14th April, p. 12.

[27] Pamela Shurmer-Smith, (2000), *India : Globalization and Change*, Arnold, London, p. 79.

[28] *Ibid.*, pp. 57-58.

[29] M.N. Srinivas and G.S. Aurora, (2004), 'From Structural Poverty and Adjustment of Structural Change', in G.S. Aurora (ed.), *Economics Reforms : The Social Concerns*, Academic Foundation in Association, New Delhi,with Institute for Social and Economic Change, Bangalore.

[30] *Ibid.*, p. 145.

[31] Lloyd Rudolph and Susanne Rudolph, (2001), 'Iconization of Chandrababu : Sharing Sovereignty in India's Federal Market Economy', *Economic and Political Weekly*, vol. XXXVI, no. 18, 5-11, May; M.P. Singh & Rekha Saxena, (1999), 'India Independent : The First Half Century of Political Development and Decay', *The Indian Historical Review*, vol. XXVI, July; *Also see* the 'Introduction' in Rekha Saxena, (2006), *Situating Federalism : Mechanism of Inter-governmental Relations in Canada and India,* Manohar, New Delhi; B.D. Dua, M.P. Singh, and Rekha Saxena, (eds.), (2003), *Indian Federalism in the New Millennium*, Manohar, New Delhi; and Akhtar Majeed (ed.), (2004,) *Federalism within the Union*, Manak, Delhi.

[32] Connie L. McNeely, (2000), 'The Determination of Statehood', in Frank J. Lechner and John Boli, (eds.), *The Globalization Reader*, Blackwell Publishers, Oxford, UK.

[33] Kenichi Ohmae, (2000), 'The end of the Nation State', in Frank J. Lechner and John Boli (eds.), *The Globalization : Reader,* Blackwell Publishers Ltd., Oxford, UK.

[34] For a Theoretical and Empirical Discussion of Developmental State in Comparative Perspective, see Mark Robinson and Gordon White, (1998), *The Democratic Development State : Political and Institutional Design*, Oxford University Press,Oxford.

[35] For a Theoretical Argument as well as Empirical Elaboration on this Theme, see Rekha Saxena, (1998), 'Democracy-Development Interface : Divergent Concerns', in M.P. Singh and Rekha Saxena, (eds.), *Ideologies and Institutions in Indian Politics*, Deep & Deep Publications, New Delhi.

[36] Arie M.M. Kacowicz, (1999), 'Regionalization, Globalization and Nationalism : Divergent or Overlapping?', *Alternatives*, vol. 24, no. 4, October-December, pp. 5-7.

[37] Andrew Wyatt, (2004), 'South Asia', in Anthony Payne, (ed.), The *New Regional Politics of Development,* Palgrave Macmillian, Houndmills, Besingstoke, Hampshire, UK, p. 158.

[38] Tanvir Ahmed, 'Comparative Analysis of SAARC, NAFTA and EU', accessed from <www.academia.eduèk9073295èkA_comparative_analysis_of_SAARC_NAFTA_and_EU> on 6 April 2017.

[39] B. Guy Peters,(2012), 'Governance as Political Theory', in David Levi-Faur, (ed.), *The Oxford Handbook of Governance*, Oxford University Press,New York, chapter 2, pp. 19-32.

[40] Lawrence E. Lynn, Jr. (2012), 'The Many Faces of Governance : Adaptation? Transformation? Both? Neither?' in David Levi-Faur, (ed.), *The Oxford Handbook of Governance*, Oxford University Press,New York,chapter 4, pp. 49-64.

3

भारत में विकास के बदलते आयाम

Changing Dimensions of Development in India

अभिषेक नाथ

महत्त्वपूर्ण शब्द विकास रणनीति, नियोजित विकास, हिंदू संवृद्धि दर, संरचनात्मक समायोजन, नवउदारवादी विकास, निर्यातोन्मुखी औद्योगीकरण, उत्तर औपनिवेशिक राज्य, विकास मॉडल, नव-उदारवादी नीति।

कथ्य *उत्तर औपनिवेशिक राज्यों में विकासात्मक गतिविधियों का अध्धय्यन आर्थिक के साथ-साथ राजनीतिक, सामाजिक आयामों के साथ विशिष्ट रूप से जुड़ा हुआ है। इसका संबंध राज्यों की प्रकृति और शासन के प्रकारों से भी अनिवार्य रूप से जुड़ा हुआ है जिसका परिणाम यह है कि उत्तर औपनिवेशिक राज्यों की विकासात्मक गतिविधियां उनकी वैधता का महत्त्वपूर्ण आधार मानी जाती रही हैं। भारतीय राज्य द्वारा अपनाई गई विकासात्मक नीतियां विशुद्ध रूप से आर्थिक विमर्श का परिणाम नहीं रही हैं बल्कि उस पर ऐतिहासिक-सामाजिक और व्यक्तिगत प्राथमिकताओं का प्रभाव रहा है। सामाजिक दबावों और राजनीतिक गणित ने अपनाई गई नीतियों के पूर्ण रूपेन क्रियान्वयन को रोका है जिसका परिणाम विकृत विकास के रूप में सामने आया है। साथ ही एक प्रतिनिधि लोकतांत्रिक व्यवस्था में नीतियों के प्रति आवश्यक और पूर्णकालिक समर्थन के अभाव ने भी अपेक्षित परिणामों को सीमित किया है। वर्तमान केंद्र सरकार द्वारा आर्थिक मोर्चे पर कई महत्त्वपूर्ण प्रयास किए गए हैं। आशा है कि रोजगार और कौशल विकास संबंधी नई पहलों के द्वारा सकारात्मक परिणाम देखने को मिलेंगे। साथ ही यह ध्यान रखना भी महत्त्वपूर्ण है कि उपरोक्त प्रयास एक नवउदारवादी व्यवस्था के तहत ही किए जाने का प्रयास है जिसकी अपनी सीमाएं हैं।*[1]

भारत जैसे उत्तर-औपनिवेशिक राज्यों में राज्यतंत्र की प्रमुख जिम्मेदारी विकासात्मक गतिविधियों को कार्यान्वित करना है।[2] जो उनकी वैधता का भी एक प्रमुख आधार है। परंतु विकास स्वयं में एक अतिभारित शब्द है, जिसकी व्याख्या आर्थिक वृद्धि जैसे संकीर्ण अर्थों से लेकर मानवीय

विकास जैसे विस्तृत संदर्भ में की जा सकती है। अमर्त्य सेन जैसे विद्वान तो विकास की व्याख्या स्वतंत्रता (राजनीतिक, सामाजिक और आर्थिक) के बढ़ाने या घटाने के विशिष्ट संदर्भ में करके इसके आयाम को और विस्तार प्रदान करते हैं।[3] स्पष्ट है कि विकास का आयाम अनिवार्य रूप से राज्य की प्रकृति और शासन के प्रकार अर्थात् लोकतंत्र आदि से जुड़ा हुआ है।

एक नवोदित भारतीय राज्य की विकासात्मक नीतियों की व्याख्या और मूल्यांकन कई अर्थशास्त्रियों, समाजशास्त्रियों, राजनीतिविज्ञानियों और राजनीतिक-अर्थशास्त्रियों द्वारा किया गया है। जिनका विश्लेषण काफी सारगर्भित है। किंतु यह विश्लेषण इस अर्थ में एकांगी प्रतीत होता है कि विश्लेषण या तो आर्थिक या राजनीतिक-सामाजिक पहलू को प्रमुखता प्रदान करता है, जबकि राज्य की विकासात्मक गतिविधि इन तीनों ही पक्षों के विश्लेषण और अंतरक्रिया की मांग करती है। लेखक द्वारा इस संतुलन को साधने का प्रयास किया गया है।

उपरोक्त संदर्भ में भारत में विकास के बदलते आयामों का परीक्षण निम्न प्रश्नों के तहत किया जा सकता है:

- भारत द्वारा अपनाई गई विकासात्मक नीतियों को कहां तक उचित ठहराया जा सकता है?
- इन नीतियों पर राज्य की प्रकृति और सामाजिक-राजनीतिक संदर्भों का कितना प्रभाव है?
- क्या आर्थिक विकास की नीतियां शासन तंत्र से प्रभावित होती हैं?
- अपनाई गई आर्थिक नीतियों का मूल्यांकन किन पहलुओं से किया जा सकता है?

लेखक का मानना है भारतीय राज्य द्वारा अपनाई गई विकासात्मक नीतियां विशुद्ध रूप से आर्थिक विमर्श का परिणाम नहीं रही हैं, बल्कि उस पर ऐतिहासिक-सामाजिक और व्यक्तिगत प्राथमिकताओं का प्रभाव रहा है। सामाजिक दबावों और राजनीतिक गणित ने अपनाई गई नीतियों के पूर्णरूपेण क्रियान्वयन को रोका है, जिसका परिणाम विकृत विकास के रूप में सामने आया है। साथ ही एक प्रतिनिधि लोकतांत्रिक व्यवस्था में नीतियों के प्रति आवश्यक और पूर्णकालिक समर्थन के अभाव ने भी अपेक्षित परिणामों को रोका है।

विकास : विमर्श, मतभिन्नता और क्रियान्वयन
(Development : Discussion, Dissension and Implementation)

स्वतंत्र भारत की विकास रणनीति क्या होगी इस पर विमर्श 1930 के दशक में

सुभाष चंद्र बोस की अध्यक्षता में गठित नियोजन समिति के साथ ही शुरू हो गया था। इसकी स्थापना जवाहरलाल नेहरू की भारतीय राष्ट्रीय कांग्रेस की अध्यक्षता के दौरान हुई। 1940 के दशक में बंबई के उद्योगपतियों ने बांबे प्लान प्रस्तुत किया, इसके अतिरिक्त श्रीमन नारायण ने गांधीवादी प्लान और एम. एन. राय ने पीपुल्स प्लान पेश किया, जिनमें आर्थिक विकास की अलग-अलग रणनीतियों की वकालत की गई थी।

मोटे तौर पर नवोदित भारत की जरूरतों जिसमें तीव्र आर्थिक विकास के साथ-साथ विकास उपलब्धियों का जनता में पुनर्वितरण महत्त्वपूर्ण चुनौती थी। इसके अतिरिक्त, अंतर्राष्ट्रीय व्यवस्था में अपना पक्ष भी स्थापित करना था। इसके लिए नीति निर्माताओं के समक्ष तीन महत्त्वपूर्ण विकास मॉडल थे–पहला, खुले व्यापार की उदारवादी नीति; दूसरा, समाजवादी नीति और तीसरी किंसियन वेल्फेयर स्टेट, जिसे सामाजिक लोकतांत्रिक व्यवस्था के नाम से भी जाना जाता है। खुले व्यापार की नीति के लिए भारतीय अर्थव्यवस्था अपने कमजोर पूंजीवादी आधार के कारण तैयार नहीं थी। साथ ही अपने तीव्र आर्थिक विकास के दावों के बावजूद इसकी खराब पुनर्वितरण क्षमता के कारण भी यह नहीं अपनाई जा सकती थी। समाजवादी मॉडल तीव्र आर्थिक विकास के साथ तीव्र पुनर्वितरण में सफल था जिसका उदाहरण सोवियत रूस द्वारा कम समय में इन उद्देश्यों की प्राप्ति के रूप में सामने था और जिसके प्रशंसक नेहरू भी थे; लेकिन सोवियत व्यवस्था के नागरिक अधिकारों की सुरक्षा में खराब रिकॉर्ड ने इसके प्रति मोह भंग कर दिया था। सामाजिक लोकतांत्रिक व्यवस्था के धीमे विकास और कम प्रभावी पुनर्वितरण क्षमता के बावजूद लोकतांत्रिक मूल्यों के प्रति आस्था ने नीति निर्माताओं और खासकर नेहरू को काफी आकर्षित किया। साथ ही भारतीय नेतृत्व इस बात को समझता था कि आर्थिक निर्भरता राजनीतिक निर्भरता को निमंत्रण देती है। अतः अंतर्राष्ट्रीय व्यवस्था में अपनी पहचान सुनिश्चित करने और राजनीतिक संप्रभुता को बनाए रखने के लिए भी उदारवादी या समाजवादी मॉडल से एक दूरी निर्धारित करनी आवश्यक थी, जिसकी प्राप्ति इससे संभव थी।[4]

अतः भारत को अपनी आर्थिक आत्मनिर्भरता की प्राप्ति एक वृहत कृषकीय आधार और अर्ध-सामंती सामाजिक-आर्थिक व्यवस्था के ऊपर करनी थी; जिसके फलस्वरूप प्रथम पंचवर्षीय योजना में कृषि क्षेत्र में सुधारों पर विशेष ध्यान दिया गया और जमींदारी उन्मूलन तथा भूमि सुधार कानूनों द्वारा गरीब और भूमिहीन जनता को भूमि की उपलब्धता सुनिश्चित कर उनकी बेरोजगारी और गरीबी की समस्या के निवारण का प्रयास किया गया, लेकिन घरेलू बुर्जुआ और सामंती वर्ग

ने नौकरशाही वर्ग के साथ मिलकर इन सुधारों की असफलता को सुनिश्चित किया जिनकी मजबूत पकड़ राजनीतिक तंत्र पर थी।[5] उल्लेखनीय है कि इन सुधारों की सफलता भारत की खाद्यान्न आत्मनिर्भरता को सुनिश्चित कर सकती थी जो अवसर चूक गया, जिसका असर 1960 के दशक में देश में खाद्यान्न की भारी कमी के रूप में सामने आया।

तीव्र आर्थिक विकास और आत्मनिर्भरता का दूसरा आधार औद्योगीकरण था जो पूंजीगत वस्तुओं का घरेलू उत्पादन, आयात पर प्रतिबंध और विदेशी मुद्रा के संचय के रूप में हो सकता था, जिसके लिए आयात-प्रतिस्थापन वृहत औद्योगीकरण मॉडल के पक्ष की जीत हुई जिसे हम ''महालनोबिस मॉडल'' के रूप में भी जानते हैं। तर्क यह था कि वृहत औद्योगिक मशीनों का उत्पादन घरेलू तौर पर करके इनके आयात के लिए आवश्यक विदेशी मुद्रा की बचत हो सकती है। साथ ही, आर्थिक आत्मनिर्भरता को भी बढ़ावा मिलेगा क्योंकि औद्योगीकरण ही आर्थिक विकास का आधार है। दूसरी तरफ निजी पूंजीपति वर्ग के कमजोर आधार के कारण ज्यादातर उद्योगों की स्थापना और संचालन की जिम्मेदारी राज्य के ऊपर आ गई, जिसका क्रियान्वयन दूसरी पंचवर्षीय योजना से हुआ। इसके बावजूद कि इस मॉडल ने राजनीतिक संप्रभुता और लोकतांत्रिक मूल्यों के संरक्षण में अपनी महत्त्वपूर्ण भूमिका निभाई। ज्यादातर अर्थशास्त्री इस बात पर सहमत हैं कि यह मॉडल भारत के वांछित उद्देश्यों के पक्ष में नहीं था क्योंकि ऐसे औद्योगिक प्रतिष्ठानों का एक लंबा गर्भकाल होता है, जिसका असर लंबे समय बाद दिखता है और यह बड़े पैमाने पर रोजगारपरक भी नहीं होता, जिसका सीधा असर एक बड़ी गरीब जनसंख्या पर पड़ना था क्योंकि कृषि अब भी अविकसित थी।

प्रोफेसर फ्रैंकल ने भारतीय अर्थव्यवस्था में तीन महत्त्वपूर्ण पड़ावों की ओर ध्यान आकर्षित किया है: पहला, 1950 के अंतिम और 60 के आरंभिक दशक में खराब फसल और भुगतान संतुलन के संकट के परिणामस्वरूप मुद्रा का अवमूल्यन, व्यापार नीतियों में परिवर्तन और कृषि के विकास के लिए ''हरित क्रांति'' की नीति का अपनाया जाना; दूसरा, 1970 और 80 के दशक के मध्य व्यापार और औद्योगिक लाइसेंस की व्यवस्था को धीरे-धीरे ढीला करना; और तीसरा, 1991 में सबसे बड़ा परिवर्तन जब नियंत्रण वाली व्यवस्था का त्याग कर अधिक खुली और बाजारोन्मुखी नीतियों का आरंभ हुआ।[6]

1950 के अंतिम और 60 के आरंभिक दशकों में खराब फसल और भुगतान संतुलन के संकट ने नियोजित औद्योगीकरण की रणनीति को संशोधित किए जाने

की बाध्यता उत्पन्न की; क्योंकि सार्वजनिक क्षेत्र में निवेश के संसाधनों के अभाव के कारण यह रणनीति अनुत्पादक हो गई थी। परंतु इसका त्याग नहीं किया गया जिसके पीछे अंतर्राष्ट्रीय और आंतरिक कारक जिम्मेदार थे। अंतर्राष्ट्रीय स्तर पर विश्व बैंक (World Bank) और अमेरिकी आर्थिक सहायता के वायदे के कारण ऐसा न हो सका। चीनी आक्रमण के समय अमेरिका द्वारा उपकरणों की आपूर्ति के वायदे और गैर-परियोजना सहायता के वायदे को पूरा न करना भी इसका कारण रहा। हालांकि "हरित क्रांति" इस वृहद सुधार के एक अंश के रूप में जरूर स्थायित्व प्राप्त कर सकी। आंतरिक तौर पर कांग्रेस के अंदर इंदिरा गांधी का "सिंडीकेट" से संघर्ष ने नीतियों को वाम दिशा में मोड़ा। स्पष्टतः इंदिरा गांधी ने नेहरूवादी नीतियों की समुचित समीक्षा का अवसर गवां दिया और उसके स्थान पर आर्थिक नीतियों को और ज्यादा समाजवादी रुझान प्रदान किया। बैंकों और बीमा का राष्ट्रीयकरण, प्रीविपर्स की समाप्ति जैसी नीतियां सामने आई।[7]

हरित क्रांति की सफलता का एक महत्त्वपूर्ण प्रभाव यह हुआ कि विकास नीति की बहस से भूमि सुधार का प्रश्न लगभग समाप्त हो गया। समस्त बहस समुचित व्यापार नीति और उसमें भी आयात नियंत्रक नीतियों की प्रभावकारिता के इर्द-गिर्द केंद्रित हो गई। इन्हीं नीतियों ने परिवर्तन का आधार भी तैयार कर दिया क्योंकि अधिकांश समितियों ने इन नीतियों में व्याप्त अक्षमता और भ्रष्टाचार को रेखांकित कर इन्हें बदलने की सिफारिश की। परंतु डेढ़ दशक बाद एक और भुगतान संतुलन संकट और अंतर्राष्ट्रीय मुद्राकोष की ऋण शर्तों के बाद ही यह बदलाव संभव हुआ।[8] जिसे हम नव-उदारवादी आर्थिक व्यवस्था भी कहते हैं।

वैकल्पिक विकास रणनीतियां
(Alternative Development Strategies)

आयात प्रतिस्थापक औद्योगिक नीति के अतिरिक्त आर्थिक विकास के दो और विकल्प प्रस्तुत किए गए। प्रथम, कृषि आधारित विकास की रणनीति जिसमें भारत तुलनात्मक लाभ की स्थिति में हो सकता था; और दूसरा, निर्यातोन्मुख औद्योगीकरण की नीति।

1. कृषि आधारित विकास की रणनीति (वकील-ब्रहमानन्दा मॉडल)
(Agriculture Based Development Strategy (Vakil-Brahmanand Model))

कुछ विद्वानों का यह मानना था कि कृषि और उस पर आधारित उद्योग भारत की आर्थिक आत्मनिर्भरता के साधन हो सकते थे। कृषि से प्राप्त अतिरिक्त

उत्पाद और आय का इस्तेमाल कृषि आधारित उद्योगों की स्थापना में किया जा सकता था, जिसका महत्त्वपूर्ण लाभ कृषि में लगी अतिरिक्त जनसंख्या को रोजगार उपलब्ध कराकर ग्रामीण गरीबी और बेरोजगारी को दूर किया जा सकता था। मेघनाद देसाई का मानना है कि वकील–ब्रहमानन्दा मॉडल जिसमें रोजगार और कृषि पर ज्यादा बल दिया गया था महालनोबिस मॉडल, जिसमें पूंजीगत वस्तुओं में आत्मनिर्भरता और कृषि की उपेक्षा की गई थी, से कहीं बेहतर साबित हो सकता था। उपभोक्ता वस्तुओं का ज्यादा उत्पादन ज्यादा रोजगार और निर्यात को बढ़ावा देता, जिससे उपभोक्ता वस्तुओं के उद्योग के लिए आवश्यक पूंजीगत वस्तुओं के आयात के लिए अदायगी भी संभव होती।[9] परंतु कृषि आधारित विकास की रणनीति को अस्वीकार किए जाने के लिए भी तर्कों की कमी नहीं थी। लैटिन अमेरिका के लिए आर्थिक आयोग से जुड़ी रॉल प्रेबिश (Raúl Prebisch) के शोध ने सुझाया कि प्रतिकूल व्यापार की शर्तें कृषि आधारित संवृद्धि को उस निर्यात आय को बढ़ाने से रोकती हैं जो कि उच्चतर संवृद्धि के लिए आवश्यक निवेश दर और निवेश वस्तुओं के आयात हेतु वित्त उपलब्ध कराने में सहायक होती हैं। साथ ही, भारत में कृषि क्षेत्र में बेरोजगारी छिपी थी जिसमें अधिक लोगों को काम में लगाकर उत्पादन नहीं बढ़ाया जा सकता था। कृषि में संवृद्धि के लिए अतिरिक्त श्रम को यहां से निकालकर उद्योग में प्रतिस्थापित किया जाना था। उच्च उत्पादकता वाले बीजों हेतु तकनीकी ज्ञान का अभाव था। कृषकों के पिछड़े दृष्टिकोण को बदलने की अति–आवश्यकता थी। बिना इन सुधारों के केवल भूमि सुधार तीव्र विकास नहीं दे सकते थे। भूमि सुधार पर जोर प्रायः समृद्धि में योगदान के बजाय समतावाद के वास्ते अधिक रहा। वस्तुतः ऐसा विश्वास था कि भूमि सुधार कृषकों की मनोवृति बदलने और आर्थिक संवृद्धि में योगदान देने के महत्त्वपूर्ण घटक हो सकते थे। परंतु दुर्भाग्यवश अल्पकाल में ऐसा हो न सका।[10] अतः प्रथम पंचवर्षीय योजना में कृषि को प्राथमिकता के बावजूद भावी योजनाओं में इसके प्रति उत्साह नहीं रहा; हालांकि कृषि आधारित विकास को एक सहायक रणनीति के रूप में साथ–साथ आजमाया जा सकता था, किंतु ऐसा लगता है कि भू–सुधारों की विफलता ने इसे आगे नहीं बढ़ने दिया।

2. निर्यातोन्मुख औद्योगीकरण नीति
((Export Oriented Industrialisation Policy)

निर्यातोन्मुख औद्योगीकरण या निर्यात–प्रेरित विकास नीति की अनुशंसा प्रारंभिक तौर पर किसी अर्थशास्त्री ने नहीं की क्योंकि विकसित देशों में उच्च स्तरीय

संरक्षण विद्यमान था और निर्यात में अत्यधिक वृद्धि पर नई बाधाएं भी लागू की जा सकती थी। विश्व-अर्थव्यवस्था की उच्च वृद्धि दर के प्रति आशान्वित होने के बजाय इसके विश्व युद्धों के अंतराल की अवधि की तरह मंदी में चले जाने की भी आशंका थी। विश्लेषकों को यह भी आशा नहीं थी कि अंतर्राष्ट्रीय व्यापार समझौते संरक्षणात्मक दबावों को निष्फल कर देंगे और संरक्षणात्मक उपायों में कटौती से हमारा निर्यात बहुत बढ़ जाएगा। साथ ही, भारत में सीमित औद्योगिक आधार ने भी इस रणनीति को अपनाने की संभावनाओं पर विराम लगा दिया।[11]

जगदीश भगवती का मानना है कि 1950 के दशक में विकास के संदर्भ में भारतीय सोच उत्कृष्ट थी। मुख्य उद्देश्य रोजगार बढ़ाकर गरीबी दूर करना था, यद्यपि सामाजिक क्षेत्र की भी उपेक्षा नहीं करनी थी। इसके लिए आवश्यक था कि संवृद्धि श्रम-केंद्रित हो; लेकिन 1960 के दशक के आते-आते विकास असफल होने लगा और इसके लिए निर्यात-प्रोत्साहन के बजाय आयात-प्रतिस्थापन की नीति को अपनाया जाना प्राथमिक रूप से जिम्मेदार था। राज्य द्वारा उच्च लागत उत्पादन और हस्तक्षेप अपनाना, जिसका अर्थ था कि कृषि में समृद्धि के द्वारा मांग बढ़ाना सीमित था, और इसलिए बहुत अधिक विकास दर असंभव थी। भगवती का मानना है कि पूर्वी एशियाई देशों की निर्यात-उत्प्रेरित रणनीति ने दर्शाया कि व्यापार अनिश्चित समय के लिए विकास दर बढ़ा सकता है, जो की उत्पादक किंतु तुलनात्मक रूप से सस्ते यंत्रों के आयात से संभव है। एक साक्षर श्रम-शक्ति ऐसी मशीनों के उत्पादन को आगे बढ़ा सकती है, और संवृद्धि के लाभ को भी विस्तारित कर सकती है।[12] अमर्त्य सेन ने भी पूर्वी एशियाई मॉडल की श्रेष्ठता को स्वीकार किया है यदि श्रम-बल साक्षर हो और उनकी बड़ी सहभागिता अर्थव्यवस्था में हो, किंतु भारत में भू-सुधारों और महिलाओं के सशक्तीकरण पर कम ध्यान दिया गया।[13]

वस्तुतः पूर्वी एशियाई देशों ने भारत के साथ ही अपनी विकास यात्रा शुरू की, लेकिन निर्यात-प्रेरित तीव्र वृद्धि दर के सहारे तीन दशकों में ही विकसित देशों की श्रेणी में आकार खड़े हो गए थे, जबकि भारत अभी भी हिंदू संवृद्धि दर[14] (Hindu Rate of Growth) (3-3.5 प्रतिशत) से ही जूझ रहा था। आपातकाल के बाद के वर्षों में इंदिरा गांधी के नेतृत्व में भारत एक नए मॉडल की ओर उन्मुख हुआ जिसमें आर्थिक विकास हेतु "राज्य और व्यापार" का गठबंधन शुरू हुआ। पुनर्वितरण से ज्यादा आर्थिक विकास पर बल दिया गया, बड़े उद्यमियों से गठबंधन किया, मजदूर विरोधी रवैया अपनाया, सार्वजनिक क्षेत्र के विकास पर लगाम लगाई और आर्थिक नियोजन का महत्त्व घटा। लोकतंत्र की विवशताओं

के कारण इसे उजागर करना संभव नहीं था, लेकिन झुकाव वामपंथ से हटकर दक्षिणपंथ की ओर हुआ। 1980 में इंदिरा गांधी के दुबारा चुने जाने के बाद पहली प्राथमिकता बेहतर उत्पादन और आर्थिक विकास थी, जबकि इस समय तक ''गरीबी हटाओ'' की हवा निकल चुकी थी, भूमि-सुधारों में कठिनाई आ रही थी, समाजवाद निष्प्रभावी हो रहा था और विकास में अवरोध बन रहा था। दूसरी तरफ, 1960 के दशक में निजी उत्पादकों को समर्थन देने से हरित क्रांति हो गई थी और ऐसा अनुभव किया जा रहा था कि बड़े उद्यमियों को भी राज्य का समर्थन देने से औद्योगिक विकास में तेजी आएगी, मुद्रास्फीति कम होगी और अंततः गरीबों को ही लाभ मिलेगा। अतः एक सक्रिय राज्य की जरूरत थी जो ज्यादा निवेश करे, पूंजी को ज्यादा समर्थन दे और श्रमिकों पर लगाम लगाए। इसके अनुरूप इंदिरा गांधी ने नीतिगत फैसले लिए। उद्यमियों पर नियंत्रण की कमी कर, उन्हें उन क्षेत्रों में प्रवेश दिया गया जो अभी तक सार्वजनिक क्षेत्र के लिए उपलब्ध थे, जैसे-रसायन, औषधि, सीमेंट और ऊर्जा आदि। उद्यमियों के लिए बैंकों से उदार शर्तों पर ऋण की व्यवस्था की गई। करों में राहत दी गई। सीधे जनता से संसाधन जुटाने की छूट भी दी। श्रम कानूनों में ढील और सब्सिडी में कटौती की गई। ''काम के बदले अनाज कार्यक्रम'' बंद कर दिया गया। 1981 में तेल की कीमतों में भारी वृद्धि तथा मशीनरी व प्रौद्योगिकी के आयात पर होने वाले खर्च के लिए भारत ने अंतर्राष्ट्रीय मुद्रा कोष से 5 अरब डॉलर का ऋण लिया, और उन्हें इस बात के लिए संतुष्ट कर दिया कि भारत में निजी क्षेत्रों के माध्यम से आर्थिक विकास को तेज करने के लिए सरकार को ज्यादा निवेश की जरूरत है। इसी समय भारत में विदेशी सामान और निवेशकों के लिए दरवाजे खोल दिए गए। परिणामस्वरूप, सस्ते विदेशी सामान भारतीय बाजारों में छाने लगे। इससे घबराकर भारतीय उद्यमियों ने सरकार से संरक्षण की गुहार लगाई।

सरकार ने 1983-84 में पुनः आयात प्रतिबंध लगाए और अंतर्राष्ट्रीय मुद्रा कोष के ऋण का पूरा उपयोग किए बिना ही उस करार को समाप्त कर दिया। यह पूरी रणनीति भारतीय व्यापारियों को स्थापित करने की थी जो पूर्णता के साथ लागू नहीं हुई। अतः सीमित रूप में भारत में इस अवधि में व्यापारवादी नीति अपनाई गई। अतुल कोहली ने लिखा है, 1950 से 80 के दौरान विकास की गति इसलिए धीमी नहीं रही कि राज्य ने ''बाजारवादी मॉडल'' नहीं अपनाया, बल्कि इसलिए कि ''राज्यवादी मॉडल'' के अनुरूप राज्य का पर्याप्त हस्तक्षेप नहीं था।[15] लेकिन हमें यह ध्यान रखना चाहिए कि एक लोकतांत्रिक व्यवस्था के तहत भारतीय राज्य नीतियों को लागू करने में उस हद उत्पीड़क नहीं हो सकता

जैसा कि सत्तावादी पूर्वी एशियाई देशों के अनुभव से हमें पता चलता है। संक्षेप में, यह कहा जा सकता है कि इंदिरा गांधी के नेतृत्व में मिले आर्थिक विकास की समीक्षा के दोनों ही अवसरों का इस्तेमाल अर्थव्यवस्था में सुधारों के लिए पूर्णरूपेण नहीं किया जा सका। यह सुधार 1991 के दौरान आए आर्थिक संकट के बाद ही संभव हो पाए, जिसने भारत में विकास की रणनीति की दशा और दिशा दोनों में ही गुणात्मक परिवर्तन किए।

3. नव-उदारवादी विकास रणनीति
(Neoliberal Development Strategy)

नव-उदारवादी विकास रणनीति 1980 के दशक के अंत तक भारतीय अभिजात वर्ग जिसमें नौकरशाही भी शामिल थी, इस बात को समझने लगे थे कि अंतर्राष्ट्रीय स्तर पर भारत के सम्मान और प्रमुखता के पारंपरिक दावे और आर्थिक नीतियों द्वारा इसे बनाए रखने की गिरती क्षमता के बीच एक गहरा अंतराल बन गया है और आर्थिक विफलता स्पष्ट हो चुकी है। भारत के लिए यह सबसे बुरी मनोदशा थी जो श्रेष्ठता की भावना रखने और निकृष्ट स्थिति (superiority complex and an inferior status) में होने को प्रदर्शित करती है।[16]

1990 में आए भुगतान संकट ने ब्रेटनवुड्स संस्थाओं से आर्थिक सहायता लेने को मजबूर किया और जुलाई 1991 में भारत में बाजारवादी व्यवस्था ने पिछले दरवाजों से कदम रखा, क्योंकि लोकतंत्र होने के बावजूद भारत में आर्थिक सुधार सीमित जनाधार पर आधारित था। बाजारवाद संसाधनों के दक्ष आवंटन और प्रतिस्पर्धा से उत्पादन और विकास में वृद्धि की कल्पना करता है। इसके तहत विकास के लिए राज्य के हस्तक्षेप की आलोचना की गई, तथा यह सुझाव दिया गया कि यदि राज्य अपना आर्थिक हस्तक्षेप न्यूनतम कर दे और अपनी अर्थव्यवस्था को पूरे विश्व के लिए खोल दे तो उनका आर्थिक विकास बढ़ जाएगा। ऐसा न करने पर उन्हें वित्तीय और व्यापार असंतुलन का सामना करना पड़ेगा। अन्य सुझावों में सार्वजनिक क्षेत्र का निजीकरण, सब्सिडी में कटौती, मूल्य निर्धारण में अहस्तक्षेप, मुद्रा का अवमूल्यन तथा पूंजी निवेशकों को आमंत्रण देने जैसे कार्य करने चाहिए। इसे सरल शब्दों में, एल पी जी - लिबरलाइजेशन, प्राइवेटाइजेशन, ग्लोबलाइजेशन या उदारीकरण, निजीकरण और वैश्वीकरण कहते हैं। यह दावा किया गया कि एक प्रतिस्पर्धात्मक, खुली और दक्ष अर्थव्यवस्था से अनेक सकारात्मक परिणाम आएंगे। इससे बेहतर आर्थिक

विकास दर, उच्च रोजगार अवसर, ग्रामीण क्षेत्रों की बेहतरी और क्षेत्रीय असंतुलन को दूर किया जा सकेगा।

परंतु भारत के लिए इस नव-उदारवादी मॉडल के तहत लगभग 25 वर्षों का सफर बहुत संतोषप्रद नहीं रहा है; जैसा कि ज्यादातर विद्वान दावा करते हैं। इसके बावजूद पिछले दशक में आर्थिक वृद्धि दर औसतन 7 प्रतिशत से ऊपर रही है। विकास काफी एकांगी रहा है, अर्थात् अर्थव्यवस्था के सभी क्षेत्रों में विकास समान रूप से परिलक्षित नहीं हुआ है। सेवा क्षेत्र को छोड़कर अन्य क्षेत्रों में सुधार आशा से कम रहा है। कृषि विकास तो कभी भी 3 प्रतिशत के ऊपर नहीं गया, जिसका परिणाम यह हुआ कि विकास की प्रकृति समावेशी नहीं रही है। कृषि-उद्योगों, गरीब-अमीर और ग्राम-शहर के बीच की खाई और चौड़ी हुई है। लकड़वाला कमिटी (1993) से लेकर तेंदुलकर कमिटी (2007) और योजना आयोग और एन.एस.ओ. (National Statistics Office) के विभिन्न पैमानों के बावजूद भारत में एक-तिहाई गरीबी बनी हुई है। श्रम ब्यूरो के क्वाटरली सर्वे (जुलाई-सितंबर 2015) यह बताते हैं कि आठ श्रम सघन उद्योगों में रोजगार सृजन 2011 में 9 लाख, 2013 में 4.19 लाख और 2015 में केवल 1.35 लाख रहा है। श्रम बल में पिछले दशक (2001-2011) में वृद्धि दर 2.23 प्रतिशत रही है जबकि रोजगार दर केवल 1.4 प्रतिशत रही है। 2011 की जनगणना के अनुसार, अर्थव्यवस्था की औसत वृद्धि दर 7.7 प्रतिशत रही है जबकि रोजगार दर केवल 1.8 प्रतिशत। रोजगार बाजार में प्रतिदिन एक मिलियन लोग शामिल हो रहे हैं और भारतीय अर्थव्यवस्था को लगभग 115 मिलियन गैर-कृषीय रोजगार सृजन की जरूरत अगले 10 वर्षों में है। तभी जाकर हम जनांकिकी का लाभ उठा पाएंगे। अतः रोजगार-रहित विकास की ओर हम अग्रसर हुए हैं।[17] जिसका सीधा असर गरीबों और गरीबी पर पड़ा है। सरकारी क्षेत्र में भी रोजगार जो 1996-97 में 19.5 मिलियन था, घटकर आज 17 मिलियन रह गया है। अनौपचारिक क्षेत्र में जो रोजगार मिले भी हैं वे कम वेतन और खराब परिस्थितियों वाले रहे हैं।

इस नव-उदारवादी आर्थिक व्यवस्था की समीक्षा अर्थव्यवस्था के कई पहलुओं से की जा सकती है लेकिन इसका मूल्यांकन दो आधारों-गरीबी पर प्रभाव और कृषि क्षेत्र की दशा के द्वारा करना उचित होगा जो भारत की एक बड़ी जनसंख्या से संबंध रखती है।

नव उदारवादी आर्थिक व्यवस्था की समीक्षा

(Review of Neo-liberal Economic System)

1. नव-उदारवादी आर्थिक व्यवस्था और इसका गरीबी पर प्रभाव

(Neo-liberal Economic System and its Impact on Poverty)

सुरेश तेंदुलकर का कहना है कि नव-उदारवादी आर्थिक व्यवस्था के तीन महत्त्वपूर्ण आयाम हैं—वृहत अर्थव्यवस्था का स्थिरीकरण (stabilization of macro economy), संरचनात्मक समायोजन (structural adjustment) और घरेलू बाजार का विनियंत्रिकरण (deregulation of domestic market)। यह आशा की गई कि ये तीनों आयाम भारतीय अर्थव्यवस्था को एक उच्च विकास पथ पर ले जाएंगे। विश्व स्तर पर कम आय वाले देशों में ऐसी उच्च विकास दर ने नियत गरीबी (absolute poverty) घटाने में महत्त्वपूर्ण भूमिका निभाई है। केवल कुछ लैटिन अमेरिकी देश इसके अपवाद रहे हैं, जहां चरम और निरंतर आरंभिक आर्थिक विषमताएं रही हैं। पुरानी अर्थव्यवस्था से इस नई व्यवस्था के संक्रमण काल में उच्च विकास दर में जाने से पूर्व गरीबी पर नकारात्मक प्रभाव पड़ते हैं। सुधारात्मक कार्यक्रमों के लागू करने और अर्थव्यवस्था के स्थिरीकरण के उपायों के कारण सामाजिक क्षेत्रों पर खर्च कम होता है जिसका सीधा नकारात्मक प्रभाव आरंभिक रूप से गरीबों पर पड़ता है। चूंकि सुधारों का केंद्र-बिंदु ग्रामीण के बजाय शहरी औपचारिक औद्योगिक क्षेत्र होता है जो वित्तीय, प्रशासनिक और संगठनात्मक कड़ी से निकटता से जुड़ा होता है, सुधारों का त्वरित और अधिकतर लाभ शहरी औपचारिक क्षेत्र को मिलता है, फिर द्वितीय स्तर का असर शहरी अनौपचारिक क्षेत्र पर पड़ता है और ग्रामीण क्षेत्र पर सीधा प्रभाव पिछड़ जाता है अर्थात् देर से पड़ता है। ग्रामीण क्षेत्र पर सुधारों का त्वरित लाभ अप्रत्यक्ष होता है जो कि संरचनात्मक कारकों के द्वारा पड़ता है; जैसा कि भारत में सुधारों की शुरुआत के साथ शहरी गरीबी धीरे-धीरे बढ़ी और फिर 1993-94 से तेजी से घटी, जबकि ग्रामीण गरीबी 1992 के बाद से ही तेजी से बढ़ी और 1993-94 में अपनी चरम सीमा पर पहुंच गई। लेकिन तेंदुलकर का कहना है कि सुधारों के अलावा कृषि-उत्पाद में कमी जैसे बाहरी कारकों का ज्यादा गंभीर प्रभाव गरीबी बढ़ाने में पड़ा है।[18] अतः स्पष्ट है कि सुधारों का विभेदक परिणाम विभिन्न वर्गों और क्षेत्रों पर पड़ता है। एक दूसरी महत्त्वपूर्ण बात यह है कि भारत में भी सामाजिक स्तर पर संरचनात्मक विषमताएं विद्यमान रही हैं और कृषि क्षेत्र में सुधार सफल नहीं हो सका है, जिसके कारण ग्रामीण क्षेत्रों और हाशिये पर स्थित वर्गों पर इसका सबसे बुरा

असर पड़ा है, लेकिन जैसा कि तेंदुलकर का कहना है उच्च विकास दर पर बने रहने का प्रभाव ग्रामीण क्षेत्र से भी गरीबी दूर करने पर पड़ेगा।

2. नव-उदारवादी आर्थिक व्यवस्था और इसका कृषि पर प्रभाव (Neo-liberal Economic System and its Impact on Agriculture)

नव-उदारवादी आर्थिक व्यवस्था और इसका कृषि पर प्रभाव हरित क्रांति के तहत रहे इलाकों, जो 60 के दशक से ही उच्च संवृद्धि देख रहे थे, को छोड़ दिया जाए, तो भारतीय कृषि पर इस नई व्यवस्था का सकारात्मक प्रभाव कम दिखता है। वैसे भी भारतीय कृषि की वृद्धि दर हमेशा 3 प्रतिशत के आस-पास ही रही है। सुधार उपरांत काल में इसने और भी नीची वृद्धि दर्ज की है; जिसका सीधा प्रभाव कृषकों पर पड़ा है। भारतीय ग्रामीण क्षेत्र पहले से ही संरचनात्मक समस्या से घिरा था। उत्तर-सुधार काल में इन कमियों को दूर करने अर्थात् भूमि सुधारों के बजाय भूमि अधिग्रहण पर ज्यादा बल दिया जा रहा है ताकि विशिष्ट आर्थिक क्षेत्रों की स्थापना कर औद्योगिक विकास बढ़ाया जाएजो कि राजनीतिक नेतृत्व के स्तर पर औद्योगिक वर्गों और नौकरशाही के बढ़ते और मजबूत होते गठबंधन को परिलक्षित करता है। दूसरी तरफ, नई व्यवस्था में व्यापारिक कृषि की तरफ रुझान बढ़ा है, जिससे कृषि की लागत बढ़ी है और ऋणों की पर्याप्त सुविधा के अभाव में फसल के खराब होने की दशा में ऋणग्रस्तता में वृद्धि हुई है। जिससे बड़े पैमाने पर कृषकों के द्वारा आत्महत्या की घटनाएं सामने आई है। साथ ही खाद्यान्न फसलों की कमी के कारण खाद्यान्न संकट और खाद्य सामग्री की कीमतें बढ़ी हैं। किसानी आज एक महंगा और कम लाभ देने वाला उद्यम बन गया है जिसके कारण किसान कृषि छोड़ना चाहते हैं। शुरू से ही कृषि की अनदेखी और श्रम-प्रधान उद्योगों के विकास पर ध्यान केंद्रित न किए जाने के कारण कृषि में लगे अतिरिक्त श्रम-बल को औद्योगिक क्षेत्रों में रोजगार उपलब्ध नहीं कराया जा सका, जिसके कारण कृषि से जुड़ी जनसंख्या पर नई व्यवस्था का सबसे बुरा प्रभाव दिख रहा है।

शहर केंद्रित विकास के कारण भारत में विकास का एक विकृत पैटर्न भी सामने आया है जिसमें तृतीयक क्षेत्र अर्थात् सेवा क्षेत्रों में विकास ज्यादा दिखाई देता है, जबकि औद्योगिक क्षेत्र अभी भी तुलनात्मक रूप से अविकसित हैं और तकनीकी रूप से दक्ष श्रम बल की कमी है। एक तरफ बड़ी संख्या में अकुशल श्रम उपलब्ध है, दूसरी तरफ उच्च दक्षता वाला सेवा वर्ग। स्पष्ट है इस नई आर्थिक व्यवस्था ने पहले से ही दिशाहीन विकास

रणनीति को और अधिक जटिल कर दिया है। यही कारण है कि सेन जैसे अर्थशास्त्री का कहना है कि इस नई व्यवस्था के लाभ को समावेशी बनाने के लिए आवश्यक है कि राज्य अपने नागरिकों की क्षमताओं को बढ़ाने का प्रयास करे तभी उनकी स्वतंत्रता को भी बढ़ावा दे सकता है।[19] रॉल्स जैसे समुदायवादी भी इस बात पर बल देते हैं कि राज्य को सामाजिक और आर्थिक असमानताओं को इस प्रकार विन्यासित करना चाहिए कि कमजोर वर्ग को अधिकतम लाभ मिल सके।[20]

शासनतंत्र और विकास : पारस्परिक प्रभाव
(Regime Type and Development : An Interaction)

विकास की प्रक्रिया के साथ जुड़ा एक महत्त्वपूर्ण विमर्श शासनतंत्र के प्रकारों से भी जुड़ा हुआ है। यह स्मरण रहे कि नवोदित तृतीय विश्व के लिए विकास की प्रक्रिया का चयन केवल एक आर्थिक प्रश्न नहीं था, बल्कि यह एक राजनीतिक पसंद का भी सवाल था और पूंजीवादी या समाजवादी विकास प्राथमिकता अपने साथ विचारों के एक ऐसे मॉडल को अपनाती थी जिसका विस्तार आर्थिक, राजनीतिक, सामाजिक और सांस्कृतिक पहलुओं तक था। भारत द्वारा एक स्वतंत्र विकल्प के रूप में मिश्रित आर्थिक मॉडल का चयन उन द्वंद्व और संदेहों को उजागर करता है, जो उपरोक्त मॉडलों के साथ जुड़े हुए थे, जिनका पारस्परिक प्रभाव आर्थिक के साथ-साथ राजनीतिक, सामाजिक और सांस्कृतिक पहलुओं में अभिव्यक्त होना था। आर्थिक विकास के लोकतांत्रिक-खुले राज्यतंत्रों की बजाय सत्तावादी तंत्रों में अधिक सकारात्मक परिणामों की वकालत ने इस संबंध में भारत में भी अध्ययन को बढ़ावा दिया। रुडोल्फ और रुडोल्फ (1987), ने इसे "डिमांड पॉलिटी और कमांड पॉलिटी" (Demand Polity and Command Polity) के रूप में विश्लेषित किया है। डिमांड पॉलिटी में नीतियों का निष्कर्षण और निर्धारण मतदाताओं द्वारा शासन में हस्तक्षेपित होता है जो कि चुनावों, दबाव समूहों, सामाजिक आंदोलनों और उत्तेजक राजनीति द्वारा अभिव्यक्त होता है। आदर्श रूप में यह माना जाता है कि मतदाता प्रतियोगी बाजार व्यवस्था में एक संप्रभु उपभोक्ता के रूप में होता है, जिसकी पसंद या निर्णय बाजार या चुनाव में धन, शक्ति, सूचना आदि के असम्मित वितरण से विकृत नहीं होते। इसके विपरीत कमांड पॉलिटी में नीतियों का निष्कर्षण और निर्धारण संप्रभु राज्य द्वारा हस्तक्षेपित और अभिव्यक्त होता है, जिसमें राज्य विभिन्न वर्गों और हितों में बड़ी चालाकी से हेर-फेर करता है। रुडोल्फ का मानना है कि भारत में

डिमांड और कमांड पॉलिटी लोकतांत्रिक और सत्तावादी शासन कालों के साथ एक अंतर्क्रिया को अभिव्यक्त करती है जहां लोकतांत्रिक सरकारों के दौरान भी कमांड पॉलिटी के लक्षण दिखते हैं और सत्तावादी सरकार डिमांड पॉलिटी के प्रभावों को झेलते हुए दिखाई पड़ती है। इसके परिणामस्वरूप लोकतांत्रिक सरकारों के दौर में आर्थिक विकास की तीव्र दर प्राप्त की जा सकी। यह इस मिथक को तोड़ता है कि सत्तावादी सरकारे उच्च विकास दर को प्राप्त करने में ज्यादा सक्षम हैं। रुडोल्फ ने उपरोक्त विश्लेषण को भारत में 1950 से 80 के दौरान सरकारों के कामकाज पर लागू कर उन्हें चार तरह की शासन व्यवस्था और राजनीति में वर्गीकृत किया है।[20]

1. 1956-57 से 1965-66: लोकतांत्रिक सरकार/कमांड पॉलिटिक्स (मुख्यत: नेहरु)
2. 1966-67 से 1974-75: लोकतांत्रिक सरकार/डिमांड पॉलिटिक्स (मुख्यत: इंदिरा गांधी)
3. 1975-76 से 1976-77: सत्तावादी सरकार / कमांड पॉलिटिक्स (आपातकाल का दौर)
4. 1977-78 से 1979-80: लोकतांत्रिक सरकार/डिमांड पॉलिटिक्स (जनता सरकार)

भारत में विकासात्मक गतिविधियों और प्रांतीय स्तर की राजनीति के अध्ययन के आधार पर अतुल कोहली (2012), ने लिखा है कि भारतीय राज्य की व्यवसाय हितों की ओर उन्मुख नीति उच्च स्तर पर प्रगतिशील गत्यात्मकता और भारत के अधिसंख्य वंचित समूहों को राजनीति और अर्थव्यवस्था में शामिल करने में विफलता दोनों के लिए जिम्मेवार है। राज्य का बड़े व्यावसायियों के साथ निकट संबंध आर्थिक विकास और इसके फलों के सीमित विस्तार का कारण है। भारतीय लोकतंत्र का एक छोटे से शासक वर्ग द्वारा प्रबंधन वंचित और संघर्षरत जनता को इसमें शामिल करने के लिए राजनीतिक चुनौती प्रस्तुत करता है। वर्तमान में भारतीय राजनीतिक दल समग्र रूप से अर्थव्यवस्था के वृहत पहलुओं पर सहमत दिखाई देते हैं। जैसे कि–आर्थिक विकास के प्रति निष्ठा और देशीय पूंजीवाद, वैश्विक ताकतों के लिए भारतीय अर्थव्यवस्था का एक संकोचपूर्ण खुलापन, और गरीबों के प्रति कुछ हद तक जिम्मेदारी। कोई भी राजनीतिक दल समाजवाद की वकालत नहीं करता।

अतुल कोहली ने भारत में राज्यों को उनकी अर्थव्यवस्था के प्रबंधन और राजनीति के आधार पर तीन वर्गों में वर्गीकृत किया है–पहला, नव-विरासतवादी

(Neo-Patrimonial) राज्य जो मुख्यत: हिंदी भाषी राज्य हैं जहां जाति आधारित आरोपित राजनीति और व्यक्तिगत तथा खंडीय लाभों की प्रधानता है। दूसरे, सामाजिक लोकतांत्रिक (Social Democratic) राज्य जैसे कि केरल और पश्चिम बंगाल। इन राज्यों ने काफी हद तक मानव विकास सूचकांक के मध्य से उच्च स्तर तक को प्राप्त करने में सफलता पाई है। तीसरा, विकासवादी (Developmental) राज्य जैसे कि गुजरात और अन्य दक्षिणपंथी राज्य जहां नव-उदारवादी नीतियों की प्रधानता है। इन राज्यों में आर्थिक विकास के उच्च स्तर को प्राप्त किया है किंतु रोजगार रहित विकास भारत में एक प्रमुख समस्या रही है।

स्पष्ट रूप से यह कहा जा सकता है कि जहां एक तरफ राजनीतिक और आर्थिक आयामों के बीच एक करीबी अंतर्क्रिया है, वहीं दूसरी तरफ नव-उदारवादी ताकतों की प्रधानता भारतीय राजनीतिक-आर्थिक व्यवस्था को प्रमुखता से निर्धारित करती प्रतीत हो रही है जो राज्य की प्रकृति में भी परिलक्षित हो रही है।

हाल ही में नीति आयोग द्वारा बारहवीं पंचवर्षीय योजना (2012-17) की समीक्षा यह बताती है कि भारत में उद्योगों में विकास दर कभी भी 10-15 प्रतिशत नहीं रही, जिसके कारण बड़े पैमाने पर कृषि से अतिरिक्त मजदूरों को रोजगार मुहैया नहीं कराया जा सका। मोटर उद्योग, संचार या सॉफ्टवेयर क्षेत्र में कम दक्ष मजदूरों को काम नहीं मिल सकता जिसके कारण आज भी मजदूर कृषि और असंगठित क्षेत्र में कार्यरत हैं। जबकि चीन और ताइवान जैसे देश ऐसा करने में सफल हुए। परिणामत: भारत में आज भी गरीबी बड़े पैमाने पर विद्यमान है।

वर्तमान केंद्र सरकार द्वारा आर्थिक मोर्चे पर कई महत्त्वपूर्ण प्रयास जैसे ज्यादातर जनसंख्या को बैंकिंग व्यवस्था से जोड़ने (जन-धन खाते खोलना) और गरीबों को सब्सिडी रूपी आर्थिक सहायता सीधे उनके खातों में पहुंचाने, सब्सिडी को केवल जरूरतमंदों तक ही सीमित करने, तथा विमुद्रीकरण (Demonetisation) द्वारा काले धन की समानांतर अर्थव्यवस्था पर काबू पाने जैसे प्रयास सराहनीय प्रयासों में गिने जा सकते हैं, लेकिन गरीबी को दूर करने के लिए कई लक्षित प्रयासों की जरूरत है। आशा है कि रोजगार और कौशल विकास संबंधी नई पहलों द्वारा सकारात्मक परिणाम देखने को मिलेंगे। अभी भी एक बड़ी जनसंख्या के लिए गुणवत्तापूर्ण भोजन, शिक्षा, स्वास्थ और रोजगार की उप्लब्धता एक बड़ी चुनौती है। साथ ही यह ध्यान रखना भी महत्त्वपूर्ण है कि उपरोक्त प्रयास एक नव उदारवादी व्यवस्था के तहत ही किए जाने का प्रयास है जिसकी अपनी सीमाएं हैं।

समीक्षात्मक निष्कर्ष (Conclusion)

भारत में विकास की प्रक्रिया की दशा और दिशा पर एक नजर डालें तो हम पाते हैं कि एक निश्चित पैटर्न का अभाव है। आजादी के बाद की अधिकतर रणनीतियां ऐतिहासिक आपात निर्णयों का परिणाम दिखती हैं, जिसका असर भी अनिश्चित और अनियमित रहा है। एक लोकतांत्रिक व्यवस्था के तहत लिए गए निर्णय जन समर्थन और अल्पकालीन सोच के परिणाम रहे हैं, जिन पर व्यक्तिगत पसंदों का भी असर रहा है। कविराज का कहना है कि यद्यपि नेहरू की नीतियां अपने तत्कालीन उद्देश्यों के हिसाब से सही प्रतीत होती हैं लेकिन उनके उत्तराधिकारियों ने इन नीतियों में समयगत समीक्षा और परिवर्तन के लिए उपलब्ध अवसरों का उचित लाभ नहीं उठाया, जिसके कारण उपयुक्त समय पर आवश्यक निर्णय नहीं लिए जा सके, जिसके लिए एक लोकतांत्रिक व्यवस्था के तहत अल्पकालीन नीतियां और दूरदर्शी सोच का अभाव जिम्मेदार है।[21] फिर भी यह आशा की जा सकती है कि आने वाले समय में नव–उदारवादी नीतियों का विस्तृत लाभ मिलेगा, लेकिन इसे समावेशी बनाने के लिए राज्य की पर्याप्त और सटीक भूमिका अपेक्षित है, जिसकी कमी पूर्व की नीतियों को लागू करने में भी रही है जैसा कि अतुल कोहली का मानना है।[22]

संदर्भ-ग्रंथ (References)

[1] इस अध्याय के प्रारूप पर सुझाओं के लिए मैं डॉ. जी. एन. त्रिवेदी, एसोसिएट प्रोफेसर, दिल्ली विश्वविद्यालय का आभारी हूँ। इस अध्याय के विभिन्न पहलुओं पर विशद चर्चा और सुझाओं के लिए मैं विवेक विशाल, एमएससी, M.Sc (एग्री-एकोनोमिक्स) का आभारी हूँ।

[2] Hamza Alawi, (1972) 'The State in Post-Colonial Societies: Pakistan and Bangladesh'. *New Left Review*, no-74, July-August.

[3] Amartya Sen, (1999) *Development as Freedom*. London: Oxford University Press.

[4] Sudipata Kaviraj, (1996) 'Dilemma of Democratic Development in India', in Adrian Leftwich. (ed.), *Democracy and Development: Theory and Practice*. New Delhi: Cambridge University Press.

[5] Hamza Alawi, *op. cit.*; Pranav Bardhan, (1984). *The Political Economy of Development in India*. New Delhi: Oxford University Press.

[6] Francine Frankel, (2006), *India's Political Economy, 1947-2004*. New Delhi: Oxford University Press.

[7] Manmohan Agrawal, (2006) 'Understanding India's Political Economy', *International Studies*, vol. 43, no. 1, pp. 93-99.

[8] *Ibid.*

[9] Meghnad Desai, (1998) 'Development Perspectives: Was There Alternative to Mahalanobis?', in Isher Judge Ahluwalia and I.M.D. Little. eds. *India's Economic Reforms and Development: Essays for Manmohan Singh*, New Delhi: Oxford University Press, pp. 40-47.

[10] Manmohan Agrawal, *op. cit.*

[11] *Ibid.*

[12] Jagdish Bhagwati, (1998) 'The Design of Indian Development', in Isher Judge Ahluwalia and I.M.D. Little. (eds.), *India's Economic Reforms and Development: Essays for Manmohan Singh*, New Delhi: Oxford University Press, pp. 23-39.

[13] Amartya Sen, (1998) 'Theory and Practice of Development', in Isher Judge Ahluwalia and I.M.D. Little. eds. *India's Economic Reforms and Development: Essays for Manmohan Singh*, New Delhi: Oxford University Press, pp. 73-84.

[14] हिन्दू संवृद्धि दर' उदारीकरण पूर्व भारतीय अर्थव्यवस्था के निम्न वार्षिक संवृधि दर को इंगित करता है।

[15] Atul Kohali, (2006) 'Politics of Economic Growth in India, 1980-2005', *Economic and Political Weekly*, vol. 41, no. 13, April 1, 2006, pp. 1251-59; Atul Kohali, (2006) 'Politics of Economic Growth in India, 1980-2005: Part II, The 1990s and Beyond', *Economic and Political Weekly*, vol. 41, no. 14, April 8, 2006, pp. 1361-69.

[16] Jagdish Bhagwati, *op. cit.*

[17] Christophe Jaffrelot, (2016), 'India's Jobless Growth is Undermining its Ability to Reap the Demographic Dividend', *The Indian Express,* 29 April, New Delhi. P. 14.

[18] Suresh D. Tendulkar, (1998), 'Indian Economic Policy Reforms and Poverty: An Assessment', in Isher Judge Ahluwalia, and I.M.D. Little. eds. *India's Economic Reforms and Development: Essays for Manmohan Singh*, New Delhi: Oxford University Press, pp. 280-310.

[19] Amartya Sen, (1999) *Development as Freedom, op. cit.*

[20] विस्तारपूर्वक समझने के लिए देखे L. I. Rudolph, and S. H. Rudolph, (1987) *In Pursuit of Lakshmi,* University of Chicago Press, Chicago.

[21] Sudipata Kaviraj, *op. cit.*

[22] Atul Kohali, (2006), 'Politics of Economic Growth in India, 1980-2005', *op. cit.;* Atul Kohali, (2006), 'Politics of Economic Growth.in India, 1980-2005: Part II', op. cit., pp. 1361-69.

4

सुशासन द्वारा लोकतंत्र का सुदृढ़ीकरण
Strengthening Democracy through Good Governance

राधिका कुमार
शिम्पी पाण्डे

महत्त्वपूर्ण शब्द संस्थागत परिवर्तन, सीमित राज्य, यांत्रिक राज्य, पारदर्शिता, जवाबदेयता, सहभागिता, नागरिक समाज, सन्निहित स्वायतता, सामाजिक पूंजी, सुशासन।

कथ्य *लोकतंत्र सामान्य अर्थ में वह राजनीतिक व्यस्था है जिसमें ''जनता का शासन'' होता है। दूसरी ओर, ''शासन'' प्रशासन या उसकी संरचनाओं और प्रक्रियाओं से जुड़ा हुआ है जिसके द्वारा लोक नीति निर्माण एवं क्रियान्वयन किया जाता है। यहाँ यह स्पष्ट हो जाता है कि लोकतंत्र और शासन के बीच एक अन्योन्याश्रय संबंध है क्योंकि प्रत्येक राजनीतिक व्यवस्था को सुचारू रूप से कार्य करने के लिए एक प्रशासनिक प्रारूप की जरूरत होती है। पूर्णलोक प्रशासन के सिद्धांतकारों में एक सामान्य सहमति है कि प्रशासन सिर्फ सरकार के बारे में नहीं है, अपितु यह सरकार एवं अन्य सामाजिक संगठनों के बीच परस्पर प्रभाव से संबंधित है। वर्तमान समय में शासन की शासकीय शैली में सार्वजनिक और निजी क्षेत्रों के बीच की सीमाएं धूमिल हो गई हैं। शासन को सुशासन से भी अलग समझा जाना चाहिए। जहां शासन को प्रक्रिया के रूप में समझा जाता है[1] वहीं सुशासन एक मूल्य-भारित अवधारणा है। जिसे सामाजिक पूंजी/रुपये (capital)[2] से जोड़ा गया है और उसे शासन के और साामाजिक मूल्यों के जुड़ाव के रूप में देखा जाता है।[3] विकास के उद्देश्यों की प्राप्ति में आर्थिक सहायता की प्रभाविता को सुनिश्चित करने के उद्देश्य से विश्व बैंक ने सुशासन की अवधारणा की हिमायत की। इस परिप्रेक्ष्य में सुशासन का तात्पर्य सामाजिक एवं आर्थिक संसाधनों का, विकास के उद्देश्यों के लिए, समुचित प्रयोग से है। दूसरी ओर, लोकतंत्र शासन के राजनीतिक पहलुओं का प्रतिनिधित्व करता है।*

लोकतंत्र शासन के राजनीतिक पहलुओं का प्रतिनिधि है। इस संबंध में यह तर्क दिया जाता है कि, ''जहां लोकतंत्र सरकार की वैधता, वहीं सुशासन सरकार की प्रभावशीलता का सूचक

है''।[4] लोकतंत्र और सुशासन, इन दो शब्दों के भिन्न अर्थों को ''नीति-निर्माण'' के उद्देश्य से यदि ''अवधारणात्मक'' और ''व्याावहारिक'' रूप से एक साथ लाया जाए तो इनमें सामंजस्य स्थापित किया जा सकता है। सुशासन के विषय में यह कहा जा सकता है कि यह शक्ति, राजनीति और लोकतंत्र के विषय से संबंधित है।[5]

सुशासन का उद्‌भव (Origin of Good Governance)

1. अर्थव्यवस्था और राजनीति का मिथ्या द्विसंबंधक (The False Binary of the Politics and the Economy)

सुशासन विमर्श का उद्‌भव उप-सहारा अफ्रीका के देशों में दी जाने वाली आर्थिक सहायता के संदर्भ में विश्व बैंक के दस्तावेजों में हुआ। बैंक ने इन देशों के उन पहलुओं को लिया जिसे ''शासन का संकट'' कहा जाता है। यह संकट संसाधनों के अनुचित उपयोग, सहायता प्राप्त देशों द्वारा सुधारों के प्रति मिली-जुली प्रवृत्ति, और भ्रष्टाचार को समाप्त करने में असमर्थता के कारण उत्पन्न हुआ। अत: विश्व बैंक ने शासन की ''गुणवत्ता'' पर ध्यान केंद्रित किया।[6] इसके साथ ही बैंक ने जब देश के शासन में राजनीतिक शासन-प्रणाली को अनिवार्य रूप से सम्मिलित किया, तब इसके अनुच्छेदों के अनुबंधों ने लाभार्थी सरकारों के राजनीतिक मामलों के हस्तक्षेप से इसे वर्जित किया। इस संदर्भ में शासन को सार्वजनिक क्षेत्र और वित्तीय प्रबंधन से जोड़ कर देखा गया तथा इसे प्रशासनिक सुधार एवं लोक उपक्रमों के विनिवेशीकरण से भी जोड़ा गया। सुशासन ने शासन की संकल्पना में गुणात्मक आयाम जोड़ दिया। विश्व बैंक के अनुसार, सुशासन के छह आयाम हैं। इसके अंतर्गत : (*i*) ''विचार और जवाबदेयता, जिसमें नागरिक स्वतंत्रताएं और राजनीतिक स्थायित्व शामिल है; (*ii*) सरकार की प्रभावशीलता, जिसमें नीति निर्माण और लोक सेवा को पहुंचाने की गुणवत्ता शामिल है; (*iii*) नियामक बोझ में कमी; (*iv*) कानून का शासन, जिसमें संपत्ति अधिकारों का संरक्षण शामिल है; और (*v*) न्यायालयों की स्वतंत्रता; और (*vi*) भ्रष्टाचार पर नियंत्रण''।[7] तथापि संटिसो (Santiso) का तर्क है कि बैंक ''तकनीकी सहमति'' द्वारा सहायता प्राप्त देशों में सुशासन को बढ़ावा देने में समर्थ है। यहां सुशासन को राजनीतिक परिवर्तनों की अपेक्षा अंतर्निहित तकनीकी व प्रक्रियात्मक रूप में परिभाषित किया गया है जो सुशासन की सफलता के लिए आवश्यक है। हालांकि सुशासन की राजनीतिक पूर्वापेक्षाओं और आर्थिक

उद्देश्यों के मध्य तनाव का विषय विश्व बैंक के समक्ष विद्यमान था व इसने अंतर्राष्ट्रीय मुद्रा कोष (International Monetary Fund) के कार्यों में भी प्रभाव डाला। यह तर्क दिया जाता है कि "प्रभावी लोकतांत्रिक संस्थाएं"[8] आर्थिक नीतियों और सुधारों को समेकित करने के उपक्रम में विविध स्तरों एवं विभिन्न तरीकों से कार्य करते हैं।

2. सापेक्षता, चयनात्मकता और सुशासन
(Conditionality, Selectivity and Good Governance)

विश्व बैंक ने सहायता प्राप्तकर्ता देशों पर नीतिगत शर्तों को थोपकर उन देशों में सुशासन को बढ़ावा देने का प्रयास किया है। इसलिए सापेक्षता (conditionality) की आलोचना एक त्रुटिपूर्ण उपागम के रूप में की जाती है क्योंकि यह घरेलू (domestic) भावनाओं और सुधारों पर ध्यान देने में असफल रहा है। संटिसो ने विश्व बैंक की नीतिगत शर्तों को "विरोधाभासपूर्ण" (paradoxical) कहा है, "यह शासन में सुधार लाता है जहां एक ओर यह शर्त भी है और दूसरी ओर विकास सहायता का उद्देश्य भी हैं। इन द्वि-उद्देश्यों का एक साथ लागू करना कठिन है, यह तनाव परिचालन के संबंध में अंतर्विरोध बन जाता है।"[9] इसके पश्चात् यह भी तर्क दिया जाता है कि सुधार प्रक्रिया में "घरेलू स्वामित्व" (domestic ownership) और सुशासन के उद्देश्य प्राप्ति की सफलता हेतु दृढ़ "वचनबद्धता" (commitment) एक महत्त्वपूर्ण तत्त्व है।

सहायता प्राप्तकर्ता देशों की चयनात्मकता सुशासन की सूचियों पर आधारित है जिसके द्वारा अंतर्राष्ट्रीय वित्तीय संस्थाएं (IFI) सुशासन को बढ़ावा देती हैं। उदाहरण के लिए विश्व बैंक की देश-उन्मुखी सहायता कार्यनीतियां (Country Assistance Strategies, CAS) और विश्व बैंक/अंतर्राष्ट्रीय मुद्रा कोष गरीबी उन्मूलन कार्यनीति, प्रपत्र शासन को कार्य निष्पादन एवं मूल्यांकन के क्षेत्र में उचित स्थान देते हैं। बैंक ने संस्थागत और शासन समीक्षा (Institutional and Governance Reviews, (IGR)[10] को भी दायित्व में शामिल कर लिया है। अंतर्राष्ट्रीय वित्तीय संस्थाओं द्वारा निष्पादन सूचकांक (performance indicators) पर आधारित लाभार्थी देशों की चयनात्मकता भी आलोचना के दायरे में आ गई। यह कहा गया कि जिस प्रकार विभिन्न देशों में विकास नीतियां अपनाई जाती हैं, ऐसे में किसी एक सूची के मापदंड के आधार पर उनके प्रदर्शन को मापने का उपाय आकलन के दायरे को सीमित कर देता है। द्वितीय, नीति सुधारों और गरीबी उन्मूलन और आर्थिक वृद्धि पर सहायता का प्रभाव भिन्न-भिन्न पड़ता है।

अत: चयनात्मकता का मापदंड, जो नीति सुधार का अध्ययन करता है, विश्व बैंक से मिल रही आर्थिक सहायता के गरीबी उन्मूलन के लक्ष्य से चूक जाता है। सुशासन को विकास सहायता से जोड़ना, इसे ''उत्तर-वॉशिंग्टन सहमति'' (post-Washington consensus)[11] के नाम से भी जाना जाता है। यह अनुभव किया गया कि राजनीति और राजनीतिक व्यवस्थाएं विकास नीति का अनिवार्य अंग हैं। संटिसो लिखते हैं, 'इस बात को मान्यता मिली है कि मजबूत लोकतंत्र चुनावों से कहीं अधिक है और अनवरत आर्थिक वृद्धि संरचनात्मक सामंजस्य से अधिक है, दोनों को शासन की संस्थाओं के दृढ़ीकरण की आवश्यकता होती है, कानून के शासन और जवाबदेयता और पारदर्शिता में वर्धन की आवश्यकता है'।[12] विश्व बैंक ने विकासशील देशों में सुशासन के अंतर्गत मुख्य रूप से विधिक और न्यायिक सुधारों के साथ विकेंद्रीकरण के उपाय और लोक सेवा सुधारों के अनुसरण पर बल दिया। यह लोकतंत्र की संकल्पना की व्यापक समझ को दर्शाते हैं जो अब सिर्फ नियमित चुनावों तक ही सीमित नहीं हैं।

संस्थागत परिवर्तन (Institutional Change)

1. राज्य की भूमिका (The Role of the State)

सर्वप्रथम 1950 और 1960 में ''आधुनिकीकरण'' के सिद्धांतकारों ने विकास की प्रक्रिया में राज्य की केंद्रीय भूमिका का उल्लेख किया। इन सिद्धांतों में विकासशील देशों में ''राज्य-कृत'' विकास को प्रधानता दी गई। हालाकि, इस सिद्धांत में लोकतंत्र विकास की पूर्व-शर्त नहीं थी, लेकिन राजनीतिक लोकतंत्र को समाज में परिवर्तन के अभिकरण के रूप में देखा गया। 1980 के दशक में, नव-उदारवादी सिद्धांतों में पुनर्वितरण और आर्थिक वृद्धि को बढ़ाने के लिए सीमित राज्य और बाजार की व्यापक भूमिका का तर्क दिया गया; जबकि 1990 के दशक में, दाता अभिकरणों (donor agencies) द्वारा गैर-राज्य कर्ताओं, और स्थानीय स्तर के शासन पर अधिक ध्यान दिया गया। यह भी शीघ्रता से समझ आ गया कि प्रभावी सुशासन के लिए राज्य अनिवार्य है। विश्व बैंक[13] तथा अंतर्राष्ट्रीय वित्तीय संस्थाओं (IFIs) की रिपोर्ट में भी इस तथ्य को अफ्रीकी और अन्य विकासशील देशों में आर्थिक सुधारों की असफलता के संदर्भ में रेखांकित किया गया था। इस प्रकार यह कहा जा सकता है कि लोकतंत्र आर्थिक विकास लाने के लिए अनिवार्य है जबकि इसे विकास के परिणाम के रूप में नहीं देखा जा सकता। सुधारों की पहली पीढ़ी समष्टि-अर्थव्यवस्था का स्थायित्व और

उदारवादीकरण (stabilization and liberalization of macro-economy); तथा दूसरी पीढ़ी में राज्य और संस्थागत सुधार को शामिल किया गया।[14]

लोकतंत्र का विचार जिसे बढ़ावा दिया जा रहा था वह उदारवादी, कानून के शासन पर आधारित और लोकतांत्रिक अधिकारों और सहभागिता, जवाबदेयता और पारदर्शिता से युक्त प्रतिनिधि लोकतंत्र है।

सुशासन की व्यापक कार्यसूची के संदर्भ में राज्य की भूमिका को दो प्रकार से देखा जा सकता है। प्रथम, राज्य बाजार को निपुणता से कार्य करने हेतु विधिक और संस्थागत ढांचा उपलब्ध कराए। द्वितीय, राज्य बाजार आधारित अनियमितताओं को सही करने और क्षतिपूर्ति के लिए कदम उठाए व विभिन्न लोक सेवाएं जैसे स्वास्थ्य, शिक्षा और आधारिक संरचना उपलब्ध कराए। इससे शिक्षित कार्यक्षमता और उचित गुणवत्ता वाली आधारिक संरचना विकसित होगी, जो बाजार निवेश को आकर्षित करने के लिए अनिवार्य है। अत: जहां आर्थिक सुधार और संरचनात्मक कार्यक्रमों के द्वारा सीमित राज्य (minimalist state) को बढ़ावा दिया जा रहा था, वहीं सुशासन की अवधारणा के अंतर्गत राज्य को पुन:परिभाषित कर उसे सक्रिय भूमिका प्रदान की गई। ऐसा इसलिए किया गया था कि राज्य के कार्य एवं क्षेत्र को कम कर दिया गया, किंतु राज्य की क्षमता को बढ़ा दिया गया। यह भी व्यवस्था की गई कि राज्य हित समूहों (lobbies) के नियंत्रण व प्रभाव से स्वतंत्र रहे ताकि इसे ''गिरफ्त'' (capture) में ना लिया जा सके। जयाल[15] ने कहा, कि सुशासन राज्य के वेबेरियन विचार पर आधारित है क्योंकि यह प्रमुख रूप से ''दक्षता, नियम और संस्थाओं'' को बढ़ावा देता है। राज्य को ''विस्तृत सरकार'' के बिना ''विस्तृत शासन क्षमता'' के रूप में देखा जाता है। इसने दो प्रकार के विरोधाभासों को जन्म दिया–आंतरिक विरोधाभास एक ओर राज्य के आकार और हस्तक्षेप को संकुचित करने पर आधारित है, वहीं दूसरी ओर, राज्य की क्षमता में वृद्धि पर बल दिया गया। बाह्य विरोधाभास से यह प्रतीत होता है जहां सुशासन में लोकतांत्रिकरण, मानव अधिकारों के प्रति सम्मान, बहुल राज्य, बहु–दलीय व्यवस्था, जवाबदेयता और पारदर्शिता शामिल है, इसके साथ ही यह अपेक्षा भी करता है कि राज्य सामाजिक हितों से स्वतंत्र रहे। साराह जोसफ लिखती हैं, "अब संगठित सामाजिक हितों के द्वारा राज्य की स्वायतता प्राप्त करने पर बल नहीं दिया जाता लेकिन अब राज्य, व्यापार और नागरिक समाज के अन्य तत्त्वों या जिसे कई बार ''सन्निहित स्वायत्तता'' (embedded autonomy) भी कहा जाता है, उसके क्षैतिज संयोजन से राजनीति के द्वारा निर्णय–निर्माण के दृष्टिकोण का निर्माण किया जाता है''।[16]

व्यवहार में, पूर्वी एशिया के विकासात्मक देशों जैसे–दक्षिण कोरिया और ताइवान को "चमत्कारी अर्थव्यवस्थाएं" (miracle economies) कहा जाता है, जिसे व्यावहारिक रूप में "सौम्य सत्तावादी" (soft authoritarianism) के रूप में जाना जाता है। ये सभी राज्य सुशासन के कई लक्षणों को पूरा करते हैं जैसे राज्य क्षमता, संगठित हितों के साथ ही समर्पित राजनीतिक अभिजात वर्ग और नौकरशाही की स्वायत्तता। इनका इस प्रकार भी चरित्र चित्रण किया जा सकता है, '....एक राजनीतिक व्यवस्था जिसमें लघु-लोकतांत्रिक आंदोलनों (proto-democracy movements) को दबा दिया जाता है और छदम-संसदात्मकता व्यवहार में लाई जाती है'।[17] भारतीय राज्य की लोकतांत्रिक प्रकृति औपचारिक लोकतंत्र के सभी लक्षण पूरे करती है जैसे बहुलवादी राजनीतिक व्यवस्था, नियमित और प्रतिस्पर्धी चुनावों द्वारा निर्वाचित विधायिका, स्वतंत्र न्यायपालिका एवं स्वतंत्र पत्रकारिता। इसके बाद भी भारत पूर्वी एशियाई देशों की अर्थव्यवस्थाओं के समान आर्थिक वृद्धि नहीं कर पाया है। भारत के विषय में यह कहा जा सकता है कि,

> भारत का अनुभव यह स्पष्ट करता है कि यहां के लोकतंत्र की समृद्धि में नई कठिनाइयों का सामना करना पड़ा। इसके अलावा यह भी स्पष्ट होता है कि यहां सरकार के रूप और निपुण सरकार की विशेषताओं और आयामों: जवाबदेयता, पूर्वानुमान, और कानून का शासन के बीच स्पष्ट-विभेद का अभाव देखा गया है। जवाबदेयता का अस्तित्त्व भारत में औपचारिक रूप से पाया जाता है। हमें "भ्रष्टों को बाहर करने" का अधिकार है और यह प्रायः किया भी जाता है। किंतु जवाबदेयता का क्षय हो रहा है जिसके लिए विभिन्न उत्तरदायी कारक इस प्रकार हैं – मतदाताओं के पास सही विकल्प की कमी होने; चुनावों की भारी लागत (जिसने प्रतिनिधियों को व्यापारिक वर्ग पर निर्भर बना दिया है जो सरकार में भ्रष्टाचार का एक बड़ा कारण है); अभिजात वर्ग की कुटिलता; अपराधियों और राजनीतिज्ञों के मध्य गठजोड़; भ्रष्ट नौकरशाही का अपने ही उद्देश्यों में लीन रहना; और अति-केंद्रित राजनीतिक संरचना जिसने शासक और शासितों के मध्य दूरी उत्पन्न कर दी है"।[18]

इसके अलावा, भारत में उदारवादी अर्थव्यवस्था, जिसे कोहली ने भारत में "द्वि-मार्गीय राजनीति" (two-track politics) की शुरुआत कहा है, में लोकतंत्र मात्र निर्वाचक क्षेत्र तक सीमित रह गया है और सरकार अलोकप्रिय आर्थिक नीतियों का निर्माण कर रही है।[19] स्पष्ट रूप से भारतीय राज्य की भूमिका सुशासन की इस संकल्पना के अंतर्गत विवादित ही रही है। तथापि राज्य सुशासन को दो प्रकार से स्थापित कर सकता है- एक विकेंद्रीकरण व दूसरा नागरिक समाज संगठनों से साझेदारी के द्वारा।

73वें और 74वें संवैधानिक संशोधन अधिनियम के द्वारा विकेंद्रीकरण लोकतांत्रिक शासन को बढ़ावा देने में राज्य का एक महत्त्वपूर्ण कदम था; जिसमें

त्रि-स्तरीय पंचायतीराज व्यवस्था की स्थापना की गई। राज्य के साथ साझेदारी के विषय में, जयाल ने कहा कि यह दो प्रकार से कार्यान्वित हो सकता है। प्रथम, राज्य-कृत प्रयास किए जाएं जैसे संयुक्त वन प्रबंधन (JFM) जिसमें स्थानीय समुदायों को वन उपयोग, संरक्षण और प्रबंधन में हिस्सेदार बनाया जाए। द्वितीय, स्थानीय समुदायों के द्वारा नेतृत्व किया जाना चाहिए। साथ ही लोकतांत्रिक लक्ष्यों की प्राप्ति के लिए लोगों को लोकतांत्रिक व सहभागी रूप से संगठित करना चाहिए। इसी का एक उदाहरण है तरुण भारत संघ, जिसका नेतृत्व राजेंद्र सिंह ने किया और सूखाग्रस्त पूर्वी राजस्थान में पारंपरिक प्रक्रिया से जल स्रोतों को फिर से जीवित करने में सफलता प्राप्त की।[20]

2. नागरिक समाज की भूमिका (The Role of Civil Society) नागरिक समाज ने पिछले लगभग तीन दशकों से भारत में सुशासन को प्रोत्साहित करने और लोकतांत्रिक विकास को बढ़ावा देने में एक निर्णायक भूमिका निभाई है। नागरिक समाज की प्रभावी भूमिका ने सरकार को नीति निर्माण और उसके कार्यान्वयन में जवाबदेय बनाया है। नागरिक समाज में स्वतंत्र आर्थिक और सामाजिक शक्ति के स्रोत सम्मिलित हैं जो सरकार के कार्यों की पड़ताल करने में सक्षम हैं। जैसा कि जेन्किंस ने लिखा है, नागरिक समाज सार्वजनिक जगत का कार्यक्षेत्र और निजी कर्ताओं का समुच्चय है।[21] विदेशी सहायता संस्थानों द्वारा इसके लिए जो शब्दावली बृहत रूप से प्रयोग की जा रही है उसे, ''शासन और लोकतांत्रिक क्षेत्र'' कहा जाता है और इसमें नागरिक समाज संस्थाएं, उसके कार्यकर्ता एवं राजनीतिक कार्यक्षेत्र, जिसमें यह क्रियाशील है, सभी शामिल हैं। इनका लक्ष्य होता है व्यक्तिगत अधिकारों को बढ़ावा देना, जिससे व्यक्ति नागरिक संघों का सदस्य बने और लोकतांत्रिक सहभागिता और सरकारी जवाबदेयता को बढ़ावा दिया जा सके। लोकतंत्र को मजबूत बनाने में नागरिक समाज की भूमिका को सारांश में इस प्रकार बताया जा सकता है: '(1) प्रतिस्पर्धी राजनीति में संक्रमण, (2) अनुभवहीन लोकतंत्रों का "समेकन", और (3) बाजार-आधारित आर्थिक नीतियों की स्थापना और परिणामस्वरूप सकारात्मक विकासात्मक प्रदर्शन।[22] नागरिक समाज को सुदृढ़ बनाने के लिए संभावित नागरिक समर्थक समूह जैसे श्रमिक संघ, पेशेवर निकाय और पर्यावरणीय समूह की पहचान करना आवश्यक है।

जेन्किंस के अनुसार, नागरिक समाज के संगठनों पर अंकुश, बाजार के उस तर्क के विपरीत जाएगा, जो सहायता अभिकरणों को निर्देशित करता है तथा यह भी मानता है कि बाजार ही संसाधनों का सर्वोत्कृष्ट वितरण करता है।[23] जब यह तर्क

नागरिक समाज के संगठनों पर लागू किया जाता है तो यह स्पष्ट होता है कि कुछ समूहों और संगठनों को आधार बनाने और अन्य को नजरअंदाज करना लोकतांत्रिकरण को बढ़ावा देने का समावेशी माध्यम नहीं है क्योंकि यह "राजनीतिक बाजार" को विकृत कर देगा। नागरिक समाज के ऐसे बहिष्कृत समूह एवं संगठन भी शक्तिशाली पक्षों (lobbies) और हितों का प्रतिनिधित्व करते हैं, हालांकि, यह भी आवश्यक नहीं की ये समूह स्वयं लोकतांत्रिक संस्थाओं और व्यवहारों का समर्थन करें। द्वितीय, अंतर्राष्ट्रीय सहायता अभिकरण प्रायः उन संस्थाओं को भी प्रयोग में लाते हैं जो आदिम पहचानों पर आधारित होते हैं, जैसे संजातीय समूह, जो लोकतांत्रिक संक्रमण के उद्देश्य से सत्तावादी व्यवस्था को चुनौती देते हैं; किंतु बाद में इन्हें लोकतांत्रिक समेकन की प्रक्रिया में शामिल नहीं किया जाता। हालांकि, ऐसे संगठन व्यवस्था में अपनी हिस्सेदारी बनाए रखते हैं और इसलिए उन्हें लोकतांत्रिक राजनीतिक प्रक्रिया से अलग नहीं रखा जा सकता है। एक विशिष्ट विषय के रूप में संयुक्त राज्य अंतर्राष्ट्रीय विकास अभिकरण (USAID) का उदाहरण देते हुए जेन्किंस ने लिखा है कि यह अपने नागरिक समाज की परिभाषा में राजनीतिक दलों को शामिल नहीं करती।[24] यूएसएेड ने राजनीतिक दलों को "राजनीतिक समाज" का भाग माना क्योंकि शक्ति पर प्रभाव डालने की अपेक्षा उसे अपने नियंत्रण में लेना चाहती हैं। उदाहरण के लिए पोलैंड के एकता आंदोलन ने दाता समुदाय के अंतर्गत नागरिक समाज की संभावनाओं में रुचि उत्पन्न की जो विभिन्न संगठनों और निर्देशित प्रचलित नेतृत्व पर आधारित था।[25] इस परिभाषा में भारत के विषय का भी उल्लेख किया गया है और यह तर्क दिया गया है कि राजनीतिक दल आर्थिक सुधारों तक पहुंचने और उसे शुरू करने में इसलिए समर्थ हैं क्योंकि यह संगठित गुटों के निवेदन और सामाजिक पहचान पर आधारित गतिशील समूहों के दबाव से स्वयं को मुक्त कर लेते हैं। जैसा कि जेन्किंस ने लिखा है कि,

> यह एक विशेष प्रकार के नागरिक समाज का अस्तित्व है; जिसमें संजातीय राजनीति वैसे ही संगठित और प्रतिस्पर्धी दलीय राजनीति से जुड़ी है जैसे परंपरागत कार्यात्मक संघ - जो राज्य को अनुमति देता है कि वह शक्तिशाली हितों के ''गिरफ्त'' (capture) से सुशासन से संबंधित नीतियों को मुक्त रखे।[26]

इस प्रकार, यह स्पष्ट है कि राजनीति नागरिक समाज संगठनों के कार्यान्वयन से जटिलतापूर्वक संबंधित है और सुशासन को बढ़ावा देने के लिए उनकी क्षमता को भी प्रभावित करती है। हमें उस पहलू पर भी अवश्य ध्यान देना चाहिए जिसमें नागरिक समाज सगठनों के द्वारा राज्य के कार्यों का सफलतापूर्वक संचालन किया जाता है, जिसे "राज्य द्वारा दिए गए विशेष विक्रय अधिकार" (franchising the state) कहा जाता है।[27] जहां एक ओर भारत में कई गैर-सरकारी संगठनों (NGOs) की स्थापना हो रही है जिनमें से कई के कार्यों में जवाबदेयता और विश्वसनीयता की समस्या बढ़ती जा रही है, वहीं इनमें से कुछ अपवाद भी हैं जैसे मजदूर किसान शक्ति संगठन (MKSS), जिसने राजस्थान में सूचना के अधिकार (RTI) के अभियान का नेतृत्व किया जो बाद में संसद के अधिनियम द्वारा कानून बन गया।

लोकतांत्रिक शासन के सिद्धांत
(Principles of Democratic Governance)

1. सहभागिता (Participation)

नीति निर्माण और राजनीतिक प्रक्रिया में जनसहभागिता को सुशासन में केंद्रीय महत्त्व दिया गया है। प्रारंभ में अंतर्राष्ट्रीय सहायता संस्थाओं द्वारा ''परियोजना में सहभागिता'' दृष्टिकोण के तहत देय संगठनों द्वारा प्रारूपित और क्रियान्वित परियोजनाओं में लक्षित जनसमूह की सहभागिता को बढ़ाए जाने पर बल दिया जाता था। तथापि यह उपागम बाद में संशोधित कर दिया गया। नए उपागम को विश्व बैंक द्वारा दी गई सहभागिता की परिभाषा से समझा जा सकता है, "यह एक ऐसी प्रक्रिया है जिसमें हिस्सेदार उन विकास कार्यों, निर्णयों और संसाधनों को नियंत्रित करते हैं जो उन्हें प्रभावित करते हैं"।[28] हिस्सेदार नीतियों के प्रारूप बनने और उनके कार्यान्वयन में भी अपनी सहभागिता बढ़ाने हेतु प्रोत्साहित किए जाते हैं। सहभागी विकास विचार-संप्रदाय (participatory development school) का यह प्रयास रहता है कि विकास प्रक्रिया के प्रत्येक स्तर पर अंतिम-लाभार्थी को अधिक-से-अधिक शामिल करे। इसके लिए 'विकास कर्ता के लिए विश्लेषणात्मक और जागरूक रूपरेखा का निर्माण करना जो निर्णायक जनमानस को लामबंद करने में सक्षम हो'।[29] इस संदर्भ में जो कर्ता विकास प्रक्रिया के लिए समर्पित हैं और जो विकास के विषय में परिवर्तन की अपेक्षा रखते हैं वे ''लोकतांत्रिक, न्यायसंगत और समावेशी'' होते हैं।

यहां ''सुलहकारी और विरोधी'' (reconcilable and irreconcilable) विभिन्नताओं की भी पहचान की गई है। इसमें सुलहकारी पक्ष स्थानीय ज्ञान प्रतिमान को नीतियों के निर्माण और परियोजनाओं में महत्त्वपूर्ण आगत के रूप में स्वीकार करता है। जबकि, कई बार शक्ति की स्थानीय संरचना भी विकास कार्यक्रमों के कार्यान्वयन में अवरोध उत्पन्न करती हैं जिससे कुछ समूहों को

तो लाभ प्राप्त होता है, परंतु कुछ समूह लाभ से वंचित रह जाते हैं। राजनीतिक परिवर्तनशील कारक को ध्यान में रखते हुए यह कहा जा सकता है कि विकास के विचार की शाखा में प्रतिरोध भी सहभागिता का एक महत्त्वपूर्ण तथ्य है तथा इसे स्वीकृति भी प्राप्त है।

इनके बीच एक अन्य प्रमुख विभिन्नता को नेल्सन और राइट द्वारा दर्शाया गया जो इस प्रकार है, 'सहभागिता एक साधन के रूप में (परियोजना के लक्ष्यों को निपुणता, प्रभावी तरीके से या कम खर्चे में पूरा करने) और सहभागिता एक लक्ष्य के रूप में (जिसमें समुदाय या समूह अपने विकास को नियंत्रित करने के लिए प्रक्रिया का निर्माण करते हैं)। साधनों का शोधन/लक्ष्य का विरोधाभास ही सहभागिता के ''यांत्रिक उद्देश्यों'' और ''रूपांतरित उद्देश्यों'' के मध्य का भेद है। सहायता प्राप्त (Donor) परियोजना में लोगों को शामिल करना (लागत को बांटना और समर्पण और परियोजना की स्थिरता को सुनिश्चित करना) ''यांत्रिक'' है और लोगों को उनकी प्राथमिकता के अनुसार निर्णय करने का सम्मान देना ''रूपांतरित'' है। एक तीसरा वर्गीकरण भी है जो भागीदारी के स्तर और प्रबलता का प्रतिनिधित्व एक सीढ़ी या सातत्य (continuum) के रूप में करता है। इस सातत्य के क्षेत्र में सूचना का आदान-प्रदान, विचार-विमर्श और संयुक्त निर्णय निर्माण से किया जाता है जिसमें हिस्सेदार कार्यों का सूत्रपात और नियंत्रण अपने अधीन रखता है'।[30]

(i) *स्वदेशी के संदर्भ में सहभागिता का सिद्धांत* (Theories of participation in the indigenous context) : स्वदेशी के संदर्भ में सहभागिता को प्राप्त करने का लक्ष्य मुख्य रूप से विकेंद्रीकरण द्वारा पंचायतीराज संस्थाओं की स्थापना से पूरा किया गया। भारत में सहभागी विकास की अंतर्राष्ट्रीय बहसों के अंतर्गत, विकेंद्रीकरण को विविध प्रकार से परिभाषित किया गया और विभिन्न राज्य सरकारों द्वारा व्यवहार में लाया गया। फिर भी, यहां लोकतांत्रिक संस्थाओं और लोकतांत्रिक व्यवहार में अंतर स्पष्ट किया जाना आवश्यक है। द्रेज और सेन ने लिखा है कि, 'लोकतांत्रिक व्यवहार की आधारशिला को इस प्रकार देखा जा सकता है, उदाहरण के लिए सुविधा (कार्यात्मक लोकतांत्रिक संस्थाएं), भागीदारी (इन संस्थाओं के साथ जन अनुबंध की जानकारी) और समता (शक्ति का उचित वितरण)'।[31]

इसलिए यह कहा जाता है कि मात्र संस्थाओं के विकेंद्रीकरण से लोकतांत्रिक कार्यात्मकता सुनिश्चित नहीं की जा सकती। स्थानीय शक्ति संरचना में सुधारों के अभाव के कारण इन संस्थाओं में शक्ति पदसोपान और भी अधिक मजबूत

हो जाता है। उदाहरण के लिए, कई जनजातीय क्षेत्रों में पंचायतों पर स्थानीय अभिजात वर्ग अधिपत्य स्थापित कर लेता है। अत: शक्तियों के समान वितरण की अनुपस्थिति में विकेंद्रीकरण में मुख्य रूप से उपेक्षित वर्ग ही जनसहभागिता में पिछड़ जाता है। इसके पश्चात्, विकेंद्रीकरण ऊपर से ही आरोपित कर दिया जाता है, जो भ्रष्टाचार को बढ़ाता है तथा शासन की पारंपरिक संस्थाओं और व्यवहारों को दुर्बल कर देता है।

"स्थानीय लोकतंत्र" का महत्त्व इस तथ्य में है कि यह उपेक्षितों को उपलब्ध हो और साथ ही राजनीतिक सहभागिता के विभिन्न प्रकार के अवसर प्रदान करे। सामाजिक परिवर्तन के लिए सामाजिक समता की शुरुआत करना तथा विभिन्न विकासात्मक कार्यक्रमों और स्थानीय लोक सेवाओं के लिए जन परीक्षण की अनुमति प्रदान करना आवश्यक है।

द्रेजे और सेन यह तर्क भी देते हैं कि "स्थानीय लोकतंत्र" की संकल्पना सहभागी राजनीति की यांत्रिक भूमिका के अतिरिक्त मूलभूत भूमिका का भी निर्वहन करती हैं; जैसे कि यह जीवन की व्यक्तिगत गुणवत्ता को बढ़ाने में भी सहायक है। राजनीतिक कृत्यों और सहभागिता के परिणामस्वरूप मूल स्वतंत्रता को व्यवहार में लाने में मदद मिलती है, जिसका मूल्य समझना चाहिए।[32]

यह एक बार पुन: हमारे समक्ष मानव अभिकरण (human agency) के प्रश्न को ले आता है। "मानव संस्था" क्या गठित करती है? सक्रिय सहभागिता में निर्णय निर्माण का तत्त्व शामिल किया जाता है। निर्णय निर्माण में किसकी सहभागिता होगी इस प्रश्न का सार्वभौमिक उत्तर है "लोग" (the people)। इसकी संस्थागत संरचना ग्राम सभा को विधिक स्थिति उपलब्ध कराती है और इसकी नियमित बैठक होती है। इस तरह जनता की सहभागिता को अर्थपूर्ण बनाने की दिशा में जिसमें "जनता की आवाज" (voice) और नीति निर्माण की "सत्ताधारियों द्वारा सिखाई आवाज" में अंतर कर पाना कठिन होता है। जनता की आवाज और सत्ताधारियों द्वारा सिखाई गई आवाज में अंतर विशेषकर इस बात पर निर्भर है कि किस सीमा तक विशेषज्ञ ग्राम सभा की कार्यवाही को प्रभावित करते हैं या ऐसा करने से स्वयं को रोक पाते हैं। (कौन से नीति निर्णय स्थानीय समुदाय की आवाज की स्वीकृति के आधार पर होने चाहिए या बाह्य अभिकर्ता द्वारा सूत्रित निर्णयों पर?) लोकतांत्रिक सिद्धांत इस दुविधा से निरंतर जूझ रहा है कि स्वदेशी के संदर्भ में स्थानीय ग्रामीण राजनीतिक समुदाय, जो व्यापक रूप से अशिक्षित है, को सहभागिता पर आधारित विकेंद्रीकृत स्थानीय विकास का लाभ कैसे मिले?

पंचायतीराज संस्था अधिनियम ने नागरिकों और समूहों को सामाजिक संसाधनों की प्रतिस्पर्धा के लिए नए अवसर प्रदान किए। यह अब तक उपेक्षित समूहों और नागरिकों के लिए व उनकी मांगों को आगे बढ़ाने के क्षेत्र में राजनीतिक रूप से लाभकारी सिद्ध हुआ है। भारत की लोकतांत्रिक राजनीति में पंचायतीराज संस्थाओं ने एक नए चरण का प्रारंभ किया जिसे ''दूसरी हवा'' (second wind) के नाम से जाना जाता है।[33] सहभागिता विकास के संदर्भ में एक अन्य बहस भी प्रचलित है जिसमें कहा गया कि संस्थागत मार्ग को अपनाकर ही विकास को अधिक सफल बनाया जा सकता है। जिन व्यवस्थाओं का अब तक उल्लेख किया गया है वह पंचायतीराज व्यवस्था के शासन में त्रि-स्तरीय स्वरूप का ही प्रतिनिधित्व करते हैं; हालांकि, इसके समानांतर ही संगठनों का एक अन्य समूह भी था जिनमें संयुक्त वन प्रबंधन (JFM) समिति, ग्रामीण शिक्षा समिति (VESs), जल उपयोग समिति (WUCs) इत्यादि प्रमुख हैं, जो पिछले पांच वर्षों में वित्त के क्षेत्र में लाभ की स्थिति में थे। ऐसे संगठन अंतर्राष्ट्रीय सहायता संस्थानों द्वारा नीतियों के क्षेत्र में विस्तार कर रहे हैं। समितियों से यह अपेक्षा की जाती थी कि यह स्थानीय सहभागिता को बढ़ावा देने के लिए कार्य संचालित करेगी। राज्य सरकारों द्वारा ''बहु-आयामी विकास'' (multi-pronged development) के लक्ष्यों को प्राप्त करने के लिए विभिन्न वैकल्पिक समितियों को बढ़ावा दिया गया। यह भी देखा गया है कि कई बार समितियां संरक्षक वितरण को बढ़ावा देती हैं।

बहस का एक व्यापक रूप सामने आता है जिसमें व्यापक अंतर्द्वंद्व देखा गया; इसमें एक ओर अंतर्राष्ट्रीय परियोजनाएं, जो समानांतर संगठन के रूप में कार्य करती थी, को विकास क्षेत्र में बढ़ावा दिया गया, वहीं दूसरी ओर वही कार्य पंचायतीराज संस्थाएं कर रही थीं जिसका अब तक स्वदेशीकरण हो चुका था। बहुत-सी समितियां सरकार से अनुदान प्राप्त करती थीं। जब परियोजनाएं और कार्यक्रम समितियों से निर्मित और कार्यान्वित होते हैं तो इन समितियों को विवेकाधिकार प्राप्त होता है। ये समितियां इसके द्वारा स्वयं को स्थानीय जनता के एक बड़े हिस्से से जोड़ती हैं और नेतृत्व और निर्णय निर्माण में सुधार करती हैं। इससे पंचायत विभिन्न क्षेत्रों के भार से मुक्त होती है। यह समितियां मूलभूत आवश्यकताओं जैसे शिक्षा, जल सुविधा विकास, स्वास्थ्य इत्यादि के इर्द-गिर्द संगठित होती हैं और इसके द्वारा दिए गए क्षेत्र में विशेषज्ञता एवं उचित परिणाम की व्यवस्था की जाती है। इन समानांतर संस्थाओं द्वारा पंचायतीराज संस्था में भागीदारी आधार तैयार किया जाता है। इन कार्यक्रमों में पंचायत सह-सहायक की भूमिका निभाती हैं, जबकि इनके पारस्परिक व्यवहार के नियम और शर्तें स्पष्ट नहीं हैं किंतु यह अपेक्षा की जाती

है कि ये स्थानीय निकाय सुचारू रूप से कार्य करेंगे। इसके पश्चात् समितियों को एक संस्था के रूप में पंचायतीराज संस्था में सम्मिश्रित कर दिया जाता है जिससे सहभागिता को अधिक व्यापक और अर्थपूर्ण बनाया जा सके।

विकास की प्रक्रिया में पंचायती राज की भूमिका के महत्त्व को समर्थन देने वाले लोग समिति आधारित विकास की संपोषणीयता पर प्रश्न खड़े करते हैं। उदाहरण के लिए, समिति प्राकृतिक संसाधन परियोजनाओं जैसे वन और जलविभाजक प्रबंधन के लिए पूंजी के साधन ना मिलने की स्थिति में प्रभावी रूप से कार्य नहीं कर पाती हैं। इन परियोजनाओं में ग्रामीण क्षेत्र की सहभागिता सिर्फ संपन्न सामाजिक-आर्थिक वर्ग तक ही सीमित होती है। अतः ऐसी परियोजनाएं मौजूदा सामाजिक पदसोपान को चुनौती देने के स्थान पर असमान सामाजिक संरचना को अधिक मजबूती प्रदान करती हैं। इसी कारण गैर-सरकारी संगठनों (NGOs) को इसमें सम्मिलित किया जाता है ताकि परियोजना की संपोषणीयता को स्थानीय सामाजिक-आर्थिक संरचना के साथ समाहित किया जा सके। गैर-सरकारी संगठनों के द्वारा विकासात्मक कार्यक्रमों में स्थानीय विवादों का निपटारा करने और सहभागिता को बढ़ाए जाने का कार्य किया जाता है। इस प्रक्रिया में उठाए गए प्रभावी कदमों में दीर्घकालिक समर्पण और निवेश की आवश्यकता होती है।

उपरोक्त तर्कों के आधार पर यह कहा जा सकता है कि समानांतर प्रशासनिक संरचनाओं की समितियों पर पुनः चर्चा की जानी चाहिए। समानांतर प्रशासनिक संस्थाओं और पंचायती राज संस्थाओं के बीच ''संस्थागत संयोजन'' (institutional linkages) पर कार्य करने की आवश्यकता है।[34]

2. जवाबदेयता और पारदर्शिता (Accountability and Transparency) जवाबदेयता और पारदर्शिता लोकतांत्रिक शासन को बढ़ावा देने और सहभागिता के सिद्धांत को प्राप्त करने में महत्त्वपूर्ण भूमिका का निर्वहन करता है। विश्व बैंक की जवाबदेयता और पारदर्शिता की व्याख्या भ्रष्टाचार को कम करने के विषय में महत्त्वपूर्ण है। बैंक का ध्यान प्रमुख रूप से वित्तीय जवाबदेयता की ओर है किंतु साथ ही इस जवाबदेयता को विधायी, न्यायिक और प्रशासनिक क्षेत्र तक विस्तृत करने का भी तर्क देता है।[35] राजनीतिक जवाबदेयता को दो नामों से समझा जा सकता है - "ऊर्ध्व जवाबदेयता'' (vertical accountability) और "क्षैतिज जवाबदेयता'' (horizontal accountability)। ऊर्ध्व जवाबदेयता शासित और शासक के मध्य होती है जिसे नियमित स्वतंत्र और निष्पक्ष चुनावों के द्वारा सुरक्षित किया जाता है। इससे इतर क्षैतिज जवाबदेयता को सरकार की विभिन्न शाखाओं के बीच सुनिश्चित किया जाता है जिसे "संस्थागत नियंत्रण और संतुलन"

(institutionalised checks and balance) के नाम से जाना जाता है तथा यह कार्यपालिका, विधायिका और न्यायपालिका के संबंधों को शासित करती है।[36]

भारतीय संदर्भ में, ऊर्ध्व जवाबदेयता को स्वतंत्र और निष्पक्ष नियमित चुनावों के रूप में स्थापित किया गया है। निर्वाचक लोकतंत्र के दायरे के अतिरिक्त जवाबदेयता को सूचना का अधिकार अधिनियम (RTI) 2005 के द्वारा भी सुदृढ़ किया गया। पारदर्शिता और जवाबदेयता को ई-गवर्नेंस या इलेक्ट्रॉनिक गवर्नेंस को अपनाए जाने के पश्चात् लागू किया गया। इसने नौकरशाही के हस्तक्षेप को कम किया और उपलब्धता में वृद्धि की, शासितों तक सेवाओं को पहुंचाने में दक्षता को बढ़ाया और भ्रष्टाचार को कम किया। वर्ष 2006 में भारत के 12 राज्यों में ई-शासन (e-governance) की प्रभावशीलता हेतु एक अध्ययन किया गया जिसके अंतर्गत तीन कंप्यूटरीकृत क्षेत्रों-ड्राइविंग लाइसेंस, संपत्ति पंजीकरण और भू-राजस्व विभाग में उपलब्ध भूमि दस्तावेजों का आकलन किया गया। इसमें यह पाया गया कि भू-दस्तावेजों के कंप्यूटराइजेशन से रिश्वतखोरी के मामले में कमी आई है।[37] जबकि लाइसेंस और संपत्ति पंजीकरण के मामले में भ्रष्टाचार में कमी न के बराबर देखी गई। एक अन्य अध्ययन के अंतर्गत यह तर्क दिया गया कि कंप्यूटरीकृत नागरिक सेवाएं राजनेताओं और ई-शासन (e-governance) में स्थानीय हिस्सेदारों से प्रभावित होती है।[38] अध्ययन के समान वर्ष में ही, भारतीय सरकार के राष्ट्रीय ई-शासन (e-governance) कार्यक्रम का उद्घाटन किया गया जिसका लक्ष्य था इलेक्ट्रॉनिक माध्यम से सामान्य सेवा केंद्रों (CSCs) पर नागरिक सेवाओं को पहुंचाना।

ई-शासन (e-governance) का व्यापक प्रयोग महात्मा गांधी राष्ट्रीय ग्रामीण रोजगार गारंटी योजना (MGNREGS) के क्षेत्र में किया गया। यह योजना अधिकार आधारित ढांचे (काम का अधिकार) पर कार्यान्वित की गई; जिसमें ग्रामीण क्षेत्रों के वयस्कों को एक वित्तीय वर्ष में 100 दिन के रोजगार की गारंटी दी गई जिसमें गैर-कुशल कार्यों पर बल दिया गया, किंतु इसे भी भ्रष्टाचार के मामलों ने खोखला कर दिया। इसमें गैर-प्रावधान और कार्य की अनुपलब्धता, वेतन में विलंब और फर्जी जॉब कार्डों जैसी विभिन्न घटनाओं के कारण इसकी आलोचना भी की जाती है। आंध्र प्रदेश (अविभाजित) राज्य में महात्मा गांधी राष्ट्रीय ग्रामीण रोजगार गारंटी योजना के कार्यान्वयन हेतु आवेदन पत्रों के अध्ययन में यह बात सामने आई कि इस योजना में लगभग 90 प्रतिशत लोगों को इलेक्ट्रॉनिक वेतन ट्रांसफर और पेंशन अदायगी आधार पहचान पत्र[39] (Aadhaar) पर आधारित थी।[40]

निष्कर्ष (Conclusion)

उपरोक्त चर्चा से यह स्पष्ट है कि अंतर्राष्ट्रीय वित्तीय संस्थाओं (IFIs) की लोकतंत्र और सुशासन के संबंध की संकल्पना समस्याग्रस्त है। इसके दो मुख्य कारण इस प्रकार हैं - प्रथम, सार्वभौमिक लोकतांत्रिक मूल्यों का विवरण इस बात को स्पष्ट करता है कि ये संस्थाएं देशों पर जिन नीतियों को लागू करती हैं वह अनुपयुक्त हैं क्योंकि इनके स्थानीय-सामाजिक-आर्थिक और राजनीतिक परिवेश व्यापक रूप से भिन्न हैं। अत: "सभी के लिए एक आकार" (one size fits all) उपागम पूर्ण रूप से त्रुटिपूर्ण है। द्वितीय, जहां लोकतंत्र को सुशासन के अनिवार्य तत्त्व के रूप में देखा जाता है, उसमें परिवर्तन की प्रक्रिया सदैव लोकतांत्रिक नहीं होती। लोकतंत्र को अंतिम मूल्य मानने की अपेक्षा निरंतर विकास को प्राप्त करने के यंत्र के रूप में देखा जाता है। अत: यह कहा जा सकता है कि यदि लोकतंत्र को सुशासन द्वारा सुदृढ़ करना है तो उसके लिए लोकतंत्र के अर्थ, और उद्देश्य को प्राप्त करने कि दिशा में पुन: प्रयास करना होगा तथा लोकतंत्र को पुनर्परिभाषित करना होगा। स्वदेशी संदर्भ के अंतर्गत, सुशासन के द्वारा राज्य और नागरिक समाज की संस्थाओं को अधिक लोकतांत्रिक बनाया गया है। राज्य के अपने ही विविध रूप हैं जो पहचान से लेकर विभिन्न हितों की पूर्ति और बहुस्तरीय शासन संरचनाओं से संबंधित हैं। नागरिक समाज के गठन के भी कई घटक हैं, जिनमें सांस्कृतिक, वैचारिक, आर्थिक और कई अन्य समूह और संगठन शामिल हैं। सुशासन की अवधारणा राज्य और नागरिक समाज दोनों में सहभागिता, जवाबदेयता और पारदर्शिता के सिद्धांतों द्वारा लोकतांत्रिकरण की सिफारिश करता है।

संदर्भ-ग्रंथ (References)

[1] D. Osborne and T. Gaebler, (1992), *Reinventing Government: How the Entrepreneurial Spirit is Transforming the Public Sector,* Addison-Wesley Publishing Company, Boston; G.Stoker, (2006), *Why Politics Matters: Making Democracy Work*, Palgrave, London; J.Graham, B. Amos and T. Plumptre, (2003), *Principles for Good Governance in the 21st Century,* Institute on Governance(IOG), Canada, Policy Brief No. 15, August.

[2] सामाजिक पूंजी का तात्पर्य समुदाय के तहत सामाजिक संबंधों के ऐसे ताने-बाने से है जिसके द्वारा प्रजातंत्र और विकास को बढ़ावा दिया जा सकता है।

[3] R. Putnam, (2000), *Bowling Alone: The Collapse and Revival of American Community*, Simon and Schuster, New York, p. 20.

[4] C. Santiso, (2001), 'Good Governance and Aid Effectiveness: The World Bank and Conditionality', *The Georgetown Public Policy Review*, vol. 7,no. 1, Fall 2001, p. 2.

[5] *Ibid.*

[6] *Ibid.*,p. 5.

[7] *Ibid.*

[8] *Ibid.*,p. 7.
[9] *Ibid.*,p. 9.
[10] *Ibid.*,p.11.
[11] *Ibid.*,p. 14.
[12] *Ibid.*,p. 15.
[13] इस संदर्भ में विश्व बैंक द्वारा प्रकाशित कुछ दस्तावेज प्रमुख हैं : जैसे, Governance and Development 1992 तथा The World Development Report 1997. संयुक्त राष्ट्र विकास कार्यक्रम (UNDP) ने भी कुशल शासन के सिद्धान्तों को Governance and Sustainable Human Development, 1997 में सूचित किया है।
[14] C. Santiso, *op. cit.*, p. 15.
[15] NirjaGopal Jayal,(1997), 'The Governance Agenda-Making Democratic Development Dispensable', *Economic and Political Weekly,* vol. 32, no. 08, February 22, pp.408-409.
[16] Joseph, Sara, (2001), 'Democratic Good Governance – NewAgenda for Change', *Economic and Political Weekly*, vol. 36, no. 12, March 24, p. 1012.
[17] Thompson quoted in B. Currie, (2001), 'Political Authority, Public Deliberation, and the Politics of Poverty Reduction', in Niraja Gopal Jayal and Sudha Pai. (eds.), *Democratic Governance in India- Challenges of Poverty, Development and Identity*, Sage Publications, New Delhi, p. 76.
[18] Nirja Gopal Jayal, (1997), 'The Governance Agenda-Making Democratic Development Dispensable', op. cit., p. 410.
[19] Atul Kohli, (1993) 'Democracy amid Economic Orthodoxy: Trends in Developing Countries', *Third World Quarterly*, vol. 14, no. 4, p. 683.
[20] Nirja Gopal Jayal, (2001), 'Reinventing the State: The Emergence of Alternative Models of Governance in India in the 1990s', in Niraja Gopal Jayal and Sudha Pai. (eds.), Democratic Governance in India – Challenges of Poverty, *Development and Identity*, Sage Publications, New Delhi, p. 146.
[21] Rob Jenkins, (2001)'Mistaking "Governance" for "Politics": Foreign Aid, Democracy and the Construction of Civil Society', in Sudipta Kaviraj and Sunil Khilnani. (eds.) *Civil Society:History* and Possibilities, Cambridge University Press, Cambridge, p. 252.
[22] *Ibid.*, p. 253.
[23] *Ibid.*, p. 255.
[24] *Ibid.*, p. 259.
[25] *Ibid.*, p. 259.
[26] *Ibid.*, p. 265.
[27] Nirja Gopal Jayal, (2001), 'Reinventing the State: The Emergence of Alternative Models of Governance in India in the 1990s',*op. cit.*, p. 143.
[28] R. McGee, (2002), 'Participating in Development',in Martin Minogue and Uma Kothari. (eds.), *Development Theory and Practice: Critical Perspective*, Palgrave, Basingstoke, p. 96.
[29] *Ibid.*, p.100.
[30] N. Nelson and S. Wright, (1995), *Power and Participatory Development: Theory and Practice*, Intermediate Technology Publications, London, p. 104.
[31] J. Dreze and A. Sen. (2002), 'The Practice of Democracy', in Jean Dreze and Amartya Sen. (eds.), *India: Development and Participation*, Oxford University Press, Delhi.
[32] *Ibid.*,p. 363.
[33] P. R.Desouza, (2002) 'Decentralisation and Local Government: The 'Second Wind' of Democracy in India', inZoya Hasan, E.Sridharan and R. Sudarshan. eds. *Constitution: Ideas, Practice and Controversies*, Permanent Black, New Delhi.
[34] Planning Commission of India(2002) 'Decentralisation and Panchayati Raj Institutions (PRIs)' in *Mid-Term Appraisal of the Ninth five year plan, 1997-2002*, [online], accessed

from <http://planningcommission.nic.in/plans/mta/mta-9702/mta-ch10.pdf>, on 6 April 2017, pp. 269-272.

[35] C. Santiso, *op. cit*., p. 17.

[36] *Ibid*., p. 17.

[37] S. Bhatnagar, (2013), 'E-Governance and Corruption in Service Delivery', *Economic and Political Weekly*, vol.48, no. 1, January 5, p. 36.

[38] J.Bussell, (2012), Corruption and Reform in India: Public Services in the Digital Age, Cambridge University Press, pp. xii and 306.

[39] आधार 12 अंकों वाला एक विशिष्ट पहचान संख्या है जो भारत सरकार के विशिष्ट पहचान प्राधिकारी द्वारा जारी किया जाता है जो किसी व्यक्ति सम्बन्धित बायोमेट्रिक और जनसांख्यिकीय आंकड़े पर आधारित होता है।

[40] K.V.Aakella, (2015), 'Technology in Governance- Case of MGNREGS in Andhra Pradesh', *Economic and Political Weekly,* vol. 50, no. 13, March 28, p. 24.

5

मानव-पर्यावरण संबंध

Human–Environment Interaction

पुष्पा सिंह
चंदन कुमार

महत्त्वपूर्ण शब्द जैव विविधता, जलवायु परिवर्तन, गहरे-पारिस्थितिकी, लोकसंसाधनों की त्रासदी, पर्यावरण त्रासदी, सतत विकास

कथ्य *मानव की उत्तरजीविता एवं पर्यावरण के बीच एक अन्योन्याश्रय संबंध रहा है। इस कारण लोगों ने हमेशा प्रकृति के प्रति सम्मान और पारस्परिकता का भाव रखा है। हालांकि, 17वीं शताब्दी से आधुनिक विज्ञान एवं तकनीक के विकास ने आर्थिक विकास की आकांक्षा रखने वाले एक नए समाज को जन्म दिया। इसके परिणामस्वरूप, विकास के नाम पर औद्योगीकरण, थोक उत्पादन और उपभोग ने प्रकृति-प्रदत्त संसाधनों को कच्चे माल के रूप में प्रयुक्त करना शुरू कर दिया। औपनिवेशीकरण ने विकास के इस प्रतिमान को औपनिवेशिक समाज के प्राकृतिक संसाधनों के दोहन के माध्यम से बढ़ावा दिया। प्रकृति के दोहन की इस प्रक्रिया ने प्राकृतिक संतुलन को नकारात्मक रूप से प्रभावित किया। फलस्वरूप, अनगिनत पर्यावरणीय एवं पारिस्थितिक संकट उत्पन्न हो रहे हैं। जैव-विविधता का त्वरित क्षरण हो रहा है। सभी प्रकार के प्रदूषण बढ़ रहे हैं। जीवन यापन एवं विकास की प्रक्रिया को संधारणीय बनाने के लिए यह आवश्यक है कि नीतियों, सामाजिक एवं संस्थागत व्यवस्थाओं (सतत) एवं संपोषित एवं पहलों का समुचित समायोजन हो।*

प्राचीन काल से ही मनुष्य और प्रकृति के बीच सौहार्दपूर्ण संबंध रहा है मानव जीवन की उत्पति के साथ-साथ, मानव की प्रकृति के साथ निकटता और संरक्षण के प्रति रुझान को दर्शाता है। शुरू से ही प्रकृति मानव के अस्तित्व, पोषण और निर्वाह का स्रोत रही है। पारस्परिक रूप से मानव समुदाय ने वनस्पतियों और जीवों को सम्मान/सुरक्षा और संरक्षण प्रदान

किया है। इस प्रकार से अबतक मानव और प्रकृति के बीच का संबंध बहुत सुंदर दिखता है, जो मानव और प्रकृति संबंध के सहजीवन स्वरूप को दर्शाता है। परंतु सत्रहवीं शताब्दी में आधुनिकता और औद्योगीकरण के आगमन के बाद मानव और प्रकृति संबंध में अलग प्रकार की अव्यवस्था उत्पन्न हुई। मानव ने अब प्रकृति में विद्यमान संसाधनों के दोहन और प्रकृति को अपनी नियंत्रण में रखने का कार्य आरंभ कर दिया है। औद्योगीकरण ने मानव-प्रकृति के सामंजस्य के संबंध को नकार दिया है; जिसके परिणामस्वरूप प्रकृति के साथ लूट/दोहन का समय आरंभ हो गया। इस प्रक्रिया को विकास का नाम दिया जाता है और इसे प्रगति के साथ जोड़ दिया जाता है, जिसका अर्थ है ज्यादा से ज्यादा उत्पादन करना। इस प्रकार आधुनिकता और औद्योगीकरण के नाम पर प्रकृति का असीम और अबाधित दोहन किया जा रहा है। मानवीय उपलब्धियों और उच्च संस्कृति को यदि एक तरफ कर दिया जाए तो भी निःसंदेह यह कहा जा सकता है कि पर्यावरण को सबसे अधिक नुकसान मनुष्यों ने ही पहुंचाया है और मानवीय गतिविधियों के कारण प्राकृतिक संसाधनों का सबसे अधिक क्षरण हुआ है।[1] हमारी आदत इन गलतियों को स्वीकार करने के बारे में कपटपूर्ण रही है। पृथ्वी के संसाधनों का किस हद तक उपयोग करना है, इस संदर्भ में मनुष्यों के बीच कोई बाध्यकारी समझौता या सहमति विकसित नहीं हुई है और इसके संसाधनों को असीमित मान कर उसका अनियंत्रित दोहन किया जा रहा है।[2]

अब जब मानव प्रायोजित गंभीर पर्यावरण संकट हमारे समक्ष खड़े हो गए हैं, तब हम नींद से जाग रहे हैं। हाल ही में हमने स्व-निर्मित प्राकृतिक आपदाओं से बाहर निकलने का मार्ग तलाशना शुरू कर दिया है। मानव क्रियाओं का अनपेक्षित प्रभाव अब ग्लोबल वार्मिंग के साथ-साथ दुर्लभ प्रजातियों के विलुप्त होने जैसी समस्याओं को पैदा कर रहा है। इसके साथ ही मानव जीवन शैली और व्यवस्थित समाज से संबंधित मुद्दे एवं चुनौतियां उजागर हुई हैं। इस तरह की चुनौतियों का सामना पिछली पीढियों ने नहीं किया था।[3] अपने तकनीकी ज्ञान के उत्साह में मनुष्यों को यह विश्वास हो गया था कि उसने प्रगति की यात्रा आरंभ कर दी है जिसके माध्यम से प्रकृति पर विजय प्राप्त की जा सकती है। परंतु इसने प्रकृति को तो हाशिये पर लाकर खड़ा किया ही, साथ ही प्रकृति के सिद्धांतों को भी हाशिये पर ला दिया है, जिसने पर्यावरणीय विनाश और पारिस्थितिक आपदाओं को जन्म दिया है।[4] यह बहुत जल्द ही समझ में आने लगा कि हमने अपने स्वार्थ के कारण पर्यावरण का अनियंत्रित दोहन किया है। इसके परिणामस्वरूप एक

छोटी-सी समझ उभर कर आई है, जिसने पारस्थितिक त्रासदी का एहसास शुरू करा दिया है। इसलिए वर्तमान समय में पर्यावरण संरक्षण के मुद्दे ने राजनीति और शासन की उद्घोषणा में, विशेषकर अंतर्राष्ट्रीय प्रशासन में, प्राथमिकता हासिल कर ली है। पर्यावरण के मुद्दे में अधिकार और न्याय से संबंधित व्यापक प्रश्नों को शामिल किया गया है। अब पर्यावरणवाद के लिए पर्यावरण की समस्याओं को इसी संदर्भ में समझा जाता है। मानव-पर्यावरण संबंध के अध्ययन में विकास रणनीति, राज्य नीति, संसाधनों के प्रयोग का तरीका एवं पर्यावरण के ऊपर पड़ने वाले उसके प्रभाव का अध्ययन किया जाना आवश्यक है। इसके साथ-साथ विश्व में विद्यमान वर्तमान जनसंख्या की बुनियादी जरूरतों को पूरा करने के लिए एक प्रकार की नैतिक और राजनीतिक जिम्मेदारी के साथ संतुलन कायम होना चाहिए।[5] इस संबंध में पर्यावरण क्षतिपूर्ति की प्रक्रिया में तेजी लाने के लिए किस सीमा तक प्रयास किया जा सकता है? इस अध्याय का लक्ष्य सत्रहवीं शताब्दी के आधुनिक विज्ञान के मानक पर आधारित विकास और तकनीक के बीच के संबंध को उजागर करना है जिसने मानव-पर्यावरण संबंधों के क्षेत्र को बदल दिया है तथा जिससे भविष्य में अपूर्णीय क्षति हो सकती है।

विकास और पर्यावरणः संबंध

(Development and Environment : Relationship)

समकालीन विकास संबंधी विमर्श प्रबोधन काल से उभर कर आया है जो प्रगति, समृद्धि और सामाजिक परिवर्तन की अवधारणाओं को उजागर करता है।[6] इसके अनुसार, विकास को आर्थिक संवृद्धि और भौतिक वृद्धि के पर्याय के रूप में देखा जाता है; जिसमें मुक्त बाजार अग्रदूत के रूप में भूमिका निभा रहा है। आधुनिकीकरण के सिद्धांत के प्रतिपादक डब्ल्यू.डब्ल्यू. रोस्तोव (W.W. Rostow) ने कहा था कि हर समाज आर्थिक संवृद्धि को पांच चरणों में पारित करेगा जैसे कि उत्तरी औद्योगिक देशों के द्वारा किया गया है। ये पांच चरण हैं–1. पारंपरिक समाज (Traditional Society: society with no access to modern science and technology); 2. प्रारंभिक चरण की पूर्व-दशाएं (Pre-Conditions or the Preparatory Stage); 3. उड़ान का चरण (The 'Take-off', Stage); 4. परिपक्वता की ओर कदमः स्व-सतत संवृद्धि (Drive to Maturity: Period of Self-sustained Growth); तथा 5. जन खपत का चरण (Stage of Mass Consumption)।[7] हालांकि, यह विशुद्ध रूप से आर्थिक अवधि में विकास को परिभाषित करने का प्रयास है जो यूरोप केंद्रित और अत्यधिक समस्यामूलक है।

आर्थिक संवृद्धि को विकास के साथ नहीं समझा जा सकता है, न ही असीमित आर्थिक संवृद्धि मानव जाति का उद्देश्य हो सकती है।[8] ऐसे दृष्टिकोण को समझने का प्रयास किया गया है जो बीसवीं शताब्दी के आधे दशक बीत जाने के बाद संपोषित सतत विकास (Sustainable development) की अवधारणा के रूप में लोकप्रिय हुआ है। 1987 में ब्रंटलैंड कमीशन (Brundtland Commission) ने (सतत) विकास को परिभाषित किया था। इसके अनुसार, "विकास" जो कि भविष्य की पीढ़ियों की जरूरतों को पूरा करने की क्षमता के साथ समझौता किए बिना वर्तमान की जरूरतों को पूरा करता है।[9]

यह जानना दिलचस्प होगा कि किस प्रकार औपनिवेशिक विरासत ने उत्तर-औपनिवेशिक समुदायों, उत्तर-औपनिवेशिक विकास-प्रथा और विचारधारा को भी प्रभावित किया है। उपनिवेशवाद के बाद राज्यों में विकास का मुद्दा उत्तर-उपनिवेशवादी नियोजन और नई स्वतंत्र सरकारों की नीतियों के रूप में उजागर होता है; जिसमें अक्सर राज्य द्वारा नियंत्रित विकास परियोजनाओं के रूप में स्वास्थ्य, आवास, औद्योगिक विकास और ऊर्जा की बुनियादी सुविधाएं शामिल हैं।[10] प्रणब बर्धन (Pranab Bardhan) का मानना है कि नए संसाधनों के आधार पर शहरी औद्योगिक क्षेत्र और ग्रामीण जमींदारी अभिजात द्वारा अधिशेष (surplus) सृजित किया गया है।[11] दूसरी ओर, गांधीजी और उनके अनुयायियों ने ग्राम गणराज्यों (village republics) के कृषि समाज के आधार पर विकास के अधिक टिकाऊ प्रतिमान की पेशकश की है। चूंकि इस प्रतिमान में शहरों के लिए आवश्यक अधिशेष नहीं मिलता है, इसलिए गांधीजी द्वारा प्रतिपादित विकास के औद्योगिक प्रतिमान के रूप को खारिज कर दिया जाता है। उसके स्थान पर देश ने विकास के औद्योगिक प्रतिमान को अपनाया है, जिनके तहत शहरी ग्रामीण अभिजात वर्ग के हितों की पूर्ति करने के लिए, राज्य के उपक्रमों के हस्तक्षेप के माध्यम से, संसाधनों का गहन मात्रा में आवागमन कराया जाता है।[12] इस पूंजीवादी विकास के साथ एक अंतर्निहित समस्या है कि इसे लगातार नए उत्पादों की जरूरत होती है जिसमें उपभोक्ता की मांगों के द्वारा मुनाफा देने की आवश्यकता होती हैं। यहां तक कि, जहां इसका अर्थ पारिस्थितिकी तंत्र को उस बिंदु तक विस्तृत करना है, जहां तक यह अपनी भौतिक सीमाओं के विकास या इसकी क्षमता को पार न कर जाए।[13] इस मसौदे पर आधारित विकास ने संसाधन उपयोगिता को इस तरह प्रभावित किया है कि इसने प्राकृतिक पर्यावरण व्यवस्था, पारंपरिक उत्पादन व्यवस्था और उससे संबंधित मानवीय सांस्कृतिक विविधता को खतरे में डाल दिया है।[14] यह दुखद है कि, सतत सिद्धांतों पर

आधारित पुरातन संसाधन प्रयोग पद्धति को आदिम, रूढ़िवादी और अवैज्ञानिक माना जाता है।

मानव-पर्यावरण संबंध पर विभिन्न दृष्टिकोण
(Various Perspectives on Human-Environment Relation)

दुनिया भर की सभी सभ्यताएं अपने आसपास की प्रकृति के साथ समन्वित रूप से जुड़ी रही हैं। विभिन्न संस्कृतियों ने प्रकृति के साथ पहचान और सभ्यताओं ने मुख्यतया प्रकृति को एक पवित्र वस्तु के रूप में देखा है और अपना संबंध बनाकर रखा है। प्रकृति के साथ सम्मान का व्यवहार किया है। इस प्रकार के संबंधों के पीछे व्यावहारिक कारण हैं, जो मनुष्य की प्राकृतिक वातावरण पर अत्यधिक निर्भरता को दर्शाता है। प्राचीन नदी घाटी सभ्यताओं से लेकर वर्तमान स्मार्ट शहर की योजनाओं के लिए हम हमेशा अपने आप को भौतिक रूप से वातावरण पर निर्भर पाते हैं। इसके संदर्भ में एक सामान्य समझ यह है कि पर्यावरणीय समस्याएं मुख्यत: मानव क्रियाओं में निहित हैं। मानवीय आबादी की वृद्धि के साथ-साथ यह समस्या और भी जटिल होती जा रही है। दूसरी ओर कुछ लोगों का यह मानना है कि कई मानव समुदायों, जो भूमि और प्रकृति के साथ समंजस्यपूर्ण तरीके से रहते हैं, वे इन समस्याओं को नहीं बढ़ा रहे हैं, बल्कि, जनसंख्या घनत्व या संवृद्धि की तुलना में तकनीक आधारित उत्पादन प्रणाली पर्यावरण के स्तर में गिरावट का प्रमुख कारण है।[15]

1. गहन पारिस्थितिकी (Deep ecology)

उग्र पर्यावरणवादी जैसे गहन पारिस्थितिकी मानव केंद्रित पर्यावरणवाद – (जो मनुष्य के लिए अपनी सहायक उपयोगिता के कारण से पर्यावरण को संरक्षित करने पर बल देते हैं)–का विरोध करते हैं। इस प्रकार गहन पर्यावरणवाद एक आंदोलन है जो धरती पर विद्यमान सभी प्रजातियों के अन्योन्याश्रय संबंध को उजागर करता है और आग्रह करता है कि पृथ्वी पर विद्यमान जैवमंडल को संपूर्णता के साथ समझना चाहिए।[16] जो लोग इस दृष्टिकोण का पालन करते हैं, वे मानते हैं कि स्वयं प्रकृति का एक आंतरिक मूल्य है, जिस कारण वह मूल्यवान है। प्रकृति का संरक्षण हमें सिर्फ इसलिए नहीं करना चाहिए क्योंकि वह हमारे अस्तित्व के लिए अत्यंत आवश्यक है, बल्कि संपूर्ण जीव जगत और प्रकृति को उसमें निहित मूल्य के कारण संरक्षित करने की आवश्यकता है। इसलिए पारिस्थितिकी तंत्र को समग्रता में देखा जाना चाहिए और पूरे जीवमंडल

को संरक्षित करने का प्रयास होना चाहिए न कि इसके केवल एक हिस्से को, जो मनुष्यों के लिए उपयोगी है। दूसरे शब्दों में, गहन पारिस्थितिकी, गैर मानव जैविक दुनिया को भी प्रकृति का बहुमूल्य भाग मानता है और सभी जैविक तथा अजैविक अंश और उसकी विविधताओं के संरक्षण को भी बुनियादी मानता है। प्रकृति में हर प्रजाति का अपना एक अनूठा मूल्य है। प्रकृति का मूल्याकंन मनुष्य की प्रकृति की उपयोगिता पर आधारित नहीं होना चाहिए। गहन पारिस्थितिकी के प्रति रुझान रखने वाले लोगों के लिए पृथ्वी का उसकी प्राकृतिक अवस्था में वापस जाना जश्न मनाने जैसा होगा।[17] गहन पारिस्थितिकी का सिद्धांत्त आर्ने नईस (Arne Naess) द्वारा प्रतिपादित किया गया है और यह इस बात पर बल देता है कि 'नरम'' वैज्ञानिक शोध को बढ़ावा दिया जाना चाहिए जिससे पर्यावरण का न्यूनतम ह्रास हो। यह परिप्रेक्ष्य परंपराओं का सम्मान करता है और प्रकृति के प्रति हमारी अज्ञानता को दर्शाता है।

2. मानवकेंद्रित उपागम (Anthropocentric approach)

मानवकेंद्रित उपागम की समझ कुछ प्रमुख दार्शनिकों के कार्यों से मिलती है जैसे–एक्विंस, डेस्कार्टेस, बेकन, न्यूटन एवं लॉक इत्यादि। थामस एक्विंस (Thomas Aquinas) प्राकृतिक विधान को एक भव्य सोपानिक व्यवस्था की तरह देखते हैं जिसे इन्होंने ('Great Chain of Beings') कहा है। इसी प्रकार डेस्कार्टेस तथा बेकन ने द्वैतवाद (dualism) की बात कही, जिसके अनुसार संस्कृति/प्रकृति, दिमाग/शरीर या आत्मा/शरीर के विभाजन में प्रथम ईकाई अर्थात संस्कृति, दिमाग तथा आत्मा की श्रेष्ठतासिद्ध है। लॉक के सिद्धांतों द्वारा भी मानवकेंद्रित उपागम को समर्थन प्राप्त हुआ। लॉक प्रकृति के सहायक मूल्य (instrumental value) तथा उसके संसाधनों के आर्थिक लाभ पर बल देते हैं, जिसे संसाधनवाद (resourcism) कहते हैं। इस प्रकार मानवकेंद्रित उपागम का यह सोचना है कि पृथ्वी की सभी प्रजातियों में मानव के श्रेष्ठ होने के कारण प्रकृति पर मानवीय आधिपत्य कायम रहना चाहिए। इस विचारधारा का मानना है कि मानव ही पृथ्वी का केंद्र है तथा अन्य सभी जीव और निर्जीव मानव जीवन के लिए संसाधन मात्र हैं। मनुष्य पौधों, और जानवरों की तुलना में अपने गुणों में श्रेष्ठ हैं जो मनुष्य प्रजाति को उनका लाभ उठाने के लिए नैतिक औचित्य देता है। इस प्रकार की सोच ही मनुष्यों द्वारा पर्यावरण के दोहन तथा शोषण के लिए जिम्मेवार रही है।

3. नारीवादी पर्यावरणीय दृष्टिकोण (Feminist environmental approach)

मानव–प्रकृति के संबंधों पर दूसरी समझ नारीवादी पर्यावरणीय दृष्टिकोण से आती है जो पुरुष द्वारा प्रकृति पर वर्चस्व और संसाधनों के शोषण को पुरुषों द्वारा महिलाओं के शोषण की प्रक्रिया के संदर्भ में विश्लेषित करता है।[18] फ्रांसिस बेकन (Francis Bacon) का तर्क है कि ज्ञान और शक्ति पुरुष का पर्याय है जो प्रकृति को सेवा का आदेश देता है और उसे गुलाम बनाता है।[19] पर्यावरणीय नारीवाद बेकन के इस तर्क को संकीर्ण एवं पितृसत्तात्मक मानता है। यह स्त्रियों और प्रकृति को पुरुषों के अधीनस्थ के रूप में देखते हैं। इनका यह भी मानना है कि महिलाओं के लिए कोई मुक्ति का मार्ग नहीं है और न ही ऐसे समाज में पारिस्थितिक संकट का कोई समाधान हो सकता है।[20] इसके विपरीत पारिस्थितिकी नारीवादी, पर्यावरण और महिलाओं के पुनरुत्पादन की समान क्षमता के आधार पर इन दोनों के बीच अन्योन्याश्रय संबंध की संकल्पना विकसित करते हैं। वंदना शिवा जैसी पारिस्थितिकी नारीवादी आधुनिक विज्ञान को पितृसत्तामक परियोजना के रूप में देखती हैं। ये मानती हैं कि एक नई जागरूकता के बढ़ने से विज्ञान और विकास के गठजोड़ से यह तथ्य उजागर हुआ है कि यह प्रगति की कोई सार्वभौमिक श्रेणी नहीं है, बल्कि यह आधुनिक पश्चिमी पितृसत्ता की विशेष परियोजना है।[21] कैरोलिन मर्चेंट (Carolyn Merchant) ने अपनी पुस्तक *द डेथ ऑफ नेचर* में विज्ञान की पुरुषवादी संरचना पर चर्चा की है। उनका तर्क है कि सबसे अधिक जरूरतमंद लोगों के लिए वैज्ञानिक विकास सबसे अधिक हानिकारक रहा है।[22] वैज्ञानिक परियोजनाएं स्वाभाविक रूप से पितृसतामक हैं क्योंकि यह प्रकृति और महिलाओं पर पुरुषों की प्रभुसत्ता और नियंत्रण की विचारधारा पर आधारित है।

4. उपयोगितावादी दृष्टिकोण (Utilitarian approach)

प्रकृति के संरक्षण और प्रोत्साहन के लिए कुछ तर्क उपयोगितावादी चिंताओं से भी प्रेरित हैं। यह दर्शन अधिक से अधिक लोगों के लिए अधिकतम लाभ प्राप्त करने में विश्वास करता है। यह प्रकृति संरक्षण और भविष्य की पीढ़ियों के लिए पर्यावरणीय नुकसान की जांच करने पर जोर देता है। उल्लेखनीय है कि यह दृष्टिकोण भविष्य की पीढ़ियों के पर्यावरणीय अधिकारों को सुरक्षित रखने के लिए वर्तमान पीढ़ी से भारी (बहुत) त्यागों की मांग करता है। पर्यावरणीय संरक्षण की लागत को उठाने के सवाल पर उपयोगितावादी दृष्टिकोण तर्क देता है कि अब धनी देशों को इसके उत्थान का बोझ उठाना चाहिए, क्योंकि गरीब देशों

के लोगों के कल्याण की लागत काफी अधिक होगी।[23] यह ध्यान में रखना दिलचस्प है कि क्योटो प्रोटोकॉल ने अपने कार्यक्रम के लिए फंड जुटाने में समान सिद्धांत निहित किया है।

5. समानतावाद (Equalitarian)

समानतावाद का यह मानना है कि प्राकृतिक संसाधनों पर सभी पीढ़ियों का समान अधिकार है तथा उनके उपयोग के लिए सभी पीढ़ियों को समान अवसर मिलना चाहिए। यह सुनिश्चित करने के लिए पर्यावरण को संरक्षित किया जाना अनिवार्य है। कुछ विद्वानों जैसे हिल्लेल स्टीनर[24] (Hillel Steiner) और जोएल फेनबर्ग[25] (Joel Feinberg) यह सवाल उठाते हैं कि क्या भविष्य की पीढ़ियां, जो अभी तक पैदा नहीं हुई हैं, उनको भी वास्तविकता में कोई अधिकार प्राप्त हैं? ब्रायन बैरी (Brian Barry) का तर्क है कि समानता का विस्तार वर्तमान पीढ़ी के साथ साथ वर्तमान और भविष्य के पीढ़ियों के बीच भी होना चाहिए। समुदायवादी भी पर्यावरण संरक्षण के पक्ष में बहस करते हैं क्योंकि उन्हें लगता है कि पर्यावरण पूरे समुदाय के हित के लिए महत्त्वपूर्ण है।

दिलचस्प बात यह है कि कार्ल मार्क्स ने अपने समय के मुख्य पारिस्थितिकी संकट जैसे पूंजीवादी कृषि में मिट्टी की उर्वरता की समस्या, वनों की कटाई, शहरों में प्रदूषण और अधिक जनसंख्या का मल्थस्वादी भय (जनसंख्या संवृद्धि दर की तुलना में कृषि उत्पादकता दर में कमतर वृद्धि) के संदर्भ में एक प्रभावशाली विश्लेषण किया है।[26] अपने लेखन में उन्होंने मुख्यत: पूंजीवादी उत्पादन व्यवस्था द्वारा पारिस्थितिक स्थिरता और मनुष्य और प्रकृति के बीच आपसी संबंध के संदर्भ में प्रस्तुत चुनौतियों को दर्शाया है।

उलरिच बेक (Ulrich Beck) और एंथोनी गिडेंस (Anthony Giddens) जैसे समाजशास्त्रियों का मानना है कि विपन्नता एवं पारिस्थितिक संकट आधुनिकता एवं औद्योगीकरण का परिणाम है और उन्होंने इसे जोखिम-समाज (risk society) के संदर्भ में व्याख्यायित किया है। जोखिम-समाज की समझ द्वारा आधुनिक समाज में उपस्थित पारिस्थितिक संकट को समझने में हमारी मदद करता है ताकि इसका हल निकाला जा सके। ऐसे संकटों की उत्पत्ति को ही रोका जा सकता है। इस बहस ने ''रेफ्लेक्सिव मॉडर्नाइजेशन'' (reflexive modernization) की अवधारणा को जन्म दिया, जिसके तहत इसने औद्योगिक प्रगति में विज्ञान एवं तकनीकी की भूमिका का पुनर्मूल्यांकन एवं उनके सुधार की वकालत की ताकि इसे सतत, उत्तरदायी तथा समाज-अनुकूल बनाया जा सके।

6. गांधीवादी दृष्टिकोण (Gandhian Approach)

गांधीवादी समझ से मानव-प्रकृति संबंधों के संदर्भ में एक रचनात्मक दृष्टि उजागर होती है। गांधी का सामाजिक और राजनैतिक विचार समरूपता का प्रतिनिधित्व करता है, जिसमें मानव का अस्तित्त्व प्रकृति पर निर्भर है और उसी से शासित होता है। गांधी ने आधुनिक सभ्यताओं और इसकी संस्थाओं को एक अभिशाप का रूप माना है; क्योंकि इस सभ्यता ने मानव और प्रकृति के बीच के सामंजस्य को बाधित किया है। उनके लिए, आधुनिक सभ्यता अनियंत्रित इच्छा पर आधारित है। वहीं दूसरी ओर, प्राचीन सभ्यताएं इच्छाओं पर आत्मनियंत्रण को दर्शाती थी।[27] स्वदेशी पर उनके विचार ग्राम आधारित लघु उद्योगों को बढ़ावा देने पर थे जो बड़े पैमाने पर वस्तुओं का उत्पादन करने वाले आधुनिक उद्योगों की तरह प्रदूषण नहीं फैलाते। आधुनिकता के आगमन के कारण पर्यावरण और पारिस्थितिकी को भारी नुकसान का सामना करना पड़ रहा है। इस प्रकार गांधीवादी दृष्टिकोण मानव-पर्यावरण संबंधों पर निरंतर और समग्र प्रतिबिंब प्रस्तुत करता है।

आधुनिक विज्ञान, पूंजीवादी विकास और पर्यावरण त्रासदी
(Modern Science, Capitalist Development and Environmental Tragedy)

सत्रहवीं शताब्दी के बाद आधुनिकता और आधुनिक विज्ञान के उत्तरार्द्ध ने मानव और प्रकृति के बीच सामंजस्य को बाधित किया है। पूंजीवादी विकास आधुनिक विज्ञान पर आधारित है, जो प्रकृति के संसाधनों को निरंतर नष्ट करता जा रहा है। औद्योगीकरण और आर्थिक विकास की प्रक्रिया में जिस तरह से विज्ञान का प्रयोग किया गया है वह पर्यावरण के लिए बड़ी त्रासदी का कारण है।

प्रबोधन काल के मूल्यों पर आधारित आधुनिक विज्ञान की अपनी कुछ मान्यताएं हैं। इसके अनुसार, आधुनिक विज्ञान के माध्यम से मानव जाति के प्रगति और कल्याण की धारणा को नया अर्थ मिला है। नए या आधुनिक विज्ञान को प्रबुद्धता की विरासत के रूप में देखा गया था इसलिए इसको मानव मुक्ति के स्रोत के रूप में देखा गया था। यह मान्यता थी कि ज्ञान की यह नई वंशावली अज्ञानी और सांसारिक दुनिया को न्यायसंगत रूप से, बदल देगी। जैसा कि हम देखते हैं कि आधुनिक विज्ञान ने वास्तव में दुनिया को बदल दिया है। इसमें कोई शक नहीं कि तकनीकी प्रगति ने बढ़ती आबादी को कम जमीन से अधिक भोजन, चारा, फाइबर का उत्पादन करके मनुष्यों की बुनियादी समस्याओं को सुलझाने की दिशा में नई संभावनाएं दी हैं।[28] हालांकि, यह धारणा है कि आधुनिक विज्ञान उन्नति करने वाली परियोजना के रूप में संदेहास्पद हो सकता

है। आधुनिक विज्ञान जनित उन्नति ने न तो आम जनता को लाभ पहुंचाया है और न ही वास्तविकता में ऐसा करने की उसकी कोई मंशा है। इसका वास्तविक लाभ शक्तिशाली वर्गों के भारी वाणिज्यिक हित के पूर्ति के लिए किया गया है।

आधुनिक विज्ञान के विकास की ऐतिहासिकता का विश्लेषण अकील बिल्ग्रामी (Akeel Bilgrami) ने अपनी पुस्तक *अल्टरनेटिव मोडर्निटीज: अ व्यू फ्रॉम साउथ* (Alternative Modernities: A View From South) में प्रस्तुत किया है।[29] न्यूटन के कालखंड में रॉयल सोसाइटी जैसी संस्थाएं आईं, जिसने अपने उद्देश्य के लिए वैज्ञानिक तर्क का प्रतिनिधित्व करने वाली अपनी एक सार्वजनिक छवि बनाई। न्यूटनवाद ने इस विचार का प्रचार किया कि प्रकृति अरोचक, क्रूर और भौतिक है।[30] प्रकृति के बारे में ऐसी विचित्र धारणाएं लोगों ने बिना किसी अविश्वास के स्वीकार कर लीं। अतीत में जब लोग प्रकृति से संसाधनों का दोहन करते थे तो वापस उसकी भरपाई भी करते थे; क्योंकि उनका विश्वास यह था कि प्रकृति में ही भगवान हैं। मानव और प्रकृति का संबंध आध्यात्मिक माना जाता था। परंतु न्यूटनवादी विज्ञान के प्रभाव से मानव व प्रकृति के बीच का यह पवित्र रिश्ता टूट गया। इसके कारण प्रकृति के आंतरिक मूल्यों के प्रति लोगों में विश्वास समाप्त हो गया। अब प्रकृति को मात्र प्राकृतिक संसाधन के रूप में देखा जाने लगा, ताकि उन संसाधनों का उपयोग विज्ञान और प्रौद्योगिकी के प्रयोगों के लिए मुक्त रूप से हो। आधुनिक काल के प्रारंभ में प्रकृति को अव्यवस्थित और अराजक क्षेत्र के रूप में चित्रित किया गया था ताकि इसे नियंत्रित किया जा सके।[31] इसके परिणामस्वरूप मानव-प्रकृति के संबंधों को समझने की पुरानी मान्यता में परिवर्तन आ गया। इस मान्यता के कारण कृषि, व्यवसाय बन गई है जो अब जीने के लिए नहीं, बल्कि लाभ के लिए की जाती है। इस तरह नए विज्ञान ने नई अर्थव्यवस्थाओं को जन्म दिया तथा बाजारीकरण और उपभोक्तावाद को प्रेरित किया।

विज्ञान और विकास के उपरोक्त विमर्श की आलोचना की एक समझ नारीवादी हस्तक्षेप से भी उत्पन्न हुई है। कैरोलिन मर्चेंट के अनुसार, वैज्ञानिक क्रांति "नियंत्रित करने की इच्छा" से जुड़ी हुई है। यह इच्छा स्वयं अनियंत्रित मानी जाती है - इस इच्छा को पूंजीवादी बाजारों पर वर्चस्व स्थापित करने में महारत हासिल है और यह जंगल जैसे नए क्षेत्रों में विस्तार से संबंधित है।[32] वैज्ञानिकों और वैज्ञानिक समुदायों ने पूंजीवाद चालित बाजार के मसौदों को तय किया है। इस प्रक्रिया में पूंजीवादी संरचना और बाजार अर्थव्यवस्था के साथ इसके असाधारण संबंधों का खुलासा होता है। मार्टिन ओ' कॉनर (Martin O' Connor) का तर्क है कि आत्म-लाभोन्मुखी निगमों ने वन्य-क्षरण, प्रदूषण और ग्लोबल वार्मिंग जैसी समस्याओं को उत्पन्न किया

है और इसलिए पूंजीवाद अनिश्चिततापूर्ण हो गया है।[33] इस प्रकार विज्ञान, शक्ति का उपकरण बन गया है और प्रदूषण के लिए भी यह जिम्मेवार है।[34]

विकास परियोजनाओं ने पूंजीवादी और समाजवादी दोनों संदर्भों में, तकनीकी विशेषज्ञों की शक्ति को बढ़ाया है, जबकि स्थानीय समुदायों की परंपराओं पर आधारित वैकल्पिक ज्ञान प्रणालियों को रद्द कर दिया है। वास्तव में, इस बदले हुए परिवेश में, चाहे यह पूंजीवाद, साम्यवाद, राष्ट्रीय समाजवाद या किसी अन्य ऐसी प्रणाली के माध्यम से लाया जा रहा हो, आर्थिक संवृद्धि ही मानव और प्रकृति के बीच के बाजारू संबंध का आधार बन गई है और यह इस समस्या का मूल है।[35] इसीलिए विज्ञान और आधुनिकता के बारे में इस तरह के सार्वभौमिक प्रस्तावों को खारिज कर दिया गया है। इस संदर्भ में, 1980 के दशक के बाद से, राजनीतिक सिद्धांत के दायरे में उत्तर-आधुनिकतावाद (post-modernism) एक मजबूत अवधारणा के रूप में उभरा है, जिसने प्राकृतिक विज्ञान के सार्वभौमिक प्रतिमान निर्माण परियोजनाओं और विवेकहीन एकरूपता को अस्वीकार कर दिया है।

उपनिवेशवाद, विज्ञान और विकास
(Colonialism, Science and Development)

विकासशील समाजों में पर्यावरण की कई समकालीन समस्याओं की जड़ वास्तव में उपनिवेशवादियों की असंवेदनशील और शोषक नीतियों में निहित हैं। औपनिवेशिक विजय और नियंत्रण को रामचंद्र गुहा, माधव गाडगिल और अन्य पर्यावरण इतिहासकारों ने निर्णायक माना है क्योंकि उपनिवेशवादियों ने अपने उपनिवेशों में पर्यावरण को अभूतपूर्व क्षति पहुंचाई है। अब व्यापक रूप से इसे स्वीकार किया जाता है कि यूरोपीय उपनिवेशवादी ताकतों की ऐसी भूख थी जिससे वे विश्वभर के कच्चे माल, संसाधनों, वस्तुओं, फसलों और खनिजों पर अपना आधिपत्य स्थापित करना चाहते थे।[36] ब्रिटिश उपनिवेशवादी शासन ने भारतीय उपमहाद्वीप में जंगलों का बड़े पैमाने पर विनाश किया। जब उनके जहाज निर्माण के लिए इंग्लिश ओक (English Oak) की आपूर्ति समाप्त हो गई, उसके बाद अपने जहाज निर्माण के लिए उन्होंने भारतीय सागवान का सहारा लिया था। ब्रिटेन ने अपनी नई अधिग्रहीत कालोनियों के जंगलों को उजाड़ने के साथ-साथ जंगल से अपनी सभी आवश्यकताओं को पूरा किया। ज्यादातर औपनिवेशिक प्रशासनिक अधिकारियों के लिए जंगल के संसाधनों और विशाल भू-भाग का प्रयोग साम्राज्यवादी विस्तार के लिए किया गया, जो जल प्रबंधन और कृषि विकास के लिए बाधा बन कर सामने आया।[37]

न ही केवल इस तरह की नीतियों ने क्षेत्र के पारिस्थितिक संतुलन को तबाह कर दिया, बल्कि उन्होंने शिकारी-संग्रहकर्ता समुदायों के जीवन पर प्रतिकूल प्रभाव डाला जो इन परिवर्तनों का सामूहिक रूप से विरोध करने के लिए सक्षम नहीं थे। ब्रिटिश राज के वन प्रबंधन ने कच्चे माल के पारंपरिक स्रोत तक आम जनता की पहुंच को प्रतिबंधित कर दिया था, जिससे भारत में विभिन्न प्रकार के शिल्प उद्योगों में गिरावट आ गई।[38] आधुनिकतावाद ने विज्ञान और प्रौद्योगिकी के विचार को विश्व में मूलभूत रूप से लाभकारी ताकतों के रूप में भी प्रत्यारोपित किया है। जो यह तर्क देता है कि पश्चिमी प्रौद्योगिकी सभी समस्याओं का समाधान है और संसाधनों की समस्याओं और किसी भी पर्यावरणीय परिणामों की समस्याओं को और अधिक प्रौद्योगिकी द्वारा हल किया जा सकता है।[39]

वैश्विक पर्यावरण प्रशासनः समस्याएं और संभावनाएं

(Global Environmental Governance: Problems and Prospects)

अब यह लगभग सर्वसम्मति से दुनिया भर में माना जा चुका है कि अनियंत्रित मानव गतिविधियों ने प्रकृति को जोखिम में डाल दिया है। कुछ विद्वानों का मानना है कि आधुनिक पर्यावरणवाद के उद्‌भव की कहानी विशेष रूप से द्वितीय विश्व युद्ध काल के बाद संयुक्त राज्य अमेरिका में शुरू होती है।[40] हालांकि, ग्लोबल दक्षिण के अधिकांश समाजों में पर्यावरणवाद का समृद्ध इतिहास रहा है। भारत में वैदिक काल से, यह एक समझ है कि कुछ प्रकार के पर्यावरणीय नुकसान की भरपाई हो सकती है जबकि अन्य की नहीं हैं।[41] अतीत में स्थानीय समस्याओं को अनदेखा किया गया, जो कालांतर में व्यापक स्तर पर अपना प्रभाव दिखाने लगे। उदाहरण के तौर पर, पूर्व सोवियत संघ में भ्रामक सिंचाई योजनाओं और कृषि परियोजनाओं के कारण, अराल सागर के वाष्पीकरण और सिकुड़ने जैसी स्थानीय समस्याएं क्षेत्रीय समस्याओं में परिणत होते जा रहे हैं और जो कई केंद्रीय एशियाई गणराज्यों को भी प्रभावित कर रहे हैं। जिसके कई अंतर्राष्ट्रीय आयाम हैं।[42]

उन्नीसवीं शताब्दी के शुरुआती दिनों के कई रोमांटिक विचारकों ने औद्योगीकरण के विध्वंसात्मक प्रभाव को उजागर किया है। जॉन स्टुअर्ट मिल ने तर्क दिया कि आर्थिक संवृद्धि को धीमा करना चाहिए ताकि प्राकृतिक संसाधनों को संरक्षित किया जा सके और सामाजिक और नैतिक प्रगति को प्राप्त किया जा सके।[43] हेनरी डेविड थोरो (Henry David Thoreau) जैसे संरक्षणवादी ने भी प्रकृति और प्राकृतिक संसाधनों के संरक्षण का आग्रह किया है। सक्रिय

पर्यावरणवाद के समर्थक वैज्ञानिक राचेल कार्सन (Rachel Carson) ने अपनी पुस्तक *साइलेंट स्प्रिंग*, 1962 (Silent Spring) में बताया है कि कैसे कीटनाशकों जैसे हानिकारक रसायनों के प्रयोग से कुछ पक्षी प्रजातियां समाप्त होती जा रही हैं। इसके साथ ही, उन्होंने पर्यावरण के हर पहलू जैसे–वायु, जल, मिट्टी, समुद्र आदि पर औद्योगिक विकास के विनाशकारी प्रभाव से भी दुनिया को सचेत किया है। यद्यपि इसका कृषि रासायनिक कंपनियों द्वारा कड़ा विरोध किया गया था, फिर भी, इसके परिणामस्वरूप अमेरिका में डी.डी.टी. पर राष्ट्रव्यापी प्रतिबंध लगा दिया गया है।

अब बढ़ते पर्यावरण संकट को समझने के बाद सतत विकास के सार्वभौमिक लक्ष्य प्राप्ति के लिए राष्ट्रीय और वैश्विक स्तर पर बल दिया जा रहा है। संयुक्त राष्ट्र के नेतृत्व में स्टॉकहोम (Stockholm) में 1972 में मानव पर्यावरण सम्मेलन में इन मुद्दों पर गतिविधियों की श्रृंखला शुरू की गई। परिणामस्वरूप संयुक्त राष्ट्र पर्यावरण कार्यक्रम (यूएनईपी UNEP) शुरू किया गया, जो पर्यावरण प्रशासन जैसी कई गतिविधियों से जुड़ा था; जिसमें हरित अर्थव्यवस्थाओं को बढ़ावा देना, जन जागरूकता पैदा करना, आदि जैसे मुद्दे शामिल थे, जो प्राकृतिक संसाधनों, पारिस्थितिक तंत्र और जैव-विविधता के संरक्षण के लिए सभी देशों द्वारा अधिनियमित पर्यावरण कानूनों के लिए गाइड के रूप में कार्य करता है। इसके साथ-साथ इस विचार की स्वीकृति बढ़ रही है कि भावी पीढ़ियों के लिए संसाधनों को निरंतर सही तरीके से इस्तेमाल किया जाना चाहिए। 1982 में अंतर्राष्ट्रीय पर्यावरण विकास को विनियमित करने के लिए संयुक्त राष्ट्र महासभा द्वारा विश्व चार्टर को पारित किया गया। इसमें सर्वसम्मति से घोषित किया गया है कि वैश्विक पर्यावरण को सामाजिक और आर्थिक विकास के प्रतिकूल प्रभावों से ठोस और प्रक्रियात्मक सुरक्षा की आवश्यकता है, जो विकासशील देशों को पर्यावरण की दृष्टि से विकास रणनीतियों को अपनाने के लिए प्रोत्साहित करता है।[44] यह चार्टर चौंतीस विकासशील देशों द्वारा प्रायोजित किया गया। परंतु अमेरिका ने इसपर हस्ताक्षर करने से मना कर दिया। स्पष्ट है कि विकसित-उत्तर और विकासशील-दक्षिण के बीच पर्यावरण की समस्याओं पर सहमति नहीं है। संयुक्त राज्य में विकसित देशों ने शिकायत की है कि उन्हें अपने उत्सर्जन को कम करने और उनकी गतिविधियों पर कड़ा प्रतिबंध लगाने के लिए अनुचित रूप से कहा जाता है। विकासशील देशों को लगता है कि औद्योगिक देशों की प्राकृतिक संसाधनों की खपत ज्यादा है। उनके विकसित समकक्षों ने पहले से ही अतीत में अनियंत्रित उत्सर्जन के माध्यम से समृद्धि और आधुनिकीकरण के

पर्याप्त स्तर को अर्जित कर लिया है। इसलिए विकसित देशों पर अधिक प्रतिबंध लगाया जाना चाहिए। संयुक्त राष्ट्र संगठनों और अन्य अंतर्राष्ट्रीय एजेंसियों में मनुष्यों की पर्यावरण गतिविधियों को विनियमित करने के लिए समझौतों और कानूनों की श्रेणी मौजूद हैं। वे समुद्री क्षेत्रों, प्राकृतिक संसाधनों, जैव विविधता, वन्यजीव, प्राकृतिक आवास, जलवायु परिवर्तन जैसे विषयों की सूची को दर्शाते हैं। रियो डी जनेरियो (Rio-de-Janeiro) पृथ्वी शिखर सम्मेलन (3-14 जून, 1992) या संयुक्त राष्ट्र सम्मेलन पर्यावरण और विकास (यूएनसीईडी (United Nations Conference on Environment and Development – UNCED)) को इस संबंध में एक प्रमुख सफल सम्मलेन के रूप में देखा जाता है। इसने कुछ कानूनी रूप से बाध्यकारी समझौतों का निर्माण किया है; जैसे–जैव विविधता पर कन्वेंशन तथा जलवायु परिवर्तन पर फ्रेमवर्क कन्वेंशनस साथ में एजेंडा-21 बनाया गया था जो स्थायी विकास के लिए संयुक्त राष्ट्र की कार्रवाई योजना को स्पष्ट करता है।

इसके बाद क्योटो प्रोटोकॉल, जो (11 दिसंबर, 1997) 192 देशों द्वारा हस्ताक्षरित है, ग्रीन हाउस गैस के उत्सर्जन को सीमित करने की अंतर्राष्ट्रीय संधि की है। यह मूल रूप से जलवायु परिवर्तन के मुद्दे को संबोधित करने के उद्देश्य से जलवायु परिवर्तन पर संयुक्त राष्ट्र फ्रेमवर्क कन्वेंशन (यूएनएफसीसीसी UNFCCC) (1992) का विस्तार है। इसके बाद 2012, में विकास पर आयोजित संयुक्त राष्ट्र सम्मेलन आयोजित किया गया जिसे आमतौर पर रियो +20 पृथ्वी शिखर सम्मेलन (United Nations Conference on Sustainable Development, Rio+20) के रूप में जाना जाता है। इसके अंतर्राष्ट्रीय समझौतों में अब पारगमन वायु प्रदूषण, साझा जल संसाधन, खतरनाक पदार्थों और लुप्तप्राय: प्रजातियों के व्यापार और अंतर्राष्ट्रीय समुद्र के प्रबंधन सहित पर्यावरण संबंधी समस्याओं की एक पूरी शृंखला को शामिल किया गया है।[45]

बहुत से कानूनों के बावजूद वैश्विक स्तर पर या स्थानीय स्तर पर उपरोक्त कानूनों के लक्षित उद्देश्यों को प्राप्त नहीं किया जा सका है। विभिन्न देशों के बीच गंभीर असहमति पैदा होने के कारण अंतर्राष्ट्रीय सहयोग करने में कठिनाई है। राष्ट्रों के भीतर भी लोक संसाधनों (public commons) और पर्यावरण को नियंत्रित करना बहुत मुश्किल है। लोक संसाधनों को नियंत्रित करना बहुत ही चुनौतीपूर्ण रहा है क्योंकि पर्यावरण कानून की इस व्यवस्था को स्थानीय समुदायों के व्यक्तिगत हितों के कारण खतरे में डाल दिया गया है। इस समस्या पर गर्रेट हार्डिन (Garrett Hardin) ने अपने प्रसिद्ध निबंध "ट्रेजडी ऑफ द कॉमन्स" (1968) में चर्चा की है। यह निबंध चारागाह वाले मवेशियों के लिए एक काल्पनिक लोकभूमि का

चित्रण करता है। लोकभूमि पर चराई की समस्या तब तक नहीं होगी, जब तक कि चरवाहों और पशुओं की संख्या कम है। समय के साथ-साथ नई घास बढ़ेगी और पशु तथा चरवाहों की संख्या भी बढ़ेगी। परंतु इसके विपरीत यदि मवेशियों को एक बिंदु के बाद अधिक जनित किया जाता है तो यह आम नागरिकों के लिए ठीक नहीं होगा। हार्डिन एक बिंदु बनाते हैं, जो गहरे पारिस्थितिकीविदों (deep ecologists) को प्रभावित करता है। इसमें यह स्पष्ट होता है कि व्यक्तिगत कार्रवाई से नुकसान चित्रित नहीं किया जा सकता है और इसके प्रभाव वर्षों तक देखे जा सकते हैं जैसे कि लोक संसाधनों की त्रासदी (tragedy of commons) का मामला है, जिसका प्रभाव संचयी होता है।[46] एलेनोर ओस्ट्रॉम (Elenor Ostrom) द्वारा एक महत्त्वपूर्ण पुस्तक *गवर्निंग द कॉमन्स* (Governing the commons) की रचना की गई है जिसमें वह सामान्य संसाधनों के प्रबंधन के ढांचे को आंतरिक विश्वास, पारस्परिकता और स्वयं संगठित प्रशासन प्रणाली के सिद्धांतों के आधार पर संगठित करने की परिचर्चा करती है।[47]

भारत में पर्यावरण नीति (Environmental Policy in India)

पर्यावरणीय समस्या भारत में खतरनाक दर से बढ़ रही है। तीव्र शहरीकरण और औद्योगीकरण वन्यजीवों और कृषि भूमि के अपरिवर्तनीय नुकसान का कारण बन गया है। कारखानों, एग्रोकेमिकल्स, वाहनों, बायोमास और बेकार जलने वाले पदार्थ और अन्य मानव गतिविधियों से खतरनाक रसायनों के उत्सर्जन के कारण हवा, पानी, मिट्टी की गुणवत्ता में निरंतर गिरावट आई है। बायोमास का दहन खतरनाक ढंग से कार्बन डाइऑक्साइड के वायुमंडलीय स्तर में वृद्धि कर रहा है। घनी वन पर्वत श्रेणी इस कार्बन डाइऑक्साइड की बड़ी मात्रा में खपत करती थी, लेकिन कम होते जंगल (निर्वनीकरण) के साथ यह गैस खतरनाक तरीके से बढ़ रही है, जिससे ग्लोबल वार्मिंग में तेजी आ रही है। इससे भी बदतर स्थिति का निर्माण जैव विविधता के नुकसान, जीवाश्म ईंधन का कम होना और तेजी से वनों की कटाई से हुआ है। भारत के अधिकांश शहरों में वायु प्रदूषण का स्तर विश्व स्वास्थ्य संगठन (WHO) द्वारा निर्धारित मानक से अधिक है। सल्फर डाइऑक्साइड, कार्बन मोनोऑक्साइड और निलंबित कण जैसे विषाक्त गैसों ने क्रोनिक ब्रॉन्काइटिस, फेफड़े के कैंसर और अन्य घातक रोगों को बढ़ा दिया है। क्लोरोफ्लोरोकार्बन और हैलोंस ओजोन परत को पतला कर रहे हैं। ग्रीन हाउस गैस हमारे पहले से गर्म ग्रह का तापमान और बढ़ा रही है। जल निकास और औद्योगिक अपशिष्टों ने हमारे जल निकायों को नाइट्रेट्स और फॉस्फेट के

साथ गंभीर रूप से दूषित कर दिया है। अधिकांश विकासशील देशों की तरह भारत में भी तेजी से बढ़ती आबादी के कारण सभी लोगों को भोजन उपलब्ध कराने के लिए संसाधनों पर दबाव बढ़ता जा रहा है। इससे पहले ही उत्पादक भूमि पर खेती और अतिरिक्त दबाव के लिए सीमांत भूमि का व्यापक उपयोग हुआ है, जिससे वनों की कटाई, मिट्टी का क्षरण और रेगिस्तान जैसी पर्यावरण संबंधी समस्याओं की विभीषिका बढ़ गई है।[48]

गहन खेती मोनोकल्चर को बढ़ावा देती है जो कि आर्थिक रूप से लाभकारी हो सकती है, लेकिन कीटनाशक और रोगजनकों की समस्याओं के कारण प्रदूषणकारी और खतरनाक हो सकती है। रबर और कोको और खनिज निष्कर्षण जैसे बागानों की स्थापना और सड़कों और बांधों के निर्माण गतिविधियों तथा कृषि, मवेशी, खेती के लिए जंगल क्षेत्र को साफ करने के कारण वनों की कटाई हो रही है। वनों की कटाई के कारण, सुरक्षात्मक वृक्ष कवर जो सतह के पानी को अवशोषित करके पानी के चक्र को बनाए रखने में मदद करता है, इसके कम होने के कारण मिट्टी का क्षरण तेजी से होता जा रहा है। उदाहरण के लिए, नेपाल और उत्तरी भारत के पहाड़ी इलाकों में पूरे पहाड़ी क्षेत्र अपने प्राकृतिक वृक्ष आवरण खो चुके हैं; जिसके परिणामस्वरूप भारी मानसून बारिश से मिट्टी की ऊपरी परत का क्षरण हो गया है तथा पड़ोसी इलाकों में बाढ़ की गंभीर समस्या उत्पन्न हो गई है।[49] मनुष्यों द्वारा उत्पादित कचरे को प्रकृति अपने तरीके से परिमार्जित करती है। परंतु जब हम इसकी परिमार्जन क्षमता से अधिक कचरा उत्पन्न करते हैं तब प्रकृति की प्रतिक्रिया विनाशकारी होती है।

पर्यावरणीय समस्याएं (Environmental Troubles)

- वनों की कटाई, मिट्टी का क्षरण, रेगिस्तान, भूमि क्षरण, आवास विनाश, भूमि प्रदूषण, जल प्रदूषण, वायु प्रदूषण, रेडियाधर्मी प्रदूषण आदि।
- भूमिगत जल के स्तर में कमी, बाढ़, भूमि स्खलन बड़े बांधों से उत्पन्न होने वाली समस्याएं।
- वनस्पति एवं जंतुओं (flora and fauna) का विनाश जैसे लुप्तप्राय प्रजातियां और औषधियां।
- जलवायु परिवर्तन, मानसून का अभाव फसलों की विफलता।
- जेनेटिक रूप से संशोधित फसलों–जैसे बी.टी. कपास सरीखे टरमिनेटर बीजों के प्रयोग करने से अगली फसल के लिए किसानों के पास बीज का न होना।
- वैश्विक ताप (global warming)।

भारत में 1970 तक पर्यावरण पर एकीकृत व्यवस्थित नीतियों का अभाव रहा। 1980 में पहली बार भारत सरकार द्वारा पर्यावरण विभाग स्थापित किया गया था। पहला प्रभावी अधिनियम वन्यजीव (संरक्षण) अधिनियम 1972 में लाया गया। इस अधिनियम से गायब हो रही प्रजातियों की रक्षा के लिए लक्ष्य कायम किया गया था, जिसके तहत शेर, बड़े सींग वाले गैंडे, पक्षियों और जंगली जानवरों को संरक्षण में शामिल किया गया। फिर देश में जल में बढ़ते प्रदूषण की जांच के लिए जल प्रदूषण (रोकथाम और नियंत्रण) अधिनियम,1974 को लागू किया गया। यह अधिनियम हरित क्रांति, तेजी से औद्योगीकरण और शहरीकरण के खराब प्रभाव को कम करने के लिए बनाया गया था, जिसमें उच्च उपज देने वाले बीजों पर निर्भर हरित क्रांति ने सिंचाई के लिए पानी की भारी मांग के साथ उसमें कीटनाशकों और अकार्बनिक उर्वरकों के अत्यधिक रसायनों के उपयोग से मिट्टी और पानी के स्रोतों को प्रदूषित करना शामिल है। उद्योगों से निकलने वाले दूषित पदार्थ जल को दूषित करते हैं। इसलिए अधिनियम के तत्काल प्रभाव को सुनिश्चित करने के लिए केंद्रीय और राज्य बोर्डों के सभी कानूनों को लागू किया गया। वायु प्रदूषण को नियंत्रित करने और रोकने के प्रावधानों के साथ-साथ वायु (प्रदूषण और नियंत्रण) अधिनियम 1981 के रूप में वायु प्रदूषण नियंत्रण कानून लाया गया। इसमें कानून के उल्लंघन पर दंड भी शामिल है। इसे और अधिक प्रभावी और कड़ा बनाने के लिए 1987 में इस अधिनियम में संशोधन किया गया। पर्यावरण संरक्षण अधिनियम, 1986 को भोपाल गैस त्रासदी जैसी त्रासदी को रोकने के लिए लागू किया गया था। इसने उद्योगों से उत्सर्जन और निर्वहन के लिए सीमा निर्धारण का विस्तृत ढांचा भी रखा था। यदि इन नियमों में से किसी का उल्लंघन होता है, तो सरकार उल्लंघन करने वाले उद्योग को बंद या विनियमित कर सकती है। इसके साथ जुर्माना और कारावास भी दिया जा सकता है। इस संदर्भ में राष्ट्रीय पर्यावरण ट्रिब्यूनल एक्ट, 1995 के तहत दुर्घटनाओं के मामलों में तेजी से निपटारे की व्यवस्था और पीड़ित लोगों को नुकसान के लिए मुआवजे का प्रावधान किया गया है। हालांकि, 2011 में राष्ट्रीय ग्रीन ट्रिब्यूनल (एनजीटी NGT) की स्थापना के बाद इस अधिनियम को पर्यावरण संरक्षण, और प्रोत्साहन के प्रति सतर्क और सख्त प्रयासों के लिए रद्द कर दिया गया था। एक अन्य महत्त्वपूर्ण कानून 2002 में जैविक विविधता अधिनियम बनाया गया जिसमें देश के बाहर आनुवंशिक पदार्थों के हस्तांतरण पर रोक, जैव विविधता पर सरकार की अनुमति के बिना

बौद्धिक संपदा अधिकारों पर प्रतिबंध और जैवविविधता के संरक्षण के कार्य में स्थानीय समुदायों को सक्रिय रूप से संलग्न करना शामिल है। पुरानी नीतियों की सीमाओं को महसूस करते हुए राष्ट्रीय पर्यावरण नीति, 2006 पर्यावरण प्रबंधन को फिर से परिभाषित करने के लिए लाई गई है। इसके बाद वन अधिकार अधिनियम या जनजातीय अधिकार अधिनियम, 2006 को भी लाया गया, जो छोटे वन उत्पादों, आवास, खेती, आदि पर वन निवासियों के अधिकारों को सुनिश्चित करता है।

जब इन कानूनों के कार्यान्वयन की बात आती है तो राज्य के द्वारा द्विपक्षीय रवैया प्रदर्शित होता है। आर्थिक विकास के प्रस्तावक और पर्यावरण नियामक के रूप में राज्य का विरोधाभासी चरित्र देखा गया है। सरकार अक्सर पर्यावरण प्रबंधकीय प्रक्रिया में संलग्न होती है, जिसमें वे एक सीमित सीमा तक के संरक्षण की आलोचना से बचने के लिए पर्याप्त कानून बनाने का प्रयास करती हैं। लेकिन विकास की संवृद्धि दर से राज्य समझौता नहीं करते हैं।[50] राज्यों के साथ-साथ वित्तीय संस्थानों और अंतर्राष्ट्रीय निगमों की गतिविधियों ने किस प्रकार से पर्यावरण की राजनीति को आकार देने में भूमिका अदा की है, इसके तरीके पर बारीकी से निगरानी किया जाना अनिवार्य है।[51] शक्तिशाली वैश्विक संस्थान शक्ति के केंद्रों के रूप में उभरे हैं। राज्यों ने अपने बाजार के हित और गतिशीलता के अनुसार पर्यावरणीय समस्याओं को व्यवस्थित करने और प्रबंधित करने की प्रक्रिया में वैश्विक ताकतों के समक्ष लगभग समझौते की स्थिति में है। नव-उदारवादी युग में राज्य स्वयं को तटस्थ पंचों के रूप में देखते हैं। यह परिवर्तन सकारात्मक नहीं हो सकता है क्योंकि बहुराष्ट्रीय कंपनियों के आर्थिक लाभ जनित आर्थिक एजेंडे द्वारा ये शासित होते हैं। मुक्त बाजार अर्थव्यवस्था ने बड़े पैमाने पर उपभोक्ता समाज के निर्माण से देश में पहले से ही दुर्लभ संसाधनों पर भारी दबाव डाल दिया है। राज्य और समाज को इन चुनौतियों का रचनात्मक हल निकालना है। राज्य को अक्षय ऊर्जा, बंजर भूमि विकास और वनीकरण के क्षेत्र में सकारात्मक विकल्प तैयार करना है। हालांकि, विकासशील देश के रूप में भारत की वर्तमान में कार्बन डाइऑक्साइड जैसे ग्लोबल वार्मिंग के लिए ग्रीन हाउस गैसों के उत्सर्जन को कम करने के लिए कोई प्रतिबद्धता या जिम्मेदारियां नहीं हैं। इसके बावजूद भारत और चीन जैसे बड़े विकासशील देशों पर दबाव बढ़ रहा है। इस दिशा में ब्राजील अधिक सक्रिय भूमिका निभाने में अग्रसर है।[52]

भारत में पर्यावरण आंदोलन
(Environment Movements in India)

पर्यावरणविदों और सामाजिक आंदोलनों के सतत प्रयासों ने भारत और दुनिया भर में बेहिचक भौतिकवाद और अत्यधिक उपभोक्तावाद की समस्या पर सवाल उठाया है। हम अपमानित क्षतिग्रस्त या नष्ट प्रकृति को संरक्षित और पुनर्प्राप्त करने के लिए समाज से विभिन्न प्रकार की प्रतिक्रियाएं पा रहे हैं। भारत में नए सामाजिक आंदोलनों की श्रेणी प्रकृति के संरक्षण और बहाली के मुद्दे के आसपास उभरी हैं।[53] उनमें से महत्त्वपूर्ण हैं चिपको आंदोलन, नर्मदा बचाओ आंदोलन, नवदानिया या नव–बीज आंदोलन, बीज बचाव आंदोलन, आदि। चिपको आंदोलन संसाधनों के उपयोग के वर्तमान स्वरूप की गहन आलोचना प्रस्तुत करता है। यह एक प्रतिष्ठित पर्यावरण आंदोलन के रूप में राष्ट्रीय तथा अंतर्राष्ट्रीय स्तर पर उभर कर सामने आया। इसने तर्क दिया कि जंगल को राज्य संरक्षित व्यावसायिक शोषण के लिए काटा जा रहा है जिसके कारण अवशिष्ट प्राकृतिक संसाधनों के उपयोग से स्थानीय समुदाय और किसान वंचित रह जा रहे हैं। कारखाने और इंजीनियरिंग कॉलेजों द्वारा चरागाहों पर कब्जा कर लिया गया है। आदिवासियों की जमीन और आवास के क्षेत्र में जल–विद्युत तथा ऐसी ही अन्य परियोजनाओं को प्रारंभ कर दिया गया है। मछुआरों को बड़े जहाज के व्यापारियों द्वारा निचोड़ दिया गया है।[54] इस प्रकार के आंदोलन ने हमारे देश में पर्यावरण बहस में नारीवादी दृष्टिकोण को मुख्यधारा में शामिल किया है।[55]

चिपको आंदोलन के समान कर्नाटक में अपिको आंदोलन प्रारंभ हुआ। इसने दक्षिण भारत के उष्णकटिबंधीय वन और पर्यावरण व्यवस्था को बचाने में बहुत बड़ी भूमिका निभाई है। इसी प्रकार का दूसरा आंदोलन केरल के साइलेंट वैली क्षेत्र में प्रस्तावित पनबिजली परियोजना के विरुद्ध 1973 में शुरू हुआ। इस आंदोलन ने उष्णकटिबंधीय आरक्षित वन की रक्षा तथा परियोजना जनित बाढ़ नियंत्रण को अपना मुद्दा बनाया।

केरल विज्ञान साहित्य परिषद (के.एस.एस.पी.) ने 1978 में त्रिवेंद्रम में एक सम्मेलन आयोजित किया था। इस सम्मलेन में साइलेंट वैली में बांध के निर्माण का विरोध किया गया था। परिणामस्वरूप 1984 में घाटी को साइलेंट वैली नेशनल पार्क घोषित कर दिया गया।[56] इसमें शेर की लुप्तप्राय: प्रजाति का संरक्षण किया जा रहा है।

निष्कर्ष (Conclusion)

वर्तमान में परिपेक्ष्य औद्योगिक विकास की सीमाओं की वैश्विक समझ विकसित हो रही है। संसाधन संरक्षण, वन्यजीव संरक्षण और प्रजातियों का संरक्षण पर्यावरणीय पुनर्स्थापना के लिए समसामयिक आवश्यकता है। सभी देशों और समुदायों को एक साथ आना होगा और पर्यावरण को सुरक्षित करने के लिए उत्साहपूर्वक प्रयास करने होंगे। मानवीय गतिविधियों द्वारा पारिस्थितिकी तंत्र पर डाले गए नकारात्मक प्रभाव के भयावह परिणाम अब उभर कर सामने आ रहे हैं। इससे पहले कि बहुत देर हो जाए समाज को न्यूनकारी विज्ञानों और विकास परियोजनाओं की अपर्याप्तता के बारे में जागरूक होना होगा। ज्ञान को साझा करने के तरीके और ज्ञान वितरण के तरीके पर भी काम किया जाना चाहिए। आज, आवश्यकता इस बात की है कि हम अपनी जीवन शैली को संपोषित बनाने का भरपूर प्रयास करें। भारत में कई जमीनी पहलें की गई हैं जो रचनात्मक सामाजिक सक्रियता और समालोचनात्मक अन्वेषण से जुड़ी हुई हैं, जिसका सूत्र पहले से ही भारतीय संस्कृति में गहराई से रचा-बसा है। पर्यावरण को विकास की प्रक्रिया का अभिन्न अंग बनाने की जरूरत है और विकास की प्रक्रिया को परिवेश अनुकूल तकनीक पर आधारित होने की आवश्यकता है।

संदर्भ-ग्रंथ (References)

[1] Marcus Hall, (2014), 'Restoration and Search for Counter Narratives', in *The Oxford Handbook of Environmental History* (ed), Andrew C. Isenberg, Oxford University Press, London, p. 309.

[2] Kapila Vatsyayan, (1995), 'Inter-Dependence of Man and Nature', in *Towards a Sustainable Society : Perceptions*, (ed.), Dewan, M. L., Clarion Books, p. 60.

[3] Robin Attfield (2003), *Environmental Ethics : An Overview for the Twentieth Century*, Polity Press, Cambridge, UK, p. 1.

[4] Kamla Basin, (1995), 'Empowering Women', in *Towards a Sustainable Society* : Perceptions, (ed.) Dewan, M. L., Clarion Books, p. 123.

[5] Katherine Smits, (2016), *Applying Political Theory,* Palgrave Macmillan, London, New York, p.251.

[6] Marcus Power, (2014), 'Enlightenment and the Era of Modernity', in *The Companion to Development Studies* (third Edition) (eds), Desai Vandana, Potter Robert B., Routledge, New York, p. 98.

[7] W. W. Rostow, (1960), *Stage Theory Of Growth: a Non-Communist Manifesto*, Cambridge University Press, Cambridge.

[8] Sunder Lal Bahuguna, (1995), 'Development Redefined', in *Towards a Sustainable Society* : Perceptions, (ed.) Dewan, M. L., Clarion Books, p. 221.

[9] Report of the World Commission on Environment and Development: Our Common Future or Brundtland Commission Report, 1987 available

on http:èkèkwww.un-documents.netèkour-common-future.pdf accessed 14 February 17.

[10] Ruth Craggs, (2014), 'Development in a Global-Historical Context', in Desai Vandana, Potter Robert B.(eds.), *The Companion to Development Studies*, (Third Edition) Routledge, New York.

[11] Pranab Bardhan, (1984), *Political Economy of Development in India*, Oxford University Press, New Delhi.

[12] Madhav Gadgil, Ramachandra Guha, (2000), *The Use and Abuse of Nature*, Oxford University Press, Oxford, New York, p. 172.

[13] John Hannigan, (1995), *Environmental Sociology*, Routledge, USA, Canada, p. 20.

[14] Debal Deb, (2009), *Beyond Developmentality: Constructing Inclusive Freedom and Sustainability*, Danish Books, New Delhi, P.8.

[15] Robin Attfield, (2003), *Environmental Ethics : An Overview for the Twentieth Century*, Polity Press, Cambridge, UK, p. 18.

[16] *Ibid.*, p. 4.

[17] *Ibid.*, p. 18.

[18] *Ibid.*, p. 4.

[19] Francis Bacon, (1620), *Novum Organum*, (reproduced 1902), New York: P. F. Collier & Sons.

[20] Bradford Ruether Rosemary, (1975), *New WomenèkNew Earth: Sexist Ideologies and Human Liberation*, Seabury Press, New York, p. 204.

[21] Vandana Shiva, (1988), *Staying Alive: Women, Ecology and Survival in India*, Kali for Women, New Delhi, p.18.

[22] Carolyn Merchant, (1980), *The Death of Nature*, Harper & Row, New York, pp. 128.

[23] Katherine Smits, (2016), 'Applying Political Theory', Palgrave Macmillan, London, New York, p.256.

[24] H.Steiner, (1983) , 'The Rights of Future Generations', in MacLean, D. & Brown, P. (ed.), *Energy and the Future,* Rowman and Littlefield, Totowa, NJ.

[25] Joel Feinberg, (1974), 'The Rights of Animals and Unborn Generations' , in Blackstone W. (ed.) , *Philosophy and Environmental Crisis, University* of Georgia Press, Atlanta.

[26] John Hannigan op.cit., p. 9.

[27] M. K. Gandhi (1927) *Young India.*

[28] M. S. Swaminathan, (1995), 'Sustainable Agriculture and Food Security in India', in *Towards a Sustainable Society : Perceptions*, (ed.), Dewan, M. L., Clarion Books p. 99.

[29] Akeel Bilgrami, (2008), 'Gandhi, Newton and the Enlightenment', *Philosophic Exchange*, Vol. 38 [2008], Iss. 1, Art. 4., accessed 04.02.17.

[30] Akeel Bilgrami, (2005), *Occidentalism, The Very Idea: An Essay on Enlightenment and Enchantment*, available on http:èkèkccc.uchicago.eduèkdocsèkindiaèkbilgrami.pdf, accessed 07 February 2017.

[31] Jane Duran, (1998), *Philosophies of Science/Feminist Theories*, Westview Press, Colorado, Oxford, p. 138.

[32] *Ibid.*, p. 138.

[33] Martin O' Connor, (ed.), (1994), *Is Capitalism Sustainable? Political Economy and Politics of Ecology*, The Guilford Press, UK.

[34] *Ibid.*, p. 139.

[35] Meadows Donella, (1972), *The Limits to Growth, a Report to the Club of Rome's Project on the Predicament of Mankind.*

[36] Kumar Deepak, Vinita Damodaran and Rohan D'Souza (2011), 'Introduction', in *Environmental Encounters in South Asia: British Empire and The Natural World*, Oxford University Press, New Delhi, p. 2.

[37] Ravi S. Rajan, (2006), *Modernising Nature: Forestry and Imperial Eco-Development*

1800-1950, Orient Longman, New Delhi, p.55.

[38] Kenneth J. Gregory, Simmons Ian G., Brazel Anthony J., (2009), *Environmental Sciences: A Student's Companion*, Sage Publications, London, USA, p.193.

[39] Katherine Smits, (2016), 'Applying Political Theory', Palgrave Macmillan, London, New York, p.246.

[40] Timothy Doyle, Doug v and Sherilyn MacGregor, (2016), *Environment and Politics: Routledge Introduction to Environment Series* (3rd edition), Routledge, New York, p. 1.

[41] M. S. Swaminathan 'Sustainable Agriculture and Food Security in India', in *Towards a Sustainable Society : Perceptions*, (ed.) Dewan, M. L., Clarion Books p. 113.

[42] Robin Attfield, (2003), *Environmental Ethics : An Overview for the Twentieth Century*, Polity Press, Cambridge, UK, p. 5.

[43] Quoted in Katherine Smits, (2016), 'Applying Political Theory', Palgrave Macmillan, London, New York, p.247.

[44] Harold W. Wood Jr, (1985), United Nations World Charter for Nature: Developing Nations' Initiative to Establish Protections for the Environment, Ecology Law Quarterly, Volume 12, Issue 4, also available on http://scholarship.law.berkeley.edu/cgi/viewcontent.cgi?article=1268&context=elq, accessed 02-02-17.

[45] Gilesa Atkinson, 'International Regulations and the Environment', in *The Companion to Development Studies* (Third Edition), (eds.) Desai Vandana & Potter Robert B., Routledge, New York, P. 337.

[46] John Hoffman, Graham Paul, (2015), *Introduction to Political Theory*, Routledge, New York, p.367.

[47] Elinor Ostrom, (1990), *Governing the Commons: The Evolution of Institutions for Collective Action*, Cambridge, UK: Cambridge University Press, Cambridge.

[48] Andrew R. W. Jackson, Julie M. Jackson, (1996), *Environmental Science: Natural Environment and Human Impact*, Addison WesleyLongman, p.221.

[49] *Ibid.*, P. 229.

[50] John Hannigan, (1995), *Environmental `Sociology*, Routledge, USA, Canada, p. 21.

[51] Timothy Doyle, McEachern Doug and MacGregor Sherilyn, (2016), *Environment and Politics: Routledge Introduction to Environment Series* (3rd edition), Routledge, New York, p. 220.

[52] Anand Patwardhan, (2007), 'Global warming in India', in *Environmental issues in India* (ed.) Rangarajan Mahesh, Pearson, New Delhi, p.550.

[53] Madhav Gadgil, Guha Ramachandra, (2000), *The Use and Abuse of Nature*, Oxford University Press, Oxford, New York, p. 232.

[54] Ramachandra Guha, (2000), *Environmentalism: A Global History*, Allen Lane, Penguin Books, India, p. xii.

[55] Bina Agarwal, (2007), 'The Gender and Environment Debate: Lessons From India', in *Environmental Issues in India: A Reader,* (ed.) Mahesh Rangarajan, Pearson, New Delhi, P. 316.

[56] Dunu Ror, (2007), 'Environmentalism and Political Economy', in p. 522.

Agarwal Anil, Narayan Sunita &Sharma Anju (eds.), (1999), *Green Politics*, Centre for Science and Environment, New Delhi.

Agarwal Anil, Narayan Sunita, (1985), *The State of India's Environment*, Centre for Science and Environment, New Delhi.

Agarwal Bina, (2016), *Gender Challenges: Environmental Change and Collective Action*, Oxford University Press, Oxford.

———, (2013), *Gender and Green Governance:The Political Economy of Women's Presence Within and Beyond Community Forestry*, Oxford University Press, Oxford.

Attfield Robin, (2003), *Environmental Ethics: An Overview for the Twenty-First Century*, Polity Press, Cambridge, UK.

Barry John, (2016), *Environment and Social Theory: Routledge Introduction to Environment Series*, (Second Edition), Routledge, NY, Canada.

Deb Debal, (2009), *Constructing Inclusive Freedom and Sustainability*, Daanish Books, Delhi.

Desai Vandana, Potter Robert B., (2014), *The Companion to Development Studies*, (Third Edition) Routledge, New York.

Dewan M. L., (1995), *Towards a Sustainable Society: Perceptions,* Clarion Books, New Delhi.

Doyle Timothy, McEachern Doug and MacGregor Sherilyn, (2016), *Environment and Politics: Routledge Introduction to Environment Series* (3rd edition), Routledge, New York.

Gadgil Madhav, Guha Ramachandra, (2000), *The Use and Abuse of Nature,* Oxford University Press, Oxford, New York.

Prasad Archana, (2008), *Environment, Development and Society in Contemporary India,* (ed.), Macmillan India Limited, New Delhi.

Ramachandra Guha, (2000), *Environmentalism: A Global History*, Allen Lane, Penguin Books, India.

Report of the World Commission on Environment and Development: Our Common Future or Brundtland Commission Report, 1987 available on http://www.un-documents.net/our-common-future.pdf accessed 14.02.17.

Isenberg, Andrew C., (2014), *The Oxford Handbook of Environmental History,* Oxford University Press, London.

Kumar Deepak, Damodaran Vinita, D'Souza Rohan, (2011), *The British Empire and the Natural world: Environmental Encounters in South Asia* Oxford University Press, Oxford, New York.

Rangarajan Mahesh, (2007), *Environmental Issues in India: A Reader*, Pearson, New Delhi.

Rajan Ravi S., (2006), *Modernising Nature: Forestry and Imperial Eco-Development 1800-1950*, Orient Longman, New Delhi.

Sanyal Kalyan, (2007), *Rethinking Capitalist Development: Primitive Accumulation, Governmentality and Post-Colonial Capitalism*, Routledge, London, New York, New Delhi.

Shiva Vandana, (1988), Staying Alive: Women Ecology and Survival in India, *Women Unlimited*, New Delhi and London: Zed Press.

Smits Katherine, (2016), *Applying Political Theory*, Palgrave Macmillan, London, New York.

Viswanathan Shiv, (2009), The Search For Cognitive Justice, available on http://www.india-seminar.com/2009/597/597_shiv_visvanathan.htm, accessed on 05.02.17.

6

सतत मानव विकास एवं पारिस्थितिकीय शासन

Sustainable Human Development and Ecological Governance

सोनाली चितलकर
जीतेंद्र कुमार पांडे

महत्त्वपूर्ण शब्द उपभोक्तावाद, नागरिक समाज, पर्यावरण शासन, हरित शासन, पर्यावरणीय प्रभाव आंकलन, सतत विकास।

कथ्य *वन कटाव, अतिप्रदूषित नदियां, झील व महासागर, पारंपरिक समाजों में पर्यावरण ध्वंस तथा सांस्कृतिक सीमांतीकरण आज के विश्व में आम हैं। विकासशील देशों में शहरी, औद्योगिक व खनन केंद्र चरम प्रदूषण के स्थल बन गए हैं तथा मानव वास के लिए खतरा उत्पन्न कर रहे हैं। विकास के इस छोटे से काल में ऐसी वृहद् पर्यावरण व सामाजिक बर्बादी आधुनिक मानव समाज की वहनीयता पर प्रश्नचिन्ह खड़ा करती है। पर्यावरण वहनीयता की यह मांग है कि मानव समाज अपनी जरूरतों की पूर्ति के लिए अपने कार्यकलापों को इस प्रकार नियोजित करे कि पृथ्वी की प्राकृतिक जीवन-पोषण प्रणालियां सुरक्षित व संरक्षित रहें। विश्व पर्यावरण शासन की रूपरेखा अभी निर्माण की अवस्था में है तथा 1970 के दशक से ही एक उपयुक्त प्रतिमान की तलाश में है।*

पिछले पांच दशकों में आर्थिक विकास नीति की प्राथमिकताओं में बदलाव होता रहा है। 1960 के दशक तक विकास नीतियों का मुख्य बल कृषि की उत्पादकता बढ़ाने पर तथा तीव्र औद्योगीकरण पर रहा। 1970 के दशक में विकास नीति के केंद्र में पोषण, स्वच्छता, स्वास्थ्य, शिक्षा एवं रोजगार जैसी मौलिक मानवीय जरूरतें आ गईं। आर्थिक विकास का ट्रिकल डाउन (रिसाव) प्रतिमान अब संदेह के घेरे में आ गया था। 1980 तथा 1990 के दशकों में पूरा जोर ढांचागत सुधार पर था, जिसके लक्ष्यों में असंतुलित सरकारी बजट का सुधार, लोक-ऋण में कटौती, नौकरशाही को कार्यकुशल

बनाने, सार्वजनिक क्षेत्र विनिवेश, आतंरिक एवं बाह्य बाजार का उदारीकरण, विदेशी विनिमय दर के अधिमूल्यन (overvaluation)में सुधार, आदि शामिल था। इन बाजार-अनुकूल नीतियों के कारण आर्थिक कुशलता में वृद्धि का दावा अवश्य किया गया, किंतु आलोचकों के अनुसार, इन सुधारों के बाद आर्थिक असमानताएं गहरी हुई हैं तथा गरीबों की मौलिक आर्थिक जरूरतों को पूरा करने में भी कठिनाई बढ़ी हैं।

ज्यादातर अर्थव्यवस्थाओं में इन उदारीकृत बाजारवादी आर्थिक नीतियों को अपनाया गया। इसके फलस्वरूप कुछ देशों में असाधारण वृद्धि दर तथा मानव संसाधन विकास देखने को मिले, किंतु शेष विश्व में विकास-दर धीमी या ऋणात्मक रही। इन उदार बाजारवादी नीतियों के कारण विश्वभर में गरीब तथा कुपोषितों की संख्या बढ़ गई, तथा क्षेत्रों के बीच एवं क्षेत्रों के अंदर की आर्थिक असमानताएं अधिक हुई हैं। वन-कटाई, अति-प्रदूषित नदियां, झील एवं महासागरों तथा पर्यावरणीय अधोगति (environmental degradation) के कारण पारंपरिक जीवनचर्या एवं लोकसंस्कृतियों के सीमांतीकरण (marginalization)के मामले आम हो गए हैं। विकासशील देशों के शहरी, औद्योगिक तथा खनन के केंद्र अत्यधिक प्रदूषण के कारण मानव स्वास्थ्य तथा प्राकृतिक वास (habitat) को जोखिम में डाल रहे हैं। इतने कम समय में आर्थिक विकास के मार्ग पर इस तरह के विस्तृत पर्यावरणीय एवं सामाजिक विकार मानवीय समाज की संधारणीयता पर प्रश्न-चिन्ह खड़े कर देते हैं।

सतत विकास* (Sustainable Development)

मानव जाति लगातार यह अनुभव कर रही है कि जिस जीव मंडल (biosphere) में हम निवास कर रहे हैं, उसका संतुलन मानवीय गतिविधियों के कारण बिगड़ता जा रहा है। हम अब उस चरम-बिंदु पर पहुंच गए हैं जहां से मानव गतिविधि के कारण पर्यावरणीय विनाश भविष्य में मानव जाति के अस्तित्त्व को खतरे में डाल रहा है। मानव जाति के लिए अब अत्यंत आवश्यक है कि वह अपनी उत्पादक गतिविधियों को जीवमंडल की सततता के आधार पर ढाले।

सतत विकास का अर्थ उस सामाजिक-पर्यावरणीय व्यवस्था से है जिसके तहत संसाधनों का इस्तेमाल इस प्रकार हो कि बिना प्रकृति के सौंदर्य, स्थिरता

* सतत विकास के लिए संधारणीय विकास, टिकाऊ विकास, धारणीय विकास आदि शब्दों का प्रयोग किया जाता है।

एवं संपूर्णता पर प्रतिघात किए हुए आने वाली पीढ़ियों की आवश्यकताओं को पूरा किया जा सके। जैव-विविधता के संरक्षण के अनेक प्रयासों के तहत अदूषित वन्य संपदाओं की सुरक्षा व इनको मानव छेड़छाड़ से बचाना संरक्षणवादियों की प्राथमिकता रही है। उन क्षेत्रों में भी, जहां मानव हस्तक्षेप है, जैव विविधता का संरक्षण अत्यंत आवश्यक है; जैसे–परंपरागत कृषि के परिदृश्य जहां सतत ज्ञान व तरीके लंबे समय तक व्यवहार में रहे हैं।[1]

सतत विकास वह विकास है जिसमें वर्तमान जरूरतों को इस प्रकार पूरा किया जाता है जिससे कि आगे आने वाली पीढ़ियों को अपनी जरूरतों को पूरा करने में किसी तरह का समझौता न करना पड़ा। आज हम उस बिंदु पर आ पहुंचे हैं, जहां पर पर्यावरण पर थोड़ा भी अधिक दबाव पर्यावरणीय विनाश का कारण बन सकता है।

सतत विकास की संकल्पना पर, हाल के दशकों में, सबसे ज्यादा प्रभाव वर्ष 1987 में प्रस्तुत ब्रंटलैंड रिपोर्ट का रहा है, जिसमें बीसवीं शताब्दी के पर्यावरणीय सरोकार निहित हैं। ग्रो हार्लेम ब्रंटलैंड की अध्यक्षता में वर्ष 1983 में इस आयोग का गठन संयुक्त राष्ट्र महासभा द्वारा किया गया (प्रस्ताव संख्या 38/161 *प्रोसेस ऑफ प्रिपरेशन ऑफ द एनवायरनमेंटल पर्सपेक्टिव* टू द *ईयर 2000 एंड बियॉन्ड*)[2]। संयुक्त राष्ट्र महासभा में उस समय यह अनुभव किया गया कि पर्यावरण और प्राकृतिक संपदाओं का ह्रास बहुत तेजी से हुआ है। संयुक्त राष्ट्र ने ब्रंटलैंड आयोग की स्थापना इस उद्देश्य से की थी कि विश्व के सभी सहभागी देश सतत विकास के बारे में एक साझा सहमति का निर्धारण कर सकें। दिसंबर 1987 में इस आयोग ने अपनी रिपोर्ट ''आवर कॉमन फ्यूचर'' प्रस्तुत की। इस आयोग द्वारा अंगीकृत ''सतत विकास'' की परिभाषा एवं मौलिक अवधारणाओं को एक मानदंड के रूप में देखा जाता है। इस रिपोर्ट की अवधारणाओं में विकास और पर्यावरण की एकात्मकता मौलिक है। रिपोर्ट की अध्यक्षीय प्रस्तावना में ब्रंटलैंड लिखती हैं, 'पर्यावरण वह है जहां हम रहते हैं, तथा ''विकास'' वह है जो हम वहां रह कर अपनी स्थिति को सुधारने के लिए करते हैं। दोनों एक-दूसरे से अभिन्न हैं।'[3] वह आगे लिखती हैं। 'इस प्रयोजन से हमारी नागरिक संघों से, गैर-सरकारी संगठनों से, शैक्षिक संस्थाओं से एवं वैज्ञानिकों से अपील है कि जिस प्रकार उन्होंने पूर्व में भी सामाजिक चेतना के सृजन में अति आवश्यक भूमिका निभाई है, उसी प्रकार भविष्य में भी विश्व को सतत विकास के पथ पर अग्रसर करने में तथा हमारे साझा भविष्य की नींव रखने में अहम भूमिका निभाएंगे'। ब्रंटलैंड कमीशन पर्यावरण को मात्र भौतिकता

के घेरे से बाहर लाकर उसमें सामाजिक-राजनीतिक पर्यावरण को भी शामिल करता है। विकास सिर्फ वह माध्यम नहीं है जिसके सहारे निर्धन देश अपनी आर्थिक स्थिति सुधार सकते हैं, बल्कि वह माध्यम है जिससे पूरा विश्व अपनी साझा स्थिति को सुधार सकता है।

यह रिपोर्ट सतत विकास तथा इसे प्राप्त करने के लिए जरूरी राजनैतिक विकल्पों की बात करती है। इस रिपोर्ट में प्रस्तुत सतत विकास की परिभाषा अत्यंत प्रचलित है तथा अक्सर इसे उद्धृत किया जाता है: 'मानवता के लिए यह संभव है कि वह विकास को सतत बना सके, जिससे वह अपनी वर्तमान आवश्यकताओं की पूर्ति इस प्रकार करे ताकि भविष्य की पीढ़ियों को किसी संकट का सामना न करना पड़े। सतत विकास की अवधारणा में यह निहित है कि सीमाएं निरपेक्ष नहीं हैं- सीमाएं निहित हैं, वर्तमान प्रौद्योगिकी में, हमारे सामाजिक संगठन में, तथा भू-जीवमंडल की मानवीय गतिविधियों को झेलने की क्षमता में। प्रौद्योगिकी तथा सामाजिक संगठन दोनों का प्रबंधन तथा संवर्धन संभव है जिससे हम आर्थिक संवृद्धि का एक नया अध्याय लिख सकते हैं।'[4]

विविध समूह एवं संस्थाएं इस दृष्टिकोण की व्याख्या अपने-अपने प्रकार से करते हैं। सतत विकास के प्रति यह खुला दृष्टिकोण अनेक प्रकार के समझौतों एवं जोखिमों को निमंत्रण दे सकता है। आलोचनाओं को एक ओर रखते हुए, हमें इस बात को स्वीकार करना होगा कि इसके द्वारा प्रतिपादित मूलभूत सिद्धांतों से प्रभावित होकर आज विश्व की अनगिनत राष्ट्रीय एवं अंतर्राष्ट्रीय संस्थाएं, कॉर्पोरेट, स्थानीय निकायों एवं सभ्य-समाज की कार्यसूची (agenda) में सतत विकास शीर्ष पर है। ब्रंटलैंड आयोग द्वारा अंगीकृत सतत विकास की परिभाषा में लचीलापन है तथा तेजी से बदलती पृथ्वी और इसकी जनसंख्या की आवश्यकताओं की समझ है।

आयोग का मुख्य सरोकार मानव जनसंख्या, खाद्य-सुरक्षा, मानवकृत कारणों से तेजी से होते अनुवांशिकी संसाधनों का लोप, ऊर्जा, उद्योग, शहरीकरण, आदि समस्याओं से है। हालांकि, इन समस्यों का अलग-अलग एवं एकाकी समाधान संभव नहीं है। आयोग ने इस बात को साफ तौर पर अनुभव किया है कि सतत् विकास तभी संभव हो सकता है, जब गरीबी, जेंडर तथा समानता जैसी मानव संसाधन समस्याओं को संबोधित किया जाएगा।

हालांकि, आयोग ने इस बात पर बल दिया है कि आर्थिक संवृद्धि की पर्यावरणीय सीमाएं हैं; आयोग ने यह चिन्हित नहीं किया कि कौन से खास

प्रकार के उत्पादन एवं उपभोग पर्यावरण पर सबसे ज्यादा कुप्रभाव छोड़ रहें हैं। बाजारवादी आर्थिक समृद्धि की समीक्षात्मक विवेचना करने की बजाय आयोग ने कहा कि बाजारवादी व्यवस्था का सुधार एवं इसके कार्यक्षेत्र का विस्तार संभव है तथा इन सुधारों के माध्यम से सतत विकास अग्रसर होगा। सतत विकास प्राकृतिक तंत्र की क्षमता तथा मानव द्वारा सामना किए जा रहे सामाजिक, राजनैतिक एवं आर्थिक चुनौतियों के एकीकृत समाधान की दिशा ढूंढता है।

सतत विकास के तीन मुख्य स्तंभ हैं–पारिस्थितिकी (ecology), आर्थिक एवं साम्य और कभी-कभी एक चौथे स्तंभ की भी बात होती है जिसमें लोक-संस्कृति संस्थाएं एवं शासन (governance) शामिल हैं। सतत विकास में मानव पारिस्थितिकी की अवधारणा शामिल है। मूलभूत मानवीय आवश्यकताएं जैसे–उत्तम वायु, जल, भोजन एवं निवास को सतत विकास के पारिस्थितिकीय आधार के रूप में देखा गया है। प्राकृतिक पारितंत्र (Eco-system) सेवाओं का लोप एक प्रमुख सार्वजनिक स्वास्थ्य विपदा है तथा इसके पुनरुद्धार में निवेश सतत विकास की कार्यसूची में शीर्ष पर है। प्राकृतिक पारितंत्र के संवर्धन के अंतर्गत सतत विकास सिर्फ मानवीय सरोकारों तक सीमित नहीं है बल्कि इसमें सभी प्रजातियों का कल्याण सम्मिलित है।

पर्यावरणीय सततता के लिए जरूरी है कि मानव समाज अपनी आवश्यकताओं को पूरा करने के लिए ऐसा मार्ग अपनाए जिससे पृथ्वी का जीवन-पोषक तंत्र संरक्षित रहे। उदाहरण के तौर पर, जल का सतत इस्तेमाल, नवीकरणीय ऊर्जा स्रोतों का इस्तेमाल एवं सतत आपूर्ति जैसे कि वनों का ऐसा इस्तेमाल जिससे बायो-मास तथा जैव-विविधता का ह्रास न हो।

असतत स्थिति तब पैदा होती है, जब प्राकृतिक पूंजी (प्राकृतिक संसाधनों का कुल जमा) का उपयोग उसकी पूर्ति की दर से ज्यादा होता है। सततता की यह मांग है कि मानव कार्य-कलाप संसाधनों का उपयोग उस दर से करें कि उनकी प्राकृतिक पुनःपूर्ति (replenish) हो सके – प्राकृतिक क्षमता इस अवधारणा के केंद्र में है। दीर्घकालिक पर्यावरणीय अधोगति मानव जाति के अस्तित्त्व पर संकट ला सकती है। यदि पर्यावरणीय अधोगति इस चरम-बिंदु को भी लांघ जाती है तो उस दशा में मानव जाति के विलुप्त होने की संभावना प्रबल हो जाएगी। सतत विकास के मार्ग की एक आशाजनक दिशा है लचीले एवं प्रतिवर्ती (reversible) प्रौद्योगिक तंत्र का निर्माण। सतत विकास की अवधारणा प्राकृतिक संरक्षण से परे जाकर आर्थिक विकास के एक प्रतिरूप का आकार लेती है।

1960 के दशक में विश्व ने यह महसूस करना शुरू किया कि प्राकृतिक वास, मिट्टी और जल संसाधनों के अविलंब संरक्षण की जरूरत है। 1970 के दशक में मौलिक मानवीय आवश्यकताएं, सामुदायिक भागीदारी एवं उपयुक्त प्रौद्योगिकी को नीति-निर्धारण में महत्त्वपूर्ण स्थान प्रदान किया गया। एक ओर, पर्यावरण के मुद्दे स्थानीय से बढ़ कर वैश्विक हो गए हैं। वहीं दूसरी ओर, जिनकी दिलचस्पी विकास में थी वे स्वयं पर्यावरण संरक्षण के समर्थक बन गए। जहां संरक्षणवादी नवीकरणीय संसाधनों की सतत उपलब्धि की बात करते थे, वहीं विकासवादियों ने अनवीकरणीय संसाधनों पर भी सततता का लेबल लगाना चाहा। लगभग पूरा औद्योगिक एवं आर्थिक जगत आज पृथ्वी के अनवीकरणीय संसाधनों के भंडार पर निर्भर है।

भूमंडलीय पारिस्थितिकी शासन से संबंधित संस्थाएं एवं मुद्दे
(Institutions and Issues of Global Ecological Governance)

1972 की स्टॉकहोम ग्लोबल कांफ्रेंस के पश्चात् संयुक्त राष्ट्र पर्यावरण कार्यक्रम (UNEP) की स्थापना हुई। यूएनईपी की स्थापना के बाद वैश्विक एवं क्षेत्रीय स्तर पर पर्यावरण-संबंधी अनेकानेक विमर्श, समझौते तथा समझौतों की संपुष्टि के अनेक दौर चले। बीस वर्ष बाद, 1992 में रियो दे जनेरियो में पृथ्वी शिखर सम्मलेन (द अर्थ समिट) आयोजित हुआ जिसके तहत जैव-विविधता कन्वेंशन, जलवायु परिवर्तन कन्वेंशन, मरुस्थलीकरण कन्वेंशन आदि संपन्न हुए। संयुक्त राष्ट्र की एक और संस्था, कमीशन ऑन सस्टेनेबल डेवलपमेंट का गठन (ECOSOC इकोनोमिक एंड सोशल काउंसिल) के अंतर्गत किया गया। पर्यावरण शासन के क्षेत्र में या संबद्ध अभियान में कार्य करने वाले संस्थानों की संख्या में तीव्र वृद्धि हुई है। पर्यावरण के क्षेत्र में संस्थानों की ऐसी बाढ़ से अंतर्राष्ट्रीय पर्यावरण शासन जटिल हो गया है।

यद्यपि पर्यावरण संकटों का अनुभव हम स्थानीय स्तर पर करते हैं, इनका प्रभाव भूमंडलीय है तथा इनका समाधान अंतर्राष्ट्रीय सहयोग से ही संभव है। नागरिकों व वासों की सुरक्षा एवं स्वास्थ्य के लिए एक हरित अर्थव्यवस्था का निर्माण अंतर्राष्ट्रीय पर्यावरणीय समझौतों के सहारे ही संभव है। ऐसे समझौतों की विषय-वस्तु अति विविध है। अंतर्राष्ट्रीय पर्यावरणीय समझौतों के संयुक्त राष्ट्र रजिस्टर के अनुसार इन समझौतों के विषय-वस्तु की सूची अग्रलिखित हैं:[6]

अंतर्राष्ट्रीय पर्यावरणीय समझौतों के विषय-वस्तु की सूची

परा-सीमा वायु प्रदूषण (transboundary air pollution), परा-सीमा धुंध-प्रदूषण (transboundary haze pollution), जंगली जानवर (wild animals), पालतू जानवर (domesticated animals) अंटार्टिका (Antarctica), जैव-विविधता (biological diversity), जैव-सुरक्षा (biosafety), वनस्पति अनुवांशिकी संसाधन (plant genetic resources), खतरनाक रासायनिक पदार्थ (hazardous chemical), कार्य-स्थल में रासायनिक पदार्थ (chemicals at work), जलवायु-परिवर्तन (climate change), ऊर्जा (energy), प्रवर्तन (enforcement), पर्यावरणीय प्रभाव आकलन (environmental impact assessment), जंतु एवं वनस्पति (fauna and flora), मत्स्य-समुद्री एवं जीवित समुद्री संसाधन (fisheries-Sea / living marine resources), अंतर्राष्ट्रीय झील एवं नदियां (international lake and rivers), मत्स्य-पालन (aquaculture), वन (forests), स्वास्थ एवं पर्यावरण (health and the environment), धरोहर-प्राकृतिक एवं सांस्कृतिक (heritage - natural and cultural), औद्योगिक दुर्घटनाएं (industrial accidents), सूचना अभिगम्यता (access to information), न्याय अभिगम्यता (access to justice), जवाबदेही एवं क्षतिपूर्ण (liability and compensation), समुद्री पर्यावरण (marine environment), समुद्री स्तनधारी (marine mammals), सैन्य गतिविधियां एवं पर्यावरण (military activitie and the environment), पर्वत (mountains), प्रकृति एवं प्राकृतिक संसाधन (nature and natural resources), नाभिकीय पदार्थ (nuclear material), समुद्र तथा महासागर- समुद्री विधि (oceans and seas & law of the sea), खनिज तेल प्रदूषण (oil pollution), समुद्र-तल (seabed), बाहरी अंतरिक्ष (outer space), ओजोन परत (ozone layer), परोपजीवी कीट- टिड्डी-नियंत्रण (pest - locust control), वनस्पति तथा वनस्पति रक्षण (plants and plant protection), जनसहभागिता (public participation), क्षेत्रीय सहयोग (regional cooperation), नदियां, जल-मार्ग, झीलें अंतर्राष्ट्रीय (rivers, river basins, watercourses, lakes – international/transboundary), समुद्री प्रदूषण – खनिज तेल के अलावा (marine pollution – other than oil pollution), खतरनाक अपशिष्ट- भू-मंडलीय, क्षेत्रीय (hazardous wastes – global, regional), समुद्र में फेंकना (dumping at sea), दलदलीय आर्द्र भूमि (wetlands), कार्य स्थलीय पर्यावरण (working environment).

अंतर्राष्ट्रीय समझौते के प्राय: तीन प्रकार या चरण हैं: प्रोटोकॉल (उपसंधि), ट्रीटी (संधि) तथा कन्वेंशन (अभिसमय)।

1. **उपसंधि:** वह करार है जिसे राजनयिक प्रतिनिधि निरूपित व हस्ताक्षरित करते हैं जिसके तर्ज पर संधि तथा अभिसमय आगे बढ़ते हैं। संधि के रूप में सामने आने तक वर्षों व्यतीत हो जाते हैं।
2. **संधि:** समझौते का एक प्रारूप है, जहां सहभागी देश आपस में एक मतैक्य स्थापित करते हैं जिससे भविष्य में असहमति या टकराव न हो। आमतौर पर हस्ताक्षरकर्ता देशों की संसद इसकी पुष्टि या मंजूरी करती है।
3. **अभिसमय:** अंतर्राष्ट्रीय प्रतिनिधियों के सम्मलेन के रूप में शुरू होते हैं, जिसमें प्रतिनिधिगण विशेष विषयों पर कार्यविधि तथा कार्यवाही संबंधी विवरण पर सहमत होते हैं।

1970 के दशक के प्रारंभ से अब तक वैश्विक पर्यावरणीय शासन की संरचना प्रभावी प्रारूप की तलाश में है। अधिकाधिक संख्या में घनी आबादी वाले देश भी अपनी अर्थव्यवस्था को उदार-बाजारवाद की राह पर लेकर अब तेजी से उपभोग तथा औद्योगीकरण को गतिमान कर रहे हैं। इससे पर्यावरणीय अधोगति की जटिलता तथा आकार दोनों ही बढ़ गए हैं। यद्यपि मूल प्रश्न नहीं बदले हैं पर उनको शीघ्रातिशीघ्र संबोधित करने की आवश्यकता बढ़ गई है। वैश्विक स्तर पर संबंधित संस्थात्मक संरचना अभी निर्माण की प्रक्रिया में है। पर्यावरणीय शासन की संस्थात्मक संरचना का प्रभावी स्वरूप आज भी विद्वानों तथा नीति-निर्धारकों के लिए विवाद का विषय है।

इस बात में कोई शक नहीं है कि हरित शासन (green governance) का वर्तमान उभरता तंत्र बहुल संस्थाओं एवं कर्ताओं का मेला है। इनके कार्यकलाप आपस में एक-दूसरे को बल देने वाले तथा समन्वय में होने चाहिए। हरित शासन में पैनापन लाने के लिए प्रस्तावित समाधानों में दो मुख्य धाराएं हैं –सिस्टम्स पद्धति तथा संगठनात्मक पद्धति।

1. **संगठनात्मक सोच पद्धति:** शासन पर नियंत्रण का भ्रम पैदा करती है।
2. **सिस्टम्स पद्धति:** पर्यावरणीय जटिलताओं एवं अस्तव्यस्तताओं तथा सभी कर्ताओं को अपने विश्लेषण में शामिल करती है।

आज के पर्यावरणीय खतरों की जटिलता को देखते हुए इस क्षेत्र में कार्यरत संस्थाओं की विविधता स्वाभाविक है, किंतु इस तंत्र की दिशा पर ध्यान रखना तथा दिशाहीनता से बचना महत्त्वपूर्ण है। हरित शासन की प्रणाली इतनी परिपक्व

बनाई जानी चाहिए कि कुशल दिशानिर्देश तथा नियामक मार्गदर्शन से पर्यावरणीय अधोगति को रोका जा सके।

रिओ में 1992 में 'अर्थ समिट' (यूएन समिट ऑन एनवायरनमेंट एंड डेवलपमेंट) में एजेंडा-21 नामक एक वृहद कार्ययोजना का अनावरण किया गया जिसके तहत अंतर्राष्ट्रीय, राष्ट्रीय तथा स्थानीय स्तरों पर संयुक्त राष्ट्र के संगठन, सरकारें, तथा सभी महत्त्वपूर्ण समूह पर्यावरण पर मानव प्रभाव को कम करने की दिशा में अपने प्रयासों को अग्रसर करेंगे।[7] एजेंडा-21 एक मार्गदर्शक, अबाध्यकारी तथा स्वैच्छिक कार्य योजना है।

भारत में पर्यावरण संबंधी संवैधानिक प्रावधान
(Environment Related Constitutional Provisions in India)

भारतीय संविधान के प्रावधानों में पर्यावरण नीति निर्धारण तथा क्रियाओं का आवंटन केंद्र, राज्य एवं स्थानीय सरकारों के बीच होता है।

1. संघ एवं राज्य सरकार (Centre and state governments)

भारत में संघीय शासन पद्धति है। संघीय संसद तथा राज्यों की विधायिकाओं को शासकीय शक्तियां भारतीय संविधान की सातवीं अनुसूची के अंतर्गत तीन सूचियों के माध्यम से प्राप्त होती हैं।

(i) *प्रथम सूची संघीय सूची* है जिसमें 97 ऐसी मद हैं जिसकी वैधानिक शक्तियां एकमात्र संघीय या केंद्र सरकार के अंतर्गत है। इसमें पर्यावरण से संबंधित कई विषय हैं जैसे–नाभिकीय ऊर्जा, अंतर्राज्यीय नदियों एवं घाटियों का विकास एवं नियमन, खनिज संसाधन, खनन विकास एवं नियंत्रण, राजपथ, बंदरगाह, नौपरिवहन, उड्डयन, तेल-क्षेत्रों का विकास आदि।

(ii) *दूसरी सूची या राज्य सूची* में 66 ऐसी मदें हैं जिससे संबंधित विधायी शक्तियां राज्य विधायिकाओं के पास हैं। पर्यावरण संबंधी विषय जिस पर राज्यों की विधायिकाओं का नियंत्रण है- वे हैं–सामुदायिक स्वास्थ्य एवं स्वच्छता, कृषि, पशुधन संरक्षण एवं संवर्धन, जल, भूमि, आदि।

(iii) *तीसरी सूची या समवर्ती सूची* में 52 ऐसे विषय हैं जहां संघ एवं राज्य विधायिकाओं की शक्तियों में परस्पर व्यापन है–जिसमें शामिल हैं वन, वन्य जंतुओं का संरक्षण, खनन एवं खनिज विकास, जनसंख्या नियंत्रण एवं परिवार नियोजन, कारखाने, विद्युत् आदि।

संघीय संसद राज्य-सूची के उन विषयों पर कानून बना सकती है जिसके

लिए उसे राज्य विधायिका की सहमति प्राप्त हो। उदाहरण के लिए, "जल" राज्य सूची में होने के बावजूद जल (प्रदूषण निरोध एवं नियंत्रण) अधिनियम 1974 संघीय संसद द्वारा 12 राज्य विधायिकाओं की सहमति के आधार पर पारित किया गया था। इसके अलावा, अनुच्छेद 253 तथा अनुच्छेद 51क, अनुच्छेद 253 संघीय संसद को ऐसे कानून बनाने का अधिकार देता है जो किसी अंतर्राष्ट्रीय समझौते, सम्मलेन, आदि से उत्पन्न वचनबद्धता को लागू करता हो। उदाहरण के लिए, वायु (प्रदूषण नियंत्रण एवं निरोध) अधिनियम 1981 तथा पर्यावरण संरक्षण अधिनियम 1986 इन्हीं संवैधानिक प्रावधानों के तहत पारित किए गए हैं। इन दोनों अधिनियमों के आमुख में यह वर्णित है कि 1972 में स्टॉकहोम में हुए मानव पर्यावरण पर संयुक्त राष्ट्र कांफ्रेंस के निर्णयों को लागू करने की दिशा में हैं।

2. स्थानीय शासन (Local governance)

अनुच्छेद 40 (भाग IV) यह निर्देश देता है कि राज्य सरकारें ग्राम-पंचायतों का गठन करें तथा उन्हें ऐसे अधिकार प्रदान करें कि वह स्थानीय शासन की इकाई के रूप में कार्य कर सकें। 1992 में पारित 73वें तथा 74वें संवैधानिक संसोधन के द्वारा अनुसूची XI तथा अनुसूची XII जोड़ी गई। दोनों अनुसूचियों में पर्यावरण मुद्दे शामिल हैं। पंचायत अनेक विषयों पर कार्य कर सकती है जैसेकि कृषि, भूमि-सुधार एवं मृदा संरक्षण, लघु सिंचाई, जल प्रबंधन एवं वाटरशेड विकास, पशुपालन, मत्स्यपालन, सामाजिक वानिकी, ग्रामीण आवास, पेयजल, ईंधन एवं चारा आदि। नगरपालिका शहरी नियोजन, भूमि-उपयोग नियमन, भवन-निर्माण, सड़क एवं पुल, घरेलू एवं औद्योगिक जल-आपूर्ति, सामुदायिक स्वास्थ्य, स्वच्छंता, कूड़ा-प्रबंधन, शहरी वानिकी, झुग्गी-सुधार, पार्क, उद्यान आदि शहरी सुविधाएं, कसाई-घर तथा चर्मशोधन का नियमन, आदि विषयों पर कार्य कर सकती है। उल्लेखनीय है कि राज्य शासन पर इन कार्यों को स्थानीय शासन को हस्तगत करने की कोई बाध्यता नहीं है, पर स्थानीय शासन इनमें से कुछ पर्यावरण संबंधी क्रियाएं संपादित करता है, किंतु पर्यावरण प्रबंधन में उनकी भूमिका बहुत कमजोर है। स्थानीय निकायों की वास्तविक भूमिका आधारभूत पर्यावरण सेवाएं जैसे सामुदायिक स्वास्थ्य एवं स्वच्छता, कूड़ा-प्रबंधन तथा मलव्यवस्था संचालन तक सीमित है।

भारतीय न्यायपालिका के ऐतिहासिक फैसले जैसे–*नगरपालिका परिषद्, रतलाम, बनाम वर्धिचंद* यह स्थापित करते हैं कि नगरपालिका वित्तीय दबाव या कमी का हवाला देकर अपने आधारभूत पर्यावरण दायित्व से नहीं बच सकती। ऐसी अनेक दशाओं में न्यायपालिका ने पर्यावरण के प्रति अपनी कटिबद्धता

प्रदर्शित की है तथा स्थानीय शासन को आगाह किया है कि शुद्ध अप्रदूषित पर्यावरण मुहैया कराना उनका संवैधानिक दायित्व है। गंगा प्रदूषण मामले में, जहां गंगा का प्रदूषण समस्त गंगा के मैदानी क्षेत्र में स्वास्थ्य, जनजीवन एवं पारिस्थितिकी को प्रभावित कर रहा है, तथा जहां संघीय एवं राज्य कानूनों के होने के बावजूद समस्त प्रावधान कागजी मात्र रहे हैं, सर्वोच्च न्यायालय ने सभी स्तरों के शासन को फटकार लगाते हुए, फैसले की प्रति गंगा पर स्थित सभी शहरों की नगरपालिकाओं को भेजी है। उपरोक्त एकात्मक संवैधानिक ढांचे के बावजूद क्रियान्वयन के स्तर पर स्थानीय निकायों की पर्यावरण संरक्षण तथा वहनीय मानव विकास में अत्यंत अहम् भूमिका है। साथ-ही-साथ पर्यावरण मुद्दों पर तीव्र न्यायिक प्रक्रिया भी अत्यंत महत्त्वपूर्ण है।

3. राष्ट्रीय हरित न्यायाधिकरण (National Green Tribunal) भारतीय संसद द्वारा पारित इस अधिनियम का उद्देश्य एक विशिष्ट न्यायाधिकरण की स्थापना करना था, जो पर्यावरण के मुद्दों पर मुकदमों का द्रुत गति से निपटारा करे। इसकी प्रेरणा भारतीय संविधान के अनुच्छेद 21 से मिली है जो भारत के नागरिकों को एक स्वस्थ पर्यावरण का अधिकार देता है। इस न्यायाधिकरण का मौलिक न्यायाधिकार ''पर्यावरण संबंधी ठोस प्रश्नों'' से है अर्थात् जहां पूरा समुदाय प्रभावित हो, किसी निश्चित कार्यकलाप से सार्वजनिक स्वास्थ्य पर कुप्रभाव पड़ रहा हो। न्यायाधिकरण की शक्तियां दीवानी न्यायालय के समकक्ष हैं। हरित न्यायाधिकरण दीवानी संहिता/विधि का अनुसरण नहीं करता, बल्कि, यह प्राकृतिक न्याय के सिद्धांत का अनुसरण करता है। अधिनियम यह उल्लेख करता है कि किसी पर्यावरण संबंधी विवाद के उत्पन्न होने के 6 महीने के भीतर इसे हरित न्यायाधिकरण के समक्ष दायर किया जा सकता है। न्यायाधिकरण वन (संरक्षण) अधिनियम, जैविक विविधता अधिनियम, पर्यावरण (संरक्षण) अधिनियम, जल तथा वायु (प्रदूषण निरोध एवं नियमन) अधिनियम, आदि के मामलों कि सुनवाई के लिए सक्षम है। हरित न्यायाधिकरण का इन अधिनियमों के तहत पुनरावेदन/ अपील न्यायाधिकर भी है। विधेयक यह भी स्पष्ट करता है कि न्यायाधिकरण द्वारा बहुमत से लिया गया फैसला निर्णायक तथा बाध्यकारी है। न्यायाधिकरण के फैसले एवं आदेश से असंतुष्ट पक्ष निर्णय के 90 दिनों के अंदर सर्वोच्च न्यायालय में अपील दाखिल कर सकता है। संतोषजनक कारण होने पर सर्वोच्च न्यायालय 90 दिनों के पश्चात् भी हरित न्यायाधिकरण के आदेश के खिलाफ अपील की सुनवाई पर विचार कर सकता है।

भारत में पर्यावरण शासन तथा नागरिक समाज की सहभागिता

(Environmental Governance and Civil Society Participation in India)

हरित शासन में अधिकांशतः राष्ट्रीय तंत्र का बोलबाला रहा है। इसका परिणाम यह हुआ की न तो अंतर्राष्ट्रीय पर्यावरण समन्वय को बल मिला है न ही राष्ट्रीय स्तर के संस्थान अंतर्राष्ट्रीय संधियों को जमीनी स्तर पर लागू करने में सफल रहे हैं। हरित शासन के लिए आवश्यक है कि पर्यावरणीय समस्याओं के समाधान में गैर-सरकारी संगठन (एनजीओ, NGOs) को नीति-निर्धारण तथा क्रियान्वयन में सहभागी बनाया जाए। एनजीओ अंतर्राष्ट्रीय और राष्ट्रीय संस्थाओं तथा विश्व भर के विविध स्थानीय जनों के बीच संचार व संवाद स्थापित करती हैं। एनजीओ रूपी नागरिक समाज वैश्विक हरित शासन को अंतर्राष्ट्रीय तथा राष्ट्रीय नौकरशाही के सीमित दायरे से बाहर निकाल कर जनमानस तक पहुंचाते हैं तथा इस प्रक्रिया को सही अर्थ में वैश्विक बनाते हैं। हरित शासन के हर मॉडल में नागरिक समाज की सहभागिता एवं विमर्श महत्त्वपूर्ण एवं अनिवार्य हैं। नागरिक और जनसमुदायों की सहभागिता के बिना पर्यावरण सुधार संबंधी कोई भी प्रयास अकल्पनीय है। नागरिक समाज अथवा गैर-राजकीय संस्थाओं का हरित शासन में योगदान कई रूपों में हो सकता है।[8]

गैर-सरकारी संस्थाएं अपने क्षेत्र में विशेषज्ञ परामर्श तथा विश्लेषण की सेवाएं देकर समझौता-वार्ताओं की प्रक्रिया को आसान बना सकती हैं। उनके परामर्श राजनीतिज्ञों तथा नौकरशाहों के लिए एक वैकल्पिक मत के रूप में महत्त्वपूर्ण हो सकते हैं। ज्ञान एवं सूचना के सृजन में भी गैर-सरकारी संगठनों का महत्त्वपूर्ण योगदान है। वर्ल्ड रिसोर्सेज इंस्टिट्यूट (WRI), इंटरनेशनल यूनियन फॉर कंजरवेशन ऑफ नेचर (IUCN) जैसे गैर-सरकारी संगठन पर्यावरण के पहलुओं पर आधुनिक व सामयिक शोध व आंकड़े प्रस्तुत करने में सर्वोपरि हैं। यूएनईपी द्वारा प्रकाशित *ग्लोबल एनवायरनमेंट आउटलुक* अंतर्राष्ट्रीय संस्थाओं तथा नागरिक समाज के औपचारिक सहयोग का एक अच्छा उदाहरण है।[9] पूर्व संयुक्त राष्ट्र महासचिव कोफी अन्नान द्वारा जारी 'द मिलेनियम इकोसिस्टम असेसमेंट' का कार्यान्वयन निजी क्षेत्र, नागरिक समाज एवं अंतर्राष्ट्रीय सम्मेलनों के प्रतिभागियों के नेतृत्व में हुआ था। "मिलेनियम इकोसिस्टम असेसमेंट" की योजना में विविध क्षेत्रों से आए विश्वभर के 1360 विशेषज्ञों का योगदान है। इसका अनुसंधान पांच तकनीकी रिपोर्ट तथा छह संकलन रिपोर्ट के रूप में विश्व के पारिस्थितिकी तंत्र और उसके द्वारा प्रदत्त सेवाओं (जैसे स्वच्छ जल, खाद्य संसाधन, बाढ़ नियंत्रण, वन-उपज, आदि) की एक अद्यतन वैज्ञानिक

समीक्षा है। इसमें पारिस्थितिकी तंत्र के संरक्षण, संवर्धन तथा नवीनीकरण के लिए हमारे समक्ष मौजूद विकल्पों की विवेचना है।[10] 1992 में आयोजित 'रियो अर्थ समिट' के पश्चात् अंतर्राष्ट्रीय नीति निर्धारण में गैर-सरकारी संगठनों की सहभागिता बहुत तेजी से बढ़ी है। इस धारा की शुरुआत यूएनसीईडी (यूनाइटेड नेशंस कांफ्रेंस ऑन एनवायरनमेंट एंड डेवलपमेंट) सचिवालय ने कांफ्रेंस में सहभागिता के लिए गैर-सरकारी नागरिक समाज संस्थाओं के प्रमाणन में ढील देकर की। एजेंडा-21 में भी इस बात की पुष्टि है कि सतत विकास के आदर्श को पाने के लिए गैर-राजकीय कर्ताओं की प्रतिबद्ध तथा सक्रिय भागीदारी अति आवश्यक है। नागरिक समाज की विश्वसनीयता इनकी जिम्मेदार और रचनात्मक भूमिका के कारण है। एजेंडा-21 के कार्यान्वयन में औपचारिक तथा अनौपचारिक संस्थाएं, जन-आंदोलन, मीडिया, पर्यावरण शोध संस्थान, आदि की मान्यता तथा हिस्सेदारी सुनिश्चित की गई है।[11]

गैर-सरकारी संगठनों के प्रमाणन में ढील की इस प्रवृत्ति का अनेक वैश्विक सम्मेलनों में उत्तरोत्तर पालन हुआ। जोहानसबर्ग में आयोजित 'वर्ल्ड समिट ऑन सस्टेनेबल डेवलपमेंट' (WSSP), 2002, में लगभग 3000 एनजीओ ने प्रतिभागिता की। बहुपक्षीय पर्यावरण समझौतों के मोल-तोल के क्रम में गैर-सरकारी संगठनों की उपस्थिति प्रायः स्थायी हो गई है। इन समझौतों की तैयारी में कई सरकारें गैर-सरकारी संगठनों की मदद लेती हैं तथा कई बार उन्हें प्रतिनिधिमंडलों में भी स्थान देती हैं; किंतु इस तरह का चलन सार्वभौमिक नहीं है कुछ सरकारें एनजीओ के प्रतिनिधित्व को अपनी संप्रभुता पर आघात मानती हैं। कभी-कभी कुछ सरकारें एनजीओ क्षेत्र को पुष्ट नहीं करना चाहतीं जिससे कि इस क्षेत्र से अनचाहा राजनैतिक विपक्ष न पैदा हो। प्रतिकूल परिस्थितियों में एनजीओ क्षेत्र किस प्रकार अपना अस्तित्त्व बनाए रखता है, यह अध्ययन का विषय है। कुछ देशों में उन्हें कुचला जा चुका है, जबकि कुछ देशों में विवादों के बीच भी वे पनपे हैं।[12]

गैर-सरकारी संगठनों की हरित शासन में भूमिका का ठोस औचित्य है क्योंकि ये संगठन राजकीय तंत्र में विद्यमान महत्त्वपूर्ण रिक्त स्थानों को पाटते हैं। नवीन एजेंडा की अभिव्यक्ति में, समझौतों के लिए शोध एवं सूचना उपलब्ध कराने में, सार्वजनिक राय बनाने और जुटाने में, कार्यक्रमों के क्रियान्वयन एवं निगरानी में एनजीओ सेक्टर की पर्यावरणीय शासन में महत्त्वपूर्ण भूमिका है। राष्ट्रीय स्तर पर रणनीति तथा विनियमन तथा सरकार को तकनीकी सलाह प्रदान करने में भी इनकी महत्त्वपूर्ण भूमिका है।

एनजीओ क्षेत्र सार्वजनिक राय बनाने में और अपने अभियानों तथा जनता तक अपनी पहुंच के माध्यम से महत्त्वपूर्ण भूमिका निभाते हैं। समझौतों एवं संस्थाओं का निर्माण एनजीओ क्षेत्र की प्रत्यक्ष एवं परोक्ष क्रिया से प्रभावित होता है–उदाहरण के लिए, कन्वेंशन ऑन इंटरनेशनल ट्रेड इन एंड़ेंजर्ड स्पीशीज, कन्वेंशन ऑन बायोडायवर्सिटी, कन्वेंशन ऑन पब्लिक एक्सेस, ग्लोबल एनवायरनमेंट फैसिलिटी, कमीशन ऑन सस्टेनेबल डेवलपमेंट, आदि की रचना में एनजीओ क्षेत्र की प्रभावकारी भूमिका रही है। ये अपने जागरूकता तथा शिक्षा अभियानों से राष्ट्रीय सरकारों पर अंतर्राष्ट्रीय समझौतों पर सहमति व अमल करने का दबाव पैदा करते हैं। उदाहरण के तौर पर, 90 देशों से 1400 एनजीओ संस्थाओं के गठबंधन ने 146 देशों को बारूदी सुरंगों पर प्रतिबंध के समझौते (1997) पर हस्ताक्षर के लिए ऐसे समय पर तैयार किया जब इनका उत्पादन 52 देशों में हो रहा था तथा प्रतिवर्ष 25 लाख नई बारूदी सुरंग बिछाई जा रही थी। अन्य उदाहरण, में एनजीओ के प्रयासों के परिणामस्वरूप वर्ल्ड कमीशन ऑन डैम्स की स्थापना हुई, जिससे बांध निर्माण के मानकों को पर्यावरण व समाज संवेदी बनाने की प्रक्रिया को बल मिला। एनजीओ उस श्रेणी के लोगों के हितों का समर्थन करते हैं जिनका नीति-निर्धारण में प्रतिनिधित्व नहीं है। एनजीओ पर्यावरण तथा विकास कार्यक्रमों के कार्यान्वयन के मुख्य कर्ताओं में शामिल हैं। उदाहरण के लिए, चेन्नई, स्थित ''सिविक एक्सनोरा'' (Civic Exnoras) 50 लाख नागरिकों के लिए कूड़ा-एकत्रण की सेवाओं का प्रबंधन करता है; रूरल एडवांसमेंट समिति बांग्लादेश में 17000 कर्मियों के माध्यम से, 35000 स्कूलों में कार्य करते हुए, ग्रामीण समुदायों के 30 लाख लोगों तक अपनी सेवाएं पहुंचाती है। अंतर्राष्ट्रीय स्तर पर बहुधा एजेंसियों के माध्यम से तथा एजेंडा-21 के अंतर्गत कार्यक्रमों की निगरानी व क्षमता निर्माण में एनजीओ/ नागरिक समाज का महत्त्वपूर्ण योगदान है।

नागरिक समाज एवं एनजीओ क्षेत्र की सहभागिता से वैश्विक निर्णयों तथा मोल-भाव की प्रक्रिया को वैधता मिलती है तथा निर्णयों में सूचना तथा प्रतिभागिता का आधार विस्तृत होता है।

यह संभावना भी हो सकती है कि नागरिक समाज निहित स्वार्थों से प्रभावित होकर अपनी एक अलग पारिस्थितिकी का निर्माण कर ले, जो अप्रकट एजेंडा पर कार्य करते हुए आर्थिक विकास तथा पर्यावरण के असल एजेंडा को पटरी से उतारने की स्थिति पैदा कर दे। चरम अवस्थाओं में कई बार नागरिक समाज का अप्रकट एजेंडा बिना किसी जवाबदेही के विध्वंसकारी प्रकृति का हो सकता है।[13]

कुछ सरकारें इस बात से असहज हो सकती हैं कि नागरिक समाज सरकारी

कार्यक्षेत्र को हथिया न ले तथा राज्य की संप्रभुता को आहत न करे। इन सब के बावजूद इसमें कोई दो राय नहीं है कि नागरिक समाज की सहभागिता से शासन प्रक्रिया में एक उत्साह व गतिशीलता पैदा होती है। ऐसी परिस्थितियों में जब जनतांत्रिक संस्थाओं का विकास निम्न-स्तर का हो, आधारिक स्तर पर अनभिज्ञता हो, नागरिक समाज की भूमिका और भी महत्त्वपूर्ण हो जाती है। नागरिक समाज के माध्यम से पर्यावरण की समस्याओं को, सामाजिक तथा विकास की जरूरतों को संबोधित करते हुए, अंतर्राष्ट्रीय विशेषज्ञ ज्ञान को विश्व भर के लोगों तक तथा तृणमूल (grassroots) स्तर के लोगों तक भी पहुंचाया जा सकेगा।

पर्यावरण शासन तथा निजी क्षेत्र
(Environmental Governance and Private Sector)

आमतौर पर निजी कॉर्पोरेट क्षेत्र (Private Corporate Sector) को पर्यावरण अधोगति के लिए जिम्मेदार माना जाता है; क्योंकि उसके द्वारा चलाए जा रहे सभी उद्योग पर्यावरण को दूषित करते हैं। पर्यावरण विनाश में बहुराष्ट्रीय कंपनियों पर यह दोषारोपण होता है कि वह अपने उत्पादन को उन देशों में ले जाते हैं जहां पर्यावरण संरक्षण के मानकों का पालन नहीं होता। किंतु हाल के दशकों में संयुक्त राष्ट्र तथा नागरिक समाज निगमित औद्योगिक जगत को पर्यावरण शासन में एक महत्त्वपूर्ण सहयोगी की भूमिका में देखने लगे हैं। कॉर्पोरेट सामाजिक दायित्व (Corporate Social Responsibility) तथा उनकी नवोन्मेष की क्षमता (Capacity to Innovations) को भविष्य में पर्यावरण संरक्षण के महत्त्वपूर्ण स्तंभों के रूप में देखा जा रहा है। स्वच्छ प्रौद्योगिकी के आविष्कार तथा अंगीकरण में कॉर्पोरेट उद्यम की अत्यंत महत्त्वपूर्ण भूमिका है। विचारपूर्ण एवं संयत पर्यावरण संबंधी विनियमन व्यापार जगत को साध्य, लाभकारी, अर्थक्षम तथा पर्यावरण-अनुकूल नवोन्मेष की ओर प्रेरित करने में सक्षम हो सकता है।

राष्ट्रीय पर्यावरण नीति, 2006 के अनुसार, कंपनी के स्तर पर सूचना को साझा करना वांछनीय है। भारत में यह प्रणाली कमजोर है एवं इसी कारण निजी कंपनियों द्वारा दिए गए आंकड़ों में अंतर आता है। अधिकतर यह सूचना अधूरी होती है एवं राज्य प्रदूषण नियंत्रण अधिकरण भी इस अधूरी सूचना को स्वीकार करते हैं। यह एक हैरान करने वाला तथ्य है।[14]

ऐसा माना जाता है कि एक स्थिर नीति-व्यवस्था व्यापार व उद्योग को जिम्मेदार, दूरदर्शी, एवं कुशल संचालन की दिशा में प्रेरित करती है। बेहतर जीवन-स्तर प्राप्त करने में, जो कि विकास नीति का मुख्य उद्देश्य है, उद्योग व

व्यापार जगत की अग्रणी भूमिका है। छोटे या बड़े, औपचारिक या अनौपचारिक, व्यावसायिक उद्यम, रोजगार व आजीविका के अवसर प्रदान करते हैं। एजेंडा-21 के अनुसार, व्यवसाय तथा उद्योग, जिसमें बहुराष्ट्रीय कंपनियां शामिल हैं, तथा उनके प्रतिनिधि संगठन पर्यावरण के संरक्षण एवं सतत विकास के महत्त्वपूर्ण हिस्सेदार हैं।[15]

उद्योग कुशल उत्पादन विधियों, निवारक उपायों, स्वच्छ उत्पादन प्रौद्योगिकी को अपनाकर, उत्पादन में अपशिष्ट को न्यून करके (waste minimization), पर्यावरण को होने वाले नुकसान को कम कर सकते हैं। तकनीकी नवोन्मेष, विकास (development), तकनीकी सहयोग, आदि विषय पूर्णतः निजी उद्योग-व्यवसाय के कार्यक्षेत्र में हैं तथा उनके बिना इस मोर्चे पर बहुत कुछ हो पाना संभव नहीं है। उद्योग-व्यवसाय, खासकर बहुराष्ट्रीय निगमों को पर्यावरण प्रबंधन तथा सतत विकास को अपनी व्यावसायिक नीति के शीर्ष उद्देश्यों में शामिल करना होगा। कुछ निगम-जिम्मेदार देखभाल (responsible care), उत्पाद-प्रबंधन नीतियों एवं कार्यक्रमों के कार्यान्वयन में, पर्यावरण परीक्षण (audit) व आकलन के प्रति खुलापन अपनाकर अपनी जिम्मेदारी का बखूबी निर्वाह कर रहे हैं। उद्योग जगत के कुछ मुखिया स्वनियंत्रण व जवाबदेही अपनाकर पर्यावरण व मानव स्वास्थ्य पर आघात को कम कर रहे हैं। कई देशों में कुशल पर्यावरण विनियंत्रण व्यस्वस्था तथा उपभोक्ताओं में बढ़ती चेतना के कारण उद्योग जगत को इस दिशा में कदम उठाने पड़ रहे हैं। बाजार-उपकरण एवं कीमत-व्यवस्था वस्तुओं की कीमत में पर्यावरण लागतों को ज्यादा से ज्यादा शामिल करके इस प्रक्रिया में महत्त्वपूर्ण भूमिका निभा सकती है। उद्योग जगत, इस दिशा में प्रेरित होकर आगत, उत्पादन, उपयोग, पुनर्चक्रण, निपटान, आदि सभी लागतों को कीमत-व्यवस्था के घेरे में लाने की दिशा में प्रयास कर सकता है।[16]

इस दिशा में ''द ग्लोबल कॉम्पैक्ट'' एक महत्त्वपूर्ण कदम है। 1999 में वर्ल्ड इकोनॉमिक फोरम के मंच से संयुक्त राष्ट्र महासचिव कोफी अन्नान ने दुनिया भर के व्यवसायियों से कहा कि वे इस वैश्विक संविदा (ग्लोबल कॉम्पैक्ट) में शामिल हों जो दुनिया भर के नागरिक समाज, मजदूर संघों, संयुक्त राष्ट्र को साथ लेकर पूरे विश्व को सार्वभौमिक सामाजिक एवं पर्यावरणीय उद्देश्यों की ओर लेकर चले। सन् 2000 में स्थापित इस वैश्विक संविदा को 8000 कंपनियों, 4000 गैर-कंपनियों का प्रतिनिधित्व प्राप्त हुआ जो मानवाधिकार, श्रम, पर्यावरण, भ्रष्टाचार-विरोध संबंधित दस सिद्धांतों के प्रति कृतसंकल्प हैं।[17] वैश्विक संविदा एक पूर्णतः स्वैच्छिक प्रक्रिया है।

संयुक्त राष्ट्र वैश्विक संविदा निगमों को जिम्मेदार बनाती है व सामरिक दृष्टिकोण से कार्य करने की प्रेरणा देती है तथा यह निश्चित करती है कि ये निगम न सिर्फ अपने लाभ-लेखा में मूल्यवर्धन करें बल्कि समाज, समुदाय व पूरी पृथ्वी का मूल्य वर्धन करें। यह कदम निगमों को एक विस्तृत सतत दृष्टिकोण की ओर प्रेरित करता है और उनसे अपेक्षा करता है कि (1) उनका कार्य सार्वभौमिक सिद्धांतों से सुसंगत हो। (2) अपने आसपास के समाज का वह अपने निर्णायक कार्यों एवं अभियानों से समर्थन एवं पोषण करें। (3) सर्वोच्च स्तर पर प्रतिबद्धता सुनिश्चित करें। (4) अपने प्रयत्नों की वार्षिक सूचना दें। (5) जहां भी उनकी उपस्थिति हो वहां वह स्थानीय स्तर पर वचनबद्धता विकसित करें।[18]

संयुक्त राष्ट्र वैश्विक संविदा निगमों को पर्यावरणीय एवं सामाजिक शासन से संबद्ध सभी विषयों पर समर्थन देती है तथा यह विश्वास करती है कि चाहे वह किसी भी भू-भाग में कार्य करें, जिम्मेदार निगम इन मूल्यों और सिद्धांतों के अनुरूप ही अपना व्यवसाय करेंगे। क्षेत्रों के बीच भेदभाव नहीं करेंगे, एक क्षेत्र के अच्छे कार्य तथा दूसरों में पर्यावरणीय व सामाजिक कुप्रबंधन नहीं करेंगे।

एक जिम्मेदार निगम नागरिक समाज, निवेशकों, शिक्षकों, उपभोक्ताओं, नीति-निर्धारकों तथा अन्य महत्त्वपूर्ण हिस्सेदारों के साथ एक स्वस्थ अंत:क्रिया के माध्यम से उत्तम वातावरण का निर्माण करता है। वैश्विक संविदा के माध्यम से व्यवसायिक क्षेत्र की आवाज प्रमुख संयुक्त राष्ट्र सम्मेलनों तथा मंचों पर व्यक्त होती है।

पर्यावरण एवं अंतर्राष्ट्रीय मानक
(Environment and International Standards)

इंटरनेशनल आर्गेनाईजेशन फॉर स्टैंडर्डआईजेशन (ISO) 14001 एक अंतर्राष्ट्रीय मानक व्यवस्था है जो पर्यावरण प्रबंधन के सिद्धांतों को परिभाषित करती है, जिससे निगमों के पर्यावरण पर नुकसान को न्यूनतम किया जा सके। ISO द्वारा ISO 14001 मानक पद्धति 1996 में अपनाई गई। इस मानक के उद्‌भव के पीछे कई सरकारी, गैर-सरकारी संगठनों एवं निगमों के प्रयास हैं। इस शृंखला के अन्य भाग मार्गदर्शन एवं सहायक प्रलेखन से संबद्ध हैं। ISO 14000 मानकों का सारांश:

14000 पर्यावरण प्रबंधन के सिद्धांतों, व्यवस्था एवं सहायक तकनीकों की मार्गदर्शिका

14001 पर्यावरण प्रबंधन व्यवस्था: विशेष विवरण (Specification) तथा उपयोग का मार्गदर्शन

14004 पर्यावरण प्रबंधन के विभिन्न तत्त्वों का मार्गदर्शन

14010 पर्यावरण लेखा परीक्षण (auditing) के सामान्य सिद्धांत मार्गदर्शिका

14011 पर्यावरण लेखा परीक्षण मार्गदर्शिका: कार्यविधि

14012 पर्यावरण लेखा परीक्षण मार्गदर्शिका: पर्यावरण लेखा परीक्षकों के लिए योग्यता के मापदंड

14013/15 पर्यावरण लेखा परीक्षण मार्गदर्शिका: पुनरावलोकन एवं समीक्षा

14020/23 पर्यावरण वर्गीकरण (लेबलिंग): बहु-आयामी कार्यक्रमों के लिए मार्गदर्शक सिद्धांत, कार्यविधि, प्रमाणन-विधि।

14024 पर्यावरण वर्गीकरण (लेबलिंग): कर्ता-व्यवसायी-बहुआयामी कार्यक्रमों के लिए मार्गदर्शक सिद्धांत, कार्यविधि, प्रमाणन-विधि।

14031/32 पर्यावरण अनुपालन मूल्यांकन पर मार्गदर्शिका

14040/43 जीवन-चक्र मूल्यांकन: सामान्य सिद्धांत एवं आचरण

14050 शब्द-संग्रह

14060 वस्तु-मानकों में पर्यावरण-पक्ष का समावेश।

इस मानक-समूह का मुख्य उद्देश्य पर्यावरण रक्षा को समर्थन व मानव-जनित प्रदूषण को कम करने के लिए पथ-प्रदर्शन करना है। यह मानक किसी पर्यावरण अनुपालन के निरपेक्ष मानक की बात करने के बजाय वैधानिक अनुपालन पर तथा पर्यावरण संरक्षण के पृथक अवयवों जैसे कि वायु, जल, मृदा, रद्दी-कूड़ा, आदि से संबद्ध स्थानीय वैधानिक अवश्यकताओं के अनुपालन पर बल देता है। इस बात पर भी बल देता है कि किसी भी आर्थिक गतिविधि से पर्यावरण को हो रहे नुकसान के सभी अवययों को ध्यान में रखा जाए।

सामुदायिक सहभागिता एवं पर्यावरण शासन

(Community Participation in Environmental Governance)

समुदाय लोगों का एक ऐसा समूह है, जो किसी एक भौगोलिक क्षेत्र से, कार्य-स्थल से, विचार से, समस्या से, आयु या जेंडर से, एक सूत्र में बंधे हुए हैं। समुदायों के रूप व आकार में तथा परिभाषाओं में भी भिन्नता हो सकती है।

पर्यावरण प्रबंधन के कार्यक्रमों में सामुदायिक सहभागिता अत्यंत महत्त्वपूर्ण है। अंतर्राष्ट्रीय तथा राष्ट्रीय स्तरों पर तैयार योजनाओं को स्थानीय स्तर पर समुदायों के सक्रिय सहयोग के बिना सफल बनाना असंभव है। सामुदायिक

भागीदारी के लिए यह अपेक्षित है कि स्थानीय निकाय एवं नागरिक अपने आस-पड़ोस के प्रबंधन में बराबर की जिम्मेदारी समझें। वे इस व्यवस्था को बनाए रखने के लिए जरूरी संसाधन, कौशल व परंपरागत ज्ञान को लेकर आगे आएं तथा इस प्रयोजन में शामिल सभी साझेदारों की योग्यता एवं क्षमताओं का लाभ उठाएं व उसका सम्मान करें। स्थानीय समुदायों का साझेदारों की तरह निर्णय प्रक्रिया में शामिल होना कार्यक्रमों की सफलता के लिए आवश्यक है।[19]

सामुदायिक सहभागिता के महत्त्व को समझने के लिए निम्नलिखित बिंदुओं पर ध्यान देने की आवश्यकता है:

- समुदाय तथा जीवन शैली संबंधित चयन व निर्णय में व्यक्ति तथा परिवार से प्रभावित होते हैं तथा सामुदायिक स्तर पर इन निर्णयों को पर्यावरण अनुकूल दिशा दी जा सकती है। समुदाय के इन निर्णयों का स्थानीय पर्यावरण तथा संसाधनों के उपयोग पर सीधा प्रभाव पड़ता है तथा दीर्घकाल में इसका परिणाम स्थानीय के साथ वैश्विक पर्यावरण को भी प्रभावित करता है।
- स्थानीय स्तर के रोजमर्रा के निर्णय बड़े कार्यक्रमों के लिए एक पूरक का कार्य करें। ये निर्णय किसी और स्तर पर नहीं लिए जा सकते। सामुदायिक भागीदारी से इन स्थानीय निर्णयों को लेने के लिए उचित मंच उपलब्ध हो पाता है।
- कोई भी साझा कार्यक्रम, खासकर पर्यावरण कार्यक्रम तब तक सफल नहीं हो सकते, जब तक स्थानीय समुदाय उसमें शामिल व उसके प्रति वचनबद्ध न हों। स्थानीय जागरूकता व निर्णय प्रक्रिया के सामुदायिक गतिकी के औजारों के बिना पर्यावरण प्रबंधन का कोई भी उपाय कारगर हो पाना संभव नहीं है।
- सामुदायिक सहभागिता के माध्यम से संसाधनों का एकत्रीकरण तथा विविध कौशलों का जुड़ाव संभव हो पाता है। साथ ही समुदाय इन कार्यक्रमों में एक गौरवपूर्ण भागीदारी प्रकट कर पाता है। संसाधनों व कौशलों के एकत्रण तथा बुद्धि-उत्तेजन (intellectual stimulation) से ''समस्याओं के पीछे की समस्या'' देख पाना संभव हो पाता है। संकुचित संसाधन आधार के बावजूद समाधान की खोज तीव्र होती है।
- सामुदायिक सहभागिता के कारण कार्यक्रमों की समीक्षा की प्रक्रियाएं तेज हो जाती हैं; जिससे कार्यक्रमों को स्थानीय समुदाय द्वारा ही सुधार कर उसे और बेहतर बनाना आसान हो जाता है।

दैनिक जीवनचर्या को पर्यावरण प्रबंधन से सीधा जोड़ने का यह लाभ होता

है कि समस्या को स्रोत पर ही संबोधित किया जा सकता है तथा दीर्घकालीन बदलाव की दिशा में कदम उठाए जा सकते हैं। समुदाय को एक साथ जोड़ना दैनिक जीवन व पर्यावरण से जुड़ी समस्याओं के समाधान के लिए सामाजिक जागरूकता बढ़ाने व पर्यावरण के प्रति व्यवहार परिवर्तन की दिशा में एक महत्त्वपूर्ण कदम है। पर्यावरण समस्याएं, चाहे स्थानीय हों या वैश्विक, को जब हम दिनचर्या व जीवनचर्या से जोड़ते हैं, तब समुदाय इस मोर्चे पर ज्यादा निर्णायक कदम उठा पाता है। सामुदायिक सहभागिता से पर्यावरण संबंधी चौकसी व निगरानी भी बढ़ाई जा सकती है।

समाज को एक ऐसी साझेदारी की आवश्यकता है जिसमें सभी हिस्सेदारों से यह अपेक्षा की जाती है कि वे अपने संसाधन व प्रयत्न को एक पूरक भूमिका में लगाएं। आम-सहमति से बनाए गए उद्देश्य व दर्शन के आधार पर, समन्वित कार्यक्रमों और समीक्षा के आधार पर ही पर्यावरण प्रबंधन का काफिला आगे बढ़ेगा।

उपभोक्तावाद व वैश्विक पर्यावरण शासन
(Consumerism and Global Environmental Governance)

उपभोग की आधुनिक संस्कृति मानवकृत पर्यावरण संकट के मूल में स्थित है। आज मानवजाति के उपभोग व उत्पादन का स्तर पृथ्वी की सतत क्षमता से 25 प्रतिशत अधिक है। यह आकलन संयुक्त राष्ट्र के आंकड़ों पर आधारित एक स्वायत्त आकलन, "इकोलॉजिकल फुटप्रिंट सस्टेनेबिलिटी मेजर" द्वारा किया गया है। इस आकलन के अनुसार, यदि विश्व का प्रत्येक व्यक्ति एक औसत विकसित देश के नागरिक के समान उपभोग करना प्रारंभ करे, तो हमें 3.6 अतिरिक्त पृथ्वियों की आवश्यकता होगी।[20]

एजेंडा-21 असतत उपभोग व उत्पादन की संस्कृति के अंत तथा विकासशील देशों को असतत उपभोग की दिशा में न जाने की सलाह व प्रोत्साहन देता है। चूंकि उपभोग की संस्कृति एक अत्यंत ही विस्तृत विषय है, एजेंडा-21 इसकी चर्चा कई खंडों में करता है - जैसे ऊर्जा, परिवहन, रद्दी-कूड़ा प्रबंधन, आर्थिक औजारों, प्रौद्योगिकी हस्तांतरण, आदि।

सिर्फ उपभोग के स्तर से ही नहीं, बल्कि उपभोग के वितरण संबंधित असंतुलन से भी पर्यावरण की अधोगति होती है। एक ओर गरीबी के कारण पर्यावरण के संसाधनों पर दबाव पैदा हो सकता है, दूसरी ओर विकसित देशों में अति उच्च आय व असतत उपभोग का स्तर विश्व में पर्यावरण को नुकसान

पहुंचा रहा है। पर्यावरण संकट से निपटने के सभी प्रयासों में उपभोग संबंधी असंतुलन का बोध अति महत्त्वपूर्ण है।

विश्व के चुने हुए हिस्सों में उपभोग का स्तर बहुत ऊंचा है, जबकि मानवजाति के बड़े हिस्से की आधारभूत जरूरतें भी बड़ी कठिनता से पूरी होती हैं। इसके कारण विश्व के धनी हिस्सों में अति-उच्च मांग व असतत जीवन-शैली की उत्पत्ति होती है, जिसके कारण पर्यावरण पर दबाव पैदा होता है। इसके विपरीत, विश्व का गरीब वर्ग अपने लिए आधारभूत खाद्यान्न, आवास, स्वास्थ्य व शिक्षा सुविधाएं भी नहीं जुटा पाता। विश्व की उपभोग-शैली में आवश्यक परिवर्तन के लिए एक बहुविध दृष्टिकोण की जरूरत है जिसमें मांग गरीबों की आधारभूत आवश्यकताओं की पूर्ति, उत्पादन में संसाधनों की बर्बादी रोकने, सीमित संसाधनों का उत्पादन में कुशल उपयोग, आदि विषय शामिल हों।

सतत अंतर्राष्ट्रीय उपभोग शैली के उद्देश्य को प्राप्त करने के लिए सरकारों, शोध व नीति संस्थानों, क्षेत्रीय एवं राष्ट्रीय पर्यावरण संस्थानों को सुसंगठित तरीके से निम्नलिखित कदम उठाने की जरूरत है:

- उपभोग व उत्पादन से संबद्ध आंकड़ाकोश (database) का निर्माण व उनका विश्लेषण;
- उपभोग, उत्पादन, पर्यावरण, प्रौद्योगिक अनुकूलन, नवोन्मेष, संवृद्धि, विकास, जनांकिकी, आदि के बीच के अंतर्संबंध पर शोध;
- आधुनिक औद्योगिक अर्थव्यवस्थाओं में वस्तु-गहन (material-intensive) आर्थिक संवृद्धि के विपरीत हो रहे संरचनात्मक बदलाव के असर का अध्ययन;
- इस पर विचार करना कि ऊर्जा-गहन व वस्तु-गहन संवृद्धि से विलग हो कर भी अर्थव्यवस्थाएं किस प्रकार अपनी संपन्नता व विकास कायम रख सकते हैं;
- ऐसी संतुलित वैश्विक उपभोग-शैली की खोज करना, जिसका वहन पृथ्वी दीर्घकाल में कर सके।

प्रत्येक अर्थव्यवस्था में सरकार सबसे बड़ी उपभोक्ता है। पर्यावरण-अनुकूल उपभोग की दिशा में सरकारें अपने उपभोग के माध्यम से मिसाल कायम कर सकती हैं। इस माध्यम से सरकारें कॉर्पोरेट जगत व आम घरेलू उपभोक्ताओं का नेतृत्व कर सकती हैं। सरकारों को अपने विभिन्न विभागों की क्रय-नीति का पुनरावलोकन कर उनका पर्यावरणीय पक्ष सुदृढ़ करने की आवश्यकता है।

पर्यावरण संवेदनशील मूल्य निर्धारण तथा बाजार-संकेतों के इस्तेमाल के बिना बाजारवादी अर्थव्यवस्था में आगे बढ़ना मुश्किल है। उत्पादकों तथा उपभोक्ताओं

को यह साफ संकेत होना चाहिए कि उत्पादों की कीमत में ऊर्जा, माल व अन्य संसाधनों की सामाजिक/पर्यावरणीय लागत परिलक्षित हों। इस दिशा में कर-प्रणाली की निर्णायक भूमिका है। मूल्य-निर्धारण के साथ-साथ उपभोग तथा उपभोग के पश्चात् निपटान को और जिम्मेदार बनाने के लिए जमानती जमा (security deposit) व वापसी की व्यवस्था (बैटरी सरीखे जोखिम उत्पादों पर) अपनाई जा सकती है।

सरकार, नागरिक समाज तथा निजी क्षेत्र सतत उपभोग के प्रति सकारात्मक दृष्टिकोण जगाने हेतु उपभोक्ता-शिक्षा व जागरण के माध्यम से अपनी भूमिका अदा कर सकते हैं। ऐसे उत्पादों का प्रोत्साहन व प्रचार हो जिनका निर्माण पर्यावरण-अनुकूल व सतत पद्धति से हुआ हो।

निष्कर्ष (Conclusion)

मानव जाति अपने बुद्धिबल से बनाए हुए आर्थिक जाल में ऐसी फंसी है कि वह अपने साथ-साथ इस ग्रह पर व्याप्त जीवन को अपने कार्यकलापों से खतरे में डाल रही है। जहां एक ओर, अपनी प्रौद्योगिकी के बल पर मानव समाज के सीमित तबकों के लिए "उच्च जीवन-स्तर" की सुविधाएं जुटा रही है, वहीं बहुमत को जीवन की आधारभूत आवश्यकताएं भी पूरी नहीं हो पाती हैं। इसके साथ-साथ पर्यावरण असंतुलन ने मानव अस्तित्त्व को ही खतरे में डाल दिया है। सामाजिक चिंतन व संचालन में समष्टि का बोध कमजोर होने के कारण तथा व्यष्टि स्तर पर दोहन की मानसिकता होने के कारण, न सिर्फ हमारी आर्थिक सत्ता बल्कि हमारा सामाजिक तथा पर्यावरणीय ताना-बना खतरे में है। उपभोक्ता, समुदाय, नागरिक समाज, उद्योग-व्यवसाय जगत, राष्ट्रीय सत्ताएं, अंतर्राष्ट्रीय संस्थाएं, आदि सभी स्तरों पर समष्टि-चिंतन एवं व्यवहार से ही हम अपने भटकाव से वापस होने की संभावना है। आज पर्यावरण को सबसे बड़ा खतरा इस आचरण से है कि कोई और पर्यावरण की रक्षा करेगा। पर्यावरण की रक्षा तब होगी जब मानव समाज को अपने कार्यकलापों को पर्यावरण-अनुकूल करने का बोध हो जाएगा। बाजार व संस्थाओं के प्रारूप में जब तक इस बोध को शामिल नहीं किया जा सकेगा, तब तक पर्यावरण की रक्षा नहीं हो सकेगी। पर्यावरण-बोध का निर्माण ही कदाचित पर्यावरण शासन का प्रभावी प्रतिरूप है।

स्टॉकहोम सम्मलेन के बाद भारत में पर्यावरण संबंधी मुद्दों के प्रति संवेदना का पुनर्विकास हुआ। भारत ने अधिकतर अंतर्राष्ट्रीय समझौतों पर हस्ताक्षर किए हैं

एवं उनके पालन को अपना दायित्व मानता है। इसी कारण भारत पर अंतर्राष्ट्रीय विचार का प्रभाव है एवं भारत के पर्यावरण कानून का विकास अंतर्राष्ट्रीय पर्यावरण कानून के विकास से मेल रखता है। भोपाल गैस कांड बाद सरकार के तीनों अंगों में पर्यावरण के लिए सक्रियता का आभास होता है।

संदर्भ-ग्रंथ (References)

[1] Secreteriat of the Convention of Biological Diversity, 2010, Sustainable use of biological diversity in socio-ecological production landscapes Background to the 'Satoyama Initiative for the benefit of biodiversity and human well-being' accessed from <https://www.cbd.int/doc/publications/cbd-ts-52-en.pdf> on 18 July 2017.

[2] United Nations, (1983), 'Process of Preparation of the Environmental Perspective to the Year 2000 and Beyond.' General Assembly Resolution 38/161, 19 December 1983.

[3] World Commission on Environment and Development, (1987), Report of the World Commission on Environment and Development: Our Common Future accessed from <http://www.un-documents.net/our-common-future.pdf> on 18 July 2017.

[4] *Ibid.*

[5] *Ibid.*

[6] UNEP, 2005, Register of International Treaties And Other Agreements In The Field Of The Environment, accesed from <http://staging.unep.org/delc/Portals/119/publications/register_Int_treaties_contents.pdf> on 18 July 2017.

[7] UNCED, (1992), Agenda 21, accesed from <https://sustainabledevelopment.un.org/outcomedocuments/agenda21> on 18 July 2017.

[8] Daniel C. Esty, (1998), 'Non-Governmental Organizations at the World Trade Organization: Cooperation, Competition, or Exclusion.' *Journal of International Economic Law*, vol. 1, no. 1, pp. 123-148; Daniel C. Esty, 2002, "The World Trade Organization's Legitimacy Crisis.' World Trade Review, vol. 1, no. 1, pp. 7-22; and Steve Charnovitz, 1996, 'Participation of Non-Governmental Organizations in the World Trade Organization.' *University of Pennsylvania Journal of International Economic Law*, vol. 17, pp. 331-357.

[9] UNEP, (2012), Global Environment Outlook 5: Environment for the Future we Want, accesed from <http://www.unep.org/geo/assessments/global-assessments/global-environment-outlook-5> on 18 July 2017.

[10] UNEP, (2005), Millenium Ecosystem Assesment, 2005, accessed from https://groups.nceas.ucsb.edu/sustainability-science/2010%20weekly-sessions/session-5-2013-10.11.2010-the-environmental-services-that-flow-from- natural-capital/supplemental-readings-from-the-reader/MEA%20synthesis%202005.pdf/view> on 12 February 2017.

[11] UNCED, (1992), Agenda 21, op. cit.

[12] John Clark, 'The Relationship Between the State and the Voluntary Sector' accessed from <http://www.gdrc.org/ngo/state-ngo.html> on 18 November 2016.

[13] Thomas M. Nichols, (1996), 'Russian Democracy and Social Capital', Social Science Information, , vol. 35, no. 4, December, pp. 629-642.

[14] Shetty Shivananda and Kumar, (2016), 'Opaqueness of Environmental Information in India', Economic and Political Weekly, vol. 51, No.30, 23 July, pp. 15,17.

[15] UNEP, (2016), Strengthening The Role Of Business And Industry, accessed from <http://www.unep.org/documents.multilingual/default.asp?DocumentID=52&ArticleID=78&l=en> on 17 April 2016.

[16] Ibid.

[17] United Nations Global Compact, Our Participants, accessed from <https://www.unglobalcompact.org/what-is-gc/participants> on 17 April 2016.

[18] Ibid.

[19] UNEP, (2016) Environmental Management and Community Participation: Enhancing Local Programmes, accessed from <http://www.unep.or.jp/ietc/kms/data/1459.pdf> on 17 April 2016.

[20] United Nations Commission on Sustainable Development, (2007), Framing Sustainable Development The Brundtland Report – 20 Years On, accessed from, <http://web.archive.org/web/20120417131934/http://www.un.org/esa/sustdev/csd/csd15/media/backgrounder_brundtland.pdf> on 17 April 2016.

7

लोकतांत्रिक विकेंद्रीकरण और भारत में स्थानीय स्वशासन

Democratic Decentralisation and Local Self-Governance in India

दीपक कुमार

महत्त्वपूर्ण शब्द विकेंद्रीकरण, सुशासन, स्थानीय शासन, सशक्तीकरण, स्वशासन।

कथ्य *लोकतंत्र ऊपर से सफल नहीं हो सकता, जब तक उसकी बुनियाद लोकतांत्रिक न हो। कम खर्च में अधिक से अधिक लाभ स्थानीय लोगों को तभी मिलेगा, जब विकास के कार्यक्रम में उनकी प्रभावी भागीदारी होगी। महात्मा गांधी के अनुसार, दिल्ली का शासन पूरे देश की समस्याओं का निराकरण नहीं कर सकता है। इसलिए शक्ति और सत्ता का विकेंद्रीकरण देश की प्रगति के लिए अति आवश्यक है। डी. टॉकविले के शब्दों में, 'नागरिकों की स्थानीय सभाएं स्वतंत्र राष्ट्रों की वास्तविक शक्ति हैं। अतः निचले स्तर पर जनता से सहयोग लेकर शासन व्यवस्था में उनकी सहभागिता को सुनिश्चित करना ही विकेंद्रीकरण का मुख्य उद्देश्य है।*

स्वस्थ लोकतंत्र का सबसे बड़ा मापदंड यह है कि सार्वजनिक नीतियों का सामूहिक निर्णय इससे प्रभावित होने वाले व्यक्तियों द्वारा किया जा रहा है अथवा नहीं। विकेंद्रीकरण ऐसी व्यवस्था है जिसके द्वारा लोकतंत्र को सच्चे अर्थों में प्रतिनिध्यात्मक और जवाबदेह बनाया जाता है। सामाजिक-आर्थिक बदलाव की प्रक्रिया में विकेंद्रीकरण समुदाय और प्रशासनिक व्यवस्था के बीच की वह कड़ी है, जिसके द्वारा आम जनता को जिम्मेदारी सौंपी जाती है।[1] इस प्रकार विकेंद्रीकरण लोगों को प्रशासन के निकट लाता है। भारत जैसे देश में जहां की अधिकांश जनता गांवों में निवास करती है, स्थानीय स्तर पर सत्ता का विकेंद्रीकरण प्रभावी और गुणात्मक होना चाहिए।[2]

अवधारणा के तौर पर विकेंद्रीकरण का अर्थ होता है सत्ता का बंटवारा। चाहे यह सत्ता में साझेदारी के रूप में हो या सत्ता के हस्तांतरण के रूप में, अर्थात् वह राजनीतिक हो या प्रशासनिक; लेकिन इसका मुख्य उद्देश्य है जनसहभागिता के द्वारा नागरिकों के जीवन स्तर में गुणात्मक सुधार लाना। लैटिन में *डीसेंटर* (Decentre) का अर्थ है ''केंद्र से दूर होना'' जो कि सत्तावाद, तानाशाही या निरंकुशता तथा अफसरशाहीकरण जो कि केंद्रीकृत शासन व्यवस्था का प्रतीक होता है, के विपरीत होना। वैश्वीकरण के दौर में जहां दक्षिणपंथी राष्ट्र राज्य बाजार की पहुंच को विकेंद्रीकरण के संदर्भ में समझने का प्रयास करते हैं, वहीं वामपंथियों के लिए इसका अर्थ समाज के बड़े तबकों तक अवसरों का पहुंचना है। इस तरह से समझ के आधार पर विकेंद्रीकरण की सर्वमान्य परिभाषा मुश्किल है।[3] चीमा रोंडिनेल्ली (Cheema Rondinelli) ने विकेंद्रीकरण को पारिभाषित करते हुए कहा कि इसका अर्थ केंद्र द्वारा अपने क्षेत्रीय संगठनों को, स्थानीय प्रशासकीय निकायों को योजना तथा निर्णय निर्माण की प्रक्रिया में प्रशासनिक शक्तियों का हस्तांतरण है। इस प्रकार विकेंद्रीकरण को उच्चस्तरीय सरकारी इकाई से निम्न इकाई की ओर जिम्मेदारी, सत्ता तथा कार्यों के हस्तांतरण की प्रक्रिया के संदर्भ में भी देखा जाता है।[4] 1957 में गठित राष्ट्रीय विस्तार सेवा (National Extension Service) ने विकेंद्रीकरण को पारिभाषित करते हुए कहा था कि यह एक ऐसी प्रक्रिया है जिसके द्वारा केंद्र की सरकार अपने कुछ कर्त्तव्यों और जिम्मेदारियों को पूरी तरह से किसी खास स्तर पर सौंप देती है। इस संदर्भ में विकेंद्रीकृत स्थानीय सत्ता एक अलग कानूनी अधिकारों से लैस होगी जिसके पास सभी प्रकार के निर्माण, निर्णय, वित्त आदि से जुड़े अधिकार होंगे।

इस प्रकार विकेंद्रीकरण की प्रक्रिया को निम्नलिखित चार प्रकार से समझा जा सकता है।

1. राजनीतिक विकेंद्रीकरण (Political Decentralization)

राजनीतिक विकेंद्रीकरण के अंतर्गत केंद्रीय सरकार द्वारा हस्तांतरित शक्तियों का प्रयोग चुने हुए स्थानीय राजनीतिक प्रतिनिधियों के माध्यम से किया जाता है। इसका उद्‌देश्य नीति निर्माण और कार्यान्वयन की प्रक्रिया में जन भावनाओं का आदर करना और प्रत्यक्ष रूप से आम जनता को इस प्रक्रिया में शामिल करना है। इस प्रकार, विकेंद्रीकरण एक ऐसी व्यवस्था है जिसके द्वारा स्थानीय प्रशासन के स्वरूप को समझा और तय किया जा सकता है। पंडित नेहरू की पहल पर सन् 1952 में शुरू किए गए सामुदायिक विकास कार्यक्रम की असफलता का

मुख्य कारण यही था कि सरकार द्वारा प्रेरित और प्रायोजित कार्यक्रम ने ग्रामीण जनता को नियोजन की परिधि में लाकर तो खड़ा कर दिया, लेकिन योजना के कार्यान्वयन में सक्रिय जनसहभागिता का अभाव दिखा। फलस्वरूप यह कार्यक्रम सरकारी विभागों और ग्रामीण आम जनता के बीच की दूरी को पाटने में विफल रहा। इस संदर्भ में लोकतांत्रिक विकेंद्रीकरण को स्थानीय स्वशासन की संस्था के साथ-साथ सशक्तीकरण के एक प्रभावी हथियार के रूप में देखा गया।

2. प्रशासनिक विकेंद्रीकरण (Administrative Decentralization) प्रशासनिक विकेंद्रीकरण इसका अर्थ सरकार के ऊपरी स्तर से सरकार के नीचे के स्तर पर या स्थानीय स्तर पर कार्यों तथा जवाबदेही का हस्तांतरण है। सरकार के अलग-अलग स्तरों पर जनसेवा को मुहैया कराने के लिए यह व्यवस्था की गई है। वृहत संदर्भों में इसका अर्थ योजना बनाने से लेकर वित्तीय, और प्रबंधन के क्षेत्र में भी शक्तियों और जिम्मेदारियों का बंटवारा है। उसके पीछे विचार यह है कि स्थानीय जरूरतों की जानकारी स्थानीय सरकारी विभागों को ज्यादा होती है।

3. वित्तीय विकेंद्रीकरण (Fiscal Decentralization) वित्तीय विकेंद्रीकरण में वित्तीय जिम्मेदारियों का बंटवारा विकेंद्रीकरण का एक बहुत महत्त्वपूर्ण घटक है। स्थानीय स्तर पर विकास का काम तभी संभव हो पाएगा, जब या तो राजस्व की व्यवस्था स्थानीय स्तर पर हो या उसे इसके लिए केंद्र सरकार का मुंह देखना पड़ेगा। वित्तीय विकेंद्रीकरण में कर और राजस्व के निर्माण तथा उगाही के कार्यों को केंद्र और राज्य सरकारों के बीच में बांटा गया है। साथ ही, खर्च करने के अधिकार और उससे जुड़ी जिम्मेदारी भी नियत की गई है। बहुत से विकासशील देशों में कर लगाने की कानूनी जिम्मेदारी स्थानीय सरकार को दी गई है। लेकिन भारत जैसे देश में जहां स्थानीय स्तर पर अधिकांश जनता मूलभूत आवश्यकताओं की पूर्ति के लिए सरकार प्रायोजित सब्सिडी के भरोसे है। ऐसी स्थिति में एक मजबूत वित्तीय आधार की आशा स्थानीय स्तर पर नहीं की जा सकती है। विकेंद्रीकरण पर एक अध्ययन के अनुसार, भारत में राज्य और स्थानीय स्तर से कुल सरकारी राजस्व का 34 प्रतिशत प्राप्त होता है, जबकि इस पर कुल सरकारी खर्च 52 प्रतिशत है। फिर भी भारत के किसी राज्य में वित्तीय विकेंद्रीकरण की ओर कोई प्रभावी कदम नहीं उठाया गया। सन् 2000 की स्टेट्स रिपोर्ट के अनुसार, सिर्फ केरल ही एकमात्र राज्य है जहां वित्त का हस्तांतरण प्रत्यक्ष रूप से पंचायत के तीनों स्तरों पर किया गया।

4. कार्यात्मक या क्रियाशील विकेंद्रीकरण

(Functional Decentralization)

कार्यात्मक या क्रियाशील विकेंद्रीकरण से तात्पर्य केंद्रीय अभिकरणों से निचले स्तर तक कार्यों का हस्तांतरण है ताकि वे भी अपनी जिम्मेदारी निभा सकें। उदाहरण के तौर पर 73वें संविधान संशोधन विधेयक में 11वीं अनुसूची को सम्मिलित करने का उद्देश्य यह है कि 29 ऐसे विषय जिसे राज्य सरकार अगर चाहे तो पंचायतों को हस्तांतरित कर सकती है। ये विषय हैं – कृषि, सिंचाई, पशुपालन, लघु उद्योग, स्कूल, अस्पताल, गरीबी उन्मूलन कार्यक्रम, जन वितरण प्रणाली, पीने का पानी, बाजार, मेला, हाट, सफाई, पुस्तकालय और अन्य सामुदायिक हित से जुड़े मसले आदि। हालांकि ये सुझावों की सूची है क्योंकि सिर्फ विषयों को पंचायतों को सौंपने से काम नहीं चलेगा, उसमें कई सरकारी पेंच हैं जो पंचायतों के काम करने की स्वायत्तता में बाधक बनते हैं जैसे वित्त की व्यवस्था, कार्यों की जिम्मेदारी का तय किया जाना आदि। इस प्रकार हम देखते हैं कि स्पष्ट दिशा-निर्देशों का अभाव भी बहुत कुछ राज्य सरकार के ऊपर छोड़ देता है और पंचायतें अपना दायित्व नहीं निभा पाती हैं। कमोबेश यही स्थिति शहरी स्थानीय निकायों के साथ है जिन्हें संविधान की 12वीं अनुसूची में 18 विषयों को शामिल करने का दायित्व मिला है।

स्थानीय स्वशासन (Local self-governance)

भारत में स्थानीय शासन का इतिहास काफी पुराना है। प्राचीनकाल से ही इन संस्थाओं के प्रभावी होने के साक्ष्य मौजूद हैं। गांव के स्तर पर पांच सम्मानित या प्रबुद्ध व्यक्तियों की सभा का उल्लेख प्राचीन ग्रंथों में भी मिलता है, जिनका काम स्थानीय कानून व्यवस्था, लोगों का कल्याण, झगड़ों का निवारण आदि था। इस अनौपचारिक सभा/समिति को इन कार्यों में पूरी स्वायत्तता प्राप्त थी। संपूर्ण मध्यकाल, यहां तक कि मुगलों के शासन तक अगर पुलिस व्यवस्था और कर प्रणाली को छोड़ दें तो स्थानीय ग्रामीण स्तरीय जीवन पूरी तरह से संपूर्ण और स्वायत्त था। जागीरदारी प्रथा के पश्चात् ग्राम स्वशासन की व्यवस्था कमजोर हुई।

अंग्रेजी शासन भारतीयों को कोई अधिकार और जिम्मेदारी नहीं देना चाहता था, क्योंकि उनका मानना था कि भारतीय लोकतांत्रिक संस्थाओं को चलाने के योग्य नहीं हैं। भूमि और उसकी उपज पर नियंत्रण घटने के साथ ही ग्राम-समुदाय की ग्रामीण अर्थव्यवस्था और प्रशासकीय कार्यों पर पकड़ ढीली पड़ गई। अंग्रेजी

शासन काल में ही कुछ समय बाद स्थानीय शासन की व्यवस्था को एक नया रूप दिया गया। 1870 में लॉर्ड मेयो ने सत्ता के विकेंद्रीकरण और स्वशासी निकायों के गठन की कोशिश की और स्थानीय स्वशासन की दिशा में यह एक ईमानदार प्रयास था। इसका उद्देश्य वित्तीय संसाधनों को जुटाने के अलावा प्रशासनिक क्षमता को बढ़ाना था। मेयो के प्रस्ताव के अनुसार ही बंगाल, बंबई, पंजाब तथा उत्तरी पश्चिमी प्रांतों में स्थानीय स्वायत्तशासी निकायों की स्थापना हुई; लेकिन व्यावहारिक स्तर पर स्थानीय प्रशासन में सरकारी लोगों का ही प्रभाव था। सन् 1882 में लॉर्ड रिपन का प्रस्ताव जिसे ब्रिटिश भारत में स्थानीय शासन का मैग्नाकार्टा भी कहा जाता है, में स्वशासी संस्थाओं के विकास तथा आम जन की उम्मीदों पर खरा उत्तरने के कुछ ठोस एवं व्यावहारिक प्रावधान शामिल थे। पर कुछ प्रांतों के विरोध एवं कुछ के समर्थन के बीच यह पूरी तरह से लागू नहीं हो पाया। स्वशासन की दिशा में अगले कदम के रूप में 1906 में भारतीय राष्ट्रीय कांग्रेस ने दादाभाई नौरोजी के नेतृत्व में देश के राजनीतिक लक्ष्य के रूप में स्वशासन को दोहराया। ठीक इसके अगले ही वर्ष 1907 में विकेंद्रीकरण पर रॉयल कमीशन का गठन, 1909 में कांग्रेस के लाहौर अधिवेशन में सरकार से पंचायत के स्तर पर स्वशासन की मांग, 1913 में कराची में फिर से सरकार का ध्यान इस पर आकृष्ट कराना, 1917 में एनी बेसेंट द्वारा कलकत्ता अधिवेशन में सरकार पर आरोप आदि कुछ स्थानीय स्वशासन की दिशा में किए गए प्रयास हैं, जिनके कारण अंततः अंग्रेजी शासन ने 1919 में मांटेंग्यू- चेम्सफोर्ड रिपोर्ट में द्वैध शासन प्रणाली के तहत स्थानीय स्वशासन को एक स्वतंत्र हस्तांतरित विषय के रूप में स्वीकार किया। बाद में 1935 के भारत शासन अधिनियम में पंचायतों को प्रांतीय स्वायत्तता के अधीन विधायी सूची में शामिल कर लिया गया। 1937 के चुनाव के बाद जब प्रांतों में सरकारें बनीं तो सभी प्रांतों ने पंचायतों को जनतांत्रिक संस्थाओं के रूप में अपनाया। हालांकि आजादी मिलने तक पूरे भारत में हर स्तर पर गवर्नर का ही शासन प्रभावपूर्ण था जिसने पंचायतों को जान-बूझकर नजरअंदाज किया।

गांधीजी चाहते थे कि ग्राम पंचायत स्वतंत्र भारत के लोकतंत्र की बुनियाद बने, इसके बावजूद संविधान के पहले ड्राफ्ट में पंचायत से संबंधित किसी प्रावधान का उल्लेख तक नहीं था। संविधान सभा के अध्यक्ष के रूप में राजेंद्र प्रसाद ने तत्कालीन कानून मंत्री बी.आर. अंबेडकर को 10 मई 1948 को लिखे एक पत्र के माध्यम से इन कमियों की ओर उनका ध्यान आकृष्ट किया और कहा कि पंचायत के मुद्दों पर सभा के भीतर और बाहर खुली चर्चा और बहस

हो। गांधी के ग्राम स्वराज की अवधारणा एक आदर्श ग्राम-पंचायत की कल्पना का प्रस्तुतीकरण है, जिसे गांधी स्थानीय स्वशासन की एक आत्मनिर्भर इकाई के रूप में देखना चाहते थे। अंबेडकर की ग्राम पंचायत की समझ गांधी के ठीक विपरीत थी। उनकी समझ में गांवों का भारत के इतिहास में कोई योगदान नहीं है। गांव स्थानीय स्तर पर अज्ञानता और संकीर्णता का अड्डा हैं। इसलिए संविधान के मसौदे में गांव को नहीं, बल्कि व्यक्ति को इकाई माना जाना चाहिए। अंबेडकर के इस तर्क पर संविधान सभा में काफी विवाद हुआ तथा अधिकांश लोगों ने अंबेडकर का विरोध करते हुए कहा कि ग्राम पंचायत की व्यवस्था को संविधान का अंग होना चाहिए।

उल्लेखनीय है कि अक्टूबर 1932 में बंबई विधानसभा की बहस में हिस्सा लेकर अंबेडकर ने पंचायत का समर्थन किया था और उसमें दलित समाज के प्रतिनिधित्व की वकालत की थी। ठीक ऐसा ही पक्ष यदि वे पंचायत के मसौदे को लेकर संविधान सभा के समक्ष रखते और उसे संविधान के तहत लागू होने वाले प्रावधानों में शामिल करते तो जो कार्य आजादी के 44 वर्ष के बाद 73वें और 74वें संविधान संशोधन विधेयक के रूप में सामने आया, वो संविधान के लागू होते ही शुरू हो जाता और स्थानीय प्रशासन तथा विकास में भागीदारी के साथ-साथ दलित समाज राजनीतिक रूप से अधिक प्रशिक्षित होता।[5] 22 नवंबर 1948 को के. संथानम ने यह प्रस्ताव रखा कि 'प्रत्येक राज्य ग्राम-पंचायतों को संगठित करने के लिए प्रयास करेगा और उन्हें ऐसी पर्याप्त शक्तियां एवं अधिकार प्रदान करेगा कि वे स्वायत्त शासन की इकाइयों के रूप में काम कर सकें।' सर्वानुमति से यह प्रस्ताव पास हुआ तथा पंचायत का विषय राज्य के नीति- निदेशक सिद्धांतों के तहत अनुच्छेद 40 का हिस्सा बना।

आजादी के बाद स्थानीय स्वशासन
(Local self-governance after Independence)

देश की आजादी से लेकर 73वें संविधान संशोधन विधेयक तक (जबसे पंचायतीराज संस्थाओं को संवैधानिक दर्जा प्रदान किया गया) स्थानीय सरकार के विकेंद्रीकृत ढांचे की संकल्पना राज्य के नीति निदेशक सिद्धांतों तक सीमित थी। संविधान का अनुच्छेद 40 राज्यों को यह निर्देश देता है कि 'राज्य ग्राम पंचायतों का गठन करने के लिए ऐसे कदम उठाएगा और उनको ऐसी शक्तियां और अधिकार प्रदान करेगा जो उन्हें स्वायत्त शासन की इकाइयों के रूप में कार्य करने योग्य बनाने के लिए आवश्यक हो।' विकेंद्रीकरण की प्रक्रिया की दिशा

में देश ने लंबा रास्ता तय किया, मगर आधी शताब्दी से भी अधिक समय का विकेंद्रीकरण प्रशासनिक से ज्यादा लोकतांत्रिक रहा है।

आज भारत में ग्रामीण एवं नगरीय दोनों स्तरों पर स्थानीय शासन की संस्थाएं विद्यमान हैं। 1952 में सामुदायिक विकास कार्यक्रम की शुरुआत एक पायलट प्रोजेक्ट के रूप में की गई। सरकारी वादों और जन आकांक्षाओं के हिसाब से आर्थिक नियोजन और सामाजिक सुरक्षा की राष्ट्रीय योजनाओं के प्रति जनता में सक्रिय भागीदारी का भाव पैदा करना इसका लक्ष्य था; लेकिन यह कार्यक्रम सरकारी तंत्र और ग्रामीण जनता के बीच की दूरी को कम नहीं कर पाया और असफल रहा। सामुदायिक विकास कार्यक्रम की समीक्षा करने के लिए 1957 में बलवंतराय मेहता की अध्यक्षता में नियुक्त अध्ययन दल ने सुझाव दिया कि कार्यक्रम से प्रभावित होने वाले लोगों द्वारा ही इसे लागू किया जाएगा। अपनी रिपोर्ट में यह सिफारिश की कि लोकतांत्रिक विकेंद्रीकरण और सामुदायिक विकास कार्यक्रम को सफल बनाने के लिए पंचायतीराज संस्थाओं की तुंरत शुरुआत की जानी चाहिए। इसी अध्ययन दल ने इसे लोकतांत्रिक विकेंद्रीकरण का नाम दिया। इस संस्था को वैधानिक तरीके से निर्वाचित पदाधिकारी, पर्याप्त संसाधन, स्वतंत्रता और समुचित स्वायत्तता मिलनी चाहिए। 1960 के दशक के आरंभ में पंचायतीराज संस्थाओं की शुरुआत तीन प्रमुख कार्यों के साथ हुई जो विकास संबंधी, प्रशासनिक और राजनैतिक थे। राजस्व का अभाव और जिला स्तर के अधिकारियों के पंचायतीराज संस्थाओं के प्रति विरोध के रवैये ने विकास के कार्यों में रोड़ा अटकाने का काम किया। साथ ही, स्थानीय विधायकों ने पंचायतीराज संस्थाओं के प्रतिनिधियों को अपने विरोधियों के रूप में देखना शुरू कर दिया।

पंचायतीराज को अधिक प्रभावी बनाने के लिए जनता पार्टी की सरकार ने 1977 में अशोक मेहता की अध्यक्षता में एक समिति का गठन किया, जिसने 1978 में अपनी रिपोर्ट सरकार को सौंप दी। पंचायतीराज संस्थाओं को नुकसान पहुंचाने वाले सभी कारकों की व्याख्या करते हुए समिति ने कहा कि अनियमित कार्यक्रमों, स्वार्थी तत्त्वों का उदय, केंद्र और राज्य सरकारों में राजनैतिक आत्म-विश्वास की कमी, पर्याप्त धन की कमी आदि स्थानीय संस्थाओं के पतन के कारण रहे हैं। समिति द्वारा सुझाए गए प्रस्ताव की मुख्य विशेषताएं निम्नलिखित हैं:

1. पंचायतीराज संस्था का त्रि-स्तरीय संगठन के स्थान पर द्विस्तरीय संगठन होना चाहिए अर्थात् जिला स्तर पर जिला परिषद तथा निचले स्तर पर मंडल-पंचायत जो कई गांवों से मिलकर बनेगी, ग्राम पंचायत नहीं रहेगी।

2. जिला परिषद को समस्त विकास कार्यों का केंद्र बिंदु बनाया जाए तथा जिले को विकेंद्रीकरण की धुरी माना जाए।
3. जिला परिषद के बाद मंडल पंचायतों को विकास कार्यक्रमों का आधारभूत संगठन बनाया जाना चाहिए। मंडल पंचायत कई गांवों को मिलाकर बनेगी।
4. पंचायतीराज संस्था को करारोपण का अधिकार दिया जाए।
5. छह महीने से ज्यादा समय तक पंचायतीराज संस्था का विघटन न हो।
6. पंचायतीराज संस्थाओं के चुनाव में राजनीतिक दलों को भी भाग लेना चाहिए।

इसके अलावा पंचायतीराज व्यवस्था को सुधारने के लिए 1985 में जी. वी.के. राव समिति, 1986 में एल.एम. सिंघवी समिति, 1988 में पी.के. थुंगन समिति ने अपने-अपने सुझाव दिए तथा पंचायतों को संवैधानिक दर्जा देने की सिफारिश की।

73वां तथा 74वां संविधान संशोधन अधिनियम- राज्य के नीति-निदेशक सिद्धांत के रूप में राज्यों के ऊपर पंचायतों के गठन की नैतिक जिम्मेदारी थी। लगातार इनके चुनाव नहीं होने की वजह से कमजोर वर्ग खासकर अनुसूचित जाति एवं जनजाति तथा महिलाओं की उचित भागीदारी के अभाव में संस्थाएं इनकी भागीदारी से वंचित थीं। अलग-अलग राज्यों की सरकारों ने अपने अनुकूल समय के मुताबिक पंचायतों के चुनाव करवाए। अतः यह जरूरी था कि पंचायतों को प्रभावी और सशक्त बनाने के लिए संविधान में इनसे संबंधित प्रावधान किए जाएं। अंततः संसद ने 24 अप्रैल 1993 को 73वां संविधान संशोधन विधेयक पारित कर पंचायतीराज संस्थाओं को संवैधानिक मान्यता दे दी।

अधिनियम की विशेषताएं- संविधान संशोधन अधिनियम के दो प्रकार के प्रावधान हैं 1. अनिवार्य 2. ऐच्छिक। जिन प्रावधानों को राज्यों के विधानमंडलों को पंचायतीराज अधिनियम में शामिल करना जरूरी है, अनिवार्य है तथा वे प्रावधान जो राज्य विधान-मंडल की इच्छा पर हैं, ऐच्छिक हैं। संक्षिप्त में,

	अनिवार्य प्रावधानों में		**ऐच्छिक प्रावधानों में**
1.	ग्राम सभा का गठन	1.	विभिन्न स्तरों के नाम
2.	पंचायतों का गठन	2.	पंचायत के अध्यक्ष के नाम
3.	पंचायतों की संरचना	3.	पंचायतों के गठन का तरीका
4.	पंचायतों में आरक्षण	4.	पंचायतों की शक्तियां और अधिकार की प्रकृति

5.	पंचायतों का कार्यकाल	5.	वित्तीय अधिकार
6.	राज्य वित्त आयोग का गठन	6.	पंचायत का लेखा-जोखा
7.	पंचायतों का निर्वाचन		
8.	पंचायतों के कार्य आदि		

नगरीय स्थानीय सरकार (Urban Self- governance)

शहरीकरण और औद्योगीकरण के विकास के साथ ही नगरीय शासन का महत्त्व भी बढ़ा है। वैसे भारत में नगर-प्रशासन का अस्तित्त्व तथा विकास प्राचीन समय से है। मौर्य साम्राज्य की राजधानी पाटलिपुत्र के नगर-प्रशासन का विस्तार से वर्णन मेगास्थनीज की पुस्तक *इण्डिका* में है। मध्यकाल में नगर-प्रशासन का मुख्य अधिकारी कोतवाल होता था और उनके व्यापक कार्यों में कानून व्यवस्था, बाजार पर नियंत्रण, अपराध रोकना, लोगों का पंजीकरण तथा गुप्तचर की व्यवस्था आदि शामिल था। अंग्रेजों के समय नगरीय शासन की व्यवस्था में विकास हुआ, लेकिन वह प्रतिनिध्यात्मक स्वरूप नहीं ले पाया। स्वतंत्रता प्राप्ति के पश्चात् नगर स्वशासी संस्थाओं को नया जीवन मिला और इसे अधिक लोकतांत्रिक बनाया गया।

74वें संविधान संशोधन अधिनियम के तहत नगरों में स्वशासन की स्थापना के लिए नगरीय निकायों की स्थापना की गई। इस अधिनियम के द्वारा नगरीय निकायों को संवैधानिक दर्जा प्रदान किया गया। संविधान में भाग 9-क जोड़ा गया, जिसमें कुल 18 अनुच्छेद हैं। इसके अलावा इसमें 12वीं अनुसूची भी जोड़ी गई जिसमें उन विषयों का उल्लेख किया गया है जिन पर स्थानीय नगरीय निकाय कानून बना सकता है। 74वें संविधान संशोधन के द्वारा कम और अधिक जनसंख्या के हिसाब से तीन प्रकार के नगरीय निकायों की स्थापना की गई है-

1. नगर पंचायत
2. नगरपालिका परिषद
3. नगर-निगम

नगर पंचायत उन इलाकों में स्थापित की जाती है जहां ग्रामीण क्षेत्र से नगरीय क्षेत्र में परिवर्तन की प्रक्रिया चल रही होती है। नगरपालिका परिषद छोटे शहरी क्षेत्रों के लिए स्थापित की जाती है। तथा नगर-निगम बड़े नगरीय क्षेत्रों में स्थापित किया जाता है। जिस क्षेत्र को राज्य का राज्यपाल यदि औद्योगिक नगरी के रूप में अधिसूचित कर दे तो वहां पर ये संस्थाएं स्थापित नहीं की जा सकती हैं। राज्यपाल ही क्षेत्र की जनसंख्या, घनत्व या सघनता, स्थानीय प्रशासन

के लिए उत्पन्न राजस्व, कृषि से अलग क्रिया-कलापों में नियोजन की प्रतिशतता, आर्थिक महत्त्व या ऐसी अन्य बातों को आधार बनाकर लोक अभिसूचना के द्वारा यह निश्चित करेगा कि क्षेत्र को किस श्रेणी में रखा जाए। संक्षिप्त में 74वें संविधान संशोधन विधेयक के प्रावधान इस प्रकार हैं:

1. नगरपालिकाओं का गठन
2. नगरपालिकाओं की संरचना
3. संस्थाओं का कार्यकाल
4. संस्थाओं में आरक्षण का प्रावधान
5. राज्य वित्त आयोग
6. राज्य निवार्चन आयोग

पंचायत के प्रावधानों का अनुसूचित क्षेत्रों में विस्तार (Panchayats Extension to Scheduled Areas Act, 1996 or PESA **) अधिनियम 1996**

पंचायत के प्रावधानों का अनुसूचित क्षेत्रों में विस्तार अधिनियम 1996 में आदिवासी बहुसंख्यक अनुसूचित क्षेत्रों को पंचायतीराज की व्यवस्था को लागू करने वाले 73वें संविधान-संशोधन विधेयक के दायरे से बाहर रखा गया था। अनुसूचित क्षेत्रों में आदिवासियों की अधिक आबादी है। यह अपने पुराने रीति-रिवाजों और प्रथाओं से निर्मित प्रणाली के माध्यम से अपने प्राकृतिक संसाधनों के प्रबंधन तथा निवास-स्थान के क्षेत्रों में सामाजिक, आर्थिक जीवन को संचालित करती है। आधुनिकीकरण तथा विकास के कारण स्वशासन के ये सदियों पुराने संस्थान तेजी से विलुप्त हो रहे हैं। आदिवासियों के इसी सामाजिक-सांस्कृतिक पहचान के संकट की चुनौती का सामना करने के लिए उनके सामाजिक-आर्थिक परिवेश को बिना छेड़े उन्हें विकास की मुख्यधारा में लाने की अनिवार्यता को महसूस किया गया। आदिवासियों के स्वशासन के विभिन्न आयामों तथा 73वें संशोधन विधेयक के लाभों को इन समुदायों तक पहुंचाने के तौर-तरीकों के बारे में अध्ययन करने तथा इस विषय में कानून का प्रारूप तैयार करने के लिए वर्ष 1994 में सांसद दिलीप सिंह भूरिया की अध्यक्षता में एक समिति का गठन किया गया। 1995 में इस समिति ने अपनी रिपोर्ट सरकार को सौंप दी। समिति की सिफारिशों को ध्यान में रखकर पंचायत उपबंध (अनुसूचित क्षेत्रों तक विस्तार) विधेयक संसद में पेश किया गया, जो राष्ट्रपति के हस्ताक्षर के बाद 24 दिसंबर 1996 से लागू हो गया।[6]

पंचायत उपबंध (अनुसूचित क्षेत्रों में विस्तार) अधिनियम, 1996 गांव की

जगह समुदाय को स्वशासन की इकाई मानता है तथा खनिज, जल, जंगल, व जमीन पर स्वामित्व तथा नियंत्रण का अधिकार समुदाय को ही प्रदान करता है। इस प्रकार यह विस्तार अधिनियम 73वें संविधान संशोधन अधिनियम से अधिक प्रगतिशील है। इसकी मुख्य विशेषताएं-

1. विधानसभा पंचायतों पर जो भी कानून बनाए, वह परंपरागत कानून, सामाजिक और धार्मिक रीति-रिवाजों तथा समुदाय के संसाधनों के पारंपरिक प्रबंधन के तरीकों से मेल खाता हो।
2. एक गांव सामान्यतया उन निवासियों के समूह को माना जाएगा जिसमें एक ही समुदाय के लोग रह रहे हैं तथा अपने दैनिक जीवन को परंपराओं और रिवाजों के अनुसार चला रहे हों।
3. प्रत्येक गांव की ग्राम सभा में वे लोग शामिल होंगे जिनके नाम ग्राम स्तर पर पंचायत के लिए बनाई गई मतदाता सूची में शामिल हैं।
4. ग्राम सभा अपनी परंपराओं, सांस्कृतिक पहचान, सामुदायिक संसाधनों तथा झगड़े सुलझाने के परंपरागत तरीकों को अपनाएंगी।
5. ग्राम सभा ही सामाजिक-आर्थिक विकास के कार्यक्रमों, योजनाओं तथा परियोजनाओं को स्वीकृति देगी तथा गरीबी उन्मूलन और अन्य कार्यक्रमों के तहत लाभार्थियों की पहचान करेगी। पंचायतों को इन कार्यक्रमों व योजनाओं के लिए वित्त के उपयोग से पहले ग्राम सभा से प्रमाण पत्र लेना जरूरी है।
6. प्रत्येक पंचायत में संबंधित समुदायों को उनकी जनसंख्या के हिसाब से आरक्षण मिलने का प्रावधान है। यह भी शर्त है कि अनुसूचित जनजातियों का आरक्षण कुल स्थानों के 50 प्रतिशत से कम न हो। राज्य सरकार उन जनजातियों के प्रतिनिधियों को भी मनोनीत कर सकती है जिनका पंचायत के मध्य स्तर या जिला-स्तर पर कोई प्रतिनिधित्व न हो लेकिन उनकी संख्या चुने जाने वाले कुल प्रतिनिधियों के 10 प्रतिशत से अधिक नहीं हो।
7. भूमि-अधिग्रहण, पुनर्बहाली और विस्थापित व्यक्तियों के पुनर्वास में अनिवार्य परामर्श देने का अधिकार ग्राम सभा को दिया गया है।
8. खान और खनिजों के लिए रियायतें, प्रस्तावित लाइसेंस/ पट्टा देने के लिए उचित स्तर पर ग्राम सभा या पंचायत द्वारा सिफारिशों का होना अनिवार्य होगा।
9. राज्य विधानसभा अनुसूचित क्षेत्रों में पंचायतों को स्वशासन के योग्य बनाने

के लिए उचित शक्तियां और अधिकार देने के साथ-साथ ग्राम सभा और पंचायतों के विभिन्न स्तरों पर निम्न अधिकार भी प्रदान करेगी।

(*i*) मादक द्रव्यों की बिक्री या खपत को नियमित, सीमित या प्रतिबंधित करना। (*ii*) लघु या गौण वन उत्पादों/वन उपज का स्वामित्व निर्धारित करना। (*iii*) अनुसूचित क्षेत्रों में भूमि का हस्तांतरण रोकने और किसी अनुसूचित जन जाति की अवैध रूप से हस्तांतरित भूमि को वापस लेने के लिए उचित कार्रवाई का अधिकार। (*iv*) गांवों के बाज़ार/ हाट के प्रबंधन की शक्ति। (*v*) अनुसूचित जनजातियों को धन उधार देने की प्रक्रिया पर नियंत्रण की शक्ति। (*vi*) जनजातीय उपयोजना और संसाधनों समेत संस्थाओं और सामाजिक क्षेत्र की स्थानीय योजनाओं पर नियंत्रण।

10. पंचायतों को स्वायत्तशासी संस्थाओं के रूप में समर्थ बनाते समय राज्य विधानमंडल यह सुनिश्चित करे कि उच्च स्तर की पंचायतें निम्न स्तर की किसी पंचायत या ग्राम सभा की शक्तियों को अपने हाथ में न लें।
11. राज्य विधान सभा को पंचायतों के जिला स्तर की प्रशासनिक व्यवस्था को संविधान की छठी अनुसूची के प्रावधानों के तर्ज पर बनाने का प्रयोग करना चाहिए।

1996 से लागू पेसा कानून विगत वर्षों में कितना प्रभावी, असरकारक और सफल रहा, इसकी समीक्षा के लिए पंचायतीराज मंत्रालय ने 30 अक्टूबर 2004 को आदिवासी विकास से संबंधित अंतर-क्षेत्रीय मुद्दों पर डॉ. भालचंद्र मुंगेकर (सदस्य, योजना आयोग) की अध्यक्षता में स्थायी समिति गठित की। इसके द्वारा प्रस्तुत पहली अंतरिम रिपोर्ट में अनुसूचित जनजाति तथा अन्य परंपरागत वनवासी अधिकारों की मान्यता के अधिनियम, 2006 को अधिनियमित किया गया। फिर 16 अप्रैल 2007 को विस्थापन, पुनर्स्थापन तथा पुनर्वास से संबंधित दूसरी अंतरिम रिपोर्ट को ध्यान में रखते हुए 31 अक्टूबर 2007 को नई राष्ट्रीय पुनर्वास और पुनर्स्थापन नीति 2007 को अधिसूचित किया गया। फरवरी 2009 में, अनुसूचित क्षेत्रों के प्रशासन और शासन के मानकों से संबंधित तीसरी रिपोर्ट प्रस्तुत की गई जिनकी सिफारिशों को मोटे तौर पर अमल करते समय विभिन्न राज्यों ने पेसा अधिनियम 1996 के अनुरूप कानून बनाना आवश्यक माना है। पेसा के स्थानीय समुदाय पर पड़ने वाले सकारात्मक प्रभाव को विभिन्न शोधकर्ताओं द्वारा प्रस्तुत उदाहरणों से समझा जा सकता है; जैसे, मेधा-लेखा, गढ़चिरौली, महाराष्ट्र की ग्राम सभा द्वारा अपने स्वयं के लघु वनोपज का प्रबंधन। मेधा-लेखा गोंड जनजाति का एक छोटा-सा गांव है। गांव वाले स्थानीय प्रशासन की एक अनूठी

प्रणाली का प्रयोग करते हैं। इसके अपने कानून, नियम और विनियम हैं। गांव और इसके विकास के संबंध में सभी निर्णय ग्राम सभा में सर्वसम्मति से लिए जाते हैं। गांव ने 26 अप्रैल 2011 को एक इतिहास रचा जब इसकी ग्राम सभा को पर्यावरण, वन और जलवायु परिवर्तन के लिए राज्य के तत्कालीन केंद्रीय मंत्री के हाथों से बांस के संग्रह और निपटान का अधिकार प्रदान किया गया। वन अधिकार अधिनियम, 2006, समुदायों को उन वनों के प्रबंधन, रक्षा, और जंगल को पुनर्जीवित करने और स्वयं के लिए उपयोग करने तथा लघु वनोपजों के निपटान का अधिकार प्रदान करता है, जिसका वे परंपरागत रूप से उपयोग किया करते थे। इसमें बेचने का अधिकार भी शामिल है; लेकिन निवासियों को, बाहरी लोगों को बांस बेचने की अनुमति नहीं दी गई है, क्योंकि राज्य का वन विभाग इसके लिए ट्रांजिट पास जारी नहीं करता। गांव 15 से अधिक वर्षों से 2 वर्ग किमी जंगल का प्रबंध करता रहा है। उन्होंने अनुसूचित जनजाति और अन्य परंपरागत वन निवासी (वन अधिकारों की मान्यता) अधिनियम, 2006 के अंतर्गत 18 वर्ग किमी के पूरे गांव के वन क्षेत्र में समुदाय के अधिकारों के लिए आवेदन किया और उसे प्राप्त भी किया है।[7]

इसी प्रकार पुलंगी ग्राम पंचायत, मेरडुमल्ली मंडल, पूर्व गोदावरी जिला, आंध्र प्रदेश द्वारा शराब की ब्रिकी/उपभोग पर लगाई गई रोक भी एक महत्त्वपूर्ण उदाहरण है। पुलंगी ग्राम पंचायत (जीपी) में कोंडारेड्डियों में लगभग 350 परिवारों की 11 बस्तियां हैं, जो 1100 की आबादी का एक विशेष कमजोर जनजातीय समूह है। पेसा अधिनियम ग्राम सभा को अपने क्षेत्र में शराब की खपत पर निर्णय लेने का अधिकार देता है। पेसा एक्ट के अंतर्गत प्रदत्त शक्तियों को लागू, करते हुए पुलंगी ग्राम पंचायत क्षेत्र में गुमपेनागंडी की ग्राम सभा ने गांव में देसी शराब का निर्माण और शराब की खपत को रोकने का फैसला किया। ग्राम सभा ने एक बैठक में देशी शराब बनाने और इसके उपभोग, तथा लोगों पर इसके प्रतिकूल प्रभाव के बारे में चर्चा की और गांव में शराब की बिक्री और पीने एवं अन्य गांवों से शराब के परिवहन पर प्रतिबंध लगाने का एक संकल्प पारित कर दिया। ग्राम सभा ने निर्णय लेकर प्रस्ताव पारित कर दिया कि अगर कोई पुरुष/महिला इस निषेध का उल्लंघन करता/करती है, तो उसे 50 रूपये का भुगतान करना होगा– और उल्लंघन के दोहराने के मामले में कोई ग्रामीण उसके घर होने वाले उत्सव या समारोह में भाग नहीं लेगा। वहीं तब से गांव में शराब की बिक्री या खपत की कोई सूचना नहीं मिली है।[8]

इसके अलावा, पंचायतीराज मंत्रालय की अन्य पहलें, जिनमें पेसा अधिनियम

के कार्यान्वयन को मजबूत करने के लिए कदम उठाया गया शामिल हैं। इसके अलावा जैसे उग्रवाद से प्रभावित क्षेत्रों में ग्राम सभा की बैठकों की विडियोग्राफी तथा इनमें अनुसूचित जाति एवं जनजाति के सदस्यों की भागीदारी सुनिश्चित करने के लिए उचित कदम उठाने का अनुरोध किया गया ताकि पंचायतीराज व्यवस्था में पारदर्शिता, जवाबदेही और साथ ही साथ स्थानीय जनता शासन से अपने को जुड़ा महसूस करें। राज्यों में पेसा कार्यान्वयन की प्रगति की समीक्षा के लिए पंचायतीराज और जनजाति कल्याण विभागों के प्रभारी मंत्रियों, सचिवों और केंद्र सरकार के संबंधित अधिकारियों के साथ 4–5 फरवरी 2016 को नई दिल्ली में एक कार्यशाला आयोजित की गई।

इस कार्यशाला में पांचवीं अनुसूची के क्षेत्रों में ग्राम पंचायत विकास योजना (जीपीडीपी) के लिए अलग से दिशा–निर्देश तैयार करने और मनरेगा गतिविधियों की योजना की सफलता के लिए भारत सरकार के ग्रामीण विकास मंत्रालय से समन्वय की बात कही है। इसके अलावा, बंधुआ मजदूरी का उन्मूलन, ग्रामीण संकट और पलायन की समस्या का समाधान, भूमि–अधिग्रहण से संबंधित प्रावधान, मादक द्रव्यों का नियंत्रण, पीने के पानी, चिकित्सा, सड़क आदि की व्यवस्था के लिए पंचायतीराज मंत्रालय कृत संकल्प है।[9] राजीव गांधी पंचायत सशक्तीकरण अधिनियम के अंतर्गत राज्यों द्वारा क्षमता निर्माण प्रशिक्षण के लिए धनराशि उपलब्ध कराई जा रही है। इसके तहत गांव, ब्लॉक तथा जिला स्तर पर निर्वाचित प्रतिनिधियों तथा पदाधिकारियों के प्रशिक्षण के लिए प्रति गांव 2500 रूपये, प्रति ब्लॉक प्रति पेसा समन्यवक 20,000 रूपये तथा प्रत्येक जिला में एक पेसा समन्यवक को 25,000 रूपये तक की राशि मुहैया कराई जा रही है। इसके अलावा, जनवरी 2015 में पंचायतीराज मंत्रालय ने राज्य सरकारों से अनुरोध किया है कि जिला प्रशासन द्वारा पेसा से संबंधित मामलों के कार्यान्वयन की प्रणाली को मजबूत करने तथा विभिन्न ग्रामीण विकास गतिविधियों के लिए तैयार संसाधनों के रूप में उपलब्ध प्रधानमंत्री ग्रामीण विकास फेलो (PMRDF) को भी शामिल किया जाना है। पांचवीं अनुसूची के क्षेत्रों के लिए पानी की व्यवस्था और आपूर्ति, नाली की सफाई, पानी की निकासी, ठोस अपशिष्ट प्रबंधन, स्ट्रीट लाइटिंग, सड़क, फुटपाथ, पार्क, खेल के मैदान, कब्रिस्तान तथा अंतिम संस्कार स्थलों जैसे बुनियादी सेवाओं को मजबूत करने के लिए चौदहवें वित्त आयोग के तहत वित्तीय सहायता और समर्थन भी उपलब्ध है।[10]

वन अधिकार अधिनियम 2006 (Forest Rights Act, 2006)

संसद ने दिसंबर 2005 में अनुसूचित जनजाति विधेयक में संशोधन के उपरांत अनुसूचित जनजाति और अन्य पारंपरिक वनवासी कानून विधेयक, 2006 को पेश किया गया। 18 दिसंबर को संसद से पारित होने के बाद 29 दिसंबर 2006 को इसे राष्ट्रपति की मंजूरी मिली।

इस कानून की विशेषता यह है कि औपनिवेशिक काल से ही अपने अधिकारों से वंचित वनवासियों तथा वनों, दोनों का ध्यान रखा गया है। साथ ही यह कानून जंगल की मूल्यवान संपदा के प्रबंधन में पंचायतीराज संस्था के तहत ग्राम सभा को महत्त्वपूर्ण भूमिका प्रदान करता है। गांव के सभी वयस्क इस ग्राम सभा के सदस्य हैं। सदियों से आदिवासी लोग जंगल में रह रहे हैं। मौजूदा कानून से पहले उन्हें अतिक्रमण करने वाले या गैर-कानूनी तरीके से कब्जा करने वालों की श्रेणी में रखा जाता था, लेकिन अब अपने कब्जे वाली जमीन पर खेती करने का अधिकार, वनोत्पाद का इस्तेमाल तथा उन्हें बेचना, जानवरों के चराने से लेकर पारंपरिक काम करने के अधिकार आदि को कानून सम्मत घोषित कर दिया गया।[11]

किस वन संसाधन पर किसका हक होगा, यह ग्राम सभा ही तय करेगी। इन वन के अधिकारों में भूमि के स्वामित्व, लकड़ी के अलावा अन्य वन-उत्पाद इकट्ठा करने, बेचने, पट्टे या अनुदान पर प्राप्त वनभूमि पर मालिकाना हक हासिल करने, बस्तियों और अन्य ग्रामों को राजस्व ग्राम में बदलने का अधिकार तथा जंगल के क्षेत्रों से हटाए जाने की स्थिति में समुचित पुनर्वास का अधिकार शामिल है। इसलिए महत्त्वपूर्ण यह है कि इस कानून द्वारा वनवासियों तथा ग्राम सभाओं को जैव-विविधता तथा सांस्कृतिक बहुलता संबंधी सामुदायिक वन संपदा के संरक्षण, संवर्धन और प्रबंधन के अधिकार और उससे जुड़ी जिम्मेदारी भी दी गई है।[12] इस कानून में केंद्र सरकार से अपेक्षा है कि वह स्कूल, दवाघर, आंगनवाड़ी, दुकानें, बिजली तथा टेलीफोन लाइनों, पीने का पानी, पाइपलाइन, व्यवसायिक प्रशिक्षण केंद्र, सामुदायिक केंद्रों, सड़कों जैसे सामाजिक और विकास कार्यों के लिए जरूरी वनभूमि के आवंटन की व्यवस्था करे। इस प्रकार से यह कानून केवल वन अधिकार ही प्रदान नहीं करता, बल्कि वनवासियों के सम्मानपूर्वक जीवन के लिए आवश्यक व्यक्तिगत और सामुदायिक जरूरतों की पूर्ति के लिए ढांचा भी मुहैया कराता है।

विकेंद्रीकरण एवं सुशासन
(Decentralization and Good governance)

विकेंद्रीकरण के संदर्भ में सुशासन के स्तर को मापना ही इस आलेख का मूल उद्देश्य होगा। इतिहास के पन्ने अगर पलटें तो आजादी के बाद आम जनता के कल्याण से जुड़ी अनेक योजनाएं/नीतियां अस्तित्त्व में आईं। ग्रामीण भारतीय जनता की समस्याओं को केंद्र में रखकर इन नीतियों को बनाया गया। ग्रामीण क्षेत्रों में समस्याएं भी अनेक प्रकार की थीं जिनमें कृषि आधारित ढांचागत विकास की चिंता से लेकर कृषि-उत्पादों में वृद्धि, बाढ़ग्रस्त इलाकों के विकास के कार्यक्रम, रोजगार के अवसरों का निर्माण, शिक्षा और स्वास्थ्य के मूल ढांचे का विकास, महिलाएं, बच्चे, वृद्धों की समस्या आदि शामिल थीं। इन सभी मुद्दों और चुनौतियों को ध्यान में रखकर विकास के कार्यक्रमों को बनाया गया।

परंतु ये विकास कार्यक्रम अपने लक्ष्यों को प्राप्त करने में अंशत: ही सफल रहे। अत: सरकार पर यह दबाव था और उसकी जिम्मेदारी भी थी कि ग्रामीण स्तर पर बेरोजगारी और गरीबी पर काबू पाने के लिए ऐसे कार्यक्रम बनाएं जो प्रभावी और असरकारक हो। अत: कई ऐसे कार्यक्रम इन वर्षों में लागू किए गए जो पिछली योजनाओं और कार्यक्रमों के पूरक के रूप में सामने आए; जैसे ग्रामीण रोजगार कार्यक्रम, लघु अवधि के ग्रामीण रोजगार कार्यक्रम, रोजगार गारंटी कार्यक्रम, राष्ट्रीय ग्रामीण रोजगार कार्यक्रम, काम के बदले अनाज कार्यक्रम, ग्रामीण भूमिहीन रोजगार गारंटी कार्यक्रम एवं जवाहर रोजगार योजना, आदि।

1. राष्ट्रीय ग्रामीण रोजगार गारंटी अधिनियम
(National Rural Employment Gurantee Act)

राष्ट्रीय ग्रामीण रोजगार गारंटी अधिनियम विकेंद्रीकरण के ढांचे के तहत राष्ट्रीय ग्रामीण रोजगार गांरटी अधिनियम (NREGA) 2005 में शुरू किया गया, जिसे ग्रामीण भारत के विकास के लिए मील का पत्थर माना जाता है। 2 अक्टूबर 2009 को इसका नाम बदलकर महात्मा गांधी राष्ट्रीय ग्रामीण रोजगार गारंटी अधिनियम (MGNREGA) कर दिया गया। ग्रामीण भारत की आम-जनता को गरीबी रेखा से ऊपर लाना इस अधिनियम का मूल उद्देश्य था। पिछले रोजगार से जुड़े कार्यक्रमों से अलग इस कार्यक्रम की विशेषता यह है कि पहली बार ग्रामीण जनता के हर एक परिवार को 100 दिनों के रोजगार देने की कानूनी गारंटी दी गई है और इसमें असफल होने पर बेरोजगारी भत्ता का भी प्रावधान है। 2 फरवरी 2006 को आंध्र प्रदेश के अनंतपुर से शुरू किए गए इस कार्यक्रम के

शुरुआती दौर में देश के 200 गरीब जिलों को शामिल किया गया। 1.36 करोड़ लोग इससे लाभान्वित हुए।[13] वास्तव में, इस कार्यक्रम को दोहरे उद्देश्य के साथ शुरू किया गया था। एक ओर तो ग्रामीण जनता को रोजगार मिले और दूसरी तरफ ग्रामीण आधारभूत संरचना विकसित हो। कृषि भूमि सुधार, लघु सिंचाई, पीने का पानी, विद्युतीकरण, अनुसूचित जाति एवं जनजाति के लोगों को इंदिरा आवास योजना के अंतर्गत मकान, बाढ़ नियंत्रण तथा सुरक्षा के उपाय, वनीकरण, ग्रामीण सड़कों का निर्माण आदि ऐसे कार्य हैं जो केंद्र सरकार राज्य सरकारों की सहायता से अधिसूचित करे। अप्रैल 2008 से इसे समूचे देश में लागू कर दिया गया। यूपीए सरकार द्वारा शुरू किए गए इस उत्कृष्ट कार्यक्रम के सकारात्मक परिणाम भी सामने आए; जैसे ग्रामीण जनता की क्रयशक्ति में वृद्धि, पलायन की दर में कमी, उपयोगी संसाधनों का निर्माण तथा इसके अलावा सामाजिक न्याय अर्थात् अनुसूचित जाति, जनजाति तथा महिला को उनके तयशुदा नियम के तहत काम में आरक्षण प्रदान किया गया।

इन उपलब्धियों के बावजूद भी कार्यक्रम गंभीर आलोचना का शिकार बना। इसमें पैसे का दुरूपयोग, बाहुबली का दबदबा, जॉबकार्ड का खरीदा जाना, कई सार्वजनिक प्रकृति के कामों में आम जनता की अनदेखी, शहरों की ओर पलायन रुकने से औद्योगिक इकाइयों में मजदूरों की कमी दर्ज होना आदि शामिल हैं। इन कमियों के बावजूद मनरेगा का काम ग्रामीण इलाकों में दिखता है जिसमें बाढ़ नियंत्रण, सड़क निर्माण, सिंचाई की व्यवस्था, पेड़ों का लगाया जाना, गरीबों के लिए घर, पीने का पानी, तालाब की मरम्मत तथा अन्य अनेक रचनात्मक काम जो वर्षों से जरूरी और लंबित थे, मनरेगा ने सफलतापूर्वक सबका कायापलट किया है।

2. सर्वशिक्षा अभियान (Sarv Shikasha Abhiyan)

सर्वशिक्षा अर्थात् सभी शिक्षित हों या ''शिक्षा सबके लिए'' हों। बुनियादी अधिकार के रूप में प्राथमिक शिक्षा को सभी तक पहुंचाने के लिए भारत सरकार द्वारा शुरू किया गया यह कार्यक्रम संविधान के 86वें संशोधन विधेयक के माध्यम से मुफ्त और आवश्यक शिक्षा उन बच्चों के लिए प्रस्तावित करता है जिनकी आयु 6 से 14 वर्ष के बीच है। राज्य सरकारों के सहयोग से इसे लागू किया गया तथा पंचायतों की इसके कार्यान्वयन व मूल्यांकन में भूमिका तय की गई। 192 मिलियन बच्चों तक इस अभियान के द्वारा पहुंचने का लक्ष्य निर्धारित किया गया। नए स्कूल भवन का निर्माण, पुराने भवनों की मरम्मत, अतिरिक्त कमरे, शौचालय, पीने का पानी, शिक्षकों की व्यवस्था, उनका प्रशिक्षण तथा अन्य जरूरी सुविधाओं

को ध्यान रखते हुए इस अभियान को सफलतापूर्वक कारगर बनाने की जिम्मेदारी स्थानीय प्रशासन तथा पंचायतों को दी गई। दोपहर के भोजन की व्यवस्था के साथ कौशल विकास को भी ध्यान में रखते हुए अधिकतम बच्चों तक पहुंचने का लक्ष्य रखा गया है। सूचना तकनीक के इस दौर में बच्चों तक कंप्यूटर की आधारभूत जानकारी को पहुंचाना भी इस अभियान के उद्देश्यों में शामिल है।[14]

व्यवहार में इस अभियान के सामने कई चुनौतियां हैं। सक्षम अभिभावक जहां एक ओर अपने बच्चों को इन स्कूलों में न भेजकर स्थानीय निजी संचालित अंग्रेजी माध्यम के स्कूल में भेजते हैं, वहीं अधिकांश जगहों में स्थायी नियुक्ति की प्रक्रिया के अभाव के कारण सक्षम लोगों का आकर्षण घटा है। सरपंच, मुखिया तथा स्थानीय प्रशासन की मिलीभगत से ऐसे लोगों को स्कूलों में शिक्षण-प्रशिक्षण कार्यों का दायित्व सौंपा गया है, जिनके पास मूलभूत जानकारियों का अभाव है। कुल मिलाकर, अधिकांश स्कूल अब गरीबों, मजदूरों, पिछड़ों के बच्चों के लिए रह गए हैं जिसमें बच्चे थाली लेकर स्कूल जाते हैं और खाना खाकर स्कूल से निकल जाते हैं। स्थानीय स्तर पर मूल्यांकन के नाम पर खानापूर्ति है और व्यवस्था का यह कड़वा सच है।

3. राष्ट्रीय ग्रामीण स्वास्थ्य मिशन (National Rural Health Mission) अप्रैल 2005 में भारत सरकार द्वारा शुरू किए गए इस कार्यक्रम का उद्देश्य विकेंद्रीकरण की प्रक्रिया द्वारा समाज के वंचित तबकों तक पहुंचना है। लक्ष्य तक पहुंचने की प्रक्रिया में जनस्वास्थ्य विशेषज्ञ, सिविल सोसाइटी के प्रतिनिधियों, सरकारी अधिकारियों तथा पंचायतों के जनप्रतिनिधियों के बीच समन्वय होना जरूरी है। ग्रामीण क्षेत्र में स्वास्थ्य सुविधाओं यानि प्रशिक्षित नर्स, डॉक्टर, एंबुलेंस, दवाइयां तथा अन्य जरूरी व्यवस्था का प्रबंध आपसी समन्वय से ही संभव है जिसकी पूरी रूपरेखा राष्ट्रीय ग्रामीण स्वास्थ्य मिशन में की गई है। मिशन के उद्देश्य इस प्रकार हैं-

- स्वास्थ्य सुविधाओं को मजबूती प्रदान करने के उद्देश्य से यह मिशन राज्यों को सहयोग प्रदान करता है। इसमें यंत्र, प्रशिक्षित लोग, आपातकालीन आवागमन की सुविधा, दवाइयां, जांच सुविधाएं तथा अन्य दूसरे सहयोग शामिल हैं।
- एच.आई.वी., एड्स, मानसिक रोग तथा कैंसर को छोड़कर स्वास्थ्य सेवाओं के सभी कार्यक्रम इसमें शामिल हैं।
- स्वास्थ्य सेवाओं के केंद्रीकृत प्रबंधन की व्यवस्था में यह सभी स्तरों पर सहयोग प्रदान करता है।

- हर गांव में आशा (ASHA) के नाम से एक सामुदायिक कर्मचारी की व्यवस्था की गई है, जो स्वास्थ्य सेवाओं में प्रशिक्षित है।[15]

इस प्रकार राष्ट्रीय ग्रामीण स्वास्थ्य मिशन की प्रक्रिया ने सभी राज्यों के सहयोग से सामुदायिक जिम्मेदारी का ध्यान रखते हुए आम ग्रामीण जनता को स्वास्थ्य सेवा मुहैया कराने का सफल प्रयास किया है। स्वास्थ्य सेवा का सामुदायीकरण होने से ग्रामीण जीवन में स्वास्थ्य के प्रति जागरूकता बढ़ी है।

4. महिला और बाल विकास (Women and Child Development) महिला और बाल विकास लोकतांत्रिक विकेंद्रीकरण की सफलता लिए यह जरूरी है कि इसमें समाज के सभी घटकों की व्यापक भागीदारी सुनिश्चित हो। बलवंतराय मेहता समिति से लेकर अशोक मेहता समिति, दोनों ने स्थानीय स्तर पर निर्णय की प्रक्रिया में महिलाओं और वंचित वर्गों संबंधी लिए प्रभावी भागीदारी की वकालत की। इन्हीं प्रयासों का नतीजा है कि पंचायतीराज कानून में महिलाओं को 33 प्रतिशत आरक्षण दिया गया तथा वर्ष 2009 में केंद्र सरकार ने पंचायत के सभी स्तरों पर महिलाओं के लिए 50 प्रतिशत आरक्षण संबंधी संविधान-संशोधन विधेयक को मंजूरी दे दी। अब देश की पंचायतों में प्रतिनिधियों की आधी संख्या महिलाओं की है।[16] महिलाओं के सशक्तीकरण हेतु प्रयास केंद्र सरकार द्वारा पहले भी विभिन्न योजनाओं तथा कार्यक्रमों के माध्यम से होते रहे हैं। विकेंद्रीकरण की प्रक्रिया के तहत महिलाओं के समावेशी विकास में गति आई है। देश के कई भागों में ग्रामीण तथा कम पढ़ी-लिखी महिलाओं ने पंचायतों में अपनी भागीदारी से न केवल विकास के नए मानदंड स्थापित किए, बल्कि सामाजिक जागरूकता, राजनीतिक अधिकार, शिक्षा, सहयोग, रचनात्मकता, विकास, नैतिकता तथा प्रशासनिक संवेदनशीलता जैसे जरूरी पहलुओं से समाज को अवगत कराया। ग्राम सभा में अब महिलाएं बड़ी संख्या में निकलकर आती हैं। कन्या भ्रूण हत्या का विरोध, महिला-उत्पीड़न, लिंग आधारित श्रम-विभाजन, विधवा-पेंशन, शौचालय निर्माण, महिला शिक्षा, महिला स्वास्थ्य, कौशल विकास के लिए शिक्षण-प्रशिक्षण, कार्यस्थल पर सम्मानपूर्वक व्यवहार, कामकाजी तथा श्रमिक महिलाओं के बच्चों की देखभाल की व्यवस्था आदि अनेक मुद्दों पर महिलाएं अब मुखर हैं और अपने अधिकारों का प्रयोग कर रही हैं। सामाजिक विकास की दृष्टि से शासन के स्तर पर यह एक सकारात्मक तथा शुभ संकेत है।

बच्चों की सुरक्षा, विकास और कल्याण हेतु भारतीय संविधान में कई प्रावधान हैं जैसे, अनुच्छेद 24 बालश्रम पर रोक लगाता है, अनुच्छेद 39 (C)

और 39 (F) में राज्यों को ऐसा निर्देश है कि वे कानून बनाते समय यह ध्यान रखें कि कम उम्र के बच्चों का दुरूपयोग न हो। इसी के मद्देनजर 1974 में बाल कल्याण को ध्यान में रखकर राष्ट्रीय नीति बनाई गई तथा बच्चों के सर्वांगीण विकास हेतु ''समन्वित बाल विकास कार्यक्रम'' (Integrated Child Development Scheme) को अमल में लाया गया। पूरे विश्व में यह अपने तरह का सबसे बड़ा और अनोखा कार्यक्रम था जिसमें अतिरिक्त पोषण, प्रतिरक्षण तथा स्वास्थ्य जांच से लेकर पोषण के बारे में जानकारी और प्रशिक्षण शामिल था। महिला और बाल विकास मंत्रालय द्वारा वर्ष 2009-10 में ऐसे ही एक कार्यक्रम ''समन्वित बाल सुरक्षा योजना'' (Integrated Child Protection Scheme) की शुरुआत की गई जिसका उद्देश्य बच्चों के विकास में बाधक कारकों को कम करना है तथा बच्चों का शोषण, उपेक्षा, दुर्व्यवहार तथा लावारिस होने की स्थिति में उनकी पूरी सहायता करना है। इसमें स्थानीय स्तर के प्रशासन की भूमिका बहुत महत्त्वपूर्ण हो जाती है।[17] बच्चों को संकट से उबारने के लिए 24 घंटे का टोल फ्री नंबर 1098 उपलब्ध है। कामकाजी बच्चों के लिए अनौपचारिक शिक्षा और व्यवसायिक प्रशिक्षण की शुरुआत की गई। कन्या संतान को प्रोत्साहन देने के लिए तथा उनकी शिक्षा के लिए मंत्रालय ने वित्तीय सुरक्षा तथा बीमा कवर हेतु धनलक्ष्मी योजना की शुरुआत की। बच्चों के अधिकारों की रक्षा हेतु राष्ट्रीय आयोग का गठन किया गया। पूरे देश में प्रधानमंत्री का 'बेटी-बचाओ बेटी पढ़ाओ' अभियान चल रहा है।

इन सभी नारों, प्रयासों, कार्यक्रमों तथा योजनाओं का सफल होना तभी संभव है जब क्रियान्वयन के स्तर पर प्रभावी स्थानीय सहभागिता होगी। अशिक्षा, गरीबी, जागरूकता की कमी, समाज का पितृसत्तात्मक स्वरूप, महिलाओं की स्वतंत्र निर्णय लेने की क्षमता आदि कुछ ऐसे पहलू हैं जिसके कारण महिला सशक्तीकरण नहीं हो पाया है। परिणामस्वरूप इसका असर बच्चों के स्वास्थ्य, तथा व्यक्तित्त्व के विकास पर पड़ता है।

5. जवाहरलाल नेहरू रिन्यूअल मिशन (JNRUM)

ग्रामीण भारत में स्थानीय स्वशासन की संस्थाओं द्वारा विकास की परियोजनाओं को प्रभावी तथा असरदार बनाया गयाय और इसके परिणामस्वरूप ग्रामीण जनसंख्या का बड़ा हिस्सा इससे लाभान्वित हो पाया है। ठीक उसी प्रकार शहरों की समस्याओं के उपचार के लिए भी श्रेष्ठ शहरी शासन अनिवार्य है। आर्थिक प्रगति, रोजगार के अवसर तथा सुख-सुविधाओं की आशा में शहरों की ओर पलायन तेजी से बढ़ा है। शहरी जनसंख्या में वृद्धि के साथ-साथ मूल शहरी आधारभूत संरचनाओं पर भी इसका दबाव बढ़ा है। इस

प्रकार गैर-नियोजित शहरीकरण से गंभीर समस्या उत्पन्न हो गई है। भारत के लगभग सभी शहर इस समस्या की चपेट में हैं। इसी गंभीर समस्या के मद्देनजर यूपीए की सरकार द्वारा "जवाहरलाल नेहरू अर्बन रिन्यूअल मिशन" नाम से एक योजना चलाई गई। यह योजना देश के 63 चुने हुए शहरों में क्रियान्वित की गई। इन चुने हुए शहरों में चालीस लाख से अधिक जनसंख्या वाले 7 शहर, 10 लाख से 40 लाख के बीच की जनसंख्या वाले 28 शहर और प्रदेशों की राजधानी तथा ऐतिहासिक एवं पर्यटन महत्त्व के 28 शहर शामिल हैं। सात वर्षों की अवधि के लिए 50,000 करोड़ रु. की केंद्र की सहायता के साथ मिशन रूप में चलाई जाने वाली इस योजना के दो उप-मिशन हैं: 1.*अर्बन इंफ्रास्ट्रक्चर एंड गवर्नेंस* (शहरी आधारभूत संरचना एवं सुशासन) तथा 2. *बेसिक सर्विसेज टू द अर्बन पुअर* (शहरी गरीब लोगों के लिए आधारभूत सेवाएं।

इनके मुख्य कार्यों में जल-आपूर्ति एवं सफाई, सीवरेज और ठोस कूड़ा-प्रबंधन, वर्षाजल हेतु नाली का निर्माण, शहरी यातायात जिसमें सड़कें, मेट्रो, राजमार्ग आदि शामिल हैं। पार्किंग स्थल, हेरिटेज क्षेत्र का विकास, गरीबों के लिए मूलभूत सेवाओं का सुधार जैसे स्लम सुधार और पुनर्वास, सामुदायिक शौचालय/स्नान गृह, कम कीमत का घर, पर्यावरणीय सुधार तथा ठोस कूड़ा प्रबंधन, स्ट्रीट लाईट, सुधार गृह/बालगृह, गरीबों के लिए स्वास्थ्य शिक्षा और सामाजिक सुरक्षा के कार्यक्रम आदि भी इनमें शामिल हैं। शहरी सुशासन के लिए जवाहरलाल नेहरू रिन्यूअल मिशन कृतसंकल्प है।

मूल्यांकन (Conclusion Remarks)

अंततः कहा जा सकता है कि ग्रामीण भारत में पंचायतें विकास का वाहक बनी हैं। ग्रामीण सामाजिक जीवन के विकास संबंधी मुद्दों से पंचायतों का गहरा संबंध रहा है। दूरदराज के गांव में भी शिक्षा की शुरुआत, उसका सार्वजनिक प्रबंधन, देखरेख से लेकर सरकार की मेगा परियोजनों जैसे मनरेगा, सर्वशिक्षा अभियान तथा राष्ट्रीय ग्रामीण स्वास्थ्य मिशन आदि को सफल तथा कारगर बनाने में ग्राम पंचायतों की सराहनीय भूमिका है। शराबबंदी का मसला हो या बंधुआ मजदूरी का खात्मा, सिंचाई के साधनों का विकास हो या पेयजल की व्यवस्था, ग्रामीण यातायात की व्यवस्था हो या स्वच्छता के प्रति जनजागरण अभियान, ग्रामीण जीवन के हर पहलू को चाहे वह सामाजिक हो, राजनीतिक हो या आर्थिक, पंचायतीराज व्यवस्था का सकारात्मक योगदान रहा है।

पेसा 1996 और वनवासी कानून 2006 में भी वन संसाधनों के उपयोग तथा उपयोग के तरीकों पर कानूनी अधिकार स्थानीय ग्राम सभा को ही मिला है। योजना और कार्यक्रम तब तक मंजूर नहीं होंगे जब तक इसे ग्राम सभा मंजूरी नहीं दे

देती। इस प्रकार स्वशासन की इकाई के रूप में ग्राम सभा अधिक मजबूत हो। लोकतांत्रिक विकेंद्रीकरण सच्चे अर्थों में तभी संभव होगा, जब जनता जागरूक तथा स्थानीय संस्थाओं के प्रतिनिधि विकास के कार्यों का प्रबंधन करने में सक्षम होंगे। महिलाओं की पंचायतों के हर स्तर पर 50 प्रतिशत की भागीदारी सुनिश्चित होने से तथा दलित-आदिवासी को इन संस्थाओं में आरक्षण मिलने से वंचित तबकों की भागीदारी बढ़ी है; लेकिन दलगत राजनीति, भाई-भतीजावाद तथा जातिवाद के चंगुल से हमारी पंचायतें आज भी मुक्त नहीं हैं। अपनी कार्यप्रणाली में इसे आज भी पूर्णत: स्वतंत्र और स्वायत्त नहीं कहा जा सकता। सरकारी अधिकारियों का पंचायतों के प्रति रवैया, भ्रष्टाचार, अपराधीकरण, संसाधनों की कमी से आज भी स्थानीय शासन की ये संवैधानिक संस्थाएं जूझ रही हैं।

संदर्भ-ग्रंथ (References)

[1] Ramesh K. Arora, (1979), (ed.), *Perspectives in Administrative Theory*, New Delhi, Associated, Publishing House, New Delhi.

[2] G.R.S. Rao, (1993), 'Dimensions of Democratic Decentralisation: Emerging contexts and Issues", in CM Jain and T. Cangn, (eds.), *Fourty Years of Rural Development in India*, Jaipur, Printwell, p 227.

[3] G.S. Cheema and D.A. Rondinelli, (1983), (eds.), *Decentralisation and Development: Policy Implementation in Developing Countries*, Beverly Hills, Californi: SAGE Publications.

[4] Baldev Singh, (1996), *Decentralisation, Panchayati Raj and District Planning*, Atlantic Publishers and Distibutors, New Delhi.

[5] महीपाल, (2011), *पंचायतीराज: चुनौतियां एवं संभावनाएं*, नई दिल्ली, नेशनल बुक ट्रस्ट, 2014 प्रथम संस्करण।

[6] Ministry of Panchayatiraj, Government of India, Annual Report 2015-16, p 3, retrived from http://www.ceecec.net/case-studies/mendha-lekha-using-self-governance-to-achieve-ecological-prosperity-and-livelihood-security/ on 12 March 2017

[7] *Ibid.*, p7.

[8] *Ibid.*

[9] *Ibid.* 1Ibid.

[10] *Ibid.*

[11] *Ibid.*

[12] मणिशंकर अय्यर, (2008), 'ग्राम सभा की भूमिका', *योजना*, दिसंबर 2008, पृष्ठ 7।

[13] Bidut Chakrabarty Prakash Chand, (2013), *Public Administration in a Globalising World: Theories and Practices*, Sage Texts. New Delhi, p 345.

[14] Sarva Siksha Abhiyan, Available at-www./http://ssa.nic.in.

[15] National Rural Health Scheme. Available at http://mohfw.nic.in/nrhm/documents/5years-nuhm-final.fdf.

[16] Bidut Chakrabarty and Prakash Chand, *op. cit.*, p 341.

[17] Bidut Chakrabarty and Prakash Chand, *op. cit.*, p 341.

[18] Ministry of Social Justice and Empowerment, Government of India, Annual Report 2009-10.

8

जनसहभागिता और शासन

People's Participation and Governance

कंचन शर्मा

महत्त्वपूर्ण शब्द *जनसहभागिता, लोकतंत्र, शासन, पंचायती-राज, जागरूक-नागरिक, विकेंद्रीकृत प्रशासन*

कथ्य *लोकतंत्रीय शासन व्यवस्था का आधार वह प्रशासन है, जो जनसहभागिता को अधिक से अधिक संभव बनाए। इस लेख के माध्यम से लोकतंत्र, शासन व जनसहभागिता के गहरे संबंध को स्पष्ट किया गया है। इसके अंतर्गत जनसहभागिता का अर्थ, आवश्यकता व भागीदारी के विभिन्न मॉडलों पर चर्चा की गई है। भारत में पिछले कुछ वर्षों में भागीदारी को अधिक व्यापक व गहरा बनाने हेतु अनेक प्रयास किए गए हैं, जैसे पंचायतीराज को अधिक मजबूत बनाया जाना, सूचना का अधिकार प्रदान करना इत्यादि।*

आधुनिक समाज में लोकतांत्रिक शासन व्यवस्था पर सर्वाधिक बल दिया जा रहा है। विश्व के लगभग सभी देश आज अपनी सरकार को अधिक से अधिक लोकतांत्रिक बनाने के लिए प्रयासरत हैं। लोकतंत्र के प्रति इस लगाव का-एक प्रमुख कारण यह है कि इस शासन व्यवस्था द्वारा जनता की जिस भागीदारी को प्राप्त किया जाना संभव होता है, वह किसी अन्य प्रकार की शासन व्यवस्था से संभव नहीं हो पाता है। लोकतंत्र में जनता द्वारा प्रदान की जाने वाली सहभागिता ही वह आधार है, जो किसी अन्य शासन-प्रकार से कहीं अधिक वैधता अपनी सरकार को देती है। यहीं कारण है कि अधिकतर देशों का प्रशासन लोकतांत्रिक शासन पर बल देते हुए सक्रिय लोक प्रशासन पर बल दे रहा है। अब्राहम लिंकन की पंक्ति, ''जनता का, जनता के लिए व जनता द्वारा शासन'' की प्रासंगिकता का ही प्रभाव था कि अमेरिका में गोरे प्रतिवेदन (1992) द्वारा इस बात को स्वीकार किया गया कि शासन से उच्च व प्राथमिक रूप से

महत्त्वपूर्ण लोकतंत्र है; क्योंकि प्रजातंत्र में ही उन परिस्थितियों को पैदा करने की संभावना है, जहां शासन परिपक्व हो सकता है। इसी के साथ जब मसला प्रशासन को सुदृढ़ करने व निर्णयों में जनता की भागीदारी हासिल करने का हो, तब यह और भी जरूरी है कि न केवल प्रजातंत्र की सैद्धांतिक जड़ों को मजबूत किया जाए, बल्कि व्यवहारगत रूप से भी दोनों की मजबूती को बढ़ावा दिया जाए।

जनसहभागिता का आशय (Meaning of People's Participation)

मूलतः लैटिन शब्द *Participat* से बने अंग्रेजी शब्द *Participation* का हिंदी अर्थ "सहभागिता" है अर्थात्–"भाग लेना"। *इनसाइक्लोपीडिया ऑफ साइकोलोजी* के अनुसार, सहभागिता का संबंध गतिविधियों में भाग लेना तथा प्रत्यक्ष रूप से प्रभावित करने वाले नीति निर्माण में बड़ी जिम्मेदारी से है। भागीदारी से तात्पर्य सरकार या अन्य किसी सांगठनिक कार्य में सामान्य जनता की भूमिका से लगाया जाता है, जो नियुक्त अधिकारियों और कर्मचारियों से अलग होते हैं। अर्थात् ऐसे लोग, जो न तो सरकार में शामिल हैं, न ही सरकारी कार्यकर्ता हैं, बल्कि सामान्य हित में सरकारी प्रयासों में अपनी भूमिका का निर्वाह करते हैं तब उसे जनसहभागिता कहा जा सकता है। ऐसा किसी भी स्तर पर हो सकता है – ग्राम से लेकर राष्ट्र तक। यह सहभागिता प्रत्यक्ष या अप्रत्यक्ष भी हो सकती है जैसे चुने हुए प्रतिनिधियों के माध्यम से शासन व्यवस्था को गति प्रदान करना, अप्रत्यक्ष सहभागिता का उदाहरण है। एक लोकतांत्रिक समाज में सहभागिता वह माध्यम है जो नागरिकों को मतदान के अतिरिक्त वे सभी सृजनात्मक शक्तियां भी प्रदान करती है जिसके द्वारा वह लोक कार्यों को करने व समाज में सकारात्मक बदलाव लाने के प्रयास कर सकते हैं।

इस दृष्टि से सहभागिता का अर्थ स्वतः स्फूर्त या स्वतः गतिमान होना है। लोकतंत्र के अतिरिक्त, सहभागिता का सीधा संबंध सशक्तीकरण से भी जुड़ा हुआ है। सहभागिता व्यक्ति विशेष, व्यक्तियों के समूहों, समुदायों और संगठनों की नौकरशाही व्यवस्था से मोलभाव तथा विचार- विमर्श करने की शक्ति प्रदान कर सभ्य समाज व अर्थव्यवस्था को मजबूत बनाती है। इस सशक्तीकरण से लोकनीति (public policy) प्रभावित होती है और सरकार की शक्ति पर नियंत्रण संभव हो पाता है। इसके अलावा, सहभागिता से विकास कार्यक्रमों में दक्षता, प्रभावशीलता, स्थायित्व तथा सततता का विकास होता है। जनता द्वारा प्रशासनिक कार्यों के निर्धारण, क्रियान्वयन में प्रभावशाली भूमिका निभाना संभव हो पाता है। इससे प्रशासन जन इच्छा व जन सुविधाओं को समझते हुए जन अपेक्षाओं

के अनुरूप नीति, नियमों का निर्माण कर पाने में सक्षम होता है। इसके साथ ही प्रशासन की निरंकुशता पर जनता का नियंत्रण बना रहता है और जन धन का सदुपयोग भी जनसहभागिता का ही सार है। इन सभी को मिलाकर एक मजबूत लोकतंत्र की स्थापना संभव होती है।

जनसहभागिताः ऐतिहासिक परिप्रेक्ष्य
(Peoples Participation: Historical Perspective)

सहभागिता को यदि ऐतिहासिक परिप्रेक्ष्य में समझा जाए तो ग्रीस (यूनान) में लोकप्रिय प्रत्यक्ष सहभागी लोकतंत्र (जहां प्रत्येक नागरिक राजनीतिक गतिविधियों में भाग लेता था) को भी सहभागिता के रूप में समझा जा सकता है। जिससे इसके ऐतिहासिक महत्त्व में वृद्धि होगी। एथेंसवासी इस बात पर गर्व करते थे कि वे कानूनों को बनाने, उन्हें लागू करने और उनसे जुड़े विवादों को सुलझाने जैसे प्रशासनिक कामों को स्वयं करने में सक्षम हैं। वे खुली सभाओं में मिलते थे और सभी मामलों पर वाद-विवाद और विचार-विमर्श करते थे। उस काल विशेष में नागरिकता के साथ सहभागिता अनिवार्य रूप से जुड़ी थी और नागरिक होने के नाते मिले कार्यों को एक पवित्र कर्तव्य माना जाता था। साथ ही, यह नागरिकों का पूर्णकालिक काम था। राजनीतिक सहभागिता का मुख्य उद्देश्य सामान्य हित सुनिश्चित करना था। नागरिकों के तार्किक आत्म विकास के लिए समुदाय की सहभागी गतिविधियों में भाग लेने को बहुत महत्त्वपूर्ण माना जाता था। रूसो जैसे महान राजनीतिक चिंतक द्वारा भी इस बात पर जोर दिया गया कि व्यक्ति को निजी इच्छा से अधिक सामान्य इच्छा पर बल देना चाहिए।[1] जिसके तहत प्रत्येक व्यक्ति अपनी निजी इच्छाओं को छोड़ कर सामान्य हितों की पूर्ति हेतु राजनीतिक गतिविधियों में सहयोग करेगा।

जनसहभागिताः प्रकृति एवं क्षेत्र
(Peoples Participation: Nature and Scope)

जब हम जनसहभागिता पर चर्चा करते हैं तो यह आवश्यक ही है कि इसे राजनीतिक सहभागिता के दायरे में लाकर तो समझा जाए, परंतु मात्र मतदान एवं इससे संबंधी अन्य क्रियाओं तक सीमित न किया जाए। अतः जनसहभागिता के व्यापक आयामों को समझने के लिए आवश्यक है कि इस विषय के अध्ययन में शासक वर्ग के क्रियाकलापों, नीतियों व निर्णयों के निर्माण एवं क्रियान्वयन व इन

समस्त प्रक्रियाओं में सहभागी लोगों की गतिविधियों को भी शामिल किया जाए।

नाई एवं वर्वा जनसहभागिता संबंधी समझ को तीन श्रेणियों में बांट कर प्रस्तुत करते हैं: अतिविस्तृत सहभागिता, सुविस्तृत सहभागिता व संकीर्ण सहभागिता।

1. अतिविस्तृत सहभागिता (Widest Participation)

अतिविस्तृत सहभागिता के अंतर्गत नागरिकों द्वारा अपने शासक वर्ग के चयन तथा उनके द्वारा निर्धारित नीतियों, नियमों एवं क्रियाकलापों को प्रभावित करने संबंधी गतिविधियों के साथ-साथ समस्त राजनीतिक गतिविधियां शामिल होती हैं। जिनका उद्देश्य वैधानिक व गैर-वैधानिक तरीकों से सरकार की गतिविधियों एवं क्रियाकलापों को प्रभावित व नियंत्रित करना होता है। इस दृष्टि से सहभागिता के इस प्रकार में राजनीतिक दलों, दबाव समूहों, हित समूहों की भूमिका, संगठित समूहों द्वारा चलाए जाने वाले आंदोलन, क्रांति, विद्रोह, दंगा-फसाद, हत्या आदि को सम्मिलित किया जाता है। आलमंड व वर्बा की प्रसिद्ध रचना द *सिविक कल्चर* (The Civil Culture) सहभागिता के इसी दृष्टिकोण को प्रस्तुत करती है।

2. सुविस्तृत दृष्टिकोण (Wider Participation)

सुविस्तृत दृष्टिकोण से जनता द्वारा मतदान क्रिया में भाग लेने, राष्ट्रीय महत्त्व के राष्ट्रीय प्रतीकों (त्यौहार, दिवस) में शामिल होने के साथ सरकार के क्रियाकलापों को प्रभावित करने से संबंधित गतिविधियों को सहभागिता में शामिल किया जाता है। परंतु दंगा-फसाद, क्रांति, उपद्रवों आदि को गैर-वैधानिक करार करते हुए सहभागिता के किसी भी रूप में शामिल नहीं किया जाता। इस प्रकार की समझ को बल प्रदान करने वालों में मायरन वीनर, टाउनसेण्ड, नेटल आदि के नाम शामिल हैं।

3. संकीर्ण सहभागिता (Narrow Participation)

संकीर्ण समझ में सहभागिता का अर्थ मात्र मतदान प्रक्रिया में जनता की भूमिका हो, इसे ही शामिल किया जाता है। इसके साथ ही हम भागीदारी/सहभागिता को अन्य तीन रूपों में भी समझ सकते हैं : राजनीतिक भागीदारी, प्रशासनिक भागीदारी, सामाजिक भागीदारी।

(i) *प्रशासनिक सहभागिता* (Administrative Participation) : भागीदारी के इस रूप में जनता नीति निर्माण प्रक्रिया व निर्णयन में अपने नए विचारों, विकल्पों व चयन के समावेशन हेतु सक्रिय रहती है। किसी कार्य में समुदायों की सहभागिता, स्थानीय नेताओं का सहयोग व समाज से जुड़ी अन्य संस्थाओं के सहयोग को इस सहभागिता के

रूप में स्वीकार किया जाता है; जैसे स्वच्छता अभियान, गंगा बचाओ या पर्यावरण बचाओ जैसे प्रशासनिक कार्य जनता के सहयोग से अपनी सफलता प्राप्त करते हैं। इस प्रकार के कार्यों में स्थानीय लोग अपनी सक्रिय भागीदारी से प्रशासन के कार्यों को सफल बनाते हैं। इसी कारण विकास कार्यक्रमों का निर्माण ही इस प्रकार किया जाता है ताकि सहभागिता की जरूरत व आवश्यकता को पूरा किया जा सके।

(ii) *राजनीतिक सहभागिता* (Political Participation) : राजनीतिक सहभागिता के अंतर्गत मत देने का अधिकार, दल बनाने का अधिकार, राजनीतिक दल बनाने या उन्हें आर्थिक व सदस्यता द्वारा मदद इत्यादि को शामिल किया जाता है। प्रजातंत्रीय शासन व्यवस्था में भागीदारी के इस रूप को अधिक प्रत्यक्ष तौर पर देखा जा सकता है। भारत का उदाहरण लें तो स्पष्ट होता है कि पंचायत से लेकर लोक सभा चुनाव तक व राष्ट्रीय दलों से लेकर स्थानीय दलों की बढ़ती संख्या, व अन्य संगठनों की सक्रिय गतिविधियां लगातार लोकतंत्र को मजबूत कर रही हैं। मतदान का अधिकार, चुनावों में निष्पक्षता, चुनाव आयोग व मौलिक अधिकार इत्यादि इस सहभागिता को प्राप्त करने में हमारी मदद करते हैं।

(iii) *सामाजिक सहभागिता* (Social Participation): सामाजिक सहभागिता का अर्थ है आम जनता सामान्य जन द्वारा जन कल्याण के लिए सरकार पर दबाव बनाने हेतु किया गया प्रयास। इस कार्य में स्थानीय लोग व नेता लॉबी कर अपने स्थानीय विधायक पर दबाव डालने का प्रयास करते है। साथ ही ट्विटर, फेसबुक मेल इत्यादि माध्यमों द्वारा भी अपने विचारों व विकल्पों को सरकार तक पहुंचाया जाता है। सहभागिता का यह रूप कई अर्थों में भारत के लिए लाभकारी रहा है। इसी के फलस्वरूप शिक्षा का अधिकार, सूचना का अधिकार, ग्रामीण रोजगार का अधिकार तथा खाद्य सुरक्षा का अधिकार प्राप्त हुआ। जनसहभागिता लोकतांत्रिक मूल्यों, बेहतर योजनाओं व जन जरूरतों को पूरा करने की दृष्टि से अतिआवश्यक है। स्लोकुस व थॉमस के अनुसार 'जनसहभागिता वह माध्यम है जिसके द्वारा व्यक्तिगत व सामाजिक हितों और चिंताओं को सामान्य हितों की प्राप्ति की गतिविधियों से जोड़कर प्राप्त किया जा सकता है'।[2]

जनसहभागिता की प्रकृति (Nature of People's Participation)

शासन या प्रशासन में जब हम ''भागीदारी'' को देखते हैं तो स्पष्ट होता है कि जनसहभागिता का आधार एकतरफा न होकर दोतरफा है। इसका अर्थ है कि ''भागीदारी'' जनता व सरकारी अभिकरणों दोनों के मध्य सक्रिय हो तभी सफलता प्राप्त कर सकती है। जनसहभागिता द्विपक्षीय प्रक्रिया है; जिसमें एक ओर सामान्य नागरिक एवं दूसरी ओर सरकारी अभिकरण होते हैं, इन दोनों की सहभागिता आवश्यक है। यदि हम जानकारी चाहने वाले नागरिकों की कल्पना करते हैं तो ठीक उसी समय हमें जानकारी प्रदान करने वाले अभिकरण के अस्तित्त्व को भी स्वीकार करना होगा। जैसे एक जागरूक नागरिक के रूप में लोकतंत्र अपेक्षा करता है कि उसके नागरिक प्रत्येक निर्णय व नियम की सूचना रखें व समय-समय पर उस पर उठने वाले संदेहों पर चर्चा भी करें, वहीं उन सूचनाओं को देने वाला अभिकरण, पारदर्शिता व सुनने वाली सरकार भी लोकतंत्र में अनिवार्य रूप से शामिल होती है। इसके लिए भारत में सूचना का अधिकार प्रदान किया गया है। सूचना का अधिकार न केवल जनता की पहुंच को संभव बनाता है, बल्कि सरकारी अभिकरणों के लिए भी कुछ अनिवार्यताओं की स्थापना करता है। इस प्रकार सूचना उपलब्ध कराना चाहे वह शिकायत समाधान के लिए हो या सरकारी प्रक्रियाओं के विषय में, यह नागरिकों का ऐसा हथियार है जिससे भारत में जनसहभागिता को मजबूत आधार मिला है। जनसहभागिता को अधिक मजबूत करने के लिए दूसरी आवश्यक शर्त नागरिकों के सुझावों को न केवल सुनना बल्कि नीति निर्माण में उन सुझावों को शामिल करना भी है। यदि शासन मात्र जनता को जानने व कहने का अधिकार ही देता है और उनकी बातों को प्रशासन में शामिल नहीं करता तो इससे जनता हतोत्साहित हो सकती है। अतः लगातार जनता के विचारों को प्रशासन में स्थान देकर जनता को शासन के प्रति जागरूक रखा जा सकता है।

जनसहभागिता की आवश्यकता (Necessity for People's Participation)

जनसहभागिता के अर्थ को समझने के पश्चात् इसकी उन उपयोगिताओं व महत्त्व को समझा जाना भी आवश्यक है, जिससे अनेक उद्देश्यों को प्राप्त किया जाता है। जनसहभागिता ही वह माध्यम है जिससे वास्तविक अर्थों में लोक कल्याणकारी राज्य की स्थापना की जा सकती है। जनसहभागिता के माध्यम से

बड़े स्तर पर लोगों को प्रशासनिक प्रक्रियाओं में सहभागी बना कर लोक प्रशासन का परंपरागत एकाकी रूप समाप्त किया जा सकता है। दूसरा, जनसहभागिता के द्वारा लोकतंत्र को वास्तविक व सफल बनाने हेतु अनुकूल वातावरण व नीतियों का निर्माण किया जा सकता है। तुरंत निराकरण की दृष्टि से भी जनसहभागिता का कोई अन्य विकल्प नहीं है क्योंकि भागीदारी के माध्यम से ही जनता से संबंधित कार्यों में तीव्रता व पारदर्शिता सुनिश्चित की जा सकती है। पारदर्शी प्रशासन को भी जनता की सहभागिता के माध्यम से सुनिश्चित किया जा सकता है।

जनसहभागिता द्वारा न केवल नौकरशाही की निरंकुशता पर नियंत्रण संभव होता है बल्कि प्रशासनिक नेतृत्व को भी सफल बनाया जा सकता है। चूंकि प्रशासनिक नेतृत्व तभी सफल हो सकता है, जब जनता द्वारा इसमें विश्वास व्यक्त किया जाए। जनसहभागिता हेतु आवश्यक वातावरण निर्मित कर जनता को प्रशासन में भागीदार बनाकर, जन स्वीकृति को सरल व विस्तृत स्तर पर प्राप्त किया जा सकता है। इसी के साथ विकसित देशों के अतिरिक्त विकासशील देश जिन अभावों से गुजर रहे हैं उसके निदान हेतु तीव्र सामाजिक, आर्थिक विकास के लिए विकासशील देशों ने विकास प्रशासन (Development Administration) की जिस संकल्पना को अपनाया है, वह लोगों का लोगों द्वारा शासन है। नव-लोक प्रशासन (New Public Administration) जिसका आधार जन-जन तक अपनी पहुंच सुलभ बनाना है। वहां जनसहभागिता की प्रासंगिकता को सरलता से समझा जा सकता है।

जनसहभागिता हेतु साधन (Means of People's Participation)

जनसहभागिता को सैद्धांतिक तौर पर समझने व बढ़ावा दिए जाने के लिए एक अन्य महत्त्वपूर्ण आयाम यह भी है कि यह समझा जाएं कि किन माध्यमों या साधनों द्वारा जनता की हिस्सेदारी में वृद्धि की जा सकती है। इस संदर्भ में चुनाव प्रक्रिया से लेकर सूचना का अधिकार, दबाव गुटों के निर्माण की स्वतंत्रता, संवाद साधनों की बहुलता व मौलिक अधिकारों का संरक्षण इत्यादि जैसे माध्यमों को मजबूत किए जाने की आवश्यकता है।

1. चुनाव न केवल समय-समय पर करवाए जाने चाहिए, बल्कि यह ध्यान रखना होगा कि चुनावों द्वारा प्रत्येक व्यक्ति अपनी इच्छा व चयन को प्रस्तुत करे न कि किसी दबाव व लालच में अपनी इच्छा/चयन को समाप्त करना सीख जाएं।

2. इसके अतिरिक्त प्रत्यावर्तन का अधिकार जैसे अधिकारों को व्यवस्था में शामिल करना चाहिए, जिसके माध्यम से असंतुष्टि की अवस्था में जनता प्रशासन के प्रतिनिधियों को वापस बुला सकती है।
3. इसके साथ ही ऐसे माहौल का निर्माण करना होगा, जहां विविध प्रकार के दबाव गुट को पनपने व अपनी इच्छाओं को प्रकट करने का बल प्राप्त हो सकें।
4. अनेक राजनीतिक दलों की उपस्थिति भी न केवल विकल्प प्रदान करती है बल्कि आम व्यक्ति द्वारा व्यवस्था में प्रवेश करने की राह को भी मजबूत करती है। साथ ही अनेक विचारधाराओं से उपजे दलों की उपस्थिति वास्तविक अर्थ में लोकतंत्र को बल प्रदान करती है।
5. जनसहभागिता को बढ़ावा देने के लिए आज जिस साधन का बड़े स्तर पर प्रयोग हो रहा है, वह है संवाद के साधन अर्थात् रेडियो, अखबार, टेलीविजन, इंटरनेट, प्रसारित सहभागिता वॉटसऐप इत्यादि। उदाहरण के लिए, न्यूज चैनलों द्वारा ऐसे प्रोग्राम आयोजित किए जाते हैं जिनसे आम व्यक्तियों के विचारों को शासन में बैठे सत्ताधारियों तक पहुंचाए जाने का प्रयास किया जाता है। इन सभी माध्यमों द्वारा जनता का मत अभिव्यक्त किया जाता है।
6. हाल में संपूर्ण भारत में लागू हुआ सूचना का अधिकार इसी राह में एक मील के पत्थर के समान है। इसके माध्यम से सरकारी कामकाजों की गोपनीयता को समाप्त किए जाने का प्रयास किया जा रहा है। सूचना का अधिकार अर्थात् सरकारी कामकाज के बारे में जनता को जानने का अधिकार। यह सरकार की गोपनीयता बनाए रखने के विपरीत खुलेपन को प्रोत्साहित करने का अधिकार है। भारतीय संविधान के अनुच्छेद 19(1) के तहत वर्ष 2005 में संशोधन कर "सूचना का अधिकार" को 2006 से पूरे भारत वर्ष में लागू किया गया। कोई भी आम नागरिक अथवा गैर-सरकारी संगठन सरकार से सूचना के अधिकार के अंतर्गत लोकहित से संबंधित जानकारी प्राप्त कर सकता है। भारत में सूचना के अधिकार से पूर्व कई ऐसे प्रावधान थे जो सरकारी जानकारियों की गोपनीयता को बनाए रखने हेतु थे। जैसे, सरकारी गोपनीयता अधिनियम (1923), जांच आयोग अधिनियम (1952) इत्यादि प्रत्यक्ष व अप्रत्यक्ष रूप से गोपनीयता के लिए बनाए गए प्रावधान थे। परंतु सूचना का अधिकार सरकारी कामकाज की प्रक्रिया व सूचनाओं की पारदर्शिता को बढ़ावा देता है। हालांकि इस विधेयक को अधिकार का रूप देने में एक लंबी लड़ाई लड़नी पड़ी। सर्वप्रथम राजस्थान में पंचायत

स्तर पर 1996 में इसे लागू किया गया था व 2000 में इसे पूर्ण प्रशासन पर लागू कर दिया गया।

सहभागिता के विभिन्न मॉडल/तकनीक

(Different Participatory Models/Techniques of People Participation)

जनता की प्रशासन में सहभागिता बढ़ाए जाने के लिए कई प्रकार के मॉडल विद्वानों द्वारा समय-समय पर सुझाए गए हैं, जिनसे न केवल भागीदारी को बढ़ाया जा सकता है, बल्कि भागीदारी के स्तर को भी मूल्यांकित किया जा सकता है। इन तरीकों को कुछ विद्वान मॉडल के रूप में तो कुछ तकनीकों के रूप में स्वीकार करते हैं जैसे – मिशनरी मॉडल, विकेंद्रीकरण मॉडल, पीपीपी मॉडल, लिंकिंग पिंग संरचना इत्यादि।

1. लिंकिंग पिन संरचना (Linking Pin Structure)

इस संरचना प्रकार में भागीदारी हेतु निर्णयन में अधीनस्थों की हिस्सेदारी को महत्त्व प्रदान किया जाता है। यह संरचना निर्णयन में अधीनस्थों की भागीदारी को बढ़ाने का साधन है। इसमें प्रत्येक स्तर पर जहां कही भी निर्णय लिए जाने हों वे हालांकि उच्चस्थ द्वारा ही लिए जाते हैं, परंतु संस्था के नीचे के अधीनस्थों के सामूहिक निर्णयों को भी शामिल किया जाता है। इस संरचना में उच्चस्थ व अधीनस्थ के मध्य समन्वय से अधीनस्थों के विचार प्राप्त होते हैं।[3] इस प्रकार शासन व प्रशासन से जुड़ी निर्णयन प्रक्रिया में उच्चस्थ से लेकर अधीनस्थों की भूमिका को सुनिश्चित किए जाने का प्रयास एक विशेष संरचना का निर्माण करता है।

2. जेड थ्योरी (Z Theory)

वर्तमान में व्यावसायिक व गैर-व्यावसायिक सभी प्रकार के संगठनों में भागीदारी प्राप्त करने के लिए सबसे लोकप्रिय रूप से जेड थ्योरी का सहारा लिया जाता है। इसमें प्रबंधकों, कार्मिकों व कार्यकर्ताओं के मध्य दूरी को कम करके विश्वास बढ़ाया जाता है तथा कार्यकर्ताओं को संगठनों से जोड़ा जाता है। इनमें संगठन के प्रति प्रतिबद्धता व निष्पादन में सुधार होता है। इसे मैनेजमेंट बाई वांडरिंग अराउंड (management by wandering around) भी कहा जाता है ।[4]

3. विकेंद्रीकरण मॉडल (Decentralisation Model)

विकेंद्रीकरण मॉडल शासन व प्रशासन का परंपरागत केंद्रीय मॉडल, जो गोपनीयता

व शक्तियों की केंद्रीयता पर बल देता था, का सबसे बड़ा दुष्परिणाम यह निकला कि आम जनता से मिलने वाली वैधता का अभाव हो गया व साथ ही किसी भी प्रयास की सफलता हेतु जनता के समर्थन का अभाव भी इस परंपरागत मॉडल से मिला। इस दुष्परिणाम के फलस्वरूप भागीदारी को बल देने के लिए दायित्वों व शक्तियों की विकेंद्रीयता पर बल दिया जाने लगा।

4. मिशनरी मॉडल (Missionary Model)

कोई भी कार्य मात्र सरकारी पदाधीन व्यक्तियों के एकल प्रयासों से सफल नहीं हो सकता, उसकी सफलता के लिए यह आवश्यक है कि समाज के अन्य संगठनों को इसमें हिस्सेदार बनाया जाए। इसी को आधार बनाते हुए यह मॉडल प्रतिबद्ध कार्यकर्ताओं के संगठित प्रयासों पर बल देता है। इस मॉडल के तहत स्वयंसेवी संगठनों को विकास में अधिक भागीदार बनाया जा रहा है। जैसे हम देख सकते हैं बच्चों तक पौष्टिक भोजन पहुंचने से लेकर महिलाओं को घरेलू हिंसा से बचाने तक के अभियान में सरकार लगातार अनेक स्वयंसेवी संगठनों की मदद ले रही है। ये संगठन न केवल सरकारी नीतियों की जानकारी जनता तक पहुंचाते हैं, बल्कि आकंड़े जमा करने से लेकर जागरूकता अभियान तक के प्रयासों में भागीदारी निभा रहे हैं।

5. सहभागी मॉडल (Interactive Model)

भागीदारी को बढ़ावा देने हेतु यह मॉडल नीति निर्माण, योजना निर्माण और क्रियान्वयन में भागीदारी हेतु जनता को आमंत्रित व प्रेरित करने पर बल देता है। संचार साधनों के युग में यह मॉडल खूब फल-फूल रहा है। अक्सर मीडिया या अन्य संस्थाओं द्वारा सरकारी निर्णयों पर आम जनता के विचारों को जानने का प्रयास किया जाता है, जिसे इस मॉडल के रूप में समझा जा सकता है।

6. शृंखला सहभागी मॉडल (Promotional Model)

शृंखला सहभागी मॉडल सहभागिता का यह मॉडल भागीदारी हेतु प्रयास की सफलता के आधार पर प्रेरणा से संबंधित है। अर्थात् सर्वप्रथम एक योजना को सफलतापूर्ण संपन्न किया जाता है, तत्पश्चात् दूसरी योजना का क्रियान्वयन भी उसी समुदाय में संपन्न कर अन्य समुदायों को सहभागिता के लिए प्रेरित करने पर बल दिया जाता है। इस तकनीक के माध्यम से आम-जन को सरलता से सहभागी बनाना संभव हो पाता है, चूंकि इस सहभागिता में जनता को अपने लाभ प्रत्यक्ष दिख रहे होते हैं।

7. प्रोन्नकारी मॉडल (Promotional Model)

प्रोन्नकारी मॉडल के अंतर्गत नौकरशाह, राजनीतिज्ञ आदि आम व्यक्तियों को विकास में सहभागिता के लिए प्रशिक्षित करते हैं। सहभागिता हेतु सबसे पहली शर्त है कि जनता को उस सहभागिता के लिए प्रशिक्षित किया जाए क्योंकि इस ज्ञान का अभाव ही जनसहभागिता का सबसे बड़ा दुश्मन है। असल में जनता को पता ही नहीं होता कि किस बात की जानकारी किस संस्थान के पास होती है व कार्य को सफल करने के लिए वे किस प्रकार से सहयोग कर सकते हैं। इसी बात को आधार बनाते हुए यह मॉडल नौकरशाह, राजनीतिज्ञ आदि द्वारा आम व्यक्तियों को सहभागिता के लिए प्रशिक्षित करने पर बल देता है।

8. पीपीपी मॉडल (PPP Model)

पीपीपी मॉडल जन-निजी भागीदारी (पीपीपी) एक ऐसा मॉडल है जिसमें सेवाप्रदाय का कार्य निजी क्षेत्र (अलाभकारी/लाभार्थ संगठन) द्वारा किया जाता है, जबकि सेवा प्रदान करने की जिम्मेदारी सरकार पर होती है। इस प्रकार की व्यवस्था में सरकार या तो निजी भागीदार के साथ अनुबंध में शामिल रहती है या निजी क्षेत्र को सेवा प्रदान करने की प्रतिपूर्ति करती है। अनुबंध नई गतिविधियों को तत्परता प्रदान करता है, विशेषकर, जब सेवा प्रदान करने के लिए न तो निजी क्षेत्र और न ही सार्वजनिक उपस्थित क्षेत्र होता है। वास्तव में, पीपीपी को अलग-अलग स्थानों पर अलग-अलग नाम दिए गए हैं। उदाहरणार्थ इंग्लैंड में पीपीपी को "निजी-वित्तीय पहल" के नाम से जाना जाता है। इंग्लैंड, ऑस्ट्रेलिया, न्यूजीलैंड में पीपीपी को "वैकल्पिक वित्तीय एवं क्रय परियोजनाएं", "वैकल्पिक सेवाप्रदाय प्रणाली" के नामों से तथा कनाड़ा में पीपीपी पी-3 के नाम से लोकप्रिय है।

नव लोक प्रशासन व जनसहभागिता
(New Public Administration and People's Participation)

1970 में लोक चयन स्कूल के अधिवक्ता विंसेंट ओस्ट्रॉम (Vincent Ostrom) ने शास्त्रीय प्रतिमानों को चुनौती दी। ओस्ट्रॉम के अतिरिक्त बुकानन, एंथनी डाउन्स, ओपेनहीमर इत्यादि ने भी नौकरशाही को आलोचित किया। इस आलोचना के फलस्वरूप नौकरशाही रूपी तानाशाही के स्थान पर उस लोकतांत्रिक प्रशासन की स्थापना पर बल दिया गया, जो विकेंद्रीकरण, जनसहभागिता, सहयोगी प्रशासन, जागरूक जनता, जनमत एवं निष्पक्ष व स्वतंत्र न्यायपालिका के आधार को मजबूत करती हो। इस प्रकार, लोक चयन सिद्धांत, सहभागिता एवं सहयोगी प्रशासन के

आधार पर नागरिकों को सशक्त बनाता है। लोक चयन प्रशासन नौकरशाही विरोधी विचारधारा है, जो सार्वजनिक सेवाओं की आपूर्ति हेतु निजी स्रोतों के अधिक प्रयोग पर बल देता है। यह प्रशासनिक अधिकार के विकेंद्रीकरण पर बल देती है व प्रशासन में जनसहभागिता का समर्थन करती है एवं लोकतांत्रिक निर्णय प्रक्रिया के विकेंद्रीकरण में विश्वास करती है। पिछले कुछ दशकों में विशेषकर 1960 के बाद, जनसहभागिता शब्द का प्रचलन विकास प्रशासन की अवधारणा के संदर्भ में प्रारंभ हुआ। आज नव लोक प्रशासन में रूढ़िवादी विचारों को नकारते हुए मूल्यों, प्रासंगिकताओं, सामाजिक समता तथा परिवर्तन पर बल दिया जा रहा है। इसके साथ ही नई तकनीकों एवं प्रौद्योगिकी को अपनाकर कुशलता, अर्थव्यवस्था तथा प्रभावशीलता पर बल दिया जा रहा है । शासन के अंतर्गत आज तकनीकी से युक्त शासन ''ई गवर्नेंस'' द्वारा सरकारी सेवाओं, वस्तुओं और सूचनाओं को जन-जन तक सुलभ करवाए जाने का प्रयास किया जा रहा है। इस कारण आज सूचना के अधिकार द्वारा शासन एवं प्रशासन में पारदर्शिता आई है तथा प्रजातंत्र को नई रोशनी मिली है।

भारत में जनसहभागिता से संबंधित कुछ प्रयास
(Some Effects of People's Participation in India)

सरकार की नीतियों, निर्णयों की सफलता एवं जन कल्याणकारी कार्यक्रमों को सफल बनाने के लिए निश्चित तौर पर जनसहभागिता अत्यंत आवश्यक है। लोकतंत्र में जनता की भागीदारी सुनिश्चित करना न केवल लोकतंत्र के अस्तित्व के लिए आवश्यक है बल्कि जनता की जागरूकता की दृष्टि से भी आवश्यक है। इसके लिए भारत सरकार द्वारा जनसहभागिता को सुनिश्चित करने हेतु कई निम्नलिखित पहलें की गई हैं।

1. स्थानीय स्वशासन और पंचायतीराज
(Local&Self Governance and Panchayati Raj)

स्थानीय स्वशासन और पंचायतीराज स्थानीय स्वशासन की संकल्पना लोकतंत्र में जनसहभागिता का एक महत्त्वपूर्ण साधन है। भारत में 73वां – 74वां संशोधन, जन सहभागी शासन व्यवस्था में पंचायतीराज वह माध्यम है जो शासन को सामान्य जनता के दरवाजे तक लाता है।[6] पंचायतीराज व्यवस्था में स्थानीय जनता की समस्याओं का स्थानीय पद्धति से समाधान किया जाता है। अतः इस अर्थ में भागीदारी की प्रक्रिया के माध्यम से जनता को प्रत्यक्ष व परोक्ष रूप से शासन

व प्रशासन का प्रशिक्षण स्वयं ही प्राप्त होता है। भारत में यदि विकेंद्रीकरण के प्रयासों पर प्रकाश डाला जाए तो ब्रिटिश शासनकाल में भी कुछ ऐसे पहलू उजागर होते हैं जो स्थानीय, ग्रामीण शासन को सुदृढ़ करते प्रतीत होते हैं; जैसे-लार्ड रिपन द्वारा स्वयं स्थानीय सरकार के सुधार से संबंधित प्रयास किए गए, जिसमें उन्होंने मुख्य तीन पहलुओं पर बल दिया-(1) प्रशासनिक क्षमता का विकास। (2) राजनीतिक शिक्षा का प्रचार एवं प्रसार। (3) मानव विकास में वृद्धि करना। इसके साथ ही कई और कमिटियां जो विकेंद्रीकरण को सुदृढ़ करने से संबंधित थी जैसे रॉयल कमीशन ऑफ द डिसेंट्रलाइजेशन। परंतु ब्रिटिश शासन द्वारा किए गए यह सभी प्रयास असफल रहे क्योंकि यह सभी पदसोपानीय प्रशासनिक संरचना पर बल देते थे।

2. पंचायत (अनुसूचित क्षेत्रों पर विस्तार) अधिनियम,1996

(Panchayat (Extension to Scheduled Areas) Act, 1996)

पंचायत (अनुसूचित क्षेत्रों पर विस्तार) अधिनियम,1996 संविधान के अनुच्छेद 243(ड) में उल्लिखित समर्थकारी उपबंधों के अनुसरण में, संसद ने पंचायत(अनुसूचित क्षेत्रों पर विस्तार) अधिनियम,1996 पारित किया। इस अधिनियम में संविधान के अनुच्छेद 244 के खंड(1) के यथा-निर्दिष्ट अनुसूचित क्षेत्रों में संविधान के भाग IX के पंचायतों से संबंधित उपायों को लागू करने का प्रयास किया गया और राज्यों से कहा गया कि वह उस भाग(अर्थात् संविधान के भाग-IX) के अंतर्गत ऐसा कानून न बनाएं जो अधिनियम की धारा-4 में दी गई विशेषताओं के अनुरूप न हो। (*अधिक जानकारी के लिए कृपया पाठ 7 देखें*)

- संविधान के अनुच्छेद 243(ड) में उल्लिखित समर्थकारी उपबंधों के अनुसरण में, संसद ने पंचायत अधिनियम,1996 पारित किया। इस अधिनियम में संविधान के अनुच्छेद 244 के खंड(1) के यथा-निर्दिष्ट अनुसूचित क्षेत्रों में सविधान के भाग IX के पंचायतों से संबंधित उपायों को लागू करने का प्रयास किया गया और राज्यों से कहा गया की वह उस भाग (अर्थात् संविधान के भाग-IX) के अंतर्गत ऐसा कानून न बनाए जो अधिनियम की धारा-4 में दी गई विशेषताओं के अनुरूप न हो।
- 22 दिसंबर 1992 को लोक सभा व 23 दिसंबर 1992 को राज्य सभा में पंचायतीराजय अधिनियम पारित होकर राज्यों से अनुसमर्थ होकर भेजा गया। 20 अप्रैल 1993 को राष्ट्रपति के हस्ताक्षर के पश्चात् 23 अप्रैल 1993 से संपूर्ण भारतवर्ष में 73वां संविधान संशोधन लागू किया गया।

3. अनुसूचित जनजाति एवं अन्य परंपरागत वन निवासी (वन अधिकारों की मान्यता) अधिनियम 2006

(The Scheduled Tribes and Other Traditional Dwellers (Recognision of Forest Rights) Act 2006)

भारतीय संसद में पारित अनुसूचित जनजाति एवं अन्य परंपरागत वन निवासी (वन अधिकारों की मान्यता) अधिनियम 2006 देश के आदिवासियों और अन्य वन निवासियों के कठिन एवं दीर्घकालिक संघर्ष में एक युगांतकारी घटना है। भारतीय वन के इतिहास में पहली बार राज्य ने औपचारिक तौर पर यह स्वीकार किया कि लंबे समय तक वनों में रहने वालों को उनके अधिकारों से वंचित रखा गया है और नया वन अधिनियम न सिर्फ उस ऐतिहासिक अन्याय को दूर करने की कोशिश करता है, बल्कि प्रबंधन में वन समुदायों की भूमिका को भी प्रमुखता देता है।

4. नागालैंड में सेवाओं का सामुदायिकरण

(Communitisation of Public Services in Nagaland)

नागालैंड में सेवाओं का सामुदायिकरण सामुदायिकरण, सरकार और समुदाय के बीच, सार्वजनिक संस्थाओं और सेवाओं के प्रबंधन में जिम्मेदारी बांटने के लिए भागीदारी है। नागालैंड सार्वजनिक संस्थान और सेवा अधिनियम, 2002 में सामुदायिक प्रतिनिधित्व के लिए बोर्ड अथवा समिति का गठन किया जाना था, जो शिक्षा, स्वास्थ्य, स्वच्छ जलापूर्ति के क्षेत्र में सार्वजनिक सुविधा का उपयोग करती हैं। इसी अधिनियम के अंतर्गत राज्य सरकार की शक्तियों और कार्यों को प्राधिकरणों को सौपना था। प्राधिकरणों की यह जवाबदेही तय की गई कि वे सार्वजनिक सेवाओं का प्रबंधन करें। राज्य सरकार को ऐसे प्राधिकरणों के लिए निधि का सृजन करना था ताकि ऐसी सार्वजनिक सुविधाओं से जुड़े कर्मियों को वेतन तथा अन्य सेवाओं के प्रबंधन संबंधित व्यय के लिए संसाधन उपलब्ध हों, इस अधिनियम के तहत प्रत्येक क्षेत्र के लिए नियम निर्धारित किए गए।

5. सूचना का अधिकार (Right to Information)

सूचना के अधिकार को सहभागिता प्रशासन को मजबूत करने की एक कुंजी के रूप में देखा जाता है। यही वह अधिकार है जिससे लोगों में जन-केंद्रित अभिशासन की शुरुआत हुई, क्योंकि सूचना की सुलभता से नागरिक सरकारी नीतियों और कार्यों के बारे में सूचना की मांग करने और प्राप्त करने में समर्थ हो गए हैं। सरकारी संगठनों को अधिक पारदर्शी और अधिक उद्देश्यपरक ढंग से कार्य करने

में, यह अधिकार सहयोग करता है। इसके फलस्वरूप आज नागरिकों की शासन प्रक्रिया में प्रभावी ढंग से भागीदार संभव हो पाई है। सूचना का अधिकार भारत की संसद द्वारा पारित एक कानून है। यह 12 अक्टूबर 2005 को लागू हुआ। यह कानून भारत के सभी नागरिकों को सरकारी फाइलों/रिकॉर्ड्स में दर्ज सूचना को देखने और उसे प्राप्त करने का अधिकार देता है। आरटीआई अधिनियम पूरे भारत में लागू है (जम्मू और कश्मीर राज्य के अलावा); जिसमें सरकार की अधिसूचना के तहत आने वाले सभी निकाय शामिल हैं। इसमें ऐसे गैर-सरकारी संगठन भी शामिल हैं; जिनका स्वामित्व, नियंत्रण अथवा आंशिक निधिकरण सरकार द्वारा किया गया है। सूचना के अधिकार को संविधान में मौलिक अधिकार का दर्जा दिया गया है। आरटीआई का अर्थ है सूचना का अधिकार और इसे संविधान की धारा 19(1) के तहत एक मौलिक अधिकार का दर्जा दिया गया है। धारा 19(1), जिसके तहत प्रत्येक नागरिक को बोलने और अभिव्यक्ति की स्वतंत्रता दी गई है और उसे यह जानने का अधिकार है कि सरकार कैसे कार्य करती है, इसकी क्या भूमिका है? इसके क्या कार्य हैं आदि। सूचना का अधिकार अधिनियम प्रत्येक नागरिक को सरकार से प्रश्न पूछने का अधिकार देता है और इसमें टिप्पणियां, सारांश अथवा दस्तावेजों या अभिलेखों की प्रमाणित प्रतियों या सामग्री के प्रमाणित नमूनों की मांग की जा सकती है। सभी इकाइयों/विभागों, जो संविधान या अन्य कानूनों या किसी सरकारी अधिसूचना के अधीन बने हैं अथवा सरकार द्वारा नियंत्रित या वित्तपोषित किए जाते हों, वहां से संबंधित सूचना मांगी जा सकती है। सरकार से किसी भी प्रकार की भी सूचना मांग सकते हैं। सरकारी निर्णय की प्रति ले सकते हैं। सरकारी दस्तावेजों का निरीक्षण कर सकते हैं। सरकारी कार्य का निरीक्षण कर सकते हैं।

6. दिल्ली में भागीदारी योजना (Bhagidari Scheme in Delhi) दिल्ली सरकार द्वारा वर्ष 2000 में नागरिक केंद्रिक प्रशासन को मजबूत बनाने के उद्देश्य से भागीदारी-योजना की शुरुआत की गई थी, जिसे पूरे दिल्ली में परिवर्तन को सुगम बनाने का एक साधन माना गया है; जिससे प्रशासन में पारदर्शिता और जवाबदेयता लाई जा सकी।

वर्ष 2000 में शुरू की गई पहल के फलस्वरूप विभिन्न भागीदारी कार्यशालाओं में भाग लेने के बाद 2000 से अधिक नागरिक समूह शासन में भागीदार बनें। भागीदारी से वे न केवल अपने दिन-प्रतिदिन की समस्याओं को हल करने में सफल हुए, बल्कि सार्वजनिक यूटिलिटि विभागों में सेवाओं के अनुकरण और

उन्नयन में भी सहायता प्रदान कर रहे हैं; जैसे–स्वच्छ यमुना अभियान, प्लास्टिक थैलों के लिए इनकार करें और दिवाली पर पटाखे नहीं अभियानों का सफल कार्यान्वयन संभव बन पाया है। आरडबल्यूए द्वारा लाइट चालू करना/बुझाना, आरडबल्यूए द्वारा अपनी रिहायशी कालोनी में मीटर रीडिंग इत्यादि जैसी पहल से नागरिकों की भागीदारी सुनिश्चित की।

जनसहभागिता में बाधाएं (Obstacles in People's Participation)

शासन को मजबूती देने वाले मुख्य साधन के रूप में जनसहभागिता के महत्त्व को विकासशील से लेकर विकसित देशों की सरकारों ने स्वीकार किया है। परंतु भारत जैसे विकासशील देशों के संदर्भ में हम पाते हैं कि कई ऐसी बाधाएं हैं जो जनता व सरकार के मध्य मजबूत संबंध को क्षति पहुंचाती हैं। प्रशासन द्वारा लिए जाने वाले निर्णयों व निर्मित होने वाली नीतियों में जनता के सुझावों की पूर्ति तभी की जा सकती है, जब उस देश की जनता अक्षर ज्ञान के साथ आलोचनात्मक चिंतन से भी युक्त हो। भारत में अभी भी साक्षरता की दर 60–70 प्रतिशत ही पहुंच सकी है। उसमें भी महिला साक्षरता दर व पुरुष साक्षरता दर में अंतर है। अर्थात् जनसहभागिता की राह में सबसे बड़ी बाधा अशिक्षा है। शिक्षा का अभाव और इस के साथ जागरूकता की कमी भी बड़ा मसला है। सरकार की नई योजनाओं के प्रति जनता की अजागरूकता योजना की विफलता का आधार भी बनती है। इसके अतिरिक्त, जनता में राजनीतिक व सामाजिक सहभागिता के प्रति अरुचि भी सहभागिता की राह में बाधा खड़ी करती है। सामान्य जन द्वारा यह सोचना कि उनकी भागीदारी होने या न होने से किसी प्रकार का प्रभाव नहीं पड़ता, यह सोच राजनीतिक पहलकदमियों को उदासीन बना देती है। इसी उदासीन सोच से ग्रस्त लोग कई बार अपने वोट के अधिकार का प्रयोग तक नहीं करते। सामान्य जन सभाओं में चर्चा के लिए जाना, अपने सुझाव पेश करना, अपनी मांगों के लिए सरकार पर दबाव बनाना इत्यादि ऐसी गतिविधियां हैं, जिसके लिए जनता का सामाजिक व राजनीतिक रूप से जागरूक होना अति आवश्यक है। वहीं नौकरशाही की जनता के कार्यों व जनता की भागीदारी के प्रति नकारात्मक प्रवृत्तियों व स्वयं को श्रेष्ठ समझना भी जनता के मन में उदासीनता के भाव का प्रवाह करती है। हित समूहों व दबाव गुटों की कमी भी जनसहभागिता को विस्तृत धरातल पर नहीं आने देती। विकासशील देशों में जहां लोकतंत्र अपनाया जा चुका है, वहां भी विविध प्रकार के दबाव गुटों की कमी

व इनके उद्‌भव के प्रति समाज की उदासीनता जनसहभागिता के लिए तैयार होने वाले मंच को क्षीण करती है। अशिक्षा, जागरूकता की कमी, नौकरशाही रवैया, राजनीतिक दलों व दबाव गुटों का अभाव ऐसे कारक हैं, जो प्रजातंत्र के मूल "सहभागिता" को सही अर्थों में प्राप्त होने से रोकते हैं।

निष्कर्ष (Conclusion)

भारत में सामुदायिक विकास कार्यक्रम को जब 1950 में प्रस्तावित किया गया तभी से इस बात पर ध्यान दिया गया कि गांधीजी के दर्शन को वास्तविक रूप देते हुए प्रत्येक गांव रूपी इकाई को आत्मनिर्भर बनाया जाए। इसके पश्चात् 73वें व 74वें संविधान संशोधन द्वारा स्वशासन को बल प्रदान किया गया। सूचना का अधिकार व ई-गवर्नेंस के द्वारा सहभागिता को अधिक मजबूत किए जाने का प्रयास किया जा रहा है। जनसहभागिता को बढ़ावा देने हेतु टीईआरआई प्रतिवेदन (TERI Report)[6] कुछ सुझाव पेश करती है: जैसे–सभी राज्यों में सीपीएल अर्थात् जनसहभागिता कानून (Community Participation Law) स्थापित किया जाना चाहिए और सभी शहरों व जिलों में वार्ड समुदायों की स्थापना की जानी चाहिए, जिनकी जनसंख्या एक लाख या उससे अधिक हो। दूसरा, क्षेत्र प्रतिनिधि नगर राज्य कानून के तहत चुना जाना चाहिए। इसी के साथ 74वें संविधान संशोधन के तहत, जिन 18 विषयों के माध्यम से नगरपालिका को शक्ति प्रदान की गई है, वे विषय वार्ड समुदाय व क्षेत्र सभा को भी प्रदान किए जाने चाहिए। समुदाय विशेष की प्रवृत्तियों एवं व्यवहार की समीक्षा करनी चाहिए। इसमें समुदाय के भिन्न समूहों के बीच गतिशीलता एवं समाज की बेमेल प्रकृति को समझने का प्रयास करना होगा। जनमानस से बातचीत करके समुदाय विशेष के बारे में व्यावहारिक सामुदायिक योजना बनाने में मदद मिलेगी। जनमानस के सुझावों व आपत्तियों को कार्ययोजना में शामिल किया जाना चाहिए।

ये सब प्रयास इस बात का समर्थन करते हैं कि भारतीय प्रशासन लगातार जनता की भागीदारी के प्रति अधिक से अधिक संवेदनशील हो रहा है। यही एक कारण है कि भारत में कई ऐसे प्रयास संभव हो पाए हैं जो न केवल स्वयंसेवी संगठनों के प्राथमिक प्रयासों का फल हैं, बल्कि उनकी सफलता का एक बड़ा हिस्सा जनता के सहयोग को जाता है। इन प्रयासों की सूची में गंगा बचाओ अभियान, स्वच्छ भारत अभियान, जल संरक्षण अभियान, इत्यादि को शामिल किया जा सकता है। जन साधारण की भागीदारी से संभव हुए अनेक

में से कुछ प्रयास हैं जैसे–ताज त्रपेजियम जोन वाद[7], दी कानपूर टैनररीज वाद[8], दिल्ली वेहिकुलर पोल्यूशन वाद[9], वेल्लोरे सिटीजन्सफोरम वाद[10], इत्यादि ऐसे उदाहरण हैं जो जनता की भागीदारी और पर्यावरण के प्रति लगाव को दिखाते हैं।

संदर्भ-ग्रंथ (References)

[1] भार्गव, राजीव एवं अशोक आचार्य, (2016), *राजनीतिक सिद्धांत : एक परिचय.* कमल नयन द्वारा अनुवादित, पियर्सन, नई दिल्ली।

[2] Azizan Marzuki, (2015). 'Challengesa in the Public Participation and the Decision Making Process', Sociologija I prostor, Vol. 53, No. 1 (201), pp. 21-39.

[3] गुप्ता, सुनील एवं कमल कुमार सिंह, (2012), *सुशासन*, नेशनल बुक ट्रस्ट, नई दिल्ली।

[4] *वहीं*

[5] DeSouza P. R., (2002), “Decentralization and Local Government: The ‘Second Wind’ of Democracy in India”, In Zoya Hasan, Eswaran Sridharan, R. Sudarshan (eds.) India’s Living Constitution: Ideas, Practices, Controversies, Delhi : Permanent Black, pp. 372.

[6] Ministry of Urban Development, Government of India, Enhancing Public Participation through Effective Functioning of Area Sabha, (Project Report No. 2009UD04), The Energy and Resources Institute, New Delhi, 2010.

[7] M.C. Mehta (Taj Trapezium Matter) v. Union of India,(1997) 2 SCC 353.

[8] M.C. Mehta v. Union of India (Kanpur Tanneries) 1988 AIR 1115; 1988 SCR (2) 530

[9] M.C. Mehta v. Union of India, WP 13029èk1985

[10] Vellore Citizens Welfare Forum v. Union of India, WP 914èk1991

Acemoglu, Daron, and Jamesa A., Robinson, (2006), Economic Origins of Dictatorship and Democracy, Cambridge Books, Cambridge University Press.

Agere, Sam, (2000), Promoting Good Governance: Principles, Practices and Perspectives, Management and Training Division, Commonwealth Secretariat. UK.

Bhargava, R., and A. Acharya, (2008). Political Theory: An Introduction. Pearson Education India, New Delhi.

Bulkeley, Harriet and Arthur P.J. Mol, (2003), 'Participation and Environmental Governance: Consensus, Ambivalence and Debate', Environmental Values Vol. 12, No. 2, May, pp. 143–54.

Chakrabarty, B., and P. Chand, (2012), Public Administration in a Globalizing World: Theories and Practices, Sage, New Delhi.

Davies, A, (2001), ‘What Silence Knows – Planning, Public Participation and Environmental Values’, Environmental Values, Vol. 10, No. 1, February, pp. 77–102.

Du Plessis, A., (2008), ‘Public Participation, Good Environmental Governance and Fulfillment of Environmental Rights’, Potchefstroom Electronic Law Journal, Vol. 11, No. 2, pp. 170-201.

Fischer, F., (2000), Citizens, Experts and the Environment, Duke University Press, Durham, NC, p.222.

Heritier, P. & Silvestri P. (Eds.), Good government, Governance, Human Complexity. Luigi Einaudi's legacy and Contemporary Societies, Leo Olschki, Firenze, 2012.

Irvin, R. A., & Stansbury, J., (2004), 'Citizen Participation in Decision Making: Is it Worth the Effort?', Public Administration Review, Vol. 64, No. 1, pp. 55-65.

Khan, Mushtaq Husain, George Giacaman and Inge Amundsen (Eds.) (2004), State Formation in Palestine: Viability and Governance During a Social Transformation, Routledge, London.

Marzuki, Azizan, (2015), "Challenges in the Public Participation and the Decision Making Process", Sociologija I prostor, Vol. 53, No. 1 (201), pp. 21-39.

Ministry of Urban Development, Government of India, Enhancing Public Participation through Effective Functioning of Area Sabha, (Project Report No. 2009UD04) The Energy and Resources Institute, New Delhi, 2010.

Owens, Susan, (2000), 'Engaging the Public: Information and Deliberation in Environmental Policy', Environment and Planning A, Vol. 32, pp. 1141–8.

Pellizzoni, L., (2003), 'Uncertainty and Participatory Democracy', Environmental Values, Vol. 12, No. 2, pp. 195-224.

Pring, G. and S.Y. Noé, (2002), 'The Emerging International Law of Public Participation Affecting Global Mining, Energy, and Resource Development' in D.M. Zillman,, A. Lucas and G. Pring, (eds) Human Rights in Natural Resource Development: Public Participation in the Sustainable Development of Mining and Energy Resources, Oxford University Press, Oxford.

Rowe, G. and L.J. Frewer, (2005), "A Typology of Public Engagement Mechanisms", Science, Technology, & Human Values, Vol. 30, No. 2, pp. 251-290.

Thayyil, N., (2016), Public Participation in Environment Clearances in India: Prospect for Democratic Decision-Making. Journal of the Indian Law Institute, Vol. 56, No. 4, pp. 463-92.

9

सार्वजनिक सेवा प्रदायगी

Public Service Delivery

शरद कुमार यादव
कंचन शर्मा

महत्त्वपूर्ण शब्द सार्वजनिक सेवा, सेवा प्रदायगी, ढांचा, नागरिक सहभागिता, सावर्जनिक नीति।

कथ्य *सार्वजनिक सेवा प्रदायगी विश्व की किसी भी शासन व्यवस्था के सर्वांगीण विकास, उत्तम एवं गुणवत्तापूर्ण अभिशासन का मुख्य आधार होती है और एक राष्ट्र के नागरिकों के जीवन के संपूर्ण विकास के लिए महत्त्वपूर्ण भी है। राष्ट्र- राज्य की जिम्मेदारी बनती है कि वह अपने नागरिकों को प्रभावी, सुचारू और संगतपूर्ण वस्तुएं व सार्वजनिक सेवाएं सहजता से मुहैया कराएं, जिससे राज्य में समावेशी और न्यायपूर्ण समाज का निर्माण हो सके। वैश्विक स्तर पर, विशेषकर विकासशील देशों में इस बात पर विशेष रूप से ध्यान दिया जा रहा है। इस अध्याय का प्रमुख उद्देश्य यही जानना है कि सार्वजिक सेवा प्रदायगी का महत्त्व खासकर के भारतीय बाजार अर्थव्यवस्था के दौर में कितना प्रासंगिक है? सार्वजनिक सेवा प्रदायगी देश विकास और व्यक्तित्त्व विकास के लिए कितनी महत्त्वपूर्ण है? और भारत सरकार द्वारा इसे प्रभावी बनाने हेतु क्या-क्या प्रयास किए जा रहे हैं? वह कौन-सी ऐसी नीतियां और कानून हैं जो सार्वजनिक सेवा प्रदायगी को मजबूत बनाते हैं? और अंत में, सार्वजनिक सेवा प्रदायगी के क्रियान्वयन में रूकावट के कारकों का विश्लेषण किया गया है साथ ही, इसके सुधार के लिए संभावित प्रयासों पर भी चर्चा की गई है।*

पिछले कुछ दशकों से शासन पद्धति को जनकेंद्रित, पारदर्शी, जन-सुलभ व सहज बनाने हेतु राष्ट्रीय एवं वैश्विक स्तर पर विशेष रूप से ध्यान दिया जा रहा है। राष्ट्र-राज्य की यह एक महत्त्वपूर्ण जिम्मेदारी है कि अपने नागरिकों तक गुणवत्तापूर्ण वस्तुओं व सेवाओं की पहुंच सरल व सहज बनाए। सार्वजनिक सेवाओं की प्रदायगी न केवल व्यक्ति के जीवन की

गुणवत्ता को प्रभावित करती है बल्कि अभिशासन का भी एक महत्त्वपूर्ण आयाम है। अभिशासन के अंतर्गत, सरकार व सामाजिक संगठन के मध्य अंर्तसंबंध, नागरिकों को प्रदान की जाने वाली सेवाओं व प्रदायगी की गुणवत्ता, जन संसाधनों के प्रबंधन की गुणवत्ता तथा लोक नियामक शक्तियों का प्रयोग जैसे आयामों के आधार पर अभिशासन की सफलता को आंका जाता है। एक सफल व गुणवत्तापूर्ण अभिशासन के लिए ये सभी पहलू चुनौतीपूर्ण हैं, इसलिए एक सफल अभिशासन की तुलना किसी राष्ट्रीय राज्य के नागरिकों को राजनीतिक वस्तु–सामग्रियों के प्रबंधन, आपूर्ति एवं प्रदायन से की जा सकती है। राजनीतिक वस्तु–सामग्रियां अनेक हैं, जिसमें शामिल हैं- जन सुरक्षा, कानून का शासन, राजनीतिक–सामाजिक सहभागिता एवं स्वतंत्रताएं, चिकित्सा एवं शिक्षा, संचार नेटवर्क, मुद्रा एवं बैंकिंग प्रणाली, वित्तीय एवं संस्थात्मक संदर्भ, नागरिक समाज के लिए सहायता, पर्यावरण के सामान्य तत्त्वों की साझेदारी के बारे में नियमन इत्यादि। इसी के साथ अभिशासन की प्रथा सामुदायिक मूल्यों, औपचारिक परंपराओं, स्वीकृत कार्य प्रथाओं या अलिखित आचार–संहिताओं द्वारा भी शासित होती है।

सार्वजनिक सेवा प्रदायगी : अर्थ व संदर्भ
(Public Service Delivery: Meaning and Context)

सार्वजनिक सेवा प्रदायगी अभिशासन के सबसे महत्त्वपूर्ण आयामों में से एक है। ये किसी भी देश की अधिसंख्य आबादी की जीवनचर्या को प्रभावित करती है, इसलिए किसी भी सरकार की यह जिम्मेदारी बनती है कि सार्वजनिक सेवाओं और वस्तुओं को अपने नागरिकों तक आसानी से सुलभ करवाए। इस लक्ष्य को प्राप्त करने हेतु राज्य के समावेशी विकास और सतत–आर्थिक विकास में सार्वजनिक सेवा प्रदायगी की महत्त्वपूर्ण भूमिका होती है। अभिशासन का मुख्य उद्देश्य एक ऐसे वातावरण को तैयार करना है, जिसमें सभी नागरिक, चाहे वे किसी भी वर्ग, जाति और लिंग के हों, अपनी पूर्ण क्षमता का विकास कर सकें। इसके अतिरिक्त उत्तम शासन का उद्देश्य नागरिकों को प्रभावी, सुचारू और संगतपूर्ण सार्वजनिक सेवाएं प्रदान करना भी है। इस पहलू पर विस्तार से चर्चा करने से पूर्व सार्वजनिक सेवा व निजी सेवा के अर्थों व संदर्भों को समझा जाना आवश्यक है जिसकी चर्चा उसमें की गई है।

सार्वजनिक सेवा : सार्वजनिक सेवा प्रदायगी को समझने से पूर्व सार्वजनिक सेवा को समझना नितांत आवश्यक है। सार्वजनिक सेवा वे सेवाएं होती हैं

जो जनता के धन से वित पोषित होती हैं। सार्वजनिक सेवाएं राज्य द्वारा या राज्य की ओर से स्वैच्छिक व सामुदायिक संगठनों द्वारा या निजी क्षेत्र की कंपनियों द्वारा प्रदान की जा सकती हैं।[1] सार्वजनिक क्षेत्र की सेवाओं में केंद्रीय एवं स्थानीय सेवाएं जैसे - पेयजल, बिजली, शिक्षा, खाद्य आपूर्ति एवं स्वास्थ्य सेवाओं के प्रदायन से लेकर विशेषज्ञ सेवाओं जैसे सामाजिक रूप से बहिष्कृत समूहों के लिए शिक्षण एवं प्रशिक्षण के अवसर मुहैया कराना इत्यादि तक शामिल होते हैं; इसका उद्देश्य देश के प्रत्येक नागरिक के संपूर्ण व्यक्तित्त्व का विकास करना होता है[2]।

सार्वजनिक सेवाओं को तीन वृहत भागों में वर्गीकृत किया जा सकता है:[3]

1. *आवश्यक जनोपयोगी सेवा अथवा बुनियादी सेवाएं* जैसे बिजली, गैस, जल, साफ-सफाई का प्रावधान, दूर-संचार एवं सड़कें इत्यादि का प्रावधान।
2. *सामाजिक सेवाएं* जैसे स्वास्थ्य, वृद्ध व बाल देखभाल, शिक्षा, आवास, सामाजिक कल्याणकारी कार्यक्रम (सामाजिक सुरक्षा एवं गरीबी उन्मूलन कार्यक्रम), इत्यादि।
3. *नियामक सेवाएं* जैसे संपत्ति के अधिकार और स्वाधिकार की औपचारिकता के लिए भूमि रजिस्ट्री प्रणाली, लाइसेंस और परमिट जारी करना, पर्यावरण मानक एवं सुरक्षा की स्थापना, कानून का प्रवर्तन और संहिताकरण।

1. सार्वजनिक सेवा बनाम निजी सेवा
(Public Service versus Private Service)

सार्वजनिक सेवा और निजी सेवा में कुछ बुनियादी अंतर हैं, जिसे समझना अपरिहार्य है। 1990 के दशक के शुरुआती चरणों में उदारीकरण और निजीकरण के बढ़ते प्रभाव के कारण राष्ट्रीय व अंतर्राष्ट्रीय स्तर पर सरकारों व वित्तीय संस्थाओं ने बुनियादी ढांचे के विकास और सेवा प्रदाय के लिए निजीकरण के मॉडल को लागू करने का प्रयास किया। मुख्य रूप से विकासशील देशों में इस मॉडल को कई समस्याओं के समाधान के रूप में प्रस्तुत किया गया। इस मॉडल में सार्वजनिक क्षेत्र को सामान्य रूप से अक्षम, भ्रष्ट व कम निवेश क्षमता के साथ ही कुप्रबंधन और तकनीकी रूप से अकुशल माना माना गया। इसके परिणामस्वरूप निजी सेवाओं का दायरा बढ़ता चला गया। हालांकि यहां यह समझा जाना आवश्यक है कि सार्वजनिक सेवाएं कई आधारों पर निजी क्षेत्र की सेवाओं से बेहद अलग हैं। सार्वजनिक सेवा जहां पूरी तरह से गैर-वाणिज्यिक अर्थात् गैर-लाभ पर आधारित है, जबकि निजी सेवा का बल अत्यधिक मुनाफा कमाने पर रहता है; जिससे समाज और बाजार में प्रतिस्पर्धा को बढ़ावा मिलता

है। निजी सेवा की तुलना में सार्वजनिक सेवाओं में प्रतिस्पर्धा की कमी पाई जाती है। जिसके फलस्वरूप सार्वजनिक सेवाओं में निष्पक्षता व समानता को आधार बना कर ग्राहकों के लाभ के प्रति अधिक झुकाव होता है।

2. सेवा प्रदाता व नागरिक के मध्य संबंध[4]

(Relationship Between Service Provider and Citizens)

सार्वजनिक सेवा वितरण प्रणाली के सुधार पर अंतर्राष्ट्रीय और राष्ट्रीय स्तर पर उपलब्ध तुलनात्मक साहित्यों में सेवा प्रदाता और नागरिक के बीच संबंध की अधिमानित परिभाषाओं में एक सामान्य नामकरण का अभाव है। पक्षकार, ग्राहक, उपभोक्ता और नागरिक जैसे शब्दों का विभिन्न अवसरों पर अदल-बदल कर प्रयोग करने से भ्रम की स्थिति पैदा होती है। समय के साथ-साथ सामान्य नागरिक के सेवा प्रदाता संबंध के क्रमिक विकास को तालिका 9.1 के माध्यम से समझा जा सकता है।

तालिका 9.1 : आम-जन और सार्वजनिक सेवा के बीच संबंध[5]

जन-समुदाय के सदस्यों का विवरण	सेवा संबंध आकार लेता है
पक्षकार	ग्राहकों पर पेशेवर का प्रभाव
ग्राहक	संगठन के प्रयोग में ग्राहक का अनुभव
उपभोक्ता	प्रदाय किए गए उत्पाद या सेवा में उपभोक्ता के हित
नागरिक	ऐसे सार्वजनिक निर्यणों के प्रभाव की नागरिक चिंता, जो उनके जीवन की गुणवत्ता को प्रभावित करती है ।

(स्रोत: World Bank- 2006- India & Reforming public services in India & Drawing Lessons from Success-Washington, DC: World Bank.)

विश्व बैंक रिपोर्ट 2004 में जन-सेवा प्रदायगी के अंतर्गत चार महत्त्वपूर्ण विशेषताओं को रेखांकित किया गया है : (1) प्रतिनिधित्व, (2) आर्थिक प्रबंध, (3) कार्य निष्पादन, (4) कार्य निष्पादन संबंधी सूचना व सुलभता। विश्व बैंक का मानना है कि इन सभी आयामों को शामिल करते हुए सार्वजनिक सेवा प्रदायगी को मजबूत आधार प्रदान किया जा सकता है। वहीं सेवा प्रदायगी की शृंखला में विश्व बैंक ने अपनी रिपोर्ट में विभिन्न कर्ताओं की चार महत्त्वपूर्ण भूमिकाओं को भी वर्णित किया है। ये इस प्रकार हैं:[6]

1. **जनता/ग्राहक :** छात्रों, रोगियों, राशन कार्ड धारकों, पेंशनधारियों व व्यापारियों के रूप में कोई भी सेवा प्राप्त करता है।
2. **राजनीतिज्ञ/नीति निर्माता :** राजनयिक अधिकारियों जैसे मंत्री और स्थानीय निकायों के निर्वाचित पदाधिकारी, इसमें शामिल हैं।

3. **सांगठनिक प्रदाता :** प्रबंधन के स्तर पर सिविल सेवकों, जिसके पास सेवाओं को प्रदान करने का अधिकार और आदेश है।
4. **अग्रणी पेशेवर :** सेवा प्रदाताओं जो खंड विकास अधिकारी, डॉक्टर, नर्स, पुलिस अधिकारी, शिक्षक, खाद्य निरीक्षक, आईसीडीएस कार्यकर्ता आदि, जो सेवाओं के वास्तविक वितरण में लगे रहते हैं।

सार्वजनिक सेवा प्रदायगी में जनता/ग्राहक, राजनीतिज्ञ/नीति निर्माता, सांगठनिक प्रदाताओं और अग्रणी पेशवरों की अलग अलग भूमिका होती है। जिनके बीच जवाबदेयता का संबंध स्थापित होता है और एक दूसरे के प्रति जवाबदेह होते हैं। जवाबदेयता के संबंध की पाँच प्रमुख विशेषताएं हैं: प्रत्यायोजन (Delegating), वित्तीयन (Financing), प्रदर्शन (Performing), सूचना (Informing), और लागू करना (enforcing)। जिसे निम्न चित्रण के माध्यम से समझा जा सकता है।[7]

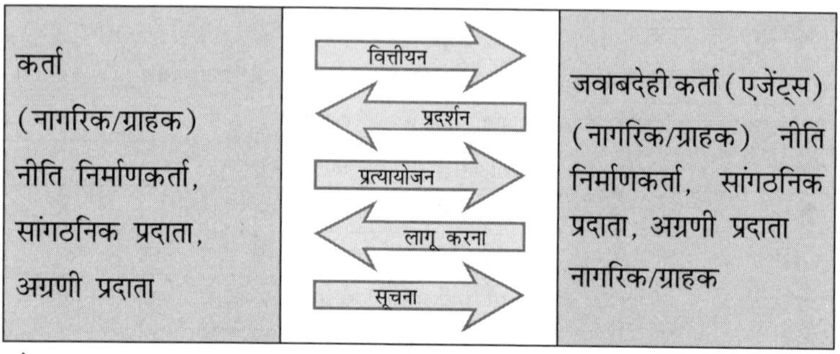

(स्रोत: World Bank- 2006. India - Reforming Public Services in India - Drawing Lessons from Success. Washington, DC: World Bank.)

नौकरशाही व सार्वजनिक सेवा प्रदायगी
(Bureaucracy and Public Service Delivery)

आधुनिक विश्व में जनता की सहभागिता सुनिश्चित करने तथा समावेशी विकास को सुनिश्चित करने में लोक सेवाओं की निर्णायक भूमिका है। आधुनिक कल्याणकारी शासन व्यवस्थाओं में लोक सेवा एक महत्त्वपूर्ण कड़ी के रूप में है, जिसे संपूर्ण विकास तंत्र का मुख्य आधार माना जा सकता है। राज्य की मुख्य गतिविधियों को जनसाधारण में संचालित करने एवं प्रत्येक व्यक्ति तक विविध सार्वजनिक सुविधाएं सुलभ करवाने के लिए लोक सेवाओं की जरूरत प्राचीनकाल से ही अनुभव की जाती रही है। मानव सभ्यता और संस्कृति के विकास के साथ ही राजतंत्रात्मक व्यवस्थाओं में लोक सेवाएं प्रारंभ हो गई थीं।

ये लोक सेवाएं राजनीतिक सत्ता की नीतियों एवं कार्यक्रमों को न केवल निष्पादित करती हैं, अपितु राजनीतिक सत्ता को आवश्यक सूचना तथा परामर्श भी उपलब्ध करवाती हैं। जनता तक सेवाओं की आपूर्ति से लेकर उनकी संतुष्टि व प्रशासन को पुनर्निवेशन की प्रक्रिया तक लोक सेवा अपनी अहम भूमिका निभाती है।

1990 के दशक से वैश्वीकरण, उदारीकरण एवं निजीकरण की संकल्पनाओं के अस्तित्त्व में आने एवं उनके कार्यशील होने के परिणामस्वरूप नव-उदारवादी राज्य का उदय हुआ। इसके परिणामस्वरूप राज्य सामाजिक-आर्थिक क्षेत्र में नियामक की भूमिका से हटकर रेफरी की भूमिका में आ गया। बाजारीकरण के कारण प्रतियोगिता के दौर की शुरुआत हुई है। सूचना का अधिकार एवं सूचना तकनीकी दोनों ने नौकरशाही की भूमिका में परिवर्तन जरूरी बना दिया है। नौकरशाही में, पारदर्शिता, खुलेपन, दायित्व एवं संवेदनशीलता ग्रहण करने की मांग बढ़ रही है। भारतीय संदर्भ में बात करें तो यह पाते हैं कि भारत में आर्थिक एवं सामाजिक विषमताएं बड़े पैमाने पर हैं और अधिसंख्य आबादी अभी गरीबी एवं विपन्नता से जूझ रही है इसलिए नव-उदारवादी व्यवस्था में भी नौकरशाही की नियामक स्थिति बनी हुई है।

आधुनिक युग में सभी सरकारों का एकमात्र प्रमुख कार्य लोक कल्याण ही है। स्पष्ट है कि वर्तमान शासन व्यवस्थाओं में राज्य के ऊपर जनकल्याण तथा सुरक्षा के दायित्व हैं, जिनके क्रियान्वयन का माध्यम लोक सेवाएं ही हैं। इसलिए भारत जैसे देश में सार्वजनिक सेवा प्रदायगी को जनसाधारण तक पहुंचाने में इनकी महत्त्वपूर्ण भूमिका होती है।

भारत में सार्वजनिक सेवा प्रदायगीः संस्थागत प्रयास
(Public Service Delivery in India : Institutional Efforts)

भारत जैसे लोकतांत्रिक देश में सरकार के कार्य व शक्तियां देश के संविधान द्वारा निर्धारित हैं। भारतीय संविधान में सरकार के कार्यों व दायित्वों को विकेंद्रीकरण के आधार पर केंद्रीय, राज्य और स्थानीय सरकार की भूमिकाओं और कार्यों में विभक्त किया गया है। इनका ब्यौरा ''मूलभूत अधिकारों'' के संबंध में भाग 3, ''राज्य नीति के निदेशक सिद्धांतों'' के संबंध में भाग 4, स्थानीय निकायों के संबंध में भाग 9 और 9(क) आदि में दिया गया है। वर्तमान विश्लेषण की दृष्टि से सरकार के कार्यों को निम्न प्रकार से वर्गीकृत किया जा सकता है।

1. विनियामक कार्य; 2. सेवा प्रदाता कार्य; 3. विकासात्मक कार्य

सरकार द्वारा सेवा प्रदाता कार्य में शिक्षा और स्वास्थ्य जैसी सामाजिक सेवाओं से लेकर बिजली, सड़क, परिवहन और पानी की सुविधा आदि जैसी आधारभूत सेवाओं तक नागरिकों को प्रदान की जाती हैं। इन सेवाओं को सुलभता से मुहैया करवाने हेतु विविध प्रकार की सेवा प्रदायगी एजेंसियों की स्थापना के साथ पारदर्शिता, मितव्ययिता और जवाबदेयता का भी प्रयास किया गया है। देश में सेवा प्रदायगी को आम नागरिक तक सुलभ करने हेतु सरकार द्वारा समय-समय पर अनेक प्रयास किए गए जैसे–मनरेगा, लाड़ली योजना, सर्व शिक्षा अभियान, जन-धन योजना, मेरी सड़क ऐप, आवास मिशन, पोलियो टीकाकरण मिशन, मध्याहन भोजन योजना आदि। इनमें से कुछ का सविस्तर वर्णन नीचे किया गया है:

1. वित्तीय समावेशन एवं प्रधानमंत्री जन-धन योजना

(Financial Inclusion and Pradhan Mantri Jan Dhan Yojana (PMJDY)

प्रधानमंत्री जन-धन योजना के अंतर्गत वित्तीय समावेशन का उद्देश्य वंचित, कमजोर वर्गों और कम आय वर्गों को विभिन्न वित्तीय सेवाएं जैसे - मूल बचत बैंक खाते की उपलब्धता, आवश्यकता आधारित ऋण की उपलब्धता, विप्रेषण सुविधा, बीमा तथा पेंशन उपलब्ध कराना है। प्रधानमंत्री जन-धन योजना (पीएमजेडीवाई) वित्तीय समावेशन संबंधी राष्ट्रीय मिशन है, जिसमें देश के सभी परिवारों के व्यापक वित्तीय समावेशन का एकीकृत दृष्टिकोण शामिल है। इस योजना में प्रत्येक परिवार के लिए कम से कम एक मूल बैंकिंग खाता, वित्तीय साक्षरता, ऋण की उपलब्धता, बीमा तथा पेंशन सुविधा सहित सभी बैंकिंग सुविधाएं उपलब्ध कराने की अभिकल्पना की गई है। इसके अलावा, लाभार्थियों को रूपए डेबिट कार्ड दिया जाएगा। जिसमें एक लाख रूपए का दुर्घटना बीमा शामिल है। इस योजना में सभी सरकारी (केंद्र/राज्य/स्थानीय निकाय से प्राप्त होने वाले) लाभों को लाभार्थियों के खातों में प्रणालीकृत किए जाने तथा केंद्र सरकार की प्रत्यक्ष लाभ अंतरण (DBT) योजना को आगे बढ़ाने की परिकल्पना की गई है। कमजोर संपर्क, ऑनलाइन लेन-देन जैसे प्रौद्योगिकीय मामलों का समाधान किया जाएगा। टेलीकॉम ऑपरेटरों के जरिये मोबाइल बैंकिंग तथा नकद आहरण केंद्र के रूप में उनके स्थापित केंद्रों का प्रयोग इस योजना के अंतर्गत है। इसके अतिरिक्त, देश के युवाओं को भी इस मिशन पद्धति वाले कार्यक्रम में भाग लेने के लिए प्रेरित किया जा रहा हैं।[8]

तालिका 9.2 प्रधानमंत्री जन-धन योजना प्रगति रिपोर्ट 12.10.2016 की स्थिति के अनुसार खाते खोले (करोड़ में)

बैंक का नाम	ग्रामीण	शहरी	कुल	रूपये कार्ड की संख्या	खाते में शेष
सार्वजनिक क्षेत्र के बैंक	12.80	10.62	23.42	18.07	51210.21
क्षेत्रीय ग्रामीण बैंक	4.02	0.71	4.73	3.56	11646.20
निजी बैंक	0.57	0.37	0.94	0.87	2066.03
कुल	17.39	11.70	29.09	22.50	64922.44

अस्वीकरण- यह सूचना विभिन्न बैंकों के द्वारा प्राप्त डेटा पर आधारित है।

स्रोत: Government of India, Pradhanmantri jan dhan yojna: pragati report, accessed from <http:èkèkwww.pmjdy.gov.inèkhi-about on 02 June 2017.

2. सबके लिए आवास मिशन (Housing for all Mission) सबके लिए आवास मिशन एक आर्थिक संपत्ति है एवं स्वास्थ्य और शिक्षा के क्षेत्रों में सकारात्मक प्रभाव डालने के साथ ही सामाजिक उन्नति में योगदान देता है। किसी परिवार के लिए रहने का स्थायी मकान होने के अनेक प्रत्यक्ष एवं अप्रत्यक्ष लाभ हैं। आवास योजना के विकास से ग्रामीण समाज में रोजगारों का सृजन होता है और इससे गांवों के अर्थतंत्र का विकास होता है। पोषण, स्वच्छता, माता एवं बच्चे के स्वास्थ्य समेत मानव विकास के मापदंडों पर इसका सकारात्मक प्रभाव पड़ता है। जीवन स्तर बेहतर होता है। इस संदर्भ में माननीय प्रधानमंत्री ने राष्ट्र की स्वतंत्रता के 75 वर्ष पूर्ण हो जाने पर वर्ष 2022 तक सभी के लिए आवास की परिकल्पना की है। इस उद्देश्य की प्राप्ति हेतु केंद्र सरकार ने एंक व्यापक मिशन ''2022 तक सबके लिए आवास'' शुरू किया है। 25 जून 2015 को इस बहुप्रतीक्षित योजना को प्रधानमंत्री आवास योजना के नाम से प्रारंभ किया गया।

इस योजना के तहत सभी बेघर और जीर्ण-शीर्ण घरों में रहने वाले लोगों को पक्का मकान बनाने के लिए वित्तीय सहायता प्रदान की जाती है। इस परियोजना के क्रियान्वयन में 2016-17 से 2018-19 तक तीन वर्षों में 81975 रूपये खर्च होंगे। यह प्रस्तावित किया गया है कि परियोजना के अंतर्गत वर्ष 2016-17 से 2018-19 के कालखंड में एक करोड़ घरों को पक्का बनाने के लिए मदद प्रदान की जाएगी। दिल्ली और चंडीगढ़ को छोड़ कर यह योजना ग्रामीण क्षेत्रों में पूरे भारत में क्रियान्वित की जाएगी। मकानों की कीमत केंद्र और राज्यों के बीच बांटी जाएगी।[9]

सबके लिए आवास मिशन की रणनीति एवं लक्ष्य निम्नलिखित है:[10]

1. पूर्ण पारदर्शिता एवं निष्पक्षता सुनिश्चित करते हुए लाभान्वितों की पहचान का कार्य सामाजिक-आर्थिक-जातीय जनगणना की सूचनाओं के आधार पर किया जाएगा।
2. पूर्व में सहायता प्राप्त लाभान्वितों एवं अन्य कारणों से अयोग्य लोगों की पहचान के लिए सूची ग्राम सभा को दी जाएगी। अंतिम सूची का प्रकाशन किया जाएगा।
3. घरों के निर्माण की कीमत केंद्र एवं राज्य द्वारा समतल क्षेत्रों में 60:40 के अनुपात में तथा पहाड़ी/ उत्तर-पूर्वी क्षेत्रों हेतु 90:10 के अनुपात में रखी जाएगी।
4. लाभान्वितों की वार्षिक सूची की पहचान ग्राम सभा द्वारा सहभागितापूर्वक की जाएगी। मूल सूची की प्राथमिकता में परिवर्तन के लिए ग्राम सभा को लिखित में न्यायसंगत ठहराना होगा।
5. लाभान्वित के खाते में सीधे धनराशि स्थानांतरित की जाएगी।
6. फोटोग्राफ ऐप के माध्यम से अपलोड किए जाएंगे, भुगतान की प्रगति को लाभान्वित ऐप के माध्यम से देख पाएंगे।
7. लाभान्वित मनरेगा के अंतर्गत 100 दिनों के अकुशल श्रम का अधिकारी होगा, सर्वर से लिंक कर तकनीकी आधार पर इसको सुनिश्चित किया जाएगा।
8. मकानों की संरचना ऐसी होगी जो क्षेत्रीय आधार पर उपयुक्त हों, मकानों की रचना में ऐसी विशेषताएं रखी जाएंगी जो उन्हें प्राकृतिक आपदाओं से बचा सकें।
9. मिस्त्रियों की संख्या में कमी को देखते हुए उनके प्रशिक्षण की व्यवस्था भी की जाएगी।
10. मकान बनाने में प्रयुक्त सामग्री की अतिरिक्त जरूरत को देखते हुए ईंटों के निर्माण हेतु सीमेंट या फ्लाई ऐश का कार्य मनरेगा के अंतर्गत किया जाएगा।
11. लाभान्वित को 70,000 रूपए तक का ऋण लेने की सुविधा प्रदान की जाएगी।
12. मकान का क्षेत्रफल मौजूदा 20 वर्ग मीटर से बढ़ाकर भोजन बनाने के स्वच्छ स्थान समेत 25 वर्ग मीटर तक किया जाएगा।
13. परियोजना से जुड़े सभी लोगों के लिए गहन क्षमता सर्जक प्रक्रिया रखी जाएगी।

14. जिला एवं ब्लॉक स्तर पर आवासों के निर्माण हेतु तकनीकी सुविधाएं प्रदान करने के लिए मदद मुहैया कराई जाएगी।
15. आवासों के निर्माण की गुणवत्ता सुनिश्चित करने के लिए एवं केंद्र और राज्य सरकारों को तकनीकी मदद देने के लिए एक नेशनल टेक्नीकल सपोर्ट एजेंसी का गठन किया जाएगा।

3. समेकित बाल विकास सेवाएं
(Integrated Child Development Services (ICDS)

समेकित बाल विकास सेवाएं एक मात्र ऐसा राष्ट्रीय कार्यक्रम है, जो 6 वर्ष से कम उम्र के बच्चों की जरूरतें पूरी करता है। यह छोटे बच्चों को पूरक पोषाहार, स्वास्थ्य सुविधा और स्कूल पूर्व शिक्षा जैसी सुविधाएं एकीकृत रूप से पहुंचाता है। बच्चों की स्वास्थ्य और पोषण की जरूरतें अपनी माँ से अलग पूरी नहीं हो सकती, इसीलिए कार्यक्रम में किशोरी बालिकाओं, गर्भवती महिलाओं और धात्री माताओं को भी सम्मिलित किया गया है।

भारत सरकार ने समेकित बाल विकास सेवा को 1975 में एक परियोजना के रूप में निम्न उद्देश्यों के साथ प्रारंभ किया:[11]

1. 6 वर्ष से कम आयु के बच्चों के पोषण और स्वास्थ्य को बेहतर बनाना।
2. समुचित मनोवैज्ञानिक, शारीरिक और सामाजिक विकास की नींव डालना।
3. मृत्यु, बीमारी, कुपोषण और स्कूल छोड़ने की प्रवृत्ति में कमी लाना।
4. बाल विकास को बढ़ावा देने के लिए विभिन्न विभागों की नीतियों और क्रियान्वयन का प्रभावशाली समन्वयन प्राप्त करना।
5. उचित सामुदायिक शिक्षण द्वारा बच्चों के सामान्य स्वास्थ्य, पोषण और विकास की जरूरत की देखरेख के लिए माताओं की दक्षता विकसित करना।

4. सर्व शिक्षा अभियान (Sarva Shiksha Abhiyan (SSA))

सर्व शिक्षा अभियान न केवल व्यक्ति व देश के विकास में बल्कि सरकार व नागरिक के मध्य अंतरक्रिया को भी सुगम बनाता है। शिक्षा का क्षेत्र भारत सरकार के लिए हमेशा अत्यंत महत्त्वपूर्ण रहा है; इसलिए प्रारंभिक शिक्षा के प्रोत्साहन के लिए प्रावधानों तथा योजनाओं को नियमित रूप से तैयार किया जाता रहा है। भारतीय संविधान द्वारा शिक्षा का अधिकार एक मूलभूत अधिकार घोषित किया गया है। नागरिकों के बीच साक्षरता को बढ़ावा देने के लिए भारत सरकार ने अनेक योजनाएं आरंभ की हैं। इन योजनाओं में से एक सबसे अधिक

मूलभूत और आशाजनक योजना है "सर्व शिक्षा अभियान", इसके अतिरिक्त लाड़ली योजना, मध्याह्न भोजन योजना, छात्रवृतियां, आईसीटी का प्रयोग इत्यादि भी महत्त्वपूर्ण हैं।[12]

सर्व शिक्षा अभियान, एक निश्चित समयावधि के भीतर प्रारंभिक शिक्षा के सार्वभौमीकरण लक्ष्य को प्राप्त करने के लिए भारत सरकार का एक महत्त्वपूर्ण कार्यक्रम है। 86वें संविधान संशोधन द्वारा 6–14 आयु वर्ष वाले बच्चों के लिए, प्राथमिक शिक्षा को एक मौलिक अधिकार के रूप में, निःशुल्क और अनिवार्य रूप से उपलब्ध कराना अनिवार्य बना दिया गया है। सर्व शिक्षा अभियान पूरे देश में राज्य सरकार की सहभागिता से चलाया जा रहा है ताकि देश के 11 लाख गांवों के 19.2 लाख बच्चों की शैक्षिक जरूरतों को पूरा किया जा सके। इस कार्यक्रम के अंतर्गत गांवों में, जहां अभी स्कूली सुविधा नहीं है,[13] वहां नए स्कूल खोलना और विद्यमान स्कूलों में अतिरिक्त क्लास रूम (अध्ययन कक्ष), शौचालय, पीने का पानी, मरम्मत निधि, स्कूल सुधार निधि प्रदान कर उसे सशक्त बनाए जाने की योजना है। वर्तमान में कार्यरत ऐसे स्कूल जहां शिक्षकों की संख्या अपर्याप्त है वहां अतिरिक्त शिक्षकों की व्यवस्था की जाएगी; जबकि वर्तमान में कार्यरत शिक्षकों को गहन प्रशिक्षण प्रदान कर, शिक्षण-प्रवीणता सामग्री के विकास के लिए निधि प्रदान कर एवं टोला, प्रखंड, जिला स्तर पर अकादमिक सहायता संरचना को मजबूत किया जाएगा।

सर्व शिक्षा अभियान जीवन-कौशल के साथ गुणवत्तायुक्त प्रारंभिक शिक्षा प्रदान करने की इच्छा रखता है। इसमें बालिका शिक्षा और जरूरतमंद बच्चों पर विशेष जोर है। साथ ही, अभियान में देश में व्याप्त डिजिटल दूरी को समाप्त करने के लिए कंप्यूटर शिक्षा प्रदान करने की भी योजना है। सर्व शिक्षा अभियान, समुदाय द्वारा एक मिशन के रूप में शिक्षा की गुणवत्ता में सुधार लाने के प्रावधान के माध्यम से सभी बच्चों में मानवीय क्षमताओं के उन्नयन के लिए अवसर प्रदान करने का एक प्रयास है। सर्व शिक्षा अभियान के निम्नलिखित विशिष्ट लक्ष्य हैं: इन उद्देश्यों की प्राप्ति के लिए ऐसी कार्यनीतियां बनाई गई हैं जिनमें ब्लॉक स्तर के संसाधन केंद्रों की स्थापना हेतु स्थानीय समुदाय समूहों एवं संस्थागत क्षमता निर्माण को सक्रिय रूप से शामिल करना है। सर्व शिक्षा अभियान की रूपरेखा में शिक्षकों की नियुक्ति, उनका प्रशिक्षण, माता-पिता तथा छात्रों को प्रेरित करना, प्रोत्साहनों जैसे कि छात्रवृत्ति, वर्दी, पाठ्यपुस्तकें आदि जैसे प्रोत्साहनों का प्रावधान शामिल है। यह कार्यक्रम उन क्षेत्रों में नए विद्यालय खोलने पर भी लक्षित है, जहां विद्यालयी सुविधाएं कम हैं और अतिरिक्त कक्षा, शौचालय, पेय

जल सुविधाओं आदि के प्रावधान निर्मित करने के माध्यम से मौजूदा विद्यालयी मूल संरचना को सुदृढ़ बनाने पर भी लक्षित है।[14]

5. राष्ट्रीय ग्रामीण स्वास्थ्य मिशन (National Rural Health Mission) राष्ट्रीय ग्रामीण स्वास्थ्य मिशन भारत सरकार की एक योजना है जिसका उद्देश्य देशभर में ग्रामीण परिवारों को बहुमूल्य स्वास्थ्य सेवाएं उपलब्ध कराना है। यह वर्तमान स्वास्थ्य योजनाओं को और जन स्वास्थ्य की अवस्था को सुधारने के लिए एक सरकारी योजना है। इसे अप्रैल 2005 से लागू किया गया है। राष्ट्रीय ग्रामीण स्वास्थ्य मिशन देश के हर राज्य में लागू है और इसमें उन 18 राज्यों पर विशेष ध्यान दिया जाएगा, जिसमें स्वास्थ्य सुविधाएं कमजोर हैं और स्वास्थ्य की अवस्था भी ठीक नहीं है। इसका ध्यान विशेषकर अरुणाचल प्रदेश, असम, बिहार, हिमाचल प्रदेश, झारखंड, मणिपुर, मेघालय, मध्य प्रदेश, त्रिपुरा, उत्तराखंड, उत्तर प्रदेश, आदि 18 राज्यों में है। इस मिशन के मुख्य उद्देश्य हैं:[15]

1. ग्रामीण स्वास्थ्य व्यवस्था को सुधार कर ऐसा रूप देना जिससे सबके लिए प्राथमिक स्वास्थ्य सुविधाएं प्राप्त हो।
2. स्वास्थ्य सेवाएं उत्तम किस्म की हों।
3. हर नागरिक की पहुंच के भीतर हों।
4. लोगों की जरूरतों के अनुरूप हों, जवाबदेह हों।
5. लोगों के स्वास्थ्य को बेहतर बनाना - विशेष रूप से बाल मृत्यु दर और मातृ मृत्यु दर को घटाना। इसके लिए केवल स्वास्थ्य सेवाओं की ही नहीं, साथ में अन्य जरूरतों जैसे - पीने का पानी, सफाई व शौचालय, टीकाकरण और पर्याप्त पोषण का भी प्रबंध करना।
6. शिशु मृत्युदर और मातृत्व मृत्युदर में कमी लाना।
7. प्रत्येक नागरिक की लोक स्वास्थ्य सेवाओं तक पहुंच सुलभ कराना।
8. संचारी और असंचारी रोगों की रोकथाम व नियंत्रण करना।
9. जनसंख्या नियंत्रण के साथ-साथ लिंग व जन सांख्यिकीय संतुलन सुनिश्चित करना।
10. स्वस्थ जीवनचर्या और आयुष के माध्यम से वैकल्पिक औषधि पद्धतियों को प्रोत्साहित करना।

इस मिशन का उद्देश्य पंचायतीराज संस्थानों का सुदृढ़ीकरण और प्राधिकृत महिला स्वास्थ्य कार्यकर्ताओं (आशा) के माध्यम से उच्चीकृत स्वास्थ्य देखभाल तक पहुंच को बढ़ावा देकर अपने उद्देश्य को प्राप्त करना है। इसके द्वारा वर्तमान

प्राथमिक स्वास्थ्य केंद्रों, सामुदायिक स्वास्थ्य केंद्रों और जिला स्वास्थ्य मिशनों को सुदृढ़ बनाने और गैर-सरकारी संगठनों को अधिकतम उपयोगी बनाने की योजना है।

6. स्वच्छ भारत अभियान (Swachh Bharat Abhiyan (SBA)) स्वच्छता का शाब्दिक अर्थ है–लोगों के स्वास्थ्य और कल्याण में सुधार लाना। यह एक ऐसी प्रणाली है जो मानव मल के उपयुक्त निपटान, शौचालय के उचित उपयोग और खुले स्थानों पर मल त्याग की रोकथाम को बढ़ावा देती है। हमारे लिए शौचालय के बिना जीवन की कल्पना ही कठिन है, परंतु दुनिया में 2.6 बिलियन लोगों के लिए यह एक वास्तविकता है। दुनिया की आबादी के 40 प्रतिशत लोगों के पास अब भी पर्याप्त स्वच्छता सुविधाएं नहीं हैं। कई बार यह देखा गया है कि स्वच्छता सुविधाओं की कमी जीवन के लिए घातक कुछ रोगों का मुख्य कारण है। अतः स्वच्छता सुविधाओं को आमतौर पर मानव जीवन को स्वस्थ बनाने के मुख्य तत्त्व के रूप में लिया जाता है।[16]

स्वच्छ भारत अभियान के दो उप अभियान हैं

1. स्वच्छ भारत अभियान ग्रामीण
2. स्वच्छ भारत अभियान शहरी

इन दो उप अभियानों के लिए पेयजल और स्वच्छता और ग्रामीण विकास मंत्रालय ग्रामीण इलाकों में इसकी जिम्मेदारी लेंगे और शहरी विकास मंत्रालय शहरों में इस मिशन की देखभाल करेगा।

स्वच्छ भारत अभियान एक बड़े पैमाने पर जन आंदोलन है जिसका उद्देश्य 2019 तक भारत को स्वच्छ बनाना है। शहरी क्षेत्रों के लिए मिशन का उद्देश्य 1.04 करोड़ परिवारों को लक्षित करते हुए 2.5 लाख सामुदायिक शौचालय, 2.6 लाख सार्वजनिक शौचालय, और प्रत्येक शहर में एक ठोस अपशिष्ट प्रबंधन की सुविधा प्रदान करना है। इस कार्यक्रम के तहत आवासीय क्षेत्रों में जहां व्यक्तिगत घरेलू शौचालयों का निर्माण करना मुश्किल है, वहां सामुदायिक शौचालयों का निर्माण करना। पर्यटन स्थलों, बाजारों, बस स्टेशन, रेलवे स्टेशनों जैसे प्रमुख स्थानों पर भी सार्वजनिक शौचालय का निर्माण किया जाएगा। यह कार्यक्रम पांच साल की अवधि में 4401 शहरों में लागू किया जाएगा। कार्यक्रम पर खर्च किए जाने वाले 62,009 करोड़ रूपये में केंद्र सरकार की तरफ से 14623 रूपये उपलब्ध कराए जाएंगें। केंद्र सरकार द्वारा प्राप्त होने वाले 14623 करोड़ रुपयों में से 7366 करोड़ रूपये ठोस अपशिष्ट प्रबंधन पर, 4,165 करोड़ रुपये व्यक्तिगत घरेलू शौचालय पर,1828 करोड़ रूपये जनजागरूकता पर और समुदाय शौचालय बनवाए जाने पर 655 करोड़ रूपये खर्च किए जाएंगे। इस

कार्यक्रम में खुले में शौच, अस्वच्छ शौचालयों को फ्लश शौचालय में परिवर्तित करने, मैला ढ़ोने की प्रथा का उन्मूलन करने, नगरपालिका ठोस अपशिष्ट प्रबंधन और स्वच्छता से जुड़ीं प्रथाओं के संबंध में लोगों के व्यवहार में परिवर्तन लाना आदि शामिल हैं।[17]

निर्मल भारत अभियान कार्यक्रम भारत सरकार द्वारा ग्रामीण क्षेत्र में लोगों के लिए मांग आधारित एवं जन केंद्रित अभियान था इसे अब स्वच्छ भारत अभियान में मिला दिया गया है, जिसमें लोगों की स्वच्छता संबंधी आदतों को बेहतर बनाना, स्व सुविधाओं की मांग उत्पन्न करना और स्वच्छता सुविधाओं को उपलब्ध करना शामिल है, जिससे ग्रामीणों के जीवन स्तर को बेहतर बनाया जा सके। अभियान का उद्देश्य पांच वर्षों में भारत को खुला शौच मुक्त देश बनाना है। इस अभियान के तहत देश में लगभग 11 करोड़ 11 लाख शौचालयों के निर्माण के लिए एक लाख चौंतीस हजार करोड़ रूपये खर्च किए जाएंगे। बड़े पैमाने पर प्रौद्योगिकी का उपयोग कर ग्रामीण भारत में कचरे का इस्तेमाल उसे पूंजी का रूप देते हुए जैव उर्वरक और ऊर्जा के विभिन्न रूपों में परिवर्तित करने के लिए किया जाएगा।

अभियान को बड़े स्तर पर प्रारंभ कर ग्रामीण आबादी और स्कूल शिक्षकों और छात्रों के बड़े वर्गों के अलावा प्रत्येक स्तर पर इस प्रयास में देश भर की ग्रामीण पंचायत, पंचायत समिति और जिला परिषद को भी इससे जोड़ना है। अभियान के एक भाग के रूप में प्रत्येक पारिवारिक इकाई के अंतर्गत व्यक्तिगत घरेलू शौचालय की इकाई लागत को 10,000 से बढ़ा कर 12,000 रुपये कर दी गई है और इसमें हाथ धोने, शौचालय की सफाई एवं भंडारण को भी शामिल किया गया है। इस तरह के शौचालय के लिए सरकार की तरफ से मिलने वाली सहायता 9,000 रूपये और इसमें राज्य सरकार का योगदान 3000 रूपये होगा। जम्मू एवं कश्मीर एवं उत्तर-पूर्व राज्यों एवं विशेष दर्जा प्राप्त राज्यों को मिलने वाली सहायता 10800 होगी जिसमें राज्य का योगदान 1200 रूपये होगा। अन्य स्रोतों से अतिरिक्त योगदान करने की स्वीकार्यता होगी।[18]

7. नागरिक चार्टर (Citizens Charter)

सार्वजनिक सेवा प्रदायगी को प्रभावी बनाने हेतु नागरिक चार्टर महत्त्वपूर्ण प्रयासों में से एक है। नागरिक चार्टर इस धारणा पर आधारित है कि नागरिक राजा है और सरकारी संगठन शासन करने के लिए नहीं, बल्कि नागरिकों की सेवा करने के लिए हैं। नागरिक चार्टर इस सिद्धांत की मात्र प्रतिछाया है। चार्टर यह सुनिश्चित करने के उद्देश्य से स्थापित किया गया कि सेवा प्रदाता और

साथ ही नागरिक भी यह समझे कि सरकारी एजेंसियों का उद्देश्य सेवा प्रदान करना है और प्रत्येक संगठन को उन सेवाओं को स्पष्ट करना चाहिए, जिसके निष्पादन के लिए उसकी स्थापना की गई है। इसके बाद इन सेवाओं के संबंध में मानकों/मापदंडों को विनिर्दिष्ट किया जाना चाहिए। इस चार्टर के तहत सरकार और सेवा प्रदाताओं से गुणवत्ता, पारदर्शिता, दायित्व एवं सेवा की चयन की मांग जनता के तरफ से की जाती है।[19]

भारत सरकार के अनुसार, नागरिक चार्टर एक घोषणा पत्र है जो संगठन की प्रतिबद्धता, सेवाओं के स्तर, सूचना विकल्प व सलाह, निष्पक्ष व्यवहार, शिकायत निवारण, धन की कीमत को सुनिश्चित करते हुए सेवा स्तरों इत्यादि को शामिल करता है। हालांकि नागरिक चार्टर को प्रचलन में लाने का श्रेय यूनाइटेड किंगडम को जाता है। जहां सन् 1979 में राज्य के आर्थिक क्षेत्र के बढ़ते आकार पर अंकुश लाने के लिए विशेष कार्यक्रम शुरू किए गए थे और क्रमिक विकास के रूप में सन् 1991 में नागरिक चार्टर लाए गए, जिसके मुख्य उद्देश्य निम्नलिखित थे:[20]

1. सेवा मानकों की स्थापना;
2. सूचना व खुलापन प्रदान कराना;
3. विकल्प और सलाह उपलब्ध कराना;
4. सहायता सौहार्दपूर्ण वातावरण का निर्माण कराना;
5. सही रूप से कार्यों का संचालन;
6. जिन सेवाओं में धन लिया जाए, वहां बेहतर सेवा दी जाएं;
7. व्यय से ज्यादा उपलब्धियों पर ध्यान, इत्यादि।

भारत में 1996 में तत्कालीन प्रधानमंत्री के नेतृत्व में हुए राज्यों के मुख्य सचिवों के सम्मेलन में यह आवश्यकता अनुभव की गई कि प्रशासन का सक्षम एवं उत्तरदायी होना जरूरी है। इसके पश्चात् भारत सरकार ने विभिन्न विभागों जैसे–आयकर विभाग, जीवन बीमा निगम, रेलवे तथा लोक निर्माण विभाग में "नागरिक चार्टर " को लागू किया।[21] भारत सरकार के अनुसार, नागरिक चार्टर घोषणा पत्र में निम्नलिखित उद्देश्यों को स्वीकार किया गया:

1. संगठन का उद्देश्य, दृष्टिकोण तथा मिशन का विवरण;
2. सेवा संवर्गों के प्रकारों व माध्यम का विवरण;
3. मानव शिकायत निवारण तंत्र के संदर्भ में विवरण;
4. संगठन, सेवा संवर्गों से क्या अपेक्षाएं रखता है, इसका विवरण; तथा
5. संगठन की अतिरिक्त प्रतिबद्धताओं का विवरण।

इसके अतिरिक्त भारत सरकार ने सिटिजन चार्टर के संदर्भ में यह निर्देश दिए हैं कि क्या किया जाना है अथवा क्या नहीं किया जाना है? इस पर निर्णय करने की चरणबद्ध प्रक्रिया अपनाने के साथ-साथ ही दीर्घकालिक उद्देश्यों को साथ रख कर चलना होगा। इस तरह दिल्ली सरकार ने सर्विस लेवल अग्रीमेंट के तहत 32 प्रकार की सेवाओं के लिए दिनांक 15 सितंबर 2011 से सिटिजन चार्टर लागू कर दिया है। इसके अतिरिक्त केंद्रीय व राज्य स्तर पर नागरिक चार्टर को अपनाया गया है, सुशासन के उज्ज्वल भविष्य में सिटिजन चार्टर का अमूल्य व महत्त्वपूर्ण योगदान अनिवार्य है।

8. सार्वजनिक-निजी भागीदारी परियोजना
(Public & Private Partnership Scheme)

सार्वजनिक-निजी भागीदारी परियोजना प्रभावी एवं जवाबदेह सार्वजनिक सेवा प्रदायगी को सुलभ बनने हेतु एक प्रभावी उपायों में से एक है। पीपीपी (सार्वजनिक-निजी भागीदारी) परियोजना के अंतर्गत एक तरफ सरकार या स्वतंत्र अस्तित्त्व के वैधानिक निकाय और दूसरी ओर निजी क्षेत्र की कंपनी के बीच एक अनुबंध या रियायती अनुबंध होता है, जो बुनियादी ढांचागत सेवा प्रदान करने के लिए उपभोक्ता से शुल्क वसूल करेगा। योजना आयोग द्वारा सामाजिक क्षेत्र के लिए तैयार पीपीपी उप समूह की रिपोर्ट के अनुसार, 'पीपीपी' ऐसा मॉडल है, जिसमें सेवाप्रदाय का कार्य निजी क्षेत्र (अलाभकारी/लाभार्थ संगठन) द्वारा किया जाता है, जबकि सेवा प्रदान करने की जिम्मेदारी सरकार पर होती है। इस प्रकार की व्यवस्था में सरकार या तो निजी भागीदार के साथ अनुबंध में शामिल रहती है या निजी क्षेत्र को सेवा प्रदान करने की प्रतिपूर्ति करती है। अनुबंध नई गतिविधियों को तत्परता प्रदान करता है, विशेषकर जब सेवा प्रदान करने के लिए न तो निजी क्षेत्र और न ही सार्वजनिक उपस्थित होता है'।[22] इस तरह पीपीपी को एक अर्ध-सरकारी व अर्ध-निजी निकाय के रूप में समझा जा सकता है जिसमें एक ओर सरकारी सेवा या वित्त पोषित भागीदारी व दूसरी ओर एक या एक से अधिक की निजी भागीदारी के मध्य सहयोग से कोई उद्यम चलाया जाता है या कोई सेवा प्रदान की जाती है।

9. नागरिक रिपोर्ट कार्ड (Citizens Report Card)

नागरिक रिपोर्ट कार्ड सार्वजनिक सेवा प्रदायगी को कैसे अधिक सुगम व प्रभावकारी बनाया जा सकता है। यह बंग्लुरू के अनोखे प्रयास में देखा जा सकता है। सेवाओं की गुणवत्ता के बारे में लोगों के प्रत्युत्तर में पब्लिक अफेयर्स सेंटर द्वारा बंग्लुरू

में 1993 में नागरिक रिपोर्ट कार्ड विकसित किए गए। यह नागरिक रिपोर्ट कार्ड एक सर्वेक्षण के रूप में लोक सेवाओं के उपयोगकर्ता द्वारा सेवाओं की समीक्षा है। सेवाओं के बारे में की गई अन्य तकनीकी एवं आर्थिक समीक्षाओं से अलग हटकर नागरिक रिपोर्ट कार्ड इस बात पर प्रकाश डालता है कि उपयोगकर्ताओं को सेवाओं का लाभ कैसे मिलता है और प्राप्त सेवाओं से वे किस सीमा तक संतुष्ट हैं। इन रिपोर्ट कार्डों का प्रयोग भारत के अन्य शहरों; जैसे–अहमदाबाद, कोलकाता, चेन्नई, दिल्ली मुंबई एवं पुणे में भी किया जा रहा है।[23]

10. संपूर्ण गुणवत्ता प्रबंधन (Total Quality Management (TQM)) संपूर्ण गुणवत्ता प्रबंधन निजी उद्योग की तरह सरकारी नौकरशाही और लोक सेवा पर भी गुणवत्ता सुधारने व सेवा उन्मुख होने के लिए संपूर्ण गुणवत्ता प्रबंधन को अपनाने पर बल दिया जा रहा है। चाहे वह सरकारी योजनाएं हों अथवा सरकारी विभाग या फिर सार्वजनिक उपक्रम, सभी जगह संपूर्ण गुणवत्ता प्रबंधन को एक वैकल्पिक संगठन व लक्षित प्रविधियों के तौर पर अपनाया जा रहा है। संपूर्ण गुणवत्ता प्रबंधन किसी भी कार्य क्षेत्र, सेवा अथवा संगठन के सर्वांगीण सुधार से संबंधित है तथा इसमें सतत व अनवरत सुधार की प्रक्रिया निहित होती है।

उदाहरणस्वरूप, भारतीय रेलवे सेवा को आज कई रेलगाड़ियों को ISO–9000 जैसे उच्च प्रबंधकीय प्रमाणपत्रों से नवाजा जा चुका है। ये उन्हीं साधनों व लागतों पर उच्च गुणवत्ता की सेवाएं प्रदान कर रही हैं जो उन्हें पहले भी उपलब्ध थी। यह अंतर मात्र संपूर्ण गुणवत्ता प्रबंधन लागू करने से है। यह स्पष्ट हो गया कि वे विश्वस्तरीय सुविधाएं प्रदान कर रही हैं। कुल मिलाकर, संपूर्ण गुणवत्ता प्रबंधन मात्र उत्पाद/सेवाओं पर ही ध्यान केंद्रित नहीं करता, बल्कि यह संगठन में बेहतर व्यवस्थित व वैज्ञानिक कार्य निष्पादन मूल्यांकन पर भी बल देता है ताकि उन विषयों का पता चल सके, जिनमें सुधार लाया जाना है। साथ ही, योग्य कार्मिकों को उनका उचित पारिश्रमिक व प्रोत्साहन भी प्राप्त हो सके। इस तरह सार्वजनिक सेवा प्रदायगी को प्रभावी बनाने का यह एक महत्त्वपूर्ण कदम है।

11. सार्वजनिक सेवाओं की ई–प्रदायगी
(E-delivery of Public Services)

हाल के वर्षों में सेवाओं की प्रभावी व सुलभ प्रदायगी हेतु निजी व सरकारी संस्थाओं द्वारा ई–गवर्नेंस का सहारा लिया जा रहा है। यह सेवा प्रदानकर्ताओं व सेवा प्राप्तकर्ताओं दोनों की दृष्टि से सुविधाजनक व सुलभ है। सभी सरकारी सेवाओं को सार्वजनिक सेवा प्रदाता केंद्र के माध्यम से आम आदमी तक पहुंचाना और

आम आदमी की बुनियादी आवश्यकताओं को पूरा करने के लिए इन सेवाओं में कार्यकुशलता, पारदर्शिता और विश्वसनीयता सुनिश्चित करना ई-शासन का उद्देश्य है। इसका केंद्र बिंदु सेवा वितरण तंत्र में सुधार करना, उत्पादन की क्षमता में विस्तार करना तथा बड़े स्तर पर सूचनाओं के प्रयोग पर बल देना है। भारत सरकार ने ई-शासन के विकास के लिए इस योजना की आधारशिला वर्ष 2003 में रखी। आज ई-शासन का प्रयोग सरकारी सेवाओं व सूचनाओं को उपलब्ध कराने, सूचनाओं के आदान-प्रदान में संवाद प्रेषण के साथ-साथ सरकार एवं नागरिकों एवं सरकार व व्यापारियों के मध्य विभिन्न व्यवस्थाओं व सेवाओं को एकीकृत करने पर बल दिया जा रहा है। इसके साथ ही एक विभाग के भीतर व सरकार के विभिन्न स्तरों पर सूचनाओं के आदान-प्रदान में भी ई-शासन की अपनी महत्त्वपूर्ण भूमिका है।

भारत सरकार द्वारा ई-शासन को प्रभावी बनाने हेतु निम्नांकित लक्ष्यों को निर्धारित किया है–

1. कर्मचारियों की क्षमता में वृद्धि करना;
2. कर्मचारियों की कार्यप्रणाली में पारदर्शिता लाना; तथा
3. सरकारी व्यवस्था में नागरिकों की सहभागिता सुनिश्चित करना।

इस प्रकार संचार एवं सूचना प्रौद्योगिकी के माध्यम से ई-शासन स्वच्छ प्रशासन, विश्वास और दायित्व, नागरिक कल्याण, लोकतंत्र, राष्ट्र के आर्थिक विकास को सशक्त करता है।

ई-गवर्नेंस की दिशा में मजबूत पहल करते हुए सरकार ने 27 दिसंबर, 2011 को लोक सभा में इलेक्ट्रॉनिक सेवा प्रदायन विधेयक-2011 पेश किया। इस विधेयक की निम्नांकित विशेषताएं हैं–

1. सरकारी सेवाएं प्रदान करने और लोगों को उनके घर पर ही इलेक्ट्रॉनिक रूप से बिना किसी अधिकारी के शोषण के सेवा प्रदान करने की व्यवस्था विधेयक में की गई है।
2. केंद्र एवं राज्य सरकारों, विभागों को सेवाओं की एक ऐसी सूची जारी करनी होगी, जिन्हें इलेक्ट्रॉनिक रूप से 180 दिनों के भीतर उपलब्ध कराया जाएगा; और पांच वर्ष के भीतर सेवाओं को शुरू कर दिया जाएगा। क्योंकि ऐसी सेवाओं के प्रदायन की समय-सीमा निश्चित होती है, जिम्मेदार अधिकारियों पर 20,000 रूपए तक का जुर्माना आरोपित किया जा सकेगा।
3. फॉर्म एवं आवेदन पत्रों की प्राप्ति, लाइसेंस जारी करना या अनुमति, परमिट, सर्टिफिकेट, प्रतिबंध या अनुमोदन और धन की प्राप्ति एवं भुगतान, सभी इंटरनेट के माध्यम से किया जा सकेगा।

4. बिल लोक प्राधिकारियों से अपेक्षा करता है कि इलेक्ट्रॉनिक रूप से सभी लोक सेवाओं का प्रदायन अधिकतम आठ वर्षों में पूरा कर लिया जाएगा। इस अपेक्षा के दो अपवाद होंगे- (क) ऐसी सेवाएं जिन्हें इलेक्ट्रॉनिक रूप से मुहैया नहीं कराया जा सकता; और (ख) ऐसी सेवाएं जिन्हें आयोगों के साथ परामर्श करके लोक प्राधिकरणों ने निर्णय लिया हो कि उन्हें इलेक्ट्रॉनिक रूप से प्रदान नहीं करना है।
5. बिल सरकारी विभागों की निगरानी एवं प्रतिनिधियों की सुनवाई के लिए केंद्रीय एवं राज्य इलेक्ट्रॉनिक सेवा प्रदायन आयोग की स्थापना करता है।
6. लोक प्राधिकारियों को शिकायत निपटान के लिए एक तंत्र की व्यवस्था करनी होगी। शिकायत की जा सकती है- (क) सेवाओं का इलेक्ट्रॉनिक रूप में प्रदायन न होना; या (ख) प्रदान की गई इलेक्ट्रॉनिक सेवा में कमी होना। प्रथम मामले में, आयोग के समक्ष तंत्र की व्यवस्था के विरुद्ध प्रतिनिधित्व रखा जा सकता है।
7. केंद्रीय और राज्य आयोग द्वारा दोषी अधिकारी पर अधिकतम 5,000 रूपए का जुर्माना आरोपित किया जा सकता है।
8. प्रदान की गई इलेक्ट्रॉनिक सूचना को इलेक्ट्रॉनिक रूप से भंडारित किया जा सकता है, हालांकि, बिल ऐसी सूचना के संरक्षण एवं सुरक्षा के लिए कोई प्रावधान नहीं करता।
9. इस बिल के अंतर्गत शिकायत निपटान तंत्र सिटिजन चार्टर बिल, 2011 के तहत शिकायत निपटान तंत्र को व्याप्त कर सकता है। इसके अतिरिक्त, कुछ राज्यों ने इलेक्ट्रॉनिक सेवा प्रदायन पर स्वयं के कानून लागू किए हैं।
10. बिल प्रावधान करता है कि सरकार द्वारा नियुक्त आयुक्त की नियुक्ति को किसी भी प्रकार से प्रश्नगत नहीं किया जा सकेगा।
11. स्थायी समिति की सिफारिशों में शामिल हैं: (क) इलेक्ट्रॉनिक रूप से सेवा प्रदायन के साथ-साथ मैनुअली तौर पर भी सेवा प्रदायन की आवश्यकता है; और (ख) इसकी अवसंरचनात्मक लागत को केंद्र द्वारा वहन किया जाएगा।

12. साझा सेवा केंद्र (सी.एस.सी.)
(Common Services Centres (CSCs))

भारत में ई-शासन ''अच्छे शासन'' का पर्याय बनता जा रहा है। केंद्र सरकार और राज्य सरकार के विभिन्न विभाग नागरिकों, व्यापारियों और सरकारी संगठन को ही नहीं, बल्कि समाज के हर वर्ग को सूचना और प्रौद्योगिकी की सहायता से

विभिन्न सेवाएं प्रदान कर रहे हैं। इसी क्रम में 2006 में शुरू की राष्ट्रीय ई-शासन योजना (एनईजीपी) के तहत भारत भर में साझा सेवा केंद्र (सीएससी) स्थापित किए गए हैं। ये साझा सेवा केंद्र आम आदमी को सीधे तौर पर लाभान्वित कर सहज, सुलभ और उनके घर के द्वार तक सरकारी सेवाएं उपलब्ध कराने का प्रयास कर रहे हैं। 31मार्च 2014 की स्थिति के अनुसार 1,33,847(सीएससी वेबसाइट) देशभर में साझा सेवा केंद्र अलग-अलग ब्रांड नाम के साथ परिचालित किए जा रहे थे।

13. मोबाईल शासन (Mobile Governance)

21वीं शताब्दी सदी में मोबाइल ने संचार के क्षेत्र में एक क्रांति ला दी है। इस तीसरी सहस्त्राब्दी में शासन के तरीकों में परिवर्तन लाने के लिए मोबाइल को एक महत्त्वपूर्ण साधन के रूप में देखा जा रहा है। शुरुआत में मोबाइल का उपयोग सिर्फ संचार के माध्यम के रूप में किया जाता था, लेकिन सरकारी एजेंसियों द्वारा आज इसका उपयोग लोगों तक न केवल महत्त्वपूर्ण जानकारियां पहुंचाने के लिए किया जा रहा है, बल्कि उन्हें ''कभी भी एवं कहीं भी'' सरकारी सेवाएं उपलब्ध करवाए जाने के उद्देश्य से भी किया जा रहा है। आज मोबाइल के माध्यम से लोगों को स्वास्थ्य, शिक्षा, बैंकिंग, व्यवसाय इत्यादि से संबंधित सेवाएं उपलब्ध करवाई जा रही हैं। दूरसंचार विभाग एवं भारतीय दूरसंचार नियामक प्राधिकरण के अनुसार, भारतीय दूरसंचार क्षेत्र में पिछले कुछ वर्षों के दौरान अभूतपूर्व वृद्धि दर्ज की गई है और आज यह चीन के बाद दुनिया का दूसरा सबसे बड़ा टेलीफोन नेटवर्क (1.8 MB) है। भारत में सितंबर 2013 में मोबाइल ग्राहकों की कुल संख्या 870.58 मिलियन थी, यह संख्या अक्टूबर 2013 में बढ़कर 870.58 मिलियन हो गई।[24]

आज मोबाइल फोन केवल टेक्स्ट और ध्वनि संदेशों के आदान-प्रदान तक ही सीमित नहीं रह गया है। यह शहरी संपन्न वर्ग और ग्रामीण वंचित वर्ग के बीच व्याप्त तकनीकी खाई को पाटने के क्षेत्र में सबसे शक्तिशाली तकनीक के रूप में उभरा है। भारत में अपने शुभारंभ के दो दशक के अंदर मोबाइल फोन ने कनेक्टिविटी, बिजली की कमी तथा न्यून साक्षरता जैसी बाधाओं के बावजूद दूर-दराज के गांव तक अपनी पहुंच बना ली है। वहीं दूसरी ओर, इसने लाखों बेरोजगार युवाओं को प्रत्यक्ष और परोक्ष रोजगार का अवसर उपलब्ध कराया है।

नागरिकों के लिए मोबाइल पर उपलब्ध करवाई जाने वाली सरकारी/लोक सेवाएं–[25]

1. एसएमएस द्वारा रेल टिकट का आरक्षण;
2. मोबाइल पर ''पासपोर्ट सेवा'' नामक एप्लीकेशन;
3. मोबाइल एप्लीकेशन स्टोर - सरकारी सेवाएं प्राप्त करने के लिए इस ऐप को डाउनलोड किया जा सकता है;
4. इग्नू से संबंधित सूचनाएं;
5. सूचना के अधिकार के बारे में जानकारी प्राप्त करने के लिए ऐप;
6. भारतीय निर्वाचन आयोग के ईवीएम की जानकारी प्राप्त करने के लिए ऐप;
7. भारतीय निर्वाचन आयोग के मतदान केंद्रों की अवस्थिति की जानकारी प्राप्त करने के लिए ऐप;
8. आधार बैंक सेवा के लिए ऐप;
9. भारतीय डाक की स्थिति की जानकारी;
10. मंत्रालय की निर्देशिका संबंधी ऐप;
11. महिलाओं की सुरक्षा के लिए रक्षक एप्लीकेशन;
12. व्यक्तिगत उपचार के लिए ऐप;
13. एसएमएस के द्वारा अनुवाद के लिए ऐप;
14. संकट में फंसी महिलाओं की मदद के लिए निर्भया मोबाइल एप्लीकेशन;
15. डॉ. एसएमएस : केरल में मोबाइल प्रौद्योगिकी के माध्यम से स्वास्थ्य संबंधी जानकारी, इत्यादि।

इस तरह मोबाइल प्रौद्योगिकी ने लोक सेवा वितरण प्रणाली को और अधिक सरल एवं पारदर्शी बना दिया है जिसके फलस्वरूप आम लोगों के लिए सरकार द्वारा प्रदान की जा रही सेवाएं प्राप्त करने की प्रक्रिया आसान हो गई है। सरकार द्वारा की गई इस पहल का मुख्य उद्देश्य सरकारी विभागों एवं नागरिकों को एक-दूसरे से परस्पर जोड़ना है। एम-शासन (mobile-governance) ने नागरिकों को सरकार से सीधे तौर पर जोड़ने का काम किया है। इसके परिणामस्वरूप अब लोग सरकारी कार्यालय जाए बिना ही सरकार द्वारा दी जा रही विभिन्न सेवाओं का लाभ उठा सकते हैं। भारत सरकार के इलेक्ट्रॉनिक्स एवं सूचना प्रौद्योगिकी विभाग की मोबाइल मंच के जरिए सार्वजनिक सेवा की आपूर्ति की पहल को संयुक्त राष्ट्र सार्वजनिक सेवा पुरस्कार मिला है। मोबाइल सेवा राष्ट्रीय स्तर की पहल थी जिसकी अवधारणा वित्तपोषण और कार्यान्वयन इलेक्ट्रॉनिक्स एवं सूचना प्रौद्योगिकी विभाग ने की थी और उसे बहरीन, ब्राजील, कैमरून, कोरिया गणतंत्र और स्पेन के साथ 2014 का संयुक्त राष्ट्र सार्वजनिक सेवा पुरस्कार मिला है।

14. सार्वजनिक वितरण प्रणाली

(Public Distribution System (PDS))

सार्वजनिक वितरण प्रणाली द्वारा लोक सेवा प्रदायगी को उन्नत बनाने हेतु भारत का उपभोक्ता मामले, खाद्य और सार्वजनिक वितरण मंत्रालय, भारत सरकार द्वारा स्थापित और राज्य सरकारों के साथ संयुक्त रूप से देश के गरीबों के लिए सब्सिडी वाले खाद्य और गैर खाद्य वस्तुएं वितरित करता है। यह योजना 1965 को भारत में आरंभ की गई थी। सन् 1997 में मुख्य भोजन में शामिल वस्तुओं जैसे - अनाज, गेहूं, चावल, चीनी और मिट्टी का तेल को उचित मूल्य की दुकानों (जिन्हें राशन की दुकानों के रूप में भी जाना जाता है) के एक नेटवर्क, जो देश भर में कई राज्यों में स्थापित है, के माध्यम से वितरित किया गया। भारतीय खाद्य निगम (IFC), जो एक सरकारी स्वामित्व वाला निगम है, सार्वजनिक वितरण प्रणाली (PDS) को संभालता है। सार्वजनिक वितरण प्रणाली के अंतर्गत खाद्यान्नों के मूल्यों में वृद्धि को नियंत्रित करने और उपभोक्ताओं के लिए खाद्यान्नों की पहुंच सुनिश्चित करने में इसने पर्याप्त रूप से योगदान दिया है। देश में सार्वजनिक वितरण प्रणाली (TPDS) के बाद वर्ष 1997 में लक्षित सार्वजनिक वितरण प्रणाली प्रारंभ की गई थी। सार्वजनिक वितरण प्रणाली के प्रमुख उद्धेश्य निम्न हैं-[26]

1. आवश्यक उपभोक्ता वस्तुओं की उपलब्धता सुनिश्चित करना।
2. आवश्यक उपभोक्ता वस्तुओं के मूल्यों को स्थिर रखना।
3. कुछ मूलभूत आवश्यकताओं की पूर्ति के लिए लक्षित सार्वजनिक वितरण प्रणाली के माध्यम से समाज के कमजोर वर्गों को खाद्य सुरक्षा प्रदान करना।

लक्षित सार्वजनिक वितरण प्रणाली के अंतर्गत राज्य में गेहूं, चावल, चीनी एवं केरोसीन तेल उचित मूल्य की दुकानों के माध्यम से वितरित किए जाते हैं। उक्त वस्तुएं निर्धारित मात्रा में निश्चित मूल्य लेकर उपभोक्ताओं को राशन कार्ड के आधार पर दी जाती हैं। भारत सरकार से खाद्यान्न आवंटित किए जाने के आदेशों के पश्चात् राज्य के जिलों हेतु खाद्यान्न नियत अवधि में उठाव व्यवस्था के साथ उप आवंटन जारी किया जाता है। जिलों में जिला कलक्टर्स द्वारा तहसील/पंचायत समिति के अनुसार किए गए आवंटन के आधार पर संबंधित थोक विक्रेता के माध्यम से आवंटित वस्तुएं उचित मूल्य दुकान तक पहुंचाई जाती है। इस तरह सार्वजनिक सेवा प्रदायगी को प्रभावी एवं उत्तरदायी बनाने में सार्वजनिक वितरण प्रणाली महत्त्वपूर्ण कदम है। सार्वजनिक वितरण प्रणाली को भी हाल में मोबाइल सेवा से जोड़ दिया गया है। एक मैसेज के माध्यम से

उपभोक्ताओं को यह जानकारी प्रदान कर दी जाती है कि उनके नाम का कितना राशन कब और किस स्थान पर पहुंचा दिया गया है। इससे न केवल सेवा को सुलभ बनाया गया, बल्कि राशन की दुकानों पर हो रहे भ्रष्टाचार को भी रोकने का प्रयास किया जा रहा है।

सार्वजनिक सेवा प्रदायगी में सुधार हेतु मॉडल
(Models for Improvement in Public Service Delivery)

अभी तक हमने भारत सरकार द्वारा सेवा प्रदायगी हेतु किए गए रचनात्मक प्रयासों पर चर्चा की है; जिसकी मदद से यह समझा गया कि कैसे शिक्षा, स्वास्थ्य, परिवहन, प्रशासन, समाज कल्याण आदि आयामों पर सरकार की ओर से रचनात्मक पहल की जा रही हैं। इसका उद्देश्य न केवल सेवा प्रदायगी को सुगम करना है, बल्कि भ्रष्टाचार पर रोक व जनसहभागिता को भी बढ़ावा देना है। ये प्रयास राज्य को मिलनी वाली वैधता को ही बल प्रदान नहीं करते, बल्कि जनता को सरकारी कार्यों के प्रति अधिक जागरूक भी बनाते है। अध्याय में आगे उन मॉडलों पर चर्चा की गई है जिसे अपनाकर सेवा प्रदायगी को अलग व अनोखा रूप प्रदान किया जा सकता है।

1. सेवोत्तम मॉडल (Sevottam Model)

लोक सेवा प्रदायगी को उन्नत बनाने तथा सरकारों को नागरिक केंद्रिक बनाने के उद्देश्य से द्वितीय प्रशासनिक सुधार आयोग की सलाह पर ''सेवोत्तम'' नामक एक सुधार मूल्यांकन ढांचा विकसित किया गया है। "सेवोत्तम" को दो हिंदी शब्दों "सेवा"(service) और "उत्तम" (excellence) से मिला कर बनाया गया है। इस मॉडल द्वारा बेहतर सेवा प्रदायगी के लिए सेवोत्तम ढांचा आरंभ करने के लिए मंत्रालयों/विभागों और राज्य सरकारों को भी सहायता प्रदान की जाती है। सेवोत्तम एक सेवा प्रदायगी श्रेष्ठता मॉडल है, जो जन सेवा प्रदायगी में श्रेष्ठता लाने के लिए निर्धारण सुधार ढांचा प्रदान करता है। यह व्यवस्था में अधिक सुधार हेतु एक कार्यक्रम है। आंतरिक प्रक्रिया की गुणवत्ता और सेवा प्रदायगी की गुणवत्ता पर उनके प्रभाव का निर्धारण करने के लिए यह मॉडल एक मूल्यांकन मशीनरी के रूप में कार्य करता है।[27] इस निर्धारण के तीन घटक हैं।[28]

1. प्रथम घटक प्रभावी सिटिजन चार्टर की अपेक्षा रखता है एवं उसके द्वारा नागरिकों की निविष्टयां प्राप्त करने के लिए इस तरीके से चैनल प्रारंभ करता है, जिसमें संगठन सेवा प्रदायगी आवश्यकताओं का निर्धारण करता है।

नागरिक परिपत्र सार्वजनिक रूप से नागरिक पात्रता पर जानकारी घोषित करता है। उसके द्वारा नागरिक को अच्छी तरह से सूचित किया जाता है और इस प्रकार उन्हें अच्छी सेवा प्रदान करने के लिए सशक्त बनाया जाता है।

2. द्वितीय घटक "लोक शिकायत निवारण" एक अच्छी शिकायत निवारण प्रणाली की इस तरीके के प्रचालन की अपेक्षा रखता है, जिससे नागरिक ज्यादा संतुष्ट रहें और किस प्रकार संगठन अंतिम निर्णय की परवाह न करते हुए शिकायत परिवाद का उत्तर देता है, इस पर भी बल देता है।

3. तीसरा घटक "सेवा प्रदायगी में श्रेष्ठता" यह मानता है कि एक संगठन सेवा प्रदायगी में श्रेष्ठ निष्पादन केवल तभी रख सकता है, यदि यह कुशलता से अच्छी सेवा प्रदायगी के लिए मुख्य घटक का प्रबंधन कर रहा है और सेवा प्रदायगी को सतत रूप से सुधारने की अपनी स्वयं की क्षमता का निर्माण कर रहा है।

सेवोत्तम निर्धारित आवश्यकताओं और निहित आवश्यकताओं को भी संबोधित करने व समझने के लिए ढांचा प्रदान करता है। सेवोत्तम इस प्रकार वर्णित आवश्यकताओं को लक्षित करता है[29]:

1. *समयानुकूल* : निर्दिष्ट सेवाओं के लिए समय मानक नागरिक परिपत्र में वर्णित है । सेवाएं एवं मानक विभिन्न हिस्सेदारों के साथ सक्रिय विचार-विमर्श के अनुसार स्थापित है।
2. *प्रभावोत्पादक* : वितरण योग्य सेवा हेतु एकल खिड़की प्रणाली सेवा पाने के लिए निर्धारिती के एक डेस्क से दूसरे डेस्क पर आने जाने को कम करने के लिए प्रदायगी हेतु लक्षित है।
3. *प्रत्युत्तरदायिता* : निर्धारिती की शिकायत सुनने और साथ ही उन्हें समय पर दूर करने हेतु मजबूत शिकायत निवारण प्रणाली की आवश्यकता है।

सेवोत्तम इसके अलावा भी अन्य आवश्यकताओं को लक्षित करता है, जो निम्नलिखित हैं:[30]

1. *विनम्र व्यवहार* : व्यवहार हेतु मानक नागरिक परिपत्र में वर्णित है और सेवा प्रदायगी पर सक्रिय प्रतिपुष्टि विवेचन करने के लिए एकत्रित की जाती है।
2. *सूचना* : सरलीकरण केंद्र एवं सहायता केंद्र निर्धारिती सूचना की आवश्यकता से अवगत कराने के लिए लक्षित किए जाते हैं।
3. *तदनुभूति* : जन शिकायत अधिकारी को आवश्यकता के समय निर्धारिती को सुने जाने की आवश्यकता है।

2. विकेंद्रीकरण मॉडल (Decentralisation Model)

विकेंद्रीकरण मॉडल न केवल एक प्रक्रिया बल्कि एक परियोजना के रूप में सेवाओं के आदान-प्रदान में भी सुलभता लाता है। विकेंद्रीकरण द्वारा निर्णय निर्माण शक्ति लोगों के पास हस्तांतरित होती है। इसके अंतर्गत राजनीतिक विकेंद्रीकरण, राजकोषीय विकेंद्रीकरण और प्रशासनिक विकेंद्रीकरण सम्मिलित है। *रिइंवेंटिंग गर्वमेंट* नामक अपनी पुस्तक में डेविड ओसबोर्न एवं गैब्लर ने मत व्यक्त किया कि सरकारें अपने ''ग्राहकों'' को सर्वोत्तम कोटि की सेवाएं प्रदान करने में रचनात्मकता बाजारोन्मुखी विकेंद्रित और सकेंद्रित होनी चाहिए। ये कहते हैं कि ''विवाद के स्थान पर संचालन करना चाहिए और आत्मबोध सेवा प्रदायगी को स्वयं समझने की बजाय सेवा व्यवस्था सुनिश्चित करनी चाहिए। यह उन नागरिक समूहों को भी विनियंत्रित और निजीकृत करके किया जा सकता है, जिन्हें निजी क्षेत्र अथवा नागरिक समूहों द्वारा भी आयोजित किया जा सकता है।[31]

भारत में पंचायतीराज के माध्यम से लोकतंत्र का विकेंद्रीकरण किया गया है। यह शासन का प्रमुख कार्यान्वयन निकाय होता है, जिस पर विकासात्मक योजना की सफलता निर्भर करती है। इस संदर्भ में सार्वजनिक सेवा प्रदायगी के लिए विकेंद्रीकरण एक महत्त्वपूर्ण पहल है; जिससे पंचायत से संबंधित सभी मामलों, नियमों, सरकारी योजनाओं से संबंधित सभी सूचनाओं का सहज लाभ आम आदमी तक पहुंचाया जाना एक महत्त्वपूर्ण आयाम है।

3. सार्वजनिक सेवा प्रदायगी कानूनी अधिकार के रूप में (Public Service Delivery as Legal Entitlement)

उत्तम शासन और समावेशी विकास के लिए सार्वजनिक सेवाओं के प्रदान करने की गारंटी का कानूनी रूप होना लोकतंत्र के लिए महत्त्वपूर्ण है। इस संदर्भ में मध्य प्रदेश सरकार ने 'मध्य प्रदेश लोक सेवा गारंटी अधिनियम, 2010' देश में पहली बार लाकर एक खास तरह की पहल की है। यह ''ऐतिहासिक अधिनियम'' अच्छे शासन को प्राप्त करने के लिए राज्य की प्रतिबद्धता का एक प्रतिबिंब है। 'मध्य प्रदेश लोक सेवा गारंटी अधिनियम 2010' नागरिकों को निर्धारित समय के भीतर बुनियादी सार्वजनिक सेवाओं के प्रदान की गारंटी देता है और ऐसा करने में विफलता के लिए जवाबदेही तंत्र की व्यवस्था करता है। इस अधिनियम के तहत, जाति, जन्म, विवाह और अधिवास प्रमाण पत्र जारी करना, पीने के पानी के कनेक्शन, राशन कार्ड, भू-अभिलेखों की प्रतियां जैसी 52 महत्त्वपूर्ण सार्वजनिक सेवाओं को अधिसूचित किया गया है। हर सेवा की

डिलीवरी के लिए एक समय अवधि तय की गई है; जो अधिकारी अपने कर्तव्यों का पालन करने में विफल रहता है और इन सेवाओं को समय पर प्रदान नहीं करता है, उसे प्रति दिन 250 रूपये से लेकर अधिकतम 5000 रूपये तक की रकम का भुगतान, जुर्माने के रूप में करना पड़ता है। यह अधिनियम दो चरण की अपील प्रक्रिया प्रदान करता है। जब नागरिक को समय पर अधिसूचित सेवा प्राप्त नहीं होती, तब वह प्रथम अपीलीय प्राधिकारी के पास अपील कर सकते हैं। यदि प्रथम अपीलीय प्राधिकारी लापरवाह है अथवा नागरिक उसके निर्णय से असंतुष्ट हैं, तो वह दूसरे अपील प्राधिकारी के पास अपील दायर कर सकते हैं। ऐसे अधिकारियों के खिलाफ दूसरे अपीलीय प्राधिकारी को जुर्माना लगाने के और अनुशासनात्मक कार्रवाई के आदेश देने की शक्ति होती है। जहां अपराधी अधिकारी पर जुर्माना लगाया जाता है, वहीं आवेदकों को असुविधा झेलने के कारण मुआवजे का भुगतान किया जाता है। यह अनोखा कानून सिटिजन चार्टर के उद्देश्यों को साकार करने के लिए एक प्रभावी साधन प्रदान करता है।[32]

अधिनियम को 'लोक सेवाओं के वितरण में सुधार' वर्ग में संयुक्त राष्ट्र का वर्ष 2012 का लोक सेवा पुरस्कार (UNPSA) प्राप्त हुआ है। राज्य ने 73 देशों से और 483 नामांकनों में से यह प्रतिष्ठित पुरस्कार जीता है। संयुक्त राष्ट्र का यह 'लोक सेवा पुरस्कार' अंतर्राष्ट्रीय स्तर पर सार्वजनिक सेवा में उत्कृष्टता की एक प्रतिष्ठित पहचान है।[33] मध्य प्रदेश सरकार द्वारा लागू इस कानून से प्रेरित होकर अनेक राज्यों ने ऐसा ही कानून या कुछ संशोधनों के साथ इसे लागू कर दिया है। कुछ अन्य राज्य इसे लागू करने की प्रक्रिया में हैं। सार्वजनिक सेवाओं को अधिक प्रभावी बनाने का लगभग इसी तरह का कानून लागू करने वाला बिहार देश का दूसरा राज्य है। छत्तीसगढ़, हिमाचल प्रदेश और दिल्ली में भी इसका अनुसरण किया जा रहा है। बिहार ने सार्वजनिक सेवा में खामियों से जनता को छुटकारा दिलाने के प्रतीकात्मक कदम के रूप में 2015 के स्वतंत्रता दिवस पर सेवा का अधिकार अधिनियम लागू किया है। यहां जुर्माने की अधिकतम राशि पांच हजार रूपये है।[34]

सार्वजनिक सेवा प्रदायगी: चुनौतियां, सुधार एवं समाधान
(Public Service Delivery : Challenges, Reforms and Solutions)

सार्वजनिक सेवा की प्रदायगी को जनसाधारण तक सुलभ करने के लिए सरकार द्वारा महत्त्वपूर्ण प्रयास किए गए हैं, लेकिन फिर भी इसके क्रियान्वन में अनेक बाधाएं एवं चुनौतियां विद्यमान हैं। सेवा के संदर्भ में यह जानना जरूरी है कि

जनता को क्या-क्या सेवाएं प्राप्त हो रही हैं और किन-किन सेवाओं को प्रदान करने की प्रतिबद्धता की गई है और वास्तव में क्या प्रदान किया जा रहा है। इन सभी मुद्दों को देखने पर यह नजर आता है कि इनके मध्य एक व्यापक खाई है। साथ ही साथ ग्राहक और सेवा प्रदाताओं के मध्य पदसोपानीयता में भी भिन्नता है। कुछ मूलभूत कमियां हैं। विक्रम चंद ने अपने अध्ययन में सार्वजनिक सेवा प्रदायगी में चार प्रणालीगत समस्याओं को चिन्हित किया है, जो इस प्रकार है:

1. भारी वेतन बोझ और कमजोर प्रबंधन
2. जवाबदेही तंत्र और नागरिकों की मांग की कमी
3. भ्रष्टाचार और इससे जूझने की कमजोर प्रक्रियाओं का होना
4. राजनीतिक वित्तपोषण और रेंट-सिकिंग

इन चार प्रमुख समस्याओं के अतिरिक्त कई अन्य प्रमुख चुनौतियां हैं, जिन्हें निम्नांकित बिंदुओं के माध्यम से समझा जा सकता है:

1. अनुक्रियाशीलता का अभाव (Lack of Responsiveness)

किसी भी देश के लिए अच्छा अभिशासन कायम करने के लिए यह आवश्यक है कि सरकारी मशीनरी या तंत्र द्वारा उपयुक्त समय के अंदर पूरी सचेतनता एवं बिना विभेद के नागरिकों को सेवा उपलब्ध कराए। प्रशासनिक अनुक्रियाशीलता के अभाव में बेहतर शासन की कल्पना भी नहीं की जा सकती, जो देश में सार्वजनिक सेवा की प्रदायगी में एक बहुत बड़ी रूकावट के रूप में आती है, इसलिए यह अत्यंत जरूरी हो जाता है कि अनुक्रियाशीलता को बनाए रखा जाए।

2. दायित्वशीलता का अभाव (Lack of Responsibility)

दायित्वशीलता सार्वजनिक क्षेत्र के कामकाज के मूल्यांकन के लिए संस्थापित मापदंडों पर आधारित है। इसके अंतर्गत संसाधनों के उपयोग की सक्षमता, व्यय-नियंत्रण एवं आतंरिक तथा बाह्य ऑडिट से परिघटित आर्थिक एवं वित्तीय दायित्वशीलता भी शामिल है। लोक एजेंसियों की दायित्वशीलता की पुरानी और नई दोनों ही प्रकार की संरचनाओं को सर्वव्यापक बनाया जाना चाहिए तथा आम लोगों को उनसे परिचित कराया जाना चाहिए। सार्वजनिक काम-काज की ऑडिटिंग को सर्वव्यापक बनाने का काम सूचना के अधिकार, मास मीडिया की सूचित एवं उत्तरदायी भूमिका, सामाजिक-सामुदायिक ऑडिटिंग के विकास और सबसे बढ़कर लोक सुनवाई एवं जागरूकता के माध्यम से किया जा सकता है। दायित्व की संकल्पना में पारदर्शिता एवं भागीदारी आवश्यक घटक हैं।

3. प्रभावशीलता का अभाव (Lack of Effectiveness)

अच्छे अभिशासन के लिए यह आवश्यक है कि योजनाओं की क्रियान्वयन लागत प्रभावी हो। साथ-ही-साथ ऊर्जा संरक्षण एवं पर्यावरणीय संवेदनशीलता भी प्रशासनिक गतिविधियों में दृष्टिगोचर होनी चाहिए। सक्षमता नागरिकों की जरूरतों के अनुरूप सरकार की सेवाओं का सही ढंग से प्राथमिकीकरण करने से भी संबंधित है। इसके अंतर्गत सुरक्षा, स्वास्थ्यचर्या एवं शिक्षा जैसे प्रावधान आते हैं। सक्षमता की अवधारणा में व्यापक पैमाने पर इस बात पर ध्यान दिया जाता है कि सरकार किस हद तक उत्पादन प्रणाली को बढ़ावा दे रही है साथ ही आर्थिक रूप से वितरण प्रणाली को कैसे सक्षम बनाया और किस हद तक अनिश्चितता को कम किया जा सकता है।

4. सिविल सेवकों में संवेदनशीलता का अभाव (Lack of Sensitivity in Civil Servants)

आज प्रशासन के सम्मुख इस बात की बढ़ती चिंता है कि प्रशासन सामान्यतः निष्ठुर और नियमबद्ध हो गया है, परिणामरूप इनका रुख नागरिकों के प्रति उदासीनतापूर्ण और असंवेदी हो गया है। अधिकारीगण स्वयं को नागरिकों की सेवा करने करने वाले सेवक के बजाए, जनता को हीन दृष्टि से देखते हैं। अत्यंत गरीबी व अशिक्षा आदि को देखते हुए उन्हें अपनी दया का पात्र समझते हैं।

5. समता एवं समावेशन की कमी (Lack of Equity and Inclusion)

एक समाज का कल्याण इस बात पर निर्भर करता है कि संसाधनों एवं दायित्वों का सही एवं निष्पक्ष वितरण किस मात्रा में हुआ है। अच्छे अभिशासन के लिए यह आवश्यक है कि समाज के हर तबके (वर्ग) के लोग विशेष तौर पर आर्थिक रूप से पिछड़े वर्ग के लोग, महिलाएं, बच्चे, वरिष्ठ नागरिक, शारीरिक विकलांग लोग प्रशासनिक निर्णयों एवं गतिविधियों में पर्याप्त स्थान प्राप्त करें तथा उन्हें अपने विकास का पर्याप्त अवसर प्राप्त हो।

6. जवाबदेयता का अभाव (Lack of Accountability)

जवाबदेयता एवं मानवोन्मुखता अच्छे अभिशासन की आवश्यकता होती है। सरकारी संस्थाओं के लिए ही नहीं, अपितु निजी क्षेत्रों तथा लोक समाज के संगठनों के लिए भी जनता के प्रति जवाबदेह होना आवश्यक होता है। उनके लिए यह आवश्यक है कि न सिर्फ उनके कार्यों की स्पष्ट परिभाषा हो, अपितु कार्यों के क्रियान्वयन के समय मानवोचित दृष्टिकोण भी हो।

7. मतैक्यता का अभाव (Lack of Consensus)

बेहतर शासन विचारों की सार्वभौमिकता एवं सर्वांगीणता का समर्थक होता है। किसी भी समाज में विभिन्न मतों के समर्थक अलग-अलग पद्धतियों का सहारा लेकर प्रशासनिक निर्णय-निर्माण को प्रभावित करने का प्रयत्न करते हैं। सरकार के लिए यह आवश्यक होता है कि वह समेकित दृष्टिकोण अपनाकर चक्रीय व्यवहार की अवधारणा का सहारा लेकर समस्या समाधान की कोशिश में मतैक्य विकसित करने का प्रयत्न करें।

निष्कर्ष (Conclusion)

विकासशील देशों में सार्वजनिक सेवा प्रदायगी का आमजन तक सुलभ होना अत्यंत ही महत्त्वपूर्ण है क्योंकि आधुनिक समाज में नागरिकों का स्थान व उनकी संतुष्टि अति महत्त्वपूर्ण है। वैश्वीकरण के दौर में उत्पादन और सेवा प्रदान करने के मामले में बहुराष्ट्रीय कंपनियां, स्थानीय कंपनियों के साथ प्रतिस्पर्धा कर रही हैं, ऐसे में नागरिकों/उपभोक्ताओं को उनके अधिकारों की जानकारी देने और उपभोक्ता शिकायतों के निवारण के लिए ढांचा तैयार करने तथा उनके हितों की वकालत करने वाली सरकारी एजेंसियों व संगठनों को प्रोत्साहित करना बेहद जरूरी है। जिन नागरिकों को अपने अधिकारों की पूर्ण जानकारी होती है, वे उत्पादों और सेवाओं की गुणवत्ता और मानक के उन्नयन के लिए वस्तुओं और सेवाओं के उत्पादकों और आपूर्तिकर्ताओं पर दबाव बना सकता है।

हालाांकि सरकार का बल सामाजिक समावेशन और आजीविका के उन्नत अवसर मुहैया करने पर है जिसके लिए शिक्षा, स्वास्थ्य और अन्य बुनियादी लोक सुविधाओं पर नए सिरे से जोर देने की जरूरत है। चूंकि इन आवश्यक सेवाओं तक आमजन की अपर्याप्त पहुंच जनता के बहुत बड़े भागों के कल्याण को प्रत्यक्ष रूप से सीमित कर देती है और उन्हें विकास की प्रक्रिया में पूरी तरह से हिस्सा लेने के अवसर से वंचित कर देती है। इसलिए यह जरूरी है कि सरकार शिक्षा, स्वास्थ्य, सफाई और सामाजिक सुरक्षा व कल्याण के लिए रचनात्मक प्रयास करे तथा अधिक से अधिक सहभागी बनाने के प्रयास की आवश्यकता है। जिससे सार्वजनिक सेवा प्रदायगी इतनी सुलभ हो सके कि प्रत्येक नागरिक चाहे किसी भी भौगोलिक, आर्थिक व सामाजिक संदर्भों में हो, सेवा की प्राप्ति के लिए सुनिश्चित व जागरूक हो सके। इसके लिए कुछ उपायों को अपनाना जरूरी है। इस संदर्भ में सेवा प्रदायगी में सुधार लाने हेतु

विश्व बैंक ने अपने अध्ययन में विभिन्न राज्यों में सेवा प्रदायगी ढ़ांचे को सुधारने और उत्तम बनाने हेतु किए गए प्रयोगों एवं सुधारों का उदाहरण देते हुए कुछ उपायों को महत्त्वपूर्ण माना है। जिसमें प्रतिस्पर्धा को बढ़ावा देने और लेनदेन की प्रक्रिया को सरल बनाने के साथ-साथ विभिन्न एजेंसी प्रक्रियाओं के पुनर्गठन की वकालत करते हैं। साथ-ही विकेंद्रीकरण प्रबंधन की आवश्यकता को महसूस करते हुए विभिन्न कार्यक्रमों की प्रदायगी हेतु राजनीतिक समर्थन के निर्माण पर बल देते हैं। इसके लिए सबसे जरूरी जवाबदेही तंत्र को मजबूत करना होगा।[35] इन उपायों को अपनाने से सेवा अदायगी को पहले से बेहतर बनाए जाने की अपेक्षा की जा सकती है।

संदर्भ-ग्रंथ (References)

[1] A. B. Deolalikar, S. Jha & P. F. Quising (Eds.). (2015). *Governance in Developing Asia: Public Service Delivery and Empowerment*, Edward Elgar Publishing, p.3.

[2] *Ibid.*

[3] Humphreys, P.C., (1998), *Improving Public Service Delivery,* (Vol. 7), Institute of Public Administration.

[4] *Ibid.*

[5] World Bank. 2006. India - Reforming public services in India - Drawing Lessons From Success. Washington, DC: World Bank. http:èkèkdocuments.worldbank.orgèkcuratedèkenèk963631468268192259èkIndia-Reforming-public-services-in-India-drawing-lessons-from-success

[6] World Bank. 2006. India - Reforming public services in India - Drawing Lessons From Success. Washington, DC: World Bank. http:èkèkdocuments.worldbank.orgèkcuratedèkenèk963631468268192259èkIndia-Reforming-public-services-in-India-drawing-lessons-from-success

[7] Government of India,Pradhanmantri jan dhan yojna:pragati report, accessed from <http://www.pmjdy.gov.in/hi-about on 02 June 2017.

[8] Government of India,Pradhanmantri Yojna, accessed from <http://www.pmawasyojana.in/2016/03/gramin-awas-yojana-gramin-under-PMAY.html on 3 march 2017

[9] *Ibid.*

[10] Citizens Initiative for the Rights Of Children Under Six: Focus On Children Under Six. [Abridged Report] New delhi. Citizens Initiative for the Rights of Children Under Six, 2006

[11] Government of India, Sarv shiksha abhiyan:sabhi ke liye, accessed from <http://archive.india.gov.in/hindi/spotlight/spotlight_archive.php?id=32 on 15 may 2017

[12] Chakrabarty, B. and Chand, P., 2012. *Public administration in a globalizing world: theories and practices*. SAGE India.347.

[13] Government of India, *Sarva Siksha Abhiyan... Shiksha Sabhi ke Liye*, accessed from <http://archive.india.gov.in/hindi/spotlight/spotlight_archive.php?id=32> on 13 July 2017.

[14] Government of India, accessed from<http://www.archive.india.gov.in/hindi/citizen/health/health.php?id=48 on 25 june 2017

[15] भारत सरकार, निर्मल भारत : सभी के लिए संपूर्ण <http://archive.india.gov.in/hindi/spotlight/spotlight_archive.php?id=on2 june 2017

[16] डा. राधेश्याम द्विवेदी, (2016), संस्कृति मंत्रालय का स्वच्छ भारत अभियान, accessed from <http://www.pravakta.com/clean-india-campaign-of-the-ministry-of-culture-16-september-30-2016/ on 7 July 2017.

[17] डा. राधेश्याम द्विवेदी, (2016), संस्कृति मंत्रालय का स्वच्छ भारत अभियान,accessed from <http://www.pravakta.com/clean-india-campaign-of-the-ministry-of-culture-16-september-30-2016/ on 7 July 2017.

[18] Department of Personnel and Training, Government of India, Second Administrative Reforms Commission Twelfth Report, 2009: Citizen Centric Administration, The Heart of Governance, Government of India, New Delhi, 2009.

[19] Second Administrative Reforms Commission Twelfth Report (2009), Citizen Centric Administration, The Heart of Governance, Government of India

[20] ibid

[21] गौरव द्विवेदी, पीपीपी क्या है? जन-निजी भागीदारी की कुछ व्याख्याएं, accessed from <http://hindi.indiawaterportal.org/node/30737 on 8 June 2017

[22] Second Administrative Reforms Commission Twelfth Report (2009), Citizen Centric Administration, The Heart of Governance, Government of India

[23] Government of india, मोबाइल सेवा मोबाइल फोन के माध्यम से नागरिकों को उपलब्ध करवाई जाने वाली सेवाएं, Accesed from< https://india.gov.in/hi/spotlight/मोबाइल-सेवा-मोबाइल-फोन-के-माध्यम-से-नागरिकों-को-उपलब्ध-करवाई-जाने-वाली-सेवाएं; on 13 June 2017

[24] Government of india, मोबाइल-सेवा-मोबाइल-फोन-के-माध्यम-से-नागरिकों-को-उपलब्ध-करवाई-जाने-वाली-सेवाएँ Accesed from< https://india.gov.in/hi/spotlight/मोबाइल सेवा मोबाइल फोन के माध्यम से नागरिकों को उपलब्ध करवाई जाने वाली सेवाएँ on 13 June 2017

[25] Government of Madhya Pradesh,Sarvajanik Sewa Pradaygi accesed from< http://164.100.153.13/PdsSystem.aspx on 15 june 2017

[26] Second Administrative Reforms Commission Twelfth Report (2009), Citizen Centric Administration, The Heart of Governance, Government of India.48

[27] *Ibid*.48

[28] Government of india, Sevvotam accesed from<http://www.cexgurgaon.gov.in/contenthi/innerpage/sevottamhi.php on 2 june 2017

[29] Government of india, Sevvotam accesed from<http://www.cexgurgaon.gov.in/contenthi/innerpage/sevottamhi.php on 2 june 2017

[30] Government of india, Sevvotam accesed from<http://www.cexgurgaon.gov.in/contenthi/innerpage/sevottamhi.php on 2 june 2017

[31] Second Administrative Reforms Commission Twelfth Report (2009), Citizen Centric Administration, The Heart of Governance, Government of India.83

[32] Government of Madhya Pradesh,Sarvajanik Sewa Pradaygi accesed from< http://164.100.153.13/PdsSystem.aspx on 15 june 2017

[33] Government of Madhya Pradesh,Sarvajanik Sewa Pradaygi accesed from< http://164.100.153.13/PdsSystem.aspx on 15 june 2017

[34] Government of Madhya Pradesh,Sarvajanik Sewa Pradaygi accesed from< http://164.100.153.13/PdsSystem.aspx on 15 june 2017

[35] Chand, Vikram. *Reinventing Public Service Delivery in India: Selected Case Studies*. Sage, 2006.

[36] World Bank. 2006. *India - Reforming public services in India - drawing lessons from success*. Washington, DC: World Bank. http://documents.worldbank.org/curated/en/963631468268192259/India-Reforming-public-services-in-India-drawing-lessons-from-success

Deolalikar, A. B., Jha, S., & Quising, P. F. (Eds.). (2015). *Governance in Developing Asia: Public Service Delivery and Empowerment*. Edward Elgar Publishing

Humphreys, P.C., 1998. Improving Public Service Delivery (Vol. 7). Institute of Public Administration

World Bank. 2006. India - *Reforming public services in India - drawing lessons from success*. Washington, DC: World Bank. http://documents.worldbank.org/curated/en/963631468268192259/India-Reforming-public-services-in-India-drawing-lessons-from-success

Citizens Initiative for the Rights Of Children Under Six: Focus On Children Under Six. [Abridged Report] New delhi. Citizens Initiative for the Rights of Children Under Six, 2006

Chakrabarty, B. and Chand, P., 2012. *Public administration in a globalizing world*: theories and practices. SAGE India

Second Administrative Reforms Commission Twelfth Report (2009), Citizen Centric Administration, The Heart of Governance, Government of India

Chand, Vikram. *Reinventing Public Service Delivery in India: Selected Case Studies*. Sage, 2006.

Ahmad, J. K., Devarajan, S., Khemani, S., & Shah, S. (2005). Decentralization and service delivery. *World Bank Policy Research Working Paper,* (3603).

Chand, V. (2006). Institutional innovations in public service delivery in India: cases and lessons. *Reinventing public service delivery in India: selected case studies*. Sage Publications, New Delhi, 17-56.

Chakrabarty, B., & Bhattacharya, M. (Eds.). (2008). *The governance discourse: A reader.* Oxford University Press, USA.

Besley, T., & Ghatak, M. (2007). Reforming Public Service Delivery1. *Journal of African Economies, 16* (suppl 1), 127-156.

Shah, A. (2007). Participatory budgeting: Public sector governance and accountability series. *World Bank.*

Mokta, M. (2013). Public Service Delivery in India: Challenges and Opportunities. *Public Affairs And Governance*, 1(1), 37-46.

Devarajan, Shantayanan and Ritva Reinikka (2002). Making Services Work for Poor People. Mimeo: The World Bank Group

Public Affairs Center (2002). State of India's Public Services: Benchmarks for the New millennium. Bangalore, India: Public Affairs Center

Institute of Development Studies, University of Sussex (2001). "Bringing Citizen Voice and Client Focus into Service Delivery" Case Study Series: Education Guarantee Scheme, Madhya Pradesh, India.

Suraj Saigal. 2002. *Literature review on service delivery in India*. Washington, DC: World Bank. http://documents.worldbank.org/curated/en/710301468771256270/Literature-review-on-service-delivery-in-India

10

ई–शासन

Electronic Governance

सोनू कुमार

महत्त्वपूर्ण शब्द आधारभूत संरचना, ई–शासन, ई–चौपाल, आकाश गंगा, लोकमित्र, ज्ञानदूत

कथ्य *ई–शासन सुशासन का आधार है, जिसके तहत शासन प्रणाली के तकनीकीकरण द्वारा इलेक्ट्रॉनिकी का प्रयोग कर शासन में गति और पारदर्शिता लाई जाती है। यह लोकतंत्र में सहभागिता को बढ़ाता है। यह सरकार से सरकार, नागरिक एवं सरकार, सरकार एवं व्यवसाय, सरकार एवं कार्मिकों के बीच सूचना के संचार का प्रभावी उपाय प्रस्तुत करता है। ई–शासन, शासन में नैतिकता और दायित्व को बढ़ावा देता है। सूचना प्रौद्योगिकी अधिनियम 2000 भारत में डिजिटल गवर्नेंस को वैधता प्रदान करता है। मध्य प्रदेश सरकार द्वारा चलाए जा रहे ''ज्ञानदूत'', बिहार में ''वसुधा केंद्र'', भारतीय रेल का ''क्रिस'' किसानों के लिए ''ई–चौपाल'', ई–प्रशासन के क्रियान्वयन के स्पष्ट उदाहरण हैं। डिजिटल इंडिया कार्यक्रम, आधार कार्ड, वित्तीय समावेशन को बढ़ावा देने के लिए जन–धन योजना, ई–शासन के अंतर्गत प्रमुख पहल के रूप में देखे जा सकते हैं, वहीं JAM (जनधन योजना, आधार मोबाइल) ने ई–प्रशासन को गति प्रदान की। जबकि चुनौतियों के रूप में आधारभूत ढांचे की कमी, वित्तीय समस्या, निरक्षता आदि समस्याएं हैं। इस लेख में ई–शासन की अवधारणा, आयाम, उपयोगिता, चुनौतियों के साथ–साथ इससे निपटने के प्रभावी उपाय का भी समावेश करने की कोशिश की गई है।*

शामान्यत: गवनमेंट का आशय सरकार से है, जिसके माध्यम से किसी देश के शासन का संचालन किया जाता है। इसमें मुख्य रूप से कार्यपालिका, विधायिका एवं न्यायपालिका आती है। सरकार के कई स्वरूप हो सकते हैं, राजतांत्रिक, लोकतांत्रिक, निरंकुश या अधिनायकवाद इत्यादि। वर्तमान में विश्व की अधिकतर सरकारें लोकतांत्रिक ही हैं, जहां

संवैधानिक आधार पर शासन का संचालन किया जा रहा है। साथ ही प्रशासन में नए प्रयोग के आधार पर इसे नागरिक उन्मुख बनाए जाने का प्रयास भी जारी है।

शासन सरकार की जिम्मेदारी है, यह सरकार की तुलना में विस्तृत संकल्पना है।[1] स्वतंत्रता के पश्चात् भारत में जटिल सामाजिक-आर्थिक-राजनीतिक-प्रशासनिक परिस्थितियों के कारण सामान्यतः सरकार द्वारा सेवा प्रदाता एवं सुविधा प्रदाता दोनों की भूमिका निभाई जाती रही है। परंतु भूमंडलीकरण, निजीकरण एवं उदारीकरण की नीतियों को अपनाने के कारण सरकार के स्वरूप में परिवर्तन आया है। अब सरकार आई.आर.डी.ए., (Insurance Regulatory and Development Authority – IRDA), सेबी (Security and Exchange Board of India – SEBI), ट्राई (Telecom Regulatory Authority – TRAI) आदि जैसे नियामकीय संगठनों के साथ जुड़कर सुविधा प्रदाता की भूमिका भी अदा कर रही है, जबकि सेवा प्रदाता के रूप में निजी संगठनों को वरीयता दी जा रही है। ये संगठन, ऊर्जा, सड़क, बिजली, शिक्षा, स्वास्थ्य, आदि क्षेत्रों में पीपीपी मॉडल (Private Public Partnership - PPP) के तहत कार्य करते हैं तथा नागरिकों को बेहतर सेवा उपलबध कराने का प्रयास करते हैं। इसके अतिरिक्त एनजीओ (Non Government Organization - NGO) एवं एनपीओ (Non-Profit Organization – NPO) की रचनात्मक भूमिका को भी प्रोत्साहन दिया जाता है, जो सरकार को सचेत रखने के साथ-साथ गुणवत्तापूर्ण सेवाओं को उपलब्ध कराने में भी निर्णायक भूमिका अदा करते हैं। व्यापक रूप में कहा जा सकता है कि प्रशासन किसी व्यवस्था को संचालित करने एवं समन्वय करने का सामूहिक कार्य है।[2]

शासन एवं सुशासन (Governance and Good Governance)

शासन में सुशासन की अवधारणा कोई नई संकल्पना नहीं है, बल्कि राजनीतिक चिंतन की परंपरा में सुशासन की अवधारणा आदर्श राज्य या रामराज्य के रूप में प्राचीनकाल से ही विद्यमान रही है। प्लेटो ने जहां आदर्श राज्य की स्थापना के लिए दार्शनिक शासक की बात की है, तो दूसरी ओर अरस्तू ने राज्य को सद्जीवन की आवश्यक शर्त के रूप में देखा है। हॉब्स, लॉक, रूसो, बैंथम, मिल आदि विचारकों ने भी अपनी तात्कालिक परिस्थितियों के अनुसार सुशासन की संकल्पना को प्रस्तुत किया है।

भारतीय चिंतन परंपरा एवं धर्मग्रंथों में भी सुशासन पर विशद विचार किया गया है। बात चाहे *रामायण* की की जाए या फिर *महाभारत* की, इन दोनों धर्मग्रंथों

में अलग-अलग प्रश्नों के उत्तर में राज्य, राजा, प्रजा, अधिकारी, आदि के कर्त्तव्यों का वर्णन है, जिससे सुशासन का ही बोध होता है। कौटिल्य ने अपनी रचना *अर्थशास्त्र* में राजा के लिए ऐसे मानदंड का निर्धारण किया है, जिसका मूल उद्देश्य सुशासन की प्राप्ति ही है। गांधी की स्वराज्य एवं सर्वोदय की संकल्पना भी सुशासन का ही स्वरूप है।

सुशासन के वर्तमान स्वरूप को संयुक्त राष्ट्र के तत्त्वावधान में विश्व बैंक द्वारा 1992 में दी गई संकल्पना के साथ जोड़कर देखा जा सकता है, जिसमें मुख्य रूप से सामाजिक न्याय, आधुनिक शिक्षा प्रणाली, स्वास्थ्य, गरीबी उन्मूलन कार्यक्रम, मानवाधिकार, श्रम के नियम, बच्चों, वृद्धों एवं महिलाओं की सुरक्षा तथा न्याय प्रणाली आदि नियमों को शामिल किया गया है।

सुशासन एक गतिशील अवधारणा है। इसके कई आयाम हैं, परंतु सभी का उद्देश्य लोक कल्याण को बढ़ावा देना है। सुशासन के लिए जिन मूल्यों की आवश्यकता होती है, उनमें मिलजुलकर निर्णय लेना, दायित्व, पारदर्शिता, राजनीतिक प्रणाली की दक्ष एवं उत्तरदायी संरचना तथा कानून के शासन आदि को शामिल किया जा सकता है। प्रशासकीय और राजनीतिक सूचना तंत्र प्रशासन को लोगों के प्रति जवाबदेह और संवेदनशील बनाने में महत्त्वपूर्ण भूमिका अदा करता है। ई-प्रशासन के प्रयास उन महत्त्वपूर्ण प्रयासों में से एक हैं जो सरकार के काम करने के तरीके और नागरिकों के साथ उनके संबंधों में बदलाव लाने का प्रयास करता है।

ई-शासन (E-Governance)

वर्ष 2005 के संयुक्त राष्ट्र विकास कार्यक्रम (यूएनडीपी UNDP) के अनुसार 'ई-प्रशासन' ऐसी सूचना एवं संचार प्रौद्योगिकियों का नाम है जिसका उद्देश्य सूचना एवं सेवा वितरण में सुधार लाना, निर्णय लेने की प्रक्रिया में नागरिक भागीदारी को बढ़ावा देना और सरकार को अधिक जवाबदेह, पारदर्शी और सक्षम बनाना है।[3]

विश्व बैंक के अनुसार, ई-प्रशासन सरकार के स्वामित्व या सरकार द्वारा संचालित सूचना एवं संचार प्रौद्योगिकियों की प्रणालियों का नाम है, जो नागरिकों, निजी क्षेत्रों और अन्य सरकारी एजेंसियों के साथ संबंधों को रूपांतरित करती है ताकि नागरिक अधिकारिता को प्रोत्साहित करने, सेवा वितरण में सुधार लाने, जवाबदेही सुदृढ़ करने, पारदर्शिता बढ़ाने एवं प्रशासन की सक्षमता में सुधार लाने जैसे लक्ष्यों को प्राप्त किया जा सके।[4]

संकीर्ण दृष्टिकोण से देखें तो शासन में सूचना प्रौद्योगिकी का प्रयोग ही ई-प्रशासन है। परंतु यदि विस्तृत रूप से देखा जाए तो ई-प्रशासन एक वृहद संकल्पना है, जिसका प्रसार केवल सरकार के विभिन्न आयामों तक ही सीमित नहीं है, बल्कि इसमें राजनीतिक-सामाजिक-आर्थिक-तकनीकी-प्रशासनिक तथा अन्य आयामों को शामिल किया जा सकता है। किसी संस्था या संगठन द्वारा चाहे वह सरकारी हो या गैर-सरकारी अपने उद्देश्यों की प्राप्ति के लिए सूचना प्रौद्योगिकी का प्रयोग करना या सूचना प्रौद्योगिकी आधारित सेवाएं प्रदान करना ई-प्रशासन है। इसे ई-नागरिक (Electronic Citizens) व्यवस्था का प्रसार माना जाता है। ई-शासन, ई-लोकतंत्र का ही एक स्वरूप है, जिसमें नागरिक सहभागिता को प्रोत्साहन दिया जाता है।[5] इस प्रकार स्पष्ट है कि ई-प्रशासन केवल इंटरनेट का प्रयोग ही नहीं है बल्कि आज के परिप्रेक्ष्य में यह जनता एवं प्रशासन के बीच संबंधों के नए आयाम को भी प्रदर्शित करता है।

सूचना प्रौद्योगिकी की महत्ता, उपयोगिता एवं प्रासंगिकता के विषय में कई विद्वानों ने अपना मत प्रस्तुत किया है। समाजशास्त्री एवं भविष्यवेत्ता एल्विन टॉफ्लर (Alvin Toffler) ने अपनी पुस्तक *द थर्ड वेब* (1980) में बताया है कि मानवीय सभ्यता के विकास को मुख्यतः दो धाराओं (Waves) ने प्रभावित किया है। पहली धारा कृषि का विकास था जिसने कृषक समाज को जन्म दिया। दूसरी धारा अठारहवीं शताब्दी में औद्योगिक क्रांति के रूप में आई, जिससे औद्योगिक समाज का निर्माण हुआ एवं शहरीकरण का अभ्युदय हुआ। तीसरी धारा सूचना क्रांति की होगी। इस बात की भविष्यवाणी टॉफ्लर ने की थी। उनकी बात आज बिल्कुल सही प्रतीत हो रही है। सूचना क्रांति ने अन्य दो धाराओं की भांति ही मानवीय सभ्यता के विकास को नई गति एवं दिशा दी है।[6] इसी प्रकार डेनियल बेल (Daniel Bell) ने भी अपनी पुस्तक *इनफॉरमेशन ऐज* (Information Age) (1973) में आनेवाले समय को सूचना युग के नाम से संबोधित किया है।[7]

ई-शासन के आयाम (Dimensions of E-Governance)

जैसा कि पहले चर्चा की जा चुकी है कि ई-प्रशासन का प्रसार क्षेत्र व्यापक है। इसे समझने के लिए निम्नांकित बिंदुओं का अवलोकन किया जा सकता है:

- **सरकार से सरकार** (Government to Government- G to G) : अंतर-विभागीय या अंतर-मंत्रालयी सूचना के आदान-प्रदान के लिए प्रभावी

साधन है। इसके साथ इसमें अंतर-राज्यीय संबंधों को भी शामिल किया जा सकता है।

- **सरकार से नागरिक** (Government to Citizen- G to C) : नागरिक एवं सरकार के बीच ICT (Information and Communication Technology) के प्रयोग को इसमें रखा जा सकता है। जैसे-ऑनलाइन रेल आरक्षण, इंटरनेट के माध्यम से आयकर भरना, लाइलेंस के लिए आवेदन देना इत्यादि। ई-प्रशासन का यह सबसे वृहद आयाम है।
- **सरकार से व्यापार** (Government to Business- G to B) : इसमें सरकार द्वारा व्यापार जगत के साथ की गतिविधियों को शामिल किया जा सकता है, जैसे ऑनलाइन ट्रेडिंग, ऑनलाइन टेंडर आदि।
- **सरकार से कर्मचारी** (Government to Employees - G to E) : इसके तहत सरकारी विभाग अपने कार्मिकों को ऑनलाइन सेवाएं प्रदान करते हैं। जैसे-आवेदन, भर्ती, प्रशिक्षण, पदस्थापन, वेतनमान निर्धारण, इत्यादि को इसमें शामिल किया जा सकता है।

उपरोक्त आयामों के अतिरिक्त समसामयिक संदर्भ में ई-गवर्नेंस के कई नए आयामों का उद्भव हुआ है। 1960 के बाद ई-लोकतंत्र के क्षेत्र में शोधप्रज्ञों ने कई नए विषयों की बात की है, जैसे-टेली डेमोक्रेसी, टेक्नो-पॉलिटिक्स, सेटेलाइट पॉलिटिक्स, विडियो डेमोक्रेसी आदि को इसमें शामिल किया जा सकता है।[8]

ई-शासन की विशेषताएं (Characteristics of E-Governance)

ई-शासन की मुख्य विशेषताएं निम्नलिखित हैं-

1. ई-प्रशासन मूलतः स्मार्ट सरकार की अवधारणा को मूर्त रूप प्रदान करने की एक तकनीक है। जिसका तात्पर्य है:

   S = Small-जितना संभव हो सके नौकरशाही के आकार को सीमित करना।

   M = Moral-प्रशासन में नैतिकता स्थापित करना तथा भ्रष्टाचार को समाप्त करना।

   A = Accountable-लोक सेवाओं में जवाबदेयता लाना तथा सभी सूचनाओं को जनता के पटल पर रखना।

   R = Responsiveness-सूचना प्रौद्योगिकी के प्रयोग के माध्यम से जनता के संपर्क में रहना तथा उनकी प्रतिपुष्टि (Feedback) लेना।

   T = Transparency-सरकारी नीतियों, निर्णयों, कार्यों तथा सेवाओं में पारदर्शिता लाना।

2. यह प्रशासन तथा सूचना प्रौद्योगिकी का समन्वित रूप है, जिसका मुख्य उद्देश्य सरकार के कार्यों में पारदर्शिता, कुशलता तथा प्रभावशीलता लाना है। इसमें ई-नागरिक, ई-लोकतंत्र तथा ई-शासन आदि को सम्मिलित किया जाता है।
3. ई-प्रशासन में प्रशासनिक नेतृत्व तथा प्रौद्योगिकी का एकीकरण हो जाता है।
4. प्रशासनिक कार्यों में गुणवत्ता की दृष्टि से सुधार लाना ई-प्रशासन का केंद्रीय विषय है। नागरिकों को सूचित करना, नागरिकों का प्रतिनिधित्व सुनिश्चित करना तथा सरकार में नागरिकों की सहभागिता बढ़ाना इसके उद्देश्यों में शामिल है।
5. सरकारी विभागों या संस्थाओं से संबंधित सूचनाएं एवं सेवाएं इंटरनेट पर उपलब्ध होना तथा स्वयं सरकार द्वारा सूचना प्रौद्योगिकी का प्रशासनिक कार्यों में प्रयोग करना ही ई-प्रशासन का व्यावहारिक रूप है।
6. ई-प्रशासन का वजूद, कंप्यूटर तथा सूचना प्रौद्योगिकी की अन्य तकनीकों में है, अतः ऐसे शासन में कागजी कार्रवाई में कमी आती है तथा लालफीताशाही पर अंकुश लगता है।
7. इसमें एक ही प्रकृति के कार्य को बार-बार करने की जगह इन्हें निर्धारित इलेक्ट्रॉनिक कार्यक्रमों के रूप में विकसित कर दिया जाता है। इस प्रकार के कंप्यूटर प्रोग्राम संबंधित विभाग की आवश्यकताओं के अनुरूप तैयार कर लिए जाते हैं जिससे कार्य का दुहराव नहीं होता तथा समय की बचत होती है।
8. ई-शासन के कारण अधिकारियों के व्यक्तिगत दौरों, निरीक्षण, पर्यवेक्षण तथा प्रत्यक्ष नियंत्रण की जगह अब टेलीकॉन्फ्रेंसिंग (Teleconferencing) ने ली है।
9. ई-प्रशासन सुशासन (Good Governance) की स्थापना का एक सुगम मार्ग है।

भारत में ई-शासन (E-Governance in India)

भारत में ई-शासन की शुरुआत 90 के दशक में मानी जा सकती है। 1991 में शुरू की गई, भूमंडलीकरण, निजीकरण एवं उदारीकरण की नीति ने ई-शासन के लिए एक मजबूत पृष्ठभूमि तैयार कर दी। परंतु ई-शासन की वास्तविक शुरुआत

तो 1975 में "इलेक्ट्रोनिक विभाग" की स्थापना के साथ ही हो गई थी। कालांतर में इस विभाग की महत्ता को समझते हुए भारत सरकार द्वारा 15 अक्टूबर 1999 को इलेक्ट्रॉनिक विभाग की जगह "सूचना एवं प्रौद्योगिकी मंत्रालय" की स्थापना की गई। ई-शासन को प्रोत्साहन देने के उद्देश्य से 15 अगस्त 2000 को मंत्रालय के अंतर्गत ई-शासन केंद्र की स्थापना की गई।[10]

1994 में देश में राष्ट्रीय दूरसंचार नीति की घोषणा की गई,[11] जिसे 1999 में संशोधित किया गया। 15 अगस्त 1995 को विदेश संचार निगम लिमिटेड (VSNL) के माध्यम से पहली बार देश में इंटरनेट सेवा का आरंभ हुआ। इसकी सफलता यह रही कि अगले छह महीने में इसके माध्यम से हजारों लोग जुड़ गए।[12]

इस दिशा में भारत सरकार द्वारा एक उचित पहल सन् 2000 में की गई। डिजिटल गवर्नेंस (Digital Governance) को वैधता प्रदान करने हेतु "सूचना प्रौद्योगिकी अधिनियम, 2000" (Information Technology Act, 2000) लाया गया। इसके माध्यम से ई-कॉमर्स, ई-शासन, ई-हस्ताक्षर तथा ई-व्यापार .... आदि को वैधता प्रदान की गई। वर्ष 2004 में "ब्रॉडबैंड नीति" (Broadband Policy)[13] बनाई गई जिसके तहत एक न्यूनतम डाउनलोड गति का निर्धारण किया गया। परिणामतः इंटरनेट की गति बढ़ी एवं इसका तेजी से प्रसार हुआ। यही कारण है कि 2010 में 3जी तथा वर्तमान में 4जी सेवाओं ने जनसंख्या के बड़े भाग तक इंटरनेट की पहुंच को सुनिश्चित किया है। एक आकलन के अनुसार, वर्ष 2014 के अंत तक देश में 30 करोड़ से ज्यादा लोगों तक इंटरनेट की पहुंच है तथा उपभोक्ताओं की संख्या के मामले में भारत अमेरिका के बाद दूसरी पायदान पर पहुंच गया है।[14]

ई-प्रशासन के प्रयोग को बढ़ावा देने के लिए भारत सरकार द्वारा 18 मई 2006 को "राष्ट्रीय ई-शासन योजना" (National E-Governance Plan)[15] की शुरुआत की गई है। इसमें 27 मिशन आधारित परियोजनाओं (Mission mode project) को चिन्हित किया गया है जिसमें इसके प्रयोग को बढ़ावा देना शामिल है। इनमें बैंकिंग, केंद्रीय उत्पाद एवं सीमा शुल्क, आयकर, बीमा, पासपोर्ट, पेंशन, कंपनी मामले, बीपीएल नागरिकों के आंकड़े ... आदि को केंद्रीय स्तर पर जबकि राज्य स्तर पर कृषि, वाणिज्य कर, ई-जिला, रोजगार कार्यालय, नगरपालिकाएं, पंचायतें, पुलिस संपत्ति पंजीकरण, सड़क परिवहन तथा राजकोष को शामिल किया गया है।

संचार तथा सूचना प्रौद्योगिकी के दिशा-निर्देश में तथा राष्ट्रीय सूचना केंद्र (National Information Centre) के सहयोग से ये परियोजनाएं संचालित की

जा रही हैं। इन मिशन आधारित परियोजनाओं के अतिरिक्त ई-प्रशासन के तहत ई-व्यापार, ई-न्यायालय, ई-खरीद आदि को भी बढ़ावा दिया जा रहा है। ई-प्रशासन योजना में मुख्य रूप से सामान्य सेवा केंद्र (Common Service Centre) स्थापित करना, राज्य विस्तृत क्षेत्र नेटवर्क (State Wide Area Network -SWAN) बनाना एवं राज्य डेटा केंद्र (State Data Centre - SDC) जैसे महत्त्वाकांक्षी परियोजना को शामिल करने का ध्येय रखा गया है।

भारत सरकार द्वारा 2008 में नई ई-प्रशासन नीति (Policy on Open Standard for E. Governance)[16] की शुरुआत की गई तथा ई-प्रशासन को सुव्यवस्थित एवं सुगम बनाने हेतु कुछ मानकों का निर्धारण किया गया जो निम्न हैं:

- बिना किसी पेटेंट या रॉयल्टी की बाधाओं के स्वतंत्र एवं सहज सेवाएं दी जाएं।
- पारदर्शी तथा सहभागी ढंग से कार्य हो।
- ई-कार्यक्रम का विस्तार खुले एवं स्पष्ट मानदंडों से हो तथा विस्तार करते समय एकरूपता का ध्यान रखा जाए।
- सूचनाएं एवं आंकड़े ऐसे हों जिन्हें अंतरपरिवर्तनीय रूप से प्रयुक्त किया जा सके।
- पूर्ववर्ती किसी भी मानक से उच्च मानक अपनाए जाएं।
- कोई भी नया मानक घरेलू कानूनों का उल्लंघन नहीं करे।
- मानक किसी विशिष्ट भाषा में न होकर स्थानीयता का पुट लेकर स्थानीय भाषा एवं आवश्यकता के अनुरूप ढल सकें।

ई-प्रशासन के प्रयोग को व्यावहारिक एवं लोकप्रिय बनाने, केंद्र एवं राज्य सरकारों को ई-प्रशासन से संबंधित सहायता उपलब्ध कराने तथा अधिकतम लोगों तक ई-प्रशासन को पहुंचाने के लिए वर्ष 2002 में अटल बिहारी वाजपेयी के नेतृत्व वाली संघीय सरकार द्वारा एक अच्छी पहल की गई। हैदराबाद में लोक-निजी भागीदारी (Public Private Partnership) के आधार पर राष्ट्रीय स्मार्ट शासन संस्थान (National Institute for Smart Government) की स्थापना की गई।[17] इस संस्थान का मुख्य उद्देश्य सरकारी एवं गैर-सरकारी क्षेत्रों में ई-प्रशासन के प्रयोग हेतु रूपरेखा तैयार करना एवं प्रशिक्षण देना है।

भारत में केंद्र एवं राज्य दोनों स्तरों पर ई-प्रशासन को प्रभावी बनाने हेतु समानांतर प्रयास किए जा रहे हैं। इस दिशा में कई प्रयास काफी सफल भी रहे हैं। जैसे-दक्षिण भारत में एम. एस. स्वामीनाथन रिसर्च फाउंडेशन के कार्य उल्लेखनीय हैं।[18] इसी प्रकार महाराष्ट्र सरकार द्वारा ''सेतु''[19] तथा मध्य प्रदेश सरकार द्वारा ''ज्ञानदूत'' परियोजना की शुरुआत की गई है। केरल सरकार का

FRIENDS (Fast Reliable, Instant, Efficient Network for Disbursement of Servics) तथा हरियाणा का DISHA (District Level Integrated Services of Haryana) एवं भारतीय रेल का क्रिस (Centre for Railway Information System-CRIS) आदि महत्त्वपूर्ण प्रयास माने जा सकते हैं। पूर्वोत्तर राज्यों में भी सूचना प्रौद्योगिकी के प्रचार-प्रसार के लिए सूचना एवं प्रौद्योगिकी मंत्रालय द्वारा एक नई परियोजना की शुरुआत की गई जिसके तहत 487 प्रखंडों में सामुदायिक सूचना केंद्र (Community Information Centre-CIS) की स्थापना की गई है।[20] इसका मुख्य उद्देश्य प्रखंड स्तर पर आई.टी. के लिए आधारभूत संरचना का विकास करना तथा जन-जागरूकता फैलाना है।

इस क्रम में सरकार द्वारा विभिन्न स्तरों पर प्रयास किए जा रहे हैं, जैसा कि हम जानते हैं कि भारत गांवों का देश है एवं देश का ग्रामीण जनसमुदाय भारतीय समाज का केंद्र बिंदु है और यही समुदाय वास्तविक भारत का प्रतिनिधित्व भी करता है। इस वर्ग को ध्यान में रखकर सरकार द्वारा ग्रामीण ई-प्रशासन को प्रोत्साहन देने हेतु बहुस्तरीय प्रयास किए जा रहे हैं। कुछ महत्त्वपूर्ण पहल इस प्रकार हैं-

कंप्यूटरीकृत ग्रामीण सूचना प्रणाली परियोजना
(Computerised Rural Information System)

इस परियोजना का उद्देश्य जिला ग्रामीण विकास एजेंसी (DRDA) को ऐसी सुविधा प्रदान करना है, जिससे वह कंप्यूटर आधारित सूचना प्रणाली के जरिए गरीबी उन्मूलन कार्यक्रमों के कार्यान्वयन पर निगरानी रख सके।

ई-चौपाल (E-Chaupal)

ई-चौपाल भारत में ग्रामीण कृषकों को तकनीकी साधनों (ई-कॉमर्स ऑफ एग्रो-प्रोडक्ट्स) द्वारा उनके कृषि उत्पादों के विपणन की सुविधा प्रदान करता है। भारत में यह पहल आई.टी.सी. लिमिटेड द्वारा किया गया है। ग्रामीण स्तर पर किसानों से जुड़ी समस्याओं के समाधान (कृषि उत्पाद विपणन में बिचौलियों की भूमिका उन्मूलन) के लिए इसकी व्यवस्था की गई है।

आकाशगंगा (Akashganga)

'आकाशगंगा' पहल द्वारा श्री कामधेनु इलेक्ट्रॉनिक्स प्राइवेट लिमिटेड ने 1996 से ग्रामीण क्षेत्र के दुग्ध उत्पादकों से सीधे दुग्ध संग्रहण प्रारंभ किया। इसके तहत सूचना एवं संचार प्रौद्योगिकी का इस्तेमाल ग्रामीण दूध उत्पादकों को सुविधाएं प्रदान करने के लिए किया जाता है।

टाटा किसान केंद्र (Tata Kisan Kendra)

टाटा केमिकल लिमिटेड ने उत्तर प्रदेश हरियाणा एवं पंजाब ाज्यों के किसानों की सहायता के लिए टीकेके परियोजना की शुरुआत की है। इसके अंर्तगत भौगोलिक सूचना प्रणाली (GIS) की सहयता से किसानों से संबंधित विभिन्न विषयों जैसे- मृदा, भूमिगत जल और मौसम संबंधी जानकारी उपलब्ध कराई जाती है।

किसान कॉल सेंटर (Kisan Call Centre)

किसान कॉल सेंटर की स्थापना मुख्य रूप से किसानों द्वारा उठाए गए मुद्दों का समाधान तत्काल स्थानीय भाषा में और नियमित आधार पर करने के लिए की गई है। इसका उद्देश्य देश में व्यापक दूरसंचार ढांचे को सशक्त बनाना है ताकि कृषक समुदाय को विस्तार से सेवाएं प्रदान की जा सकें।

लोकमित्र (Lokmitra)

लोकमित्र परियोजना का विकास राष्ट्रीय सूचना विज्ञान केंद्र द्वारा हिमाचल प्रदेश में किया गया है, ताकि दूर-दराज के क्षेत्रों में लोगों को इंटरनेट तक आसान पहुंच उपलब्ध कराई जा सके और उनकी शिकायतें दूर की जा सकें।

ज्ञानदूत (Gyandoot)

ज्ञानदूत की स्थापना मध्य प्रदेश के अभावग्रस्त जनजातीय बहुल ग्रामीण क्षेत्र में सामुदायिक स्वामित्व वाले तकनीकी दृष्टि से नूतन और स्थायी सूचना क्योस्क के रूप में की गई है।

दृष्टि (Drishti)

दृष्टि उपभोक्ता वस्तुओं और बुनियादी सेवाओं के लिए वितरण एवं प्रोत्साहन नेटवर्क का एक ग्रामीण मॉडल है। उपयोगकर्त्ताओं को इंटरनेट के माध्यम से सेवाओं के रूप में सूचना प्रदान की जाती है। मध्य प्रदेश, हरियाणा एवं पंजाब के कुछ क्षेत्रों में इसकी शुरुआत की गई है।

वसुधा केंद्र (Vasudha Kendra)

बिहार के ग्रामीण इलाकों में इस केंद्र की स्थापना की गई है जहां व्यक्ति उचित कीमत पर इंटरनेट सेवा को प्राप्त कर सकता है। उदाहरण- रेलवे टिकट।

उपरोक्त पहलों के कारण भारत में सूचना प्रौद्योगिकी का प्रयोग दिन-प्रतिदिन बढ़ता जा रहा है, इसके बावजूद आज भी इसकी रफ्तार अपेक्षा के अनुरूप नहीं है। वर्तमान में भारत विश्व ई-सरकार विकास की सूची में 117वें स्थान

पर है।[21] इस पिछड़ेपन को दूर करने एवं ई-प्रशासन के दायरे को बढ़ाने हेतु पिछले दिनों केंद्र सरकार की एक महत्त्वाकांक्षी योजना डिजिटल इंडिया की शुरुआत की गई है।

डिजिटल इंडिया कार्यक्रम (Digital India Programme)

यह कार्यक्रम ''संचार एवं सूचना प्रौद्योगिकी मंत्रालय'' की एक पहल है। इसका मुख्य उद्देश्य भारत को डिजिटल रूप से सक्षम बनाने तथा इसे सशक्त सूचना समाज एवं ज्ञान आधारित अर्थव्यवस्था में रूपांतरित करना है। इसके साथ ही सरकारी प्रक्रियाओं को नया रूप देना तथा उन्हें डिजिटलाइज करना और इलेक्ट्रॉनिक रूप से सरकारी सेवाओं को उपलब्ध कराना एवं उनकी पहुंच को आसान बनाना भी है।[22]

फरवरी 2015 के एक आकलन के अनुसार, भारत में कुल मोबाइल उपभोक्ताओं की संख्या 96 करोड़ से अधिक है जो कुल जनसंख्या का लगभग 80 प्रतिशत है।[23] गूगल के एक सर्वे के अनुसार, भारत में लगभग 20 प्रतिशत लोगों के पास स्मार्ट फोन है। स्मार्ट फोन डिजिटल इंडिया के उद्देश्य को पूरा करने में सशक्त उपकरण साबित हो रहा है।

डिजिटल इंडिया के तीन क्षेत्र	
क्षेत्र	1. नागरिकों का डिजिटल सशक्तीकरण
	2. नागरिक उपकरण के रूप में अवसंरचना
	3. मांग निर्धारित शासन व सेवाएं

स्रोत-योगेश के. द्विवेदी एवं अन्य 'डिजिटल इंडिया कार्यक्रम : लोक प्रशासन में सुधार की एक अनुकरणीय पहल' *योजना*, फरवरी, 2015, पृष्ठ 29.

डिजिटल इंडिया के 9 प्रमुख स्तंभ

स्तंभ	1. ब्रॉडबैंड हाइवेज	ब्रॉडबैंड हाइवेज राष्ट्रीय सूचना की आधारभूत संरचना के सभी ग्रामीण तथा शहरी क्षेत्रों एवं उसके एकीकरण के लिए ब्रॉडबैंड को आच्छादित करेगा।
	2. मोबाइल तक सबकी पहुंच	दूसरे स्तंभ का मुख्य उद्देश्य सर्वव्यापक मोबाइल कनेक्टिविटी के लिए बुनियादी ढांचा बनाना है।
	3. सार्वजनिक इंटरनेट एक्सेस प्रोग्राम	तीसरा स्तंभ इंटरनेट उपयोगकर्ताओं की संख्या बढ़ाने पर बल देता है।

स्तंभ	4. ई-गवर्नेंस तकनीकी की मदद से सरकारी तंत्र में सुधार	चौथे स्तंभ के रूप में ई-प्रशासन हैं। इस स्तंभ का उद्देश्य सबसे विस्तृत है। इसके माध्यम से सरकार विभिन्न क्षेत्रों में सुधार ला रही है। इसे कारोबार प्रक्रिया री-इंजीनियरिंग के साथ जोड़ा जाना है, जिसमें शामिल है: फार्म सरलीकरण, ऑनलाइन आवेदन और प्लेटफार्मों का एकीकरण, कार्यप्रवाह का स्वचालन तथा नागरिक मामले के समाधान के लिए एक स्वचालित लोक शिकायत निवारण प्रणाली का आयोग... आदि।
	5. ई-क्रांति सेवाओं की इलेक्ट्रॉनिक डिलीवरी	पांचवां स्तंभ ई-क्रांति से जुड़ा हुआ है जो सेवाओं की इलेक्ट्रॉनिक डिलीवरी से संबद्ध है। इसके दो भाग ई-शिक्षा तथा ई-स्वास्थ्य हैं।
	6. सबको सूचना	छठा स्तंभ नागरिकों को सभी सरकारी सूचनाओं को अद्यतन करने के लिए है। हालांकि इस उद्देश्य के लिए पोर्टल की शुरुआत पहले ही की जा चुकी है।
	7. इलेक्ट्रॉनिक्स निर्माण में शून्य आयात	सातवां स्तंभ इलेक्ट्रॉनिक निर्माण से संबंधित है। इसका मुख्य उद्देश्य 2020 तक इलेक्ट्रॉनिक वस्तुओं के आयात को शून्य करने का रखा गया है।
	8. नौकरियों के लिए	आठवें स्तंभ के माध्यम से सूचना एवं प्रौद्योगिकी आधारित रोजगार का सृजन करना है। इस उद्देश्य को पाने के लिए सरकार आईटी क्षेत्र की नौकरियों के लिए छोटे-छोटे कस्बों और गांवों में रहने वाले लोगों को प्रशिक्षित करने का काम कर रही है।
	9. अर्ली हार्वेस्ट प्रोग्राम	नवां एवं अंतिम स्तंभ अर्ली हार्वेस्ट कार्यक्रम है। इसके तहत मुख्य रूप से इलेक्ट्रॉनिक ग्रीटिंग्स एवं सरकारी दफ्तरों में बायोमीट्रिक उपकरणों आदि के प्रयोग को बढ़ावा देने के लिए आईटी प्लेटफार्म स्थापित करने का लक्ष्य रखा गया है।

सूचना संग्रहीत- आशीष खंडेलवाल, 'डिजिटल क्रांति से बदलता सामाजिक परिवेश' योजना, अगस्त 2015, पृष्ठ 17.

डिजिटल इंडिया के तहत जिन तीन क्षेत्रों की पहचान की गई है, उन्हें प्राप्त करने के लिए उपरोक्त 9 स्तंभों को अपनाया गया है।[24] इस प्रकार डिजिटल इंडिया कार्यक्रम के क्षेत्रों एवं स्तंभों के संक्षिप्त अवलोकन के पश्चात् सारांशतः यह कहा जा सकता है कि ''डिजिटल इंडिया कार्यक्रम'' को यदि पूर्णतः व्यावहारिक रूप प्रदान किया गया तो ई-प्रशासन के क्षेत्र में यह मील का पत्थर साबित हो सकता है। इसके अंतर्गत कई विषयों को शामिल किया गया है। इनमें से कुछ महत्त्वपूर्ण इस प्रकार हैं[25]

1. डिजिटल इंडिया एवं आधार कार्ड

(Digital India and Aadhar Card)

डिजिटल इंडिया एवं आधार कार्ड के तहत प्रत्येक नागरिक को आवश्यक सेवाएं उपलब्ध कराने के लिए डिजिटल इंफ्रास्ट्रक्चर सृजन करने का लक्ष्य रखा गया है। इसे पूरा करने एवं प्रशासन में जवाबदेही सुनिश्चित करने के उद्देश्य से ही बहुउद्देशीय राष्ट्रीय पहचान पत्र (आधार कार्ड) को भी डिजिटल इंडिया कार्यक्रम के साथ जोड़ा गया है। आधार संख्या प्रत्येक व्यक्ति के जीवन भर की पहचान है। इसके माध्यम से व्यक्ति को बैंकिंग, मोबाइल फोन कनेक्शन के अतिरिक्त सरकारी एवं गैर-सरकारी सेवाओं को प्राप्त करने में सुविधा मिलती है। डिजिटल इंडिया, तकनीक आधारित क्रांति पर बल देता है और तकनीक की वजह से ही अब प्रत्येक क्षेत्र में जवाबदेही एवं पारदर्शिता में वृद्धि हुई है। उदाहरणस्वरूप वर्तमान सरकार द्वारा शुरू की गई "**पहल**" योजना के तहत गैस सब्सिडी अब सीधे उपभोक्ताओं के बैंक खाते में ही पहुंच रही है। इसी प्रकार केंद्र के साथ-साथ कई राज्य सरकारों का भी वह प्रयास है कि विभिन्न सामाजिक सुरक्षा योजनाओं का लाभ उपभोक्ताओं को सीधा मिले और पैसा उनके बैंक खाता तक पहुंचे। 'डिजिटल इंडिया कार्यक्रम' के तहत **ई-लॉकर** जैसी सुविधाओं के लिए भी आधार कार्ड अनिवार्य कर दिया गया है।

2. डिजिटल इंडिया और वित्तीय योजनाएं

(Digital India and Financial Plans)

डिजिटल इंडिया और वित्तीय योजनाएं "मेरा खाता भाग्य विधाता" के आदर्श वाक्य के साथ शुरू की गई, "प्रधानमंत्री जन-धन योजना" का मुख्य उद्देश्य भारत के नागरिकों को बुनियादी वित्तीय सेवाएं जैसे बैंक खाता, डेबिट कार्ड... आदि उपलब्ध कराना है। वित्तीय समावेशन के राष्ट्रीय मिशन को आगे बढ़ाने के लिए यह योजना शुरू की गई है। इस योजना में मुख्य रूप से आर्थिक विकास को बढ़ाना, और जनता को वित्तीय सेवाएं जैसे बैंक जमा खाते, कर्ज और बीमा प्रदान करने के लिए एक साधन के तौर पर तैयार किया गया है। इसकी मूल भावना डिजिटल इंडिया के लक्ष्यों को पूरा करना है।

इस योजना में भारतीय समाज में गरीब वर्ग के लिए सब्सिडी सुरक्षित करना, ओवरड्राफ्ट सुविधा और पेंशन योजना जैसे दीर्घकालिक लक्ष्यों को भी शमिल किया गया है। इसका उद्देश्य 2018 तक 7.5 करोड़ परिवारों तक पहुंच बनाना है। यह योजना सरकारी कार्यालयों में मौजूद भ्रष्टाचार को न्यूनीकृत करने में

कारगर साबित हो सकती है। भारत की अधिकतर जनता के पास बैंक खाता होने पर सरकार की ओर से किसी भी प्रकार की राशि का उनके खाते में हस्तांतरण किया जा सकेगा और इससे रिश्वत जैसे मामलों पर नियंत्रण किया जा सकता है।

इस प्रकार की योजनाओं के माध्यम से सरकार यह सुनिश्चित करना चाहती है कि व्यक्तिगत लाभ की योजनाओं का सीधा लाभ आम जनता तक पहुंचे और साथ ही तकनीक के इस्तेमाल से ऐसा वातारण तैयार हो सके, जो आम जनता तक प्रशासन की पहुंच को सुगम बनाए। डिजिटल इंडिया कार्यक्रम से किस तरह के सामाजिक बदलाव देखने को मिलेंगे, यह तो भविष्य के गर्भ में है लेकिन इसके परिणाम भारतीय अर्थव्यवस्था को सशक्त अवश्य करेगा ऐसी आशा है।[26]

इस कार्यक्रम के तहत ढाई लाख पंचायतों समेत छह लाख गांवों को ब्राडॅबैंड से जोड़ने का लक्ष्य है।[27] एक आकलन के अनुसार, अब तक इस योजना के तहत 60 हजार पंचायतें जोड़ी जा चुकी हैं। साथ ही इसके तहत 1.7 लाख आईटी पेशेवर भी तैयार करने का लक्ष्य रखा गया है। इसके लिए केंद्र सरकार द्वारा ''इलेक्ट्रॉनिक कौशल विकास योजना'' की शुरुआत की गई है।[28]

'डिजिटल इंडिया कार्यक्रम' के माध्यम से भारत में सरकारी कर्मचारियों के तकनीकी रूप से उन्नयन का मार्ग भी प्रशस्त होगा। इस कार्यक्रम के तहत हर रिकॉर्ड को सहेजने के लिए डेटाबेस में हरेक विवरण रखना आवश्यक हो जाएगा, जिससे प्रदर्शन, सुरक्षा और रख-रखाव को बेहतर किया जा सकेगा। इस कार्यक्रम के गति पकड़ने से सभी विद्यालयों में सेंट्रल सर्वर (Central Server) का मार्ग भी प्रशस्त होगा जो सभी प्रकार की ई-प्रशिक्षण सामग्री से परिपूर्ण होगा।

उपरोक्त प्रकार के सकारात्मक पक्षों के साथ-साथ ''डिजिटल इंडिया कार्यक्रम'' की कुछ चुनौतियां भी हैं। सबसे बड़ी चुनौती कुशल मानव संसाधनों की कमी है, दूसरा वित्तीय संसाधनों की कमी, तीसरी चुनौती विभिन्न विभागों के बीच आपसी समन्वय की कमी है। ई-असाक्षरता, भाषा संबंधी समस्या, विद्युत उपलब्धता की समस्या, स्थानीय स्वशासन के प्रतिनिधियों की असाक्षरता, गरीब जनसंख्या की वित्तीय अक्षमता, ग्रामीण क्षेत्रों के स्कूलों में कंप्यूटर शिक्षकों की कमी आदि। आवश्यकता इस प्रकार की चुनौतियों को न्यूनीकृत करने की है तभी हम ''डिजिटल इंडिया कार्यक्रम'' के लक्ष्यों को प्राप्त कर सकेंगे एवं भारत को डिजिटल रूप से सशक्त समाज एवं ज्ञान आधारित अर्थव्यवस्था में बदल सकेंगे?

निष्कर्ष (Conclussion)

कुल मिलाकर यह कहा जा सकता है, कि भारत में ई-प्रशासन की शुरुआत अच्छी रही एवं इसके कई उदाहरण भी मौजूद हैं। परंतु इसके बावजूद परिणाम संतोषजनक नहीं हैं। एक आकलन के अनुसार, 15 प्रतिशत ही योजनाएं पूर्णत: सफल रहीं हैं, जबकि 35 प्रतिशत आंशिक रूप से सफल एवं 50 प्रतिशत पूर्णत: असफल रहीं हैं।[29] फिर भी भारतीय शासन, ई-शासन की ओर क्रमिक गति से बढ़ रहा है। वित्तीय क्षमता, आधारभूत संरचना की मजबूती, जन-जागरूकता के द्वारा इन कमियों को दूर किया जा सकता है। इसमें सरकार और नागरिकों दोनों में समन्वय की जरूरत है। समन्वय के सहारे जहां सरकार के द्वारा शासन का संचालन करना आसान होगा, वहीं नागरिकों को उचित समय पर, उचित सुविधा प्राप्त होगी। आवश्यकता इस प्रकार की सकरात्मक पहल की है तभी हम ई-प्रशासन के मूल उद्देश्यों को हासिल कर पाएंगे।

संदर्भ-ग्रंथ (References)

[1] Bob Jessop, (1998), "The use of Governance and the Risks of Failure: The Case of Economic Development", *International Social Science Journal*, UNESCO, No. 155, March 1998, pp. 30-31.

[2] Mark Turner and David Hulme,(1997), *Governance, Administration and Development: Making the State Work*, Macmillan Press, p. 21.

[3] अर्पिता शर्मा, 'ग्रामीण ई-प्रशासन', *योजना*, फरवरी, 2015, पृष्ठ 20.

[4] वही.

[5] Jayanta Krishna Sarmah,(2013), 'E-Govvernance and "E-Democracy: New Paradigm of Citizens-Government Relationship", *World Focus*, Nov. 2013, p. 88.

[6] Alvin Toffler,(1981), *Future Shock : The Third Wave*, New York : Bantham Books.

[7] Daniel Bell,(1990), *The Coming of Post-Industrial Society: A Venture in Social Forecasting*, New York : Basic Books, (First Published, 1973).

[8] *Op.cit*, Jayanta Krishna Sharmah.

[9] Bidyut Chakrabarty, (2012),"Citizen and Administration", in *Public Administration in a Globilizing World*, Sage: Delhi, p. 374.

[10] Department of Elactronic & Information Technology, Government of India, <diety.gov. in.> [Government of India document], Accessed on 3èk7èk2016.

[11] National Telecommunication Act, 1994, Government of India <www.trai.gov.in> [Government of India Act], Accessed on 03èk07èk2016.

[12] आशीष खंडेलवाल,(2015), ''डिजिटल क्रांति से बदलता सामाजिक परिवेश'', *योजना*, अगस्त 2015, पृष्ठ 17.

[13] Government of India, Broadband Policy 2004, <www.dot.gov.in> [Government of India Act, Preamble] Accessed on 03èk07èk2016.

[14] आशीष खंडेलवाल, *उपरोक्त*, पृष्ठ 17.

[15] National E. Governance Plan, https:èkèkch.m.wikipedia.org [Government of India Act] Accessed on 2.07.2016.

[16] Ministry of Communication & Information Technology, Government of India <nisg. ong> [Government of India Act] Accessed on 01èk07èk2017.

[17] Government of India, NASSCOM & Others <nisg. org.> Accessed on 04èk07èk2016.

[18] P.P. Sarkar, (2003), *Government Technology International –Sustainability of South Asian ICT Initiatives*, Centre for Digital Government.

[19] 'सेतु' शब्द का तात्पर्य जनता एवं सरकार के बीच जुड़ाव से है।

[20] Jayanta Krishna Sharma, 'E-Governance ...', *Op.cit.*

[21] योगेश के. द्विवेदी एवं अन्य,(2015)ए 'डिजिटल इंडिया कार्यक्रम : लोक प्रशासन में सुधार की एक अनुकरणीय पहल', योजना, फरवरी, 2015, पृष्ठ 28.

[22] *वही,* पृष्ठ 29.

[23] आशीष खंडेलवाल, उपरोक्त, पृष्ठ 19.

[24] योगेश के. द्विवेदी एवं अन्य, 'डिजिटल...', उपरोक्त, पृष्ठ 30.

[25] आशीष खंडेलवाल, 'डिजिटल क्रांति..', उपरोक्त, पृष्ठ 18.

[26] *वही,* पृष्ठ 19.

[27] *वही.*

[28] *वही.*

[29] Bhaskara Rao, 'Good Governance...', *op.cit.*, p. 92.

11

भारत में नागरिक चार्टर और सूचना का अधिकार

Citizens Charter and Right to Information in India

विवेक रत्न

महत्त्वपूर्ण शब्द नागरिक चार्टर, सूचना का अधिकार, मानवाधिकार, जन-सुनवाई, सोशल ऑडिट, समूह अधिकार (ग्रुप राइट), लोकतांत्रिक अधिकार।

कथ्य *इस अध्याय में नागरिक चार्टर और सूचना का अधिकार संबंधित भारतीय पहल एवं अनुभव का विवेचन और विश्लेषण है। यहां यह विश्लेषण किया गया है कि सूचना अधिकार कानून भारत में किस हद तक शासकीय पारदर्शिता व जवाबदेही स्थापित करने में सफल हुआ है। इस संदर्भ में चुनौतियां क्या हैं तथा उनसे संबंधित सुधारों की संस्तुतियों को भी प्रस्तुत किया गया है।*

नागरिक चार्टर और सूचना का अधिकार किसी भी लोकतंत्र में नागरिकों को प्राप्त अधिकारों, सुविधाओं और सेवाओं में पारदर्शिता, जवाबदेही और गुणवत्ता सुनिश्चित करने के लिए अत्यंत महत्त्वपूर्ण है। इनके माध्यम से लोकसेवाओं को ज्यादा प्रभावी, खुली और नागरिक-अनुकूल बनाने में मदद मिलती है। शासन में भ्रष्टाचार को रोकने के लिए तथा नागरिकों को प्राप्त विभिन्न अधिकारों और सेवाओं के प्रति उन्हें जागरूक और सशक्त बनाने के लिए भी यह आवश्यक है कि नागरिकों के पास एक सुस्पष्ट नागरिक चार्टर के साथ-साथ उपयुक्त सूचना प्राप्त करने की प्रभावी व्यवस्था हो। नागरिक चार्टर नागरिकों को विभिन्न सेवाओं, विभिन्न अधिकारों जिसके वे हकदार हैं और उन्हें प्रदान की गई सेवाओं में सुधार के लिए विभिन्न सूचनाएं ''बिना मांगे'' *(Suo moto)* प्रदान करती हैं अर्थात् नागरिक चार्टर के तहत विभिन्न सेवा प्रदाता एजेंसी, नागरिकों द्वारा सूचना मांगे बिना ही उन्हें सूचना उपलब्ध कराती हैं। परंतु सूचना के अधिकार के तहत नागरिक विभिन्न सूचनाएं आवेदन करके प्राप्त करते हैं। वर्तमान समय में नागरिक चार्टर और सूचना के अधिकार को लोकतांत्रिक

शासन व्यवस्था के अंतर्गत सर्वाधिक महत्त्वपूर्ण प्रावधान माना जाता है क्योंकि इन प्रावधानों के माध्यम से व्यावहारिक स्तर पर पूरे देश की कार्य-संस्कृति को बदला जा सकता है। इसके प्रभाव की व्यापकता भी सर्वाधिक है क्योंकि यह देश के प्रत्येक नागरिक, चाहे वे किसी भी वर्ग, जाति, धर्म, लिंग आदि से संबंध रखते हों, को सशक्त करती है।

राजनीति विज्ञान के एक छात्र के रूप में नागरिक चार्टर और सूचना के अधिकार के प्रति जिज्ञासा होना स्वाभाविक है। इस अध्याय में नागरिक चार्टर और सूचना के अधिकार की पृष्ठभूमि को समझने के साथ-साथ भारत और वैश्विक परिदृश्य पर इसकी अवस्थिति को भी समझने की कोशिश की गई है। इनके अतिरिक्त भारत में नागरिक चार्टर और सूचना के अधिकार का व्यावहारिक अनुभव, इनसे जुड़े विभिन्न वाद-विवाद तथा इनकी समस्याएं और चुनौतियों को भी समझने की कोशिश की गई है।

नागरिक चार्टर (Citizens Charter)

नागरिक चार्टर (या नागरिक अधिकार पत्र) एक ऐसा दस्तावेज़ है जो किसी संगठन का नागरिकों के लिए अपनी सेवाओं की गुणवत्ता, सूचनाएं, विकल्प और परामर्श, सुलभता और गैर-पक्षपातपूर्ण व्यवहार, शिकायतों का निपटारा, शालीनता, मुद्रा का मूल्य आदि के संदर्भ में प्रतिबद्धता के लिए प्रयास पर व्यवस्थित रूप में केंद्रित होता है। नागरिक चार्टर सुशासन से गहराई से जुड़ा है। पूरी दुनिया में यह स्वीकार किया जा रहा है कि आर्थिक और सामाजिक सतत विकास के लिए सुशासन अत्यंत आवश्यक है। सुशासन (Good governance) स्थापित करने के लिए प्रशासन के तीन महत्त्वपूर्ण पहलुओं—पारदर्शिता, जवाबदेही और प्रतिक्रियात्मकता पर अत्यंत बल दिया जाता है। नागरिक चार्टर से संबंधित पहल का भी मुख्य उद्देश्य यही है कि नागरिकों को लोकसेवाएं प्रदान करने वाले संगठनों का सामना करने में दैनिक जीवन में जो कठिनाई होती है उसको कैसे ठीक किया जाए। नागरिक चार्टर के माध्यम से लोकसेवाएं प्रदान करने वाले संगठनों और नागरिकों के बीच विश्वास कायम करने की कोशिश की जाती है ताकि नागरिकों को उत्तम गुणवत्ता की सेवाएं सुनिश्चित की जा सकें। इस संकल्पना की रूपरेखा का निर्माण और इसका क्रियान्वयन सबसे पहले यूनाइटेड किंगडम में 1991 में जॉन मेजर की कंजरवेटिव सरकार द्वारा किया गया। उन्होंने इसे एक राष्ट्रीय प्रोग्राम के तौर पर शुरू किया ताकि लोकसेवाओं

को लोगों की जरूरतों और अपेक्षाओं के अनुकूल बनाया जा सके। 1998 में टोनी ब्लेयर की लेबर पार्टी की सरकार द्वारा ''सेवाएं पहले'' (Services first) के नाम से इसका पुनर्नामकरण किया गया। इस नागरिक चार्टर का मुख्य उद्देश्य लोकसेवाओं की डिलीवरी के प्रति नागरिकों को सशक्त करना था। यूनाइटेड किंगडम के नागरिक चार्टर आंदोलन द्वारा इसके लिए मूल रूप में छह सिद्धांत गढ़े गए :- (*i*) गुणवत्ता : सेवाओं की गुणवत्ता में सुधार; (*ii*) विकल्प : जहां तक संभव हो सके; (*iii*) प्रमाणिकता : यह सुनिश्चित करना कि जिस चीज की अपेक्षा की गई है और वह स्तर नहीं मिलने पर क्या कार्यवाही की जा सकती है; (*iv*) मूल्य : करदाता की मुद्राओं के लिए; (*v*) जवाबदेही : निजी और संगठनात्मक; और (*vi*) पारदर्शिता : नियम / प्रक्रिया / स्कीम / शिकायतें। बाद में लेबर सरकार द्वारा 1998 में सेवाओं की डिलीवरी से संबंधित नौ सिद्धांतों द्वारा इसका विस्तार किया गया, जो हैं – (*i*) सेवाओं का सुनिश्चित स्तर; (*ii*) स्पष्ट रहना और पूरी सूचना उपलब्ध कराना; (*iii*) संपर्क और समावेश; (*iv*) पहुंच को प्रोत्साहन और विकल्प को बढ़ावा; (*v*) सभी के साथ निष्पक्ष व्यवहार; (*vi*) अगर चीजें गलत दिशा में जा रही हों तो उन्हें ठीक करना; (*vii*) संसाधनों का प्रभावी प्रयोग; (*viii*) नवपरिवर्तन और सुधार; (*ix*) दूसरे प्रबंधकों के साथ काम। यूनाईटेड किंगडम के नागरिक चार्टर ने वैश्विक स्तर पर व्यापक रुचि उत्पन्न की और उसके बाद कई देशों, जैसे – ऑस्ट्रेलिया (सर्विस चार्टर, 1997), बेल्जियम (पब्लिक सर्विस यूजर्स चार्टर, 1992), कनाडा (सर्विस स्टैंडर्ड्स इनिशिएटिव, 1995), फ्रांस (सर्विस चार्टर, 1992) आदि ने इससे संबंधित प्रावधान को अपनाया।[1]

भारत में पिछले कुछ दशकों में न सिर्फ आर्थिक विकास हुआ है बल्कि यहां साक्षरता दर में भी काफी सुधार (पिछले दशक में 51.63 प्रतिशत से 65.38 प्रतिशत) देख सकते हैं, जिसके कारण लोगों में उनके अधिकारों के प्रति जागरूकता भी बढ़ी है। आज भारत में भी लोग आशा कर रहे हैं कि लोकसेवाओं की गुणवत्ता और स्तर में सुधार हो। प्रशासन न सिर्फ उनकी मांगों के प्रति मुखर हो बल्कि उनकी जरूरतें उनके द्वारा मांग करने से पहले पूरी हों। 1997 में भारत सरकार ने भी एक महत्त्वपूर्ण पहल की शुरुआत की ताकि लोक व्यय के आबंटन और उसकी प्रभावशीलता से संबंधित अपारदर्शिता और अस्पष्ट सूचनाओं से संबंधित शिकायतों का निदान किया जा सके। 24 मई, 1997 को नई दिल्ली में प्रधानमंत्री की अध्यक्षता में विभिन्न राज्यों और केंद्रशासित प्रदेश के मुख्यमंत्रियों का एक सम्मेलन आयोजित हुआ जिसमें केंद्र और राज्य के स्तर

पर ''प्रभावी और प्रतिक्रियात्मक सरकार के लिए एक्शन प्लान'' को स्वीकृति दी गई। इस कांफ्रेंस का एक महत्त्वपूर्ण निर्णय यह था कि एक ''नागरिक चार्टर'' का निर्माण किया जाएगा और इसकी शुरुआत ऐसे सेक्टरों से की जाएगी जिनका विशाल जनसंपर्क (Public Interface) है, जैसे–रेलवे, टेलीकॉम, जन–वितरण प्रणाली आदि। भारत सरकार के प्रशासनिक सुधार और लोक–शिकायत विभाग (Department of Administrative Reforms and Public Grievances) ने नागरिक चार्टर से संबंधित समन्वय, प्रतिपादन और संचालन का कार्य शुरू किया। चार्टर में निम्न तत्त्वों को शामिल करने की अपेक्षा की गई : (*i*) विज़न और मिशन स्टेटमेंट्स; (*ii*) संगठनों के व्यापार के लेन–देन का विस्तृत ब्यौरा; (*iii*) ग्राहकों की विस्तृत जानकारी; (*iv*) प्रत्येक ग्राहक समूह को प्रदान की गई सेवा का ब्यौरा; (*v*) शिकायत निपटारे की व्यवस्था और वहां तक पहुंच का ब्यौरा; और (*vi*) ग्राहकों की उम्मीदें। मुख्यत: भारत में भी यूनाइटेड किंगडम मॉडल को अपनाया गया परंतु उसमें ''ग्राहकों की अपेक्षा'' के रूप में एक अतिरिक्त प्रावधान जोड़ा गया। भारत में नागरिक चार्टर के निर्माण में विभिन्न उपभोक्ता संगठनों, नागरिक समूहों और अन्य स्टेकहोल्डरों को शामिल करने पर भी बल दिया गया ताकि इसे लोगों की जरूरतों के अनुरूप बनाया जा सके। इसमें चार्टर का आंतरिक और बाहरी एजेंसियों द्वारा नियमित पर्यवेक्षण, समीक्षा और मूल्यांकन भी सम्मिलित किया गया। मार्च, 2005 तक केंद्रीय सरकार/मंत्रालयों/विभागों/संगठनों द्वारा 107 नागरिक चार्टर और राज्य सरकारों और केंद्रशासित प्रदेशों के प्रशासन की विभिन्न एजेंसियों द्वारा 629 चार्टर निर्मित किए गए। अधिकांश राष्ट्रीय चार्टर जन–परीक्षण के लिए सरकार की वेबसाइटों पर भी उपलब्ध हैं।

भारत के प्रशासनिक सुधार और लोकशिकायत विभाग (डीएआरपीजी) और उपभोक्ता समन्वय काउंसिल, नई दिल्ली और एक गैर–सरकारी संगठन द्वारा अक्टूबर, 1998 में विभिन्न सरकारी संगठनों के नागरिक चार्टर की कार्यप्रणाली का मूल्यांकन किया गया। इनके अनुसार, रिपोर्ट काफी उत्साहवर्द्धक रहा। परंतु, 2002–03 के दौरान डीएआरपीजी ने एक पेशेवर संगठन को नागरिक चार्टर के आंतरिक और बाह्य स्तर पर ज्यादा प्रभावी, प्रमाणित और वस्तुनिष्ठ मूल्यांकन करने के लिए एक स्टैंडर्ड मॉडल विकसित करने की जिम्मेदारी दी। इस संगठन द्वारा प्राप्त महत्त्वपूर्ण निष्कर्ष निम्न हैं:–

(*i*) अधिकांश मामलों में चार्टर का निर्माण परामर्श की प्रक्रिया के द्वारा नहीं किया गया था।

(*ii*) सेवा प्रदाता कमोबेश चार्टर के दर्शन, उद्देश्य और प्रमुख विशेषताओं से परिचित नहीं थे।

(*iii*) जितने विभागों के चार्टर का मूल्यांकन किया गया उनमें से किसी ने भी चार्टर का पर्याप्त प्रचार-प्रसार नहीं किया था। अधिकांश विभागों में चार्टर क्रियान्वयन के प्राथमिक चरण में थे।

(*iv*) नागरिक चार्टर के प्रति जागरूकता पैदा करने के लिए और चार्टर के विभिन्न घटकों के प्रति कर्मचारियों में समझ पैदा करने के लिए अलग से किसी भी प्रकार का फंड नहीं रखा गया था।

सरकार द्वारा नागरिक चार्टर के मूल्यांकन के लिए किए गए विभिन्न प्रयासों के अतिरिक्त विभिन्न स्वतंत्र संस्थाओं और विद्वानों द्वारा भी भारत में नागरिक चार्टर के क्रियान्वयन का मूल्यांकन किया गया है। इनके द्वारा भी भारत में नागरिक चार्टर की कार्यप्रणाली में विभिन्न बाधाओं और इसकी कमियों पर भी प्रकाश डाला गया है।[2]

सैमुअल पॉल ने *इकोनॉमिक एंड पॉलिटिकल वीकली* में प्रकाशित अपने एक लेख में भारत के नागरिक चार्टर से संबंधित अध्ययन में इसके क्रियान्वयन से संबंधित विभिन्न कठिनाइयों को उजागर किया है। उनके अध्ययन के निष्कर्ष अत्यंत महत्त्वपूर्ण थे : पहला, चार्टर तक पहुंच बनाना अपने आप में एक चुनौतीपूर्ण कदम है। सरकार द्वारा किए गए सुधारों का एक महत्त्वपूर्ण उद्देश्य लोगों तक बिना किसी बाधा के सूचनाएं पहुंचाना है। सूचना के अधिकार से यह सूचना इस अर्थ में भिन्न है कि चार्टर के माध्यम से सूचनाएं स्वेच्छा से प्रदान की जाती हैं। परंतु चार्टर तक पहुंच बनाना शोधार्थियों तक के लिए आसान नहीं है। इसके साथ ही चार्टर के माध्यम से वेबसाइटों पर प्रदान की गई सूचनाएं ज्यादातर आधी-अधूरी हैं और वे पाठकों के अनुकूल नहीं हैं। दूसरा, सरकारी संस्थाओं द्वारा तैयार किए अधिकांश चार्टर ठीक प्रकार से डिजाइन नहीं किए गए हैं। उपभोक्ताओं की जरूरत संबंधी आलोचनात्मक सूचनाएं जो किसी संस्था को जवाबदेह बनाए रखने के लिए भी जरूरी हैं, वे आमतौर पर नदारद हैं। इस प्रकार नागरिक चार्टर सेवाओं के उपभोक्ता को जन-जवाबदेही की उनकी मांग के प्रति बहुत ज्यादा सशक्त नहीं करती हैं। तीसरा, इसमें योजना और समर्थन का भी अभाव दिखाई देता है। चार्टर के अध्ययन से प्राप्त साक्ष्यों से ऐसा प्रतीत होता है कि चार्टर के डिजाइन और क्रियान्वयन के लिए पर्याप्त तरीके से व्यवस्थित योजना और तकनीकी सहायता प्रदान नहीं की गई है। एक महत्त्वपूर्ण रणनीतिक गलती सभी सरकारों, चाहे वे केंद्र की हो, राज्य की हों या फिर स्थानीय, को एक साथ

इसके क्रियान्वयन के लिए कहना है। भारत एक विशाल और विविधता वाला देश है जहां विभिन्न राज्यों में विकास के स्तर में भी भिन्नता है। यहां विभिन्न राज्यों की सरकारों की क्षमता और संसाधन में भी भिन्नता है ऐसे में कई राज्यों को वर्तमान समय में तय मानक के अनुरूप सेवाओं की गुणवत्ता और शिकायत निपटारे की व्यवस्था सुलभ कराने के लिए अपने संगठनों का पुनर्गठन करना पड़ेगा। इसके साथ ही एक महत्त्वपूर्ण समस्या यह भी है कि सत्ता में मौजूद सरकारें जिन्हें इस प्रकार की अपारदर्शिता की व्यवस्था और मनमाने निर्णयों से लाभ मिलता है वे नागरिक चार्टर के प्रति अनिच्छुक होते हैं। चौथा, चार्टर वहां कमजोर है जहां इसकी सबसे ज्यादा जरूरत है। वैसे राज्य जो तुलनात्मक रूप से ज्यादा विकसित हैं वहां चार्टर का विस्तार भी ज्यादा है और इसकी गुणवत्ता भी बेहतर है; जैसे – दक्षिणी राज्यों में चार्टर ज्यादा सुलभ है। इसी प्रकार, पर्यावरण और औद्योगिक क्षेत्रों से जुड़े संगठनों, जिन्हें सामान्यतः पढ़े-लिखे लोगों का ज्यादा सामना करना पड़ता है, ने बेहतर किस्म का चार्टर तैयार किया है। परंतु वैसे संगठन जो सामाजिक विकास और कृषि तथा ग्रामीण क्षेत्र से जुड़े हैं जिन्हें ज्यादातर गरीब और अनपढ़ लोगों का सामना करना पड़ता है, उन्होंने खराब गुणवत्ता के चार्टर का निर्माण किया है। पांचवां, हालांकि एक बहुत बड़ी संख्या में सेवा प्रदाताओं ने चार्टर का निर्माण किया है, परंतु अधिकांश कर्मचारी और उपभोक्ता दोनों नागरिकों के चार्टर प्रोग्राम से अनभिज्ञ हैं। हमारे पब्लिक प्रोग्रामों ने अब तक इसे लोगों तक पहुंचाने और उन्हें शिक्षित करने का तरीका नहीं ढूंढ़ा है। भारत की जनसंख्या में बहुत बड़ी संख्या में मौजूद निरक्षरता और अज्ञानता के कारण यह और भी जटिल हो जाती है।

इन सबके साथ ही हमें यह सुनिश्चित करना होगा कि लोगों को चार्टर के प्रति जागरूक कैसे किया जाए। नागरिक चार्टर की सफलता-विफलता बहुत हद तक राजनीतिक नेतृत्व पर भी निर्भर करती है। अगर राजनीतिक नेतृत्व द्वारा नागरिक चार्टर के प्रति प्रतिबद्धता दिखाई जाएगी तभी सही मायने में हम एक क्रियाशील नागरिक चार्टर का निर्माण कर सकते हैं और तभी ''आपका टैक्स आपके लिए काम कर रहा है'' जैसे नारे को चरितार्थ किया जा सकेगा।

सूचना का अधिकार (Right to Information)

सूचना का अधिकार से संबंधित विभिन्न पहलुओं पर चर्चा करने से पहले हमारे लिए यह जानना आवश्यक है कि आखिर सूचना के अधिकार का अर्थ क्या है?

"*इन्फार्मेशन*"[1] शब्द की उत्पत्ति लैटिन शब्द '*फार्मेशन*' और '*फर्मा*' (Farma) से हुई है जिसका अर्थ क्रमशः किसी चीज को आकार प्रदान करना और एक पैटर्न में ढालना है। सूचना को हम "संवाद के लोकतंत्रीकरण" के रूप में समझ सकते हैं। सूचना का अधिकार या कुछ जानने के अधिकार को अभिव्यक्ति की स्वतंत्रता और शिक्षा के अधिकार जैसे मूलभूत अधिकारों से जोड़कर देखा जाता है। किसी भी राज्य में नागरिकों को प्राप्त सूचना का अधिकार एक जवाबदेह, पारदर्शी, सहभागितापूर्ण शासन और जन-केंद्रित विकास के लिए सबसे प्राथमिक शर्त है। यह राज्य के अंतर्गत नागरिकों का सशक्तीकरण करता है और राजनीतिक प्रक्रियाओं पर उनके नियंत्रण में वृद्धि करता है। यह राज्य की निरंकुश शक्ति के विरुद्ध एक हथियार की तरह काम करता है। यह आम लोगों को इस बात के लिए समर्थ बनाता है कि वह लोक-अधिकारियों को नियमित तौर पर जनता के प्रति जवाबदेह बनाए रख सके। यह शासन व प्रशासन में लोक भागीदारी को व्यापक बनाकर जमीनी लोकतंत्र को संपन्न व सुदृढ़ बनाने का काम करता है। सरल शब्दों में कहें, तो सूचना का अधिकार सुशासन की मौलिक जरूरत है। सूचना के अधिकार के माध्यम से जनमानस की उन कमजोर आवाजों को पहचान मिली है जो शासन की लालफीताशाही में दबा दी जाती थीं।[3] सूचना के अधिकार के केंद्र में दो मूलभूत विचार हैं। पहला, लोगों का सूचनाओं की मांग के लिए अनुरोध करने का अधिकार और दूसरा, सरकार द्वारा उस मांग को पूरा करने का कर्त्तव्य, अन्यथा वह किसी परिभाषित कानून के माध्यम से प्रतिबंधित नहीं किया गया हो। इस प्रकार सूचना का अधिकार सरकार और नागरिक दोनों को कर्त्तव्यों से बांधता है।[4]

सूचना के अधिकार का उद्‌भव : एक वैश्विक परिदृश्य
(Genesis of Right to Information: A Global Scenario)

वर्तमान समय में सूचना के अधिकार को पूरी दुनिया द्वारा एक पारदर्शी और प्रभावी प्रशासन के लिए पूर्वशर्त माना जाता है। 1946 में संयुक्त राष्ट्र महासभा ने इसके महत्त्व को रेखांकित करते हुए कहा था कि 'सूचना की स्वतंत्रता एक मौलिक मानव अधिकार है और संयुक्त राष्ट्र जितनी भी स्वतंत्रताओं के लिए समर्पित है उन सभी के लिए यह एक महत्त्वपूर्ण कसौटी की तरह है।' आगे चलकर 1948 में यह मानव अधिकारों के सार्वभौमिक घोषणापत्र का भी भाग बना। हालांकि वैश्विक स्तर पर इसकी शुरुआत 1766 से ही मानी जाती है, जब स्वीडन ने अपने नागरिकों को यह अधिकार प्रदान किया। स्वीडन में सूचना

का अधिकार प्रेस एक्ट का हिस्सा था जो अत्यधिक प्रशासनिक गोपनीयता के साथ-साथ प्रेस सेंसरशिप की प्रतिक्रियास्वरूप अस्तित्व में आया था। फिनलैंड में सूचना का अधिकार कानून 1951 में, डेनमार्क व नार्वे में 1970 में, संयुक्त राज्य अमेरिका में 1966 में बने। इसी प्रकार 1970 के दशक में ऑस्ट्रिया, फ्रांस व नीदरलैंड जैसे देशों ने और 1980 के दशक में ऑस्ट्रेलिया, कनाडा, न्यूजीलैंड जैसे देशों ने सूचना के अधिकार को कानूनी मान्यता प्रदान की। 1 फरवरी 2006 तक दुनिया के 68 देशों में सूचना के अधिकार से संबंधित कानून बन चुके थे। हालांकि इनमें से अधिकांश देशों ने बीसवीं सदी के आखिरी दशक और इक्कीसवीं सदी के प्रारंभिक दशक में सूचना के अधिकार से संबंधित कानून पारित किया। सिर्फ 1990 के दशक में ही 26 देशों ने, जिसमें जापान, बुल्गारिया, आयरलैंड, दक्षिण अफ्रीका और ग्रेट ब्रिटेन जैसे देश शामिल थे, ने सूचना के अधिकार से संबंधित कानून लागू किया। 1990 के दशक में सूचना के अधिकार को इतना ज्यादा महत्त्व देने का कारण यह माना जाता है कि बाजार के संचालन के लिए, ज्यादा कार्यकुशल सरकार के लिए और आर्थिक व तकनीकी संवृद्धि के लिए गोपनीयता को नैतिक रूप से उपयुक्त मानकर सूचना की स्वतंत्रता की संकल्पना को कार्यरूप दिया गया और इस प्रकार वैश्विक स्तर पर खुलेपन और पारदर्शिता के लिए एक लहर चल पड़ी। दूसरे शब्दों में, यह कहा जा सकता है कि वैश्विक स्तर पर सूचना के अधिकार को सुशासन के लिए एक आवश्यक शर्त के रूप में देखा जाने लगा।

सूचना का अधिकार : एक सैद्धांतिक विमर्श
(Right to Information: A Theoretical Discourse)

उदारवादी-बहुलवादी सिद्धांत के अंतर्गत लोकतंत्र और सरकारी पारदर्शिता या भ्रष्टाचार-विरोधी मुहिमों को किस प्रकार देखा जाए, यह एक रोचक प्रश्न प्रतीत होता है। लोकप्रिय अवधारणाओं में लोकतंत्र और पारदर्शिता के विचार का अत्यंत महत्त्वपूर्ण स्थान रहा है, कम-से-कम बुद्धिजीवियों के राजनीतिक विश्लेषण में यह झुकाव स्पष्ट तौर पर देखा जा सकता है। मजदूर किसान शक्ति संगठन (MKSS) के अनुभव के आधार पर रॉब जेन्किंस और ऐने मेरी गोएत्ज़ ने सूचना और पारदर्शिता के संबंध को प्रमुख रूप से तीन आधारों पर सैद्धांतीकृत करने की कोशिश की है; ये हैं - मानव अधिकार, सहभागितामूलक विकास और भ्रष्टाचार-विरोध। इन तीनों पर संक्षेप में चर्चा अपेक्षित है।

पारंपरिक तौर पर मानव अधिकारों को तीन पीढ़ियों में बांट कर देखने

की परिपाटी रही है। ''पहली पीढ़ी'' का मानव अधिकार नागरिक-राजनीतिक अधिकारों से जुड़ा है। ये अधिकार नागरिकों के राज्य से व्यक्तिगत संबंधों की विवेचना तो करता है परंतु इन्हें पुनर्परिभाषित नहीं करता है। परंतु ''दूसरी-पीढ़ी'' के अधिकार राज्य द्वारा मान्यता दिए गए मूलभूत आर्थिक जरूरतें हैं, जैसे - भोजन, आवास, शिक्षा और स्वास्थ्य। सूचना का अधिकार इनसे गहरे रूप से जुड़ा हुआ है। ''तीसरी पीढ़ी'' के मानव-अधिकार ''समूह-अधिकार'' (group rights) से जुड़े हुए हैं। ये अधिकार विभिन्न समुदायों को अपने सांस्कृतिक संरक्षण और स्वायतत्ता का हकदार बनाता है; 'दूसरी पीढ़ी' और 'तीसरी पीढ़ी' के अधिकारों से संबंधित कानूनी प्रावधानों का लाभ गरीब लोग शायद ही उठा पाते हैं। सूचना के अधिकार या उचित प्रक्रिया (due process) जैसे मूलभूत प्रक्रियात्मक अधिकारों के अभाव में गरीब और सामाजिक रूप से पिछड़े लोगों के लिए इन सामाजिक-आर्थिक या सांस्कृतिक अधिकारों का कोई महत्त्व नहीं रह जाता है।

सुसन्ना डेविस (Susanna Davies) यह तर्क देती हैं कि लोकतंत्र को अधिकार के आधार पर परिभाषित करने पर हम देखते हैं कि यह ग्रामीण गरीबों की जरूरतों के प्रति असंवेदनशील है, विशिष्ट तौर पर संसाधनों तक उनकी पहुंच का अभाव है और जीविका के मूलभूत साधनों तक उनकी पहुंच को भी सुदृढ़ करने की जरूरत है। डेविस का तर्क है कि गरीबों के लिए ''संसाधनों का अधिकार'' सबसे प्राथमिक अधिकार है। चाहे वह भूमि का सुनिश्चित अवधि तक मालिकाना हक हो, संसाधनों तक पहुंच का अधिकार हो, भोजन और अन्य आर्थिक सुरक्षाओं का अधिकार हो या फिर निवारण योग्य बीमारियों से सुरक्षा का अधिकार, ये सभी गरीबों के लिए अत्यंत महत्त्वूपर्ण हैं। परंतु लोकतंत्र की सार्वभौमिकता के नाम पर शहरी अभिजात्य वर्ग ग्रामीण गरीबों की इन समझों को मान्यता ना देकर उन पर उनकी जरूरतों और हितों की अपनी समझ लाद देते हैं। गरीब सामान्यत: अधिकार-आधारित लोकतंत्र में ना तो सार्थक तरीके से भागीदारी कर पाते हैं और ना ही औपचारिक सूचनाओं तक अपनी पहुंच सुनिश्चित कर पाते हैं। मजदूर किसान शक्ति संगठन के अनुभव के दौरान हमने देखा है कि किस प्रकार ''संसाधनों के अधिकार'' और ''जानने के अधिकार'' (right to know) के बीच एक कृत्रिम विभाजन कर दिया जाता है। इसे ही हम व्यापक स्तर पर तात्त्विक बनाम औपचारिक लोकतंत्र का विभाजन भी कह सकते हैं या फिर इसे लोकतांत्रिक परिणाम और लोकतांत्रिक प्रक्रिया के बीच का अंतर भी कह सकते हैं।

भारत में नागरिक-अधिकार और जन-आंदोलन के बीच के संबंध पर वाद-विवाद महज अकादमिक रुचि से ज्यादा महत्त्व रखते हैं। परंतु इन दोनों के बीच का सबंध, सहयोग और संघर्ष के बीच झूलता रहता है। मनोरंजन मोहंती तर्क देते हैं कि पहले नागरिक स्वतंत्रता आंदोलन के उदारवादी समर्थक एक राजनीतिक गतिविधि के रूप में न्यूनतम मजदूरी के लिए उग्रवादियों के आंदोलन को सम्मान देते थे। इसके विपरीत, मजदूरों और किसानों के अधिकारों के लिए जनआंदोलनों पर पहले से कब्जा जमाए हुए उग्रपंथी नागरिक-स्वतंत्रताओं के महत्त्व को यह कहकर कमतर दिखाते थे कि ये बुर्जुआ प्रक्रियाएं हैं जिनके माध्यम से राजनीतिक श्रेणीक्रम को वैधता दिलाने की कोशिश की जाती है। परंतु प्रधानमंत्री इंदिरा गांधी द्वारा 1975-77 में आंतरिक ''आपातकाल'' की घोषणा के बाद चीजें बहुत हद तक बदल गई हैं। उत्तर-आपातकाल के दौरान टेररिस्ट्स एंड डिस्रप्टीव एक्टिविटीज (प्रीवेशन) एक्ट (Terrorist and Disruptive Activities (Prevention) Act, TADA, टाडा) और इसी प्रकार के दूसरे अन्य अत्याचारों से संबंधित कानूनों को अत्यंत कम कानूनी औपचारिकताओं से लागू किया गया। इससे भारत में नागरिक स्वतंत्रताओं और ''लोकतांत्रिक अधिकारों'' (democratic rights) या ''जन अधिकारों'' (people's rights) के महत्त्व ने एक नया स्वरूप ग्रहण करना प्रारंभ किया। यहां मोहंती, हरगोपाल और बालगोपाल के दावों को उद्धृत करते हुए कहते हैं कि मानवाधिकारों के आंदोलन किसानों, जनजातियों, मजदूरों, महिलाओं और विस्थापितों के आंदोलन से अंतर्संबंधित हैं और दोनों एक ही साथ एक-दूसरे के पूरक भी हैं और एक-दूसरे से स्वायत्त भी हैं। मोहंती के अनुसार, जन-अधिकार का विचार इन अधिकारों और इसके क्रियान्वयन के लिए संघर्ष के अंतर्संबंध पर बल देता है। इसी कड़ी में आदित्य निगम तर्क देते हैं कि अधिकार-आधारित आंदोलनों को किसी पर निर्भर रहने के लक्षण विकसित करने की जरूरत नहीं है, उन्हें राज्य से स्वयं पहल करने की उम्मीद नहीं करनी चाहिए और ना ही क्रियान्वित करने वाली संस्थाओं से सभी प्रगतिशील परिवर्तनों में भूमिका की उम्मीद करनी चाहिए। निगम के अनुसार, लोकप्रिय आंदोलन अधिकारों की मांग से अलग नहीं रह सकता क्योंकि अपनी व्यक्तिनिष्ठता और कार्यों को प्रमाणित करने की यह एकमात्र कसौटी रह जाती है। इस प्रकार हम देखते हैं कि अधिकारों का स्वरूप और उसकी उपयोगिता उन्हें प्राप्त करने की प्रक्रिया से जुड़े हैं और किसी स्थापित लोकतांत्रिक संकल्पना को राजनीतिक व्यवहार के माध्यम से रूपांतरित किया जा सकता है, जैसा कि हमने एमकेएसएस के आंदोलन के दौरान देखा।

भारत में पारदर्शिता से जुड़ी सार्वजनिक बहस में अब सूचना के अधिकार को केंद्रीय महत्त्व के रूप में रेखांकित किया जाने लगा। 1990 के दशक के मध्य तक आते-आते सूचना के अधिकार को अभिव्यक्ति की स्वतंत्रता से निकटतापूर्वक जोड़ा जाने लगा। इस प्रकार, भारत ने अमेरिका के पूर्ववर्त्ती उद्धरण का पालन किया जहां सूचना की स्वतंत्रता को सामान्यत: प्रेस की स्वतंत्रता से जोड़ा जाता है। भारत में भी संविधान के अनुच्छेद-19 की पुनर्व्याख्या की गई। भारत के एक अग्रणी कानूनविद् एस.पी. साठे यह तर्क देते हैं कि सरकारी गोपनीयता एक्ट और इवीडेंस एक्ट (Evidence Act) का सेक्सन-123, दोनों औपनिवेशिक काल से चले आ रहे थे। वस्तुत: ये विचार और अभिव्यक्ति की स्वतंत्रता पर प्रतिबंध नहीं था, बल्कि नागरिकों के यह जानने के अधिकार (right to know) पर प्रतिबंध था कि वे किस प्रकार से प्रशासित हो रहे हैं ... (जो) प्रत्येक व्यक्ति को संविधान के अनुच्छेद-21 द्वारा प्रदान किए गए निजी स्वतंत्रता की गारंटी और संविधान के अनुच्छेद-14 द्वारा दिए गए समानता के अधिकार से निकलता है। साठे यह तर्क देते हैं कि अगर कोई व्यक्ति यह जानना चाहता है कि किन आधारों पर किसी बांध की ऊंचाई निर्धारित की गई तो यह इसलिए नहीं कि वह उसकी आलोचना करना चाहता है बल्कि वह यह पता लगाने की कोशिश करता है कि वैसे निर्णय जो उनके जीवन को प्रभावित कर सकते हैं वह वस्तुनिष्ठता के साथ लोक हित में लिए गए हैं कि नहीं।

रॉब जेन्किंस और ऐने मेरी गोएत्ज़ ने अपने लेख में दर्शाया है कि डेविस, मोहंती, निगम और साठे में जो समानता है वह सहभागिता पर बल देना है। यह इस बात का भी संकेत है कि अधिकारों के विमर्श को पुनर्परिभाषित करने के लिए और इस विमर्श में किसी विशिष्ट अधिकार को मान्यता देने के लिए सामाजिक रूप से बहिष्कृत समूहों की सक्रिय भागीदारी सबसे प्रमुख है। मजदूर किसान शक्ति संगठन के जन सुनवाई को सहभागितामूलक विकास से जोड़ कर देखा जाना चाहिए। सहभागितामूलक विकास के कुछ मनोभावों और दिलचस्पियों के अतिरिक्त एमकेएसएस के तरीकों में स्थानीय ज्ञान को मान्यता देना, हाशिए पर पड़े व्यक्ति को सबसे आगे रखने की नैतिकता, गरीबों पर केंद्रित विकास कार्यों पर बल देना आदि पहलू भी समानांतर तौर पर दिखाई देते हैं। गरीब और हाशिए पर पड़े व्यक्तियों की आवाज को ज्यादा महत्त्व देने के तरीकों को पारदर्शिता और जवाबदेयता की संकल्पना से अलग करके नहीं देखा जा सकता। वस्तुत: इसकी अंतर्निहित मान्यता यह है कि अगर ज्यादा से ज्यादा लोग निर्णय निर्माण की प्रक्रिया में भाग लेंगे तो ज्यादा से ज्यादा सूचनाओं की साझेदारी होगी और

इस प्रकार नागरिकों द्वारा उनके संसाधनों को चुराने वालों को ज्यादा आसानी से ढूंढ़ा जा सकता है और उनका विरोध किया जा सकता है।

जहां तक भ्रष्टाचार या भ्रष्टाचार-विरोध का प्रश्न है, कोई भी सूचना का अधिकार कानून चाहे वह कानूनी तौर पर कितने भी अच्छे तरीके से तैयार किया गया हो और चाहे वह कितने भी व्यापक स्तर पर और कठोरता से लागू किया जाता हो, वह भ्रष्टाचार का एकमात्र जवाब नहीं हो सकता। यह एक आवश्यक परंतु पर्याप्त नहीं वाली स्थिति है। हालांकि, एमकेएसएस के प्रयोग ने तथा इसी प्रकार की कई अन्य स्थानीय पहल और अभियान (कैम्पेन) ने, नियमों में परिवर्तन के लिए प्रेरित किया जिससे भ्रष्टाचार और भ्रष्टाचार-विरोध को एक नया परिप्रेक्ष्य मिला। इनकी कमियों की जांच के दौरान तीन अलग विषयवस्तु दिखी–पहला, कारण या उपचार के लिए राज्य पर बहुत ज्यादा बल देना; दूसरा, विभिन्न प्रकार के भ्रष्टाचार के अस्तित्त्व को उजागर करने में सामाजिक आंदोलन की भूमिका की अनदेखी करना और तीसरा, सूचना और जवाबदेही के संबंध के बारे में सीमित समझ। भ्रष्टाचार से संबंधित अधिकांश अध्ययनों में भ्रष्टाचार से लड़ने के तरीकों की बजाए इसके कारणों और परिणामों पर फोकस किया गया है। इस संदर्भ में, एमकेएसएस की भूमिका दो अर्थों में महत्त्वपूर्ण है। पहला तो यह कि इस संगठन की नींव और इस आंदोलन का चरित्र जमीनी स्तर का था। सूचना के अधिकार के इस कानून के केंद्र में दिन-प्रतिदिन के भ्रष्टाचार से निपटना था, जो आम लोगों को सीधे तौर पर प्रभावित करते थे। इसका दूसरा महत्त्वपूर्ण पहलू यह है कि सूचना के अधिकार से संबंधित इस संघर्ष में महिलाओं ने बढ़चढ़ कर भागीदारी की।

सूचना का अधिकार आंदोलन गरीबों पर भ्रष्टाचार के जटिल प्रभाव पर भी ध्यान केंद्रित करता है। इन प्रभावों को नागरिकता के तीन आयामों के साथ जोड़कर समझना उपयोगी होगा। इनमें से प्रत्येक आयाम, राज्य के साथ, बाजार के साथ और नागरिक और राजनीतिक समुदाय के साथ नागरिकों के तद्नुरूप आलोचनात्मक संबंध के आधार पर संबद्ध होते हैं। सबसे पहले तो राज्य के संसाधन की चोरी जो गरीबों के हितों के उद्देश्य के लिए थी, सबसे बड़ा अपराध है। गरीबों को ध्यान में रखकर बनाए गए राज्य के संसाधनों की विभिन्न योजनाओं में भ्रष्टाचार ने गरीबों को इस प्रकार के विरोध के लिए उकसाया। भ्रष्टाचार के कारण गरीबों की बाजार से लाभ देने की क्षमता भी क्षीण हो गई थी। पहले दो आयामों ने अर्थात् संसाधनों की हानि और विषम बाजार वातावरण ने गरीबों को नागरिक और राजनीतिक समाज में सहभागिता के लिए प्रेरित किया।

भारत में सूचना का अधिकार : संवैधानिक और कानूनी पृष्ठभूमि
(Right to Information : Constitutional and Legal Background)

सूचना का अधिकार भारतीय संविधान में विशिष्ट रूप से उल्लिखित नहीं है। परंतु इसे संविधान के अनुच्छेद-19 से जोड़ा जाता है। सर्वोच्च न्यायालय के विभिन्न फैसलों से भी इस बात की पुष्टि होती है कि संविधान के अनुच्छेद 19(1) के अंतर्गत सूचना का अधिकार एक मौलिक अधिकार है। संविधान के अनुच्छेद-19(1)(ए) में कहा गया है कि प्रत्येक नागरिक को भाषण और अभिव्यक्ति की स्वतंत्रता का अधिकार है। इस अनुच्छेद की व्याख्या में सूचना के अधिकार को भी इसमें अंतर्निहित माना गया। अर्थात् विचार और अभिव्यक्ति की स्वतंत्रता में सूचना को प्राप्त और संचित करने का अधिकार भी सम्मिलित है। इस प्रकार सूचना का अधिकार एक संवैधानिक अधिकार है।

इसके अतिरिक्त, सूचना का अधिकार हमारे संविधान के अनुच्छेद-21 से भी जुड़ा हुआ है। यह अनुच्छेद हमें उन चीजों के बारे में, जो हमारे जीवन को प्रत्यक्ष या अप्रत्यक्ष तौर पर प्रभावित करते हैं, के बारे में जानने का अधिकार प्रदान करता है। भारत के सर्वोच्च न्यायालय ने *रिलायंस पेट्रोकेमिकल लिमिटेड बनाम इंडियन एक्सप्रेस न्यूजपेपर, बंबई प्राइवेट लिमिटेड के मालिकों व अन्य के मामले में* अनुच्छेद-21 का विस्तार करते हुए कहा कि इसके दायरे में जानने का अधिकार (Right to Know) भी सम्मिलित है। न्यायालय ने यह कहा कि "वर्तमान समय के पराराष्ट्रीय विकास के संदर्भ में जहां दूरियां सिकुड़ती जा रही हैं, अंतर्राष्ट्रीय समुदाय विभिन्न मामलों में आपसी सहयोग के लिए एकजुट हो रहे हैं और वे लोग विविध क्षेत्रों में एक वैश्विक नजरिया विकसित करने के लिए कदम बढ़ा रहे हैं, जिसमें मानवाधिकार भी सम्मिलित है, ऐसे में "स्वतंत्रता" की अभिव्यक्ति के अर्थ को निश्चित तौर पर एक विस्तृत दायरे में देखने की जरूरत है ... यह इतना विस्तृत है कि इसके दायरे में अधिकारों की पूरी श्रेणी का विस्तार किया जा सकता है, जिसमें किसी विशिष्ट विचार को रखने और उस विचार को संभालने और कायम रखने का अधिकार भी सम्मिलित है। किसी विचार को संभाल कर रखने या उसे दीर्घ समय तक कायम रखने के लिए सूचना प्राप्त करना जरूरी हो जाता है। अनुच्छेद-21 सभी व्यक्तियों को जानने का अधिकार (Right to Know) देता है जिसमें सूचना प्राप्त करने का अधिकार भी सम्मिलित है। अनुच्छेद 19(1)(ए) की तुलना में अनुच्छेद-21 का दायरा और विस्तार बहुत ज्यादा व्यापक है।'

यहां सर्वोच्च न्यायालय के कुछ निर्णयों का उल्लेख करना प्रासंगिक होगा जिसके माध्यम से हम न्यायपालिका की व्याख्याओं में सूचना के अधिकार से

संबंधित एक क्रमिक विस्तार को समझ सकते हैं। यहां यह महत्त्वपूर्ण है कि *बेनेट कोलमैन बनाम भारतीय संघ (ए आई आर 1973 एससी 60)*, में सूचना के अधिकार को अनुच्छेद 19(1)(ए) द्वारा सुनिश्चित किए गए भाषण और अभिव्यक्ति की स्वतंत्रता के अधिकार में शामिल किए जाने से रोक लिया गया। लेकिन *उत्तर प्रदेश राज्य बनाम राज नारायण ((1975) 4 एससीसी 428)* में न्यायालय ने स्पष्ट रूप से कहा कि यह लोकहित में नहीं है कि सामान्य नियमित कार्रवाई को रहस्य के पर्दे में छिपाकर रखा जाए। अधिकारियों द्वारा अपनी कार्रवाईयों के स्पष्टीकरण और उनका औचित्य साबित करने की जिम्मेदारी, अत्याचार और भ्रष्टाचार के खिलाफ मुख्य सुरक्षा उपाय है। *एस.सी. गुप्ता बनाम भारतीय संघ (ए आई आर 1982 एस सी 149)* में सभी सरकारी कानूनों और सार्वजनिक संचालकों द्वारा किए गए सार्वजनिक विनिमय के विवरण जानने के नागरिकों के अधिकार की व्याख्या की गई। एक अन्य मामले, *सचिव, सूचना एवं प्रसारण मंत्रालय, भारत सरकार बनाम बंगाल क्रिकेट एसोसिएशन ((1995) 2 एससीसी 161)* में इलेक्ट्रॉनिक माध्यमों द्वारा सूचना देने या प्राप्त करने के अधिकार को भाषण के अधिकार में सम्मिलित किया गया। यहां यह अत्यंत ही महत्त्वपूर्ण है कि *पीपुल्स यूनियन फॉर सिविल लिबर्टीज बनाम भारतीय संघ (2004 (2) एससीसी 476)* में सर्वोच्च न्यायालय ने सरकारी तंत्र को पारदर्शी और जिम्मेदार बनाने के लिए सूचना के अधिकार की महत्ता को और बढ़ाकर महत्त्वपूर्ण मानवाधिकार का दर्जा दे दिया। इस मामले में इस बात पर भी बल दिया गया कि सरकारी तंत्र को नागरिक हितों के लिए भागीदार होना आवश्यक है। इस प्रकार यहां सर्वोच्च न्यायालय द्वारा दी गई विभिन्न व्यवस्थाओं में सूचना के अधिकार से संबंधित विमर्श देखा जा सकता है। लेकिन यहां यह स्पष्ट कर देना अत्यंत महत्त्वपूर्ण होगा कि सूचना के अधिकार की मांग भारत में एक आंदोलन के रूप में भी मौजूद थी। जमीनी स्तर पर चल रहे इस जनआंदोलनों ने सूचना के अधिकार को मूर्त्त कानूनी स्वरूप प्रदान करने में अत्यंत महत्त्वपूर्ण भूमिका निभाई। यहां ''मजदूर किसान शक्ति संगठन'' और ''परिवर्तन'' का उल्लेख करना विशेष रूप से महत्त्वपूर्ण होगा।

मजदूर किसान शक्ति संगठन
(Mazdoor Kisan Shakti Sangathan (MKSS))

सूचना का अधिकार से संबंधित विधायी प्रावधान के लिए अभियान चलाने में राजस्थान में जमीनी स्तर पर अवस्थित एक संगठन मजदूर किसान शक्ति संगठन

(MKSS) ने अत्यंत महत्त्वपूर्ण भूमिका निभाई थी। यह संगठन मुख्य रूप से राजस्थान के राजसमन्दर जिले में अवस्थित है। यह संगठन अपने आप को एक 'गैर-दलीय राजनीतिक संगठन' के रूप में वर्णित करता है। मजदूर किसान शक्ति संगठन स्वयं को पारंपरिक गैर-सरकारी संगठनों (NGOs) से अलग करता है। किसी बाहरी फंड को वहां पहुंचाने का माध्यम बनना या फिर सर्विस-डिलीवरी पर ध्यान केंद्रित करने के बजाए एमकेएसएस स्थानीय समाज के अत्यंत गरीब तबके से जुड़े मुद्दों से सरोकार रखता है। यह संगठन समर्थन के लिए अपने तुलनात्मक रूप से कम औपचारिक सदस्यों की बजाय व्यापक अनौपचारिक अनुसरणकर्त्ताओं पर ज्यादा भरोसा करता है। एमकेएसएस की प्रेरणा शक्ति स्थानीय निवासियों और समर्पित एक्टिविस्टों का संयोजन है। 1980 के दशक के उत्तरार्द्ध से ही भारत के दूसरे भागों से आए समर्पित एक्टिविस्टों ने उस क्षेत्र को अपना घर बना लिया है। परंतु राजस्थान के छोटे और असामान्य एक्टिविस्टों के इस समूह ने विशिष्ट तौर पर भ्रष्टाचार से लड़ने और सामान्य तौर पर ज्यादा दायित्व के प्रोत्साहन से जुड़े कई व्यावहारिक और सैद्धांतिक प्रश्नों को जन्म दिया है।[5]

मजदूर किसान शक्ति संगठन की सूचना के अधिकार के प्रति रुचि 1980 के दशक के उत्तरार्द्ध में और 1990 के दशक के प्रारंभ में वहां के अत्यंत गरीब लोगों की जीविका से जुड़े मुद्दों पर काम करने के दौरान उत्पन्न हुई। इस क्षेत्र में काम करने के दौरान उन्होंने सूखा-राहत से संबंधित कार्यों में न्यूनतम मजदूरी से संबंधित प्रावधानों को लागू करवाने में, जनवितरण प्रणाली (PDS, पीडीएस) के तहत सब्सिडीयुक्त अनाज और अन्य महत्त्वपूर्ण सामग्रियों को गरीबों तक पहुंचाने में या फिर स्थानीय शक्तिशाली समूहों द्वारा अवैध तरीके से अधिकृत सरकारी जमीन को मुक्त कराने जैसे अनेक मुद्दों पर राज्य सरकार की व्यापक विफलता को बड़े करीब से देखा; हालांकि एमकेएसएस कई अन्य मोर्चों पर भी सक्रिय था, जैसे - छोटी जातियों, धार्मिक अल्पसंख्यकों, महिलाओं के विरुद्ध हो रहे अत्याचार के विरुद्ध आवाज उठाना। परंतु विशिष्ट तौर पर मजदूरी और कीमतों से जुड़े उनके प्रयासों के दौरान उन्हें महसूस हुआ कि स्थानीय अधिकारियों से जवाबदेही की मांग को लेकर संघर्ष करने के लिए यह अत्यंत महत्त्वपूर्ण है कि सरकारी दस्तावेजों तक अपनी पहुंच सुनिश्चित की जाए।

मजदूर किसान शक्ति संगठन के कार्यकर्त्ताओं ने उस क्षेत्र में कार्य करने के दौरान महसूस किया कि स्थानीय स्तर पर भयावह गरीबी का एक महत्त्वपूर्ण कारण प्रशासन में व्याप्त भ्रष्टाचार है। मजदूरों को दी जाने वाली मजदूरी हो, जनवितरण प्रणाली के तहत दिए जाने वाले अनाज व अन्य सामग्रियां हों या फिर लोकनिर्माण कार्य सभी

में व्यापक स्तर पर भ्रष्टाचार व्याप्त थे। लोकनिर्माण कार्यों के प्रोजेक्टों में बजट के आकलनों को तो बढ़ा-चढ़ा कर पेश किया ही जाता था लेकिन इसके साथ ही खराब गुणवत्ता वाली सामग्रियों का प्रयोग किया जाता था और आपूर्तिकर्त्ताओं द्वारा बिल भी बढ़ा-चढ़ा कर दिया जाता था। इस प्रकार के भ्रष्टाचार और धांधली से लड़ने के लिए यह महत्त्वपूर्ण समझा गया कि ना सिर्फ बैलेंस शीट को देखने की जरूरत है बल्कि मजदूरों के रजिस्टरों और विभिन्न सामग्रियों को खरीदने के बिलों की पुनर्जांच की भी आवश्यकता है ताकि मजदूरों और आम लोगों को वास्तविक तस्वीर का पता चल सके।

इसी प्रकार जन-वितरण प्रणाली में भी व्यापक स्तर पर भ्रष्टाचार देखा जा सकता है। योजना आयोग की एक रिपोर्ट के अनुसार, यह पाया गया है कि जनवितरण प्रणाली के तहत गरीबों तक एक रूपया हस्तांतरित करने के लिए भारत सरकार को 3.65 रूपया खर्च करना पड़ता है। इसी रिपोर्ट में योजना आयोग के उपाध्यक्ष ने यह भी स्वीकार किया कि बजट में एक रूपया सब्सिडी का प्रावधान करने पर गरीबों तक वह मात्र 27 पैसे पहुंच पाता हैं (परफार्मेंस इवेल्यूशन ऑफ टारगेटेड पब्लिक डिस्ट्रीब्यूशन, 2005)। जनवितरण प्रणाली के अंतर्गत भ्रष्टाचार का मुख्य कारण राशन की सामग्रियों का लीकेज या भटकाव (डायवर्जन) था। अर्थात् ये राशन उपभोक्ताओं तक पहुंचने से पहले बहुत बड़ी मात्रा में रिस जाते हैं। जनवितरण प्रणाली की थोड़ी भी समझ रखने वाला व्यक्ति यह अच्छी तरह से जानता है कि राशन का लीकेज दो स्तरों पर होता है। राशन की एक बहुत बड़ी मात्रा राशन दुकान पर पहुंचने से पहले ही भ्रष्टाचार का शिकार हो जाती है और जो थोड़ी-बहुत सामग्री राशन दुकानों पर पहुंचती हैं उन्हें डीलर ज्यादा मुनाफे के लालच में खुले बाजार में बेच देते हैं। इस प्रकार के भ्रष्टाचारों को देखकर मजदूर किसान शक्ति संगठन इस निष्कर्ष पर पहुंचा कि इन अनियमितताओं का सही तरीके से पता तब तक नहीं लगाया जा सकता है जब तक सरकारी दस्तावेजों तक उनकी पहुंच सुनिश्चित ना हो। इन कदाचारों पर किसी भी प्रकार की कार्यवाही के लिए उन्हें इस बात की पक्की जानकारी चाहिए थी कि सरकार के सिविल सप्लाई डिपार्टमेंट द्वारा कितनी मात्रा में प्रत्येक लाइसेंस प्राप्त राशन दुकानों पर सामग्रियां भेजी गईं और विभिन्न राशन डीलरों द्वारा विभिन्न राशन कार्ड धारकों को वितरित किए गए राशन की मात्राओं से इसका मिलान करना भी जरूरी था। वस्तुतः एमकेएसएस ने इस क्षेत्र में काम करने के दौरान महसूस किया कि स्थानीय नेताओं, अफसरों और ठेकेदारों के बीच एक प्रकार का गठजोड़ है और इसे जनता के समक्ष उजागर करना जरूरी था।

मजदूर किसान शक्ति संगठन ने इसके लिए जन-सुनवाई और सोशल ऑडिट का तरीका खोजा। एमकेएसएस ने गरीब ग्रामीणों को सोशल ऑडिट में भागीदारी के लिए संगठित किया। अनेक जन-सुनवाइयों के माध्यम से सरकारी अफसरों और नागरिकों को भ्रष्टाचार से जुड़े मुद्दों पर आमने-सामने किया गया। इस आंदोलन से सहानुभूति रखने वाले कुछ नौकरशाहों ने उन्हें कुछ सरकारी सूचनाएं और कागजात भी उपलब्ध करा दिए। इन दस्तावेजों को और इसके साथ अन्य स्त्रोतों से प्राप्त विभिन्न दस्तावेजों के आधार पर जन-सुनवाई के दौरान सरकारी बही-खातों और सरकारी खर्चों के विवरण को वहां पर उपस्थित ग्रामीणों को सुनाकर पढ़ा गया। इन जन-सुनवाइयों में स्थानीय अफसरों के साथ-साथ निर्वाचित प्रतिनिधियों को भी शामिल किया गया। इन जन-सुनवाइयों का संचालन उस क्षेत्र के और बाहर से आए गणमान्य व्यक्तियों की समिति के द्वारा किया जाता था। जन-सुनवाई के दौरान जब कागजातों का मिलान किया जाता था और धांधली उजागर होती थी तो संबंधित अफसरों, स्थानीय नेताओं और निजी ठेकेदारों का ना सिर्फ भंडाफोड़ किया जाता था, बल्कि कई मामलों में उनसे स्वैच्छिक तौर पर रूपये वापस करने के लिए भी कहा जाता था। ये अनियमितताएं और भ्रष्टाचार लोगों के दिन-प्रतिदिन की जीवनचर्या का हिस्सा था इसलिए बहुत बड़ी संख्या में स्थानीय लोग एकजुट हुए। इस संगठित प्रदर्शन की एक महत्त्वपूर्ण मांग सूचना का अधिकार बन गया।

गरीबों की जीविका और उनके अस्तित्त्व से जुड़े मुद्दों से संबंध रखने के कारण सूचना के अधिकार की मांग को उनका भरपूर समर्थन मिला। इस संघर्ष के दौरान एक महत्त्वपूर्ण नारा था – "The Right to know, The Right to Life" (जानने का अधिकार, जीने का अधिकार)। इसके अतिरिक्त एक अन्य महत्त्वपूर्ण नारा ''हमारा पैसा, तुम्हारा हिसाब'' था जो जवाबदेही, पारदर्शिता और खुली सरकार जैसे मुद्दों पर केंद्रित था। भारतीय प्रशासनिक सेवा के अमिताभ मुखोपाध्याय यह तर्क देते हैं कि जन-सुविधाओं का एक महत्त्वपूर्ण कार्य लोगों को इन मुद्दों के प्रति जानकार बनाना था। उनके अनुसार, सूचनाओं तक पहुंच के लिए हो रहे संघर्ष ने नौकरशाही की दकियानूसी और अलगाववादी संस्कृति को चुनौती दी और सरकारी अफसरों को उनके दायित्वों की और निर्वाचित प्रतिनिधियों को जन-सेवक के दायित्वों की याद दिलाकर लोकतांत्रिक भावनाओं को मजबूती प्रदान की।

इन जन-सुनवाइयों की व्यापक सफलता के बावजूद यह दुर्लभ थी क्योंकि सरकारी अफसर सरकारी दस्तावेजों की फोटोकॉपी देने में आनाकानी करते

थे। इस कारण एमकेएसएस और उसके सहयोगी संगठनों ने मिलकर सरकार से यह मांग रखी कि उन्हें सरकारी दस्तावेजों की फोटोकॉपी करवाने का कानूनी अधिकार मिलना चाहिए। अप्रैल, 1995 में एक नाटकीय घटनाक्रम में राजस्थान के मुख्यमंत्री ने सदन के पटल पर यह वादा किया कि वे नागरिकों को स्थानीय विकास कार्यों से संबंधित दस्तावेजों को फोटोकॉपी करवाने का अधिकार देंगे। लेकिन इस वायदे के एक साल बाद भी नागरिकों को सिर्फ निरीक्षण का अधिकार दिया गया, दस्तावेजों के फोटोकॉपी की अनुमति नहीं मिली। धीरे-धीरे यह मांग जोर पकड़ने लगी। जयपुर में मई-जून, 1997 में इस मुद्दे पर सरकारी निष्क्रियता के विरुद्ध एक आंदोलन चला। 52 दिनों के विरोध के बाद राज्य सरकार ने विरोधकर्त्ताओं को यह सूचित किया कि स्थानीय सरकारी संस्थाओं से जुड़े विकास से संबंधित कार्यों से जुड़े दस्तावेजों की फोटोकॉपी कराने की अनुमति से संबंधित आदेश 6 माह पहले ही दिए जा चुके हैं। हालांकि यह आदेश अपर्याप्त था और इसमें कई कमियां थी। जैसे - यह आदेश जन वितरण प्रणाली (PDS) पर लागू नहीं होता था क्योंकि पीडीएस राज्य और केंद्र सरकार के संयुक्त नियंत्रण में था। इसके अतिरिक्त, पुलिस-प्रशासन से जुड़े महत्त्वपूर्ण मुद्दे अब भी इस अधिकार के दायरे से बाहर थे। ऐसे में राष्ट्रीय स्तर पर इस प्रकार के कानून के लिए मांग उठना स्वाभाविक था।

मजदूर किसान शक्ति संगठन जैसे अन्य संगठनों ने देश के दूसरे भागों में सरकारी जवाबदेही से लड़ने के लिए एक महत्त्वपूर्ण हथियार के तौर पर सूचना के अधिकार की मांग प्रारंभ कर दी। राजस्थान के इस संघर्ष ने 1997 में नेशनल कैम्पेन फॉर द पीपुल्स राइट टू इंफार्मेशन (National Campaign for the People's Right to Information) को जन्म दिया। इसका एक महत्त्वपूर्ण लाभ यह हुआ कि कई अन्य राज्यों में सूचना के अधिकार से संबंधित कानून बनाए गए और एक केंद्रीय कानून के लिए प्रयास किए जाने लगे। इस प्रकर के अनवरत प्रयासों के कारण एक केंद्रीय कानून के तौर पर सूचना का अधिकार कानून, 2005 बन सका।

परिवर्तनः एक स्वयंसेवी संस्था
(Parivartan: A Self-help Institution)

सूचना के अधिकार कानून के निर्माण में मजदूर किसान शक्ति संगठन पर हम विस्तार से चर्चा कर चुके हैं। यहां संक्षेप में ''परिवर्तन'' की चर्चा करना भी

प्रासंगिक होगा। परिवर्तन दिल्ली में सक्रिय एक स्वयंसेवी संस्था है जो जून, 2000 में एक जन आंदोलन के रूप में उभरी थी। इसका प्रारंभिक लक्ष्य सरकारी विभागों में बिना रिश्वत दिए काम करवाना तथा लोगों को सूचना के अधिकार की महत्ता के बारे में जागरूक बनाना था। इस संगठन ने दिल्ली में अपने प्रारंभिक दिनों में एक आंदोलन चलाया था जिसका उद्देश्य लोगों को आय कर विभाग से अपना आय कर रिफंड बिना रिश्वत दिए वापस लेने में मदद करना था। करदाताओं से यह अनुरोध किया गया था कि वे अफसरों को रिश्वत ना देकर परिवर्तन से संपर्क करें; लेकिन शीघ्र ही परिवर्तन ने भी यह महसूस किया इस प्रकार से लोगों को तात्कालिक तौर पर तो राहत पहुंचाई जा सकती है, परंतु इससे लोगों को अपनी शिकायतों से निबटने के लिए स्थायी तौर पर सशक्त नहीं किया जा सकता है और ना ही इससे व्यवस्था में कोई बदलाव आने वाला है। इसी समय 2 अक्टूबर, 2001 से दिल्ली सूचना का अधिकार एक्ट प्रभाव में आया जिसके तहत लोगों को यह अधिकार दिया गया कि वे सरकारी फाइलें प्राप्त कर सकते हैं, इसके लिए उन्हें बस एक फार्म भरकर संबद्ध डिपार्टमेंट में जमा करना होगा; हालांकि दिल्ली सरकार कागज पर यह दावा कर रही थी परंतु व्यवहार में इस कानून के तहत सूचना पाना आसान नहीं था। अत: परिवर्तन ने लोगों को सूचना के इस अधिकार के प्रयोग के लिए शिक्षित करना प्रारंभ कर दिया ताकि वे अपनी शिकायतों का समाधान स्वयं कर सकें और शासन में पारदर्शिता और जवाबदेवी सुनिश्चित की जा सके।

उसके बाद एक अन्य पहल के तहत दिल्ली की एक पुनर्वास कॉलोनी सुन्दर नगर में दिल्ली म्युनिसिपल कॉर्पोरेशन (एमसीडी) पर नागरिक संपत्तियों के लिए खर्च किए गए रूपयों का हिसाब देने के लिए दबाव बनाया गया। परिवर्तन के कार्यकर्त्ताओं ने इस क्षेत्र में जगह-जगह नुक्कड़ सभाएं आयोजित कीं। उन्होंने आम लोगों को एमसीडी द्वारा दावा किए जा रहे निर्माण और मरम्मत कार्यों और उन पर खर्च किए गए रूपयों से अवगत कराया। यह तथ्य उभर कर जनता के सामने आया कि कई जगहों पर तो प्रोजेक्ट शुरू भी नहीं हुए थे, कई जगहों पर काम अधूरा था और जिन जगहों पर कुछ काम हुए थे वहां भी खराब गुणवत्ता वाली सामग्रियों का प्रयोग हुआ था। परिवर्तन ने 14 दिसंबर, 2001 को नेशनल कैम्पेन फॉर पीपुल्स राइट टू इन्फार्मेशन (NCPRI) और राजस्थान के मजदूर किसान शक्ति संगठन (एमकेएसएस) के साथ मिलकर सुन्दर नगर में जन-सुनवाई का आयोजन किया। लगभग एक हजार लोग इस मीटिंग में शामिल हुए, जिनमें स्थानीय निवासियों के साथ-साथ पत्रकार और गणमान्य व्यक्ति भी

शामिल थे। पहली बार जनता ने यह महसूस किया कि सरकार को पूरी तरह से जन-निगरानी के तहत काम करते हुए जवाबदेह बनाया जाना चाहिए। एमसीडी के तहत हो रहे भ्रष्टाचार के अतिरिक्त जन-वितरण प्रणाली व अन्य कई मुद्दों पर परिवर्तन ने भ्रष्टाचार और अनियमितताओं को जनता के समक्ष उजागर किया। उन्होंने ना सिर्फ जनता को सूचना के अधिकार के प्रति जागरूक किया बल्कि सरकार पर भी लगातार दबाव बनाया। इससे केंद्रीय स्तर पर सूचना का अधिकार कानून बनने का मार्ग प्रशस्त हुआ।

सूचना का अधिकार : लाभ और व्यावहारिक अनुभव
(Right to Information Act, 2005: Benefits and Operational Experience)

सूचना का अधिकार अधिनियम भारत में 12 अक्टूबर, 2005 से लागू किया गया। जम्मू व कश्मीर राज्य के अलावा यह संपूर्ण भारत पर लागू है। आम नागरिकों के हाथ में दिन-प्रतिदिन की जीविका से संबंधित भ्रष्टाचार से लड़ने के लिए यह एक प्रमुख हथियार है। इस कानून के माध्यम से सूचना प्राप्त करके वे अपने संवैधानिक और लोकतांत्रिक अधिकारों का बेहतर तरीके से प्रयोग कर सकते हैं। सूचना का अधिकार आज एक मूलभूत मानव अधिकार है जो आम लोगों की गरिमा को बनाए रखने में मदद करता है। सूचना का अधिकार अन्य सभी मानवाधिकार व्यवस्था का सार है क्योंकि यह नागरिकों को अन्य अधिकारों के अर्थपूर्ण प्रयोग में समर्थ बनाता है। सूचना का अधिकार लोकतंत्र और विकास की कुंजी है। सूचनाओं तक पहुंच के माध्यम से प्रक्रियात्मक लोकतंत्र से तात्त्विक लोकतंत्र की ओर बढ़ने में मदद मिलती है। लोकतंत्र में ज्यादा जानकार मतदाता से तात्पर्य है बेहतर जानकारी युक्त विकल्प, ज्यादा जिम्मेदार विधायिका और बेहतर गवर्नेंस।

सूचना का अधिकार सरकार को जिम्मेदार बनाए रखने में भी हमारी मदद करता है। यदि नागरिकों को सरकारी निर्णयों और कार्यप्रणालियों के संबंध में मूलभूत सूचनाएं होंगी तो वे सरकार पर निगरानी रख सकते हैं। यह नागरिकों को सिर्फ सूचनाएं प्राप्त करने का ही नहीं बल्कि उन्हें प्रभावित करने वाले मुद्दों पर सरकार से प्रश्न करने का अधिकार भी देता है। सूचना के अधिकार के माध्यम से एक खुला और पारदर्शी समाज बनाया जा सकता है और लोगों का सरकार के प्रति भरोसा बहाल किया जा सकता है। अगर किसी समस्या की पहचान करके उसका समाधान करना है तो इसकी सबसे महत्त्वपूर्ण शर्त सूचनाओं का स्वतंत्र प्रवाह है। नागरिकों में सरकार के प्रति विश्वास बहाल करके संघर्षों को

कम किया जा सकता है। सरकार की पारदर्शिता और सूचनाओं की साझेदारी से ना केवल किसी राष्ट्र की स्थिरता और अखंडता में वृद्धि की जा सकती है बल्कि राज्य और नागरिकों के बीच दोतरफा संवाद कायम किया जा सकता है। सूचनाओं तक पहुंच नागरिकों को सरकार के नीति-निर्णयों और लोकव्ययों के प्रति जवाबदेह बनाए रखने में मदद करती है।

सूचना का अधिकार लोककेंद्रित विकास को बनाए रखने में और गरीबी को कम करने में मदद करता है। इससे न्यायसंगत आर्थिक संवृद्धि को पाने में भी मदद मिलती है। सूचना का अधिकार गरीब समुदायों को अपनी परिस्थिति से लड़ने में मदद पहुंचा सकता है। गरीबी निवारण से संबंधित रणनीति में सबकी राजनीतिक भागीदारी की जरूरत होती है ताकि सरकार में जवाबदेही और पारदर्शिता विकसित की जा सके; राजनीति के अपराधीकरण पर अंकुश लगाया जा सके और सूचनाओं के स्वतंत्र प्रवाह के माध्यम से विभिन्न समुदायों की नीति-निर्माण और विधायी निर्णय-निर्माण में महत्त्वपूर्ण भूमिका सुनिश्चित की जा सके। इसके अतिरिक्त, सूचना का अधिकार भ्रष्टाचार से लड़ने में भी मदद करता है। भ्रष्टाचार ना सिर्फ कानून के शासन को भंग करता है बल्कि यह जनता के हितों के लिए और उनके आधारभूत संरचना के लिए आबंटित किए गए बजटीय प्रावधानों को भी खा जाता है। यह गरीबों के लिए प्रावधान किए गए जन सेवाओं की स्थिति को और दयनीय बनाता है। जैसा कि – हम देखते हैं कि सरकारी स्वास्थ्य केंद्रों में दवाएं या जांच-सेवाएं प्रायः उपलब्ध नहीं होती हैं। वस्तुतः ये भ्रष्टाचार के कारण होता है। अगर सूचना के अधिकार की गारंटी होगी तो इन भ्रष्टाचारों से निबटने में मदद मिलेगी। सूचना के अधिकार के माध्यम से नौकरशाही के लाल-फीताशाही से लड़ने में भी मदद मिलेगी। अगर नागरिकों के हाथ में सूचना का अधिकार रूपी अस्त्र होगा तो इसके माध्यम से नागरिक किसी भी प्रकार के भ्रष्टाचार को सामने लाने में और उसका विरोध करने में समर्थ बन सकेंगे।

सूचना का अधिकार मीडिया के सामर्थ्य में भी वृद्धि करता है। मीडिया लोकतंत्र का चौथा स्तंभ है और किसी भी प्रभावी लोकतंत्र में यह उसकी रखवाली का काम करता है। मीडिया लोगों तक सूचनाएं पहुंचाने का सबसे प्रमुख माध्यम है। अगर मीडिया की सूचनाओं तक पहुंच नहीं होगी तो जनता को भी सही सूचनाएं नहीं मिल पाएंगी। आज हम देखते हैं कि प्रशासकों और नेताओं में सूचना के अधिकार के प्रति एक भय होता है, जो उन्हें गलत करने से रोकता है।

सूचना का अधिकार : कमियां और चुनौतियां
(Right to Information : Limitations and Challenges)

भारत के सूचना के अधिकार कानून को अंतर्राष्ट्रीय एजेंसियों ने विश्व के दूसरे सबसे बेहतरीन कानून की संज्ञा दी है। सूचना का अधिकार कानून हमें जेम्स मेडिसन के इस कथन की याद दिलाता है कि 'अगर कोई व्यक्ति स्वयं अपना गवर्नर बनना चाहता है उसे निश्चित तौर पर शक्ति और ज्ञान से लैस होना चाहिए।' सूचना के अधिकार ने भारत के नागरिकों को सूचनाओं तक पहुंच बनाने के लिए समर्थ बनाया है। इस एक्ट के कारण आज सूचनाओं के बहुत बड़े वर्ग तक पहुंच सुनिश्चित हो सकी है। हालांकि यह स्वयं को संतोष देने के लिए पर्याप्त हो सकता है क्योंकि किसी नागरिक के लिए सूचनाएं प्राप्त करने के मार्ग में अब भी कई अड़चनें हैं। सूचना के अधिकार के मार्ग में सबसे बड़ा अवरोध अभिलेख (रिकॉर्ड) प्रबंधन की कमजोर प्रथा और घिसे-पिटे मार्गदर्शक सिद्धांत हैं। सूचनाओं के रिकॉर्डों को रखने की अप्रभावी प्रबंधन व्यवस्था सूचना देने में प्राय: विलंब का कारण बनती हैं। इस एक्ट के सेक्सन 4(1)(ए) में कहा गया है कि 'पब्लिक अथॉरिटी द्वारा अपने सभी दस्तावेजों को बाकायदा सारिणीबद्ध और सूचीबद्ध तरीके से रखा जाना चाहिए ... और यह सुनिश्चित किया जाना चाहिए कि जो दस्तावेज समुचित हैं उनका कम्प्यूटराइजेशन किया जाना चाहिए ....।'

परंतु सूचना के अधिकार के तहत पूछे गए प्रश्नों के जवाब में देरी के लिए कारण में 79 प्रतिशत पब्लिक इन्फार्मेशन ऑफिसरों (PIO पीआईओ) ने यह उल्लेख किया है कि क्षेत्रीय कार्यालयों से सूचना के संग्रह में देरी इसका प्रमुख कारण था। इस एक्ट की दूसरी प्रमुख कमी *सूओ मोटो (Suo Moto)* प्रकटीकरण के प्रावधानों का अप्रभावी होना भी है। सूचना के अधिकार कानून के सेक्सन 4(1)(बी), उपखण्ड i-xvi में उन सूचनाओं के प्रकार का उल्लेख किया गया है जिसे पब्लिक अथॉरिटी स्वेच्छा से *सूओ मोटो* आधार पर (स्वयं को) सार्वजनिक कर सकती हैं। भारतीय आर.टी.आई. एक्ट यह उम्मीद करता है कि इस प्रकार का सक्रिय रहस्योद्घाटन कई आर.टी.आई. की जरूरतों को टाल देगा। परंतु किसी भी विभाग ने इस प्रकार का कोई स्वैच्छिक प्रयास नहीं किया। पब्लिक इन्फार्मेशन ऑफिसर से जुड़े एक सर्वे में यह पाया गया कि 43 प्रतिशत पी.आई.ओ. को इस प्रावधान के बारे में जानकारी तक नहीं थी[6] (पंकज के.वी. श्रेयस्कर, 2013)। सूचना के अधिकार से संबंधित वर्तमान कानून कई

महत्त्वपूर्ण मुद्दों से सरोकार नहीं रखता है जिसके कारण इसके क्रियान्वयन में संशय और आत्मनिष्ठता की स्थिति उत्पन्न होती है – (*i*) मुख्य सूचना अधिकारी (CIC) द्वारा शिकायतों के निपटारे के लिए कोई विशिष्ट नियम नहीं है, (*ii*) मुख्य सूचना अधिकारी के समक्ष शिकायत दर्ज कराने का कोई निर्धारित तरीका नहीं है, (*iii*) नियमों द्वारा ''रजिस्टरी'' शब्द को परिभाषित नहीं किया गया है, (*iv*) ''पेनल्टी और क्षतिपूर्त्ति की रकम'' और ''अनुशासनात्मक कार्यवाही के लिए अनुशंसा'' का कोई स्पष्ट प्रावधान नहीं है, (*v*) किसी अपील/शिकायत को कम करने या घटाने का कोई विशिष्ट प्रावधान नहीं है।[7]

इसके अतिरिक्त सर्वोच्च न्यायालय द्वारा नमिता शर्मा केस में दिए गए फैसले का भी सूचना के अधिकार के क्रियान्वयन पर क्षति पहुंचाने वाला प्रभाव पड़ा है। इस फैसले के तहत सर्वोच्च न्यायालय ने सूचना के अधिकार के तहत किसी कमिश्नर द्वारा अपीलों और शिकायतों के सुने जा सकने के बैंचों की संख्या 11 से घटाकर अधिकतम 5 कर दी गई है। इसके अतिरिक्त इस काम के लिए सेवानिवृत्त जजों के मिलने में भी व्यावहारिक समस्याएं हैं जिनके बारे में कोर्ट ने नहीं सोचा कि बैंचों की संख्या घटाने के कारण प्रत्येक बैंच पर केसों की सुनवाई का भार बढ़ा है। सूचना के अधिकार कानून के कारण विभिन्न सरकारी विभागों द्वारा संवेदनशील फाइलों और रिकार्डों को व्यापक स्तर पर विनष्ट करने का खतरा भी बढ़ा है।

उपसंहार (Conclusion)

नागरिक चार्टर और सूचना का अधिकार दोनों वर्तमान समय में सुशासन स्थापित करने के दो प्रमुख यंत्र हैं। नागरिक चार्टर न केवल सेवाओं की गुणवत्ता बेहतर करने पर बल देती है बल्कि यह लोक सेवाओं से जुड़े संगठनों में पारदर्शिता, जवाबदेही और प्रतिक्रियात्मक क्षमता को भी सुदृढ़ करता है। सबसे बढ़कर नागरिक चार्टर लोकसेवाओं और नागरिकों के बीच विश्वास बहाल करने में मदद करता है और इसके माध्यम से यह सुनिश्चित करने में मदद मिलती है कि ''नागरिकों का टैक्स उन्हीं के लिए काम कर रहा है।''

सूचना का अधिकार नागरिक चार्टर से इस अर्थ में भिन्न है कि नागरिक चार्टर के तहत सूचनाएं स्वतः संज्ञान (*सूओ मोटो*) से दी जाती है, जबकि सूचना के अधिकार के तहत सूचनाएं आवेदन करके मांगी जाती है। वर्ष, 2005 में जब भारत में सूचना के अधिकार से संबंधित राष्ट्रीय कानून बना तो इसे

जन-सशक्तीकरण के दृष्टिकोण से एक अत्यंत ही महत्त्वपूर्ण कानून की संज्ञा दी गई। परंतु आज हमारे पास सूचना के अधिकार से संबंधित मिश्रित अनुभव हैं। सूचना की पारदर्शिता लोकतंत्र के कार्यकरण को स्थापित करने के लिए और भ्रष्टाचार को रोकने के लिए अनिवार्य है। सूचना के अधिकार की सबसे महत्त्वपूर्ण उपलब्धि उस व्यवहार और मनोवृत्ति में बदलाव करना होगा जिसके कारण आज भी कई जनसेवक गोपनीयता को प्रशासन का अभिन्न अंग मानते हैं। वे आज भी ऑफिसियल सीक्रेट एक्ट, 1923 और इंडियन इवीडेंस एक्ट, 1872 को अपने दिल में बैठाए हुए हैं। परंतु हमें नहीं भूलना चाहिए कि सरकार इसलिए काम करती है क्योंकि नागरिकों का अस्तित्त्व है वे किसी न किसी रूप में जनता से संबंध रखते हैं। मसलन खाद्य वितरण की नीति, स्वास्थ्य पर किए जाने वाले खर्च या फिर स्कूलों का संचालन सभी जनता को दूर तक प्रभावित करते हैं। इन नीतियों को सरकार द्वारा जनता के रूपये से जनता के फायदे के लिए बनाया गया है। इसलिए जनता को यह जानने का पूरा हक है कि कुछ नीतियां क्यों बनाई गई हैं, उनका क्रियान्वयन किस प्रकार किया जाएगा, उन्हें क्रियान्वित करने वाले लोग कौन होंगे और किस प्रकार यह उनके जीवन को प्रभावित करेगा।

सूचना में शक्ति होती है और प्रायः यह देखा गया है कि जो लोग सत्ता में होते हैं वे सूचनाओं पर नियंत्रण की कोशिश करते हैं ताकि वे अपने प्रभाव और संरक्षण में वृद्धि कर सकें और मनमाने, भ्रष्ट तरीके से शक्ति का प्रयोग कर सकें। आए दिन सूचना के अधिकार का प्रयोग करने वाले एक्टिविस्टों की हत्या भी लोक-सेवकों के इसी रवैये की पुष्टि करती है। मजदूर किसान शक्ति संगठन और परिवर्तन जैसी संस्थाओं ने सूचना के अधिकार के माध्यम से प्रशासन और जन-सेवकों के भ्रष्टाचार और अनियमितताओं से आमजनों को अवगत कराने में महत्त्वपूर्ण भूमिका निभाई है। हर्ष मंदर और आभा जोशी के शब्दों में भारत में सूचना का अधिकार से संबंधित आंदोलन की सबसे महत्त्वपूर्ण विशिष्टता जो इसे दुनिया के अधिकांश देशों से अलग बनाती है, वह यह है कि इसमें गरीब और वंचित लोगों के न्याय और अस्तित्त्व के लिए संघर्ष और सरोकार गहरे रूप से समाया हुआ है।[8]

संक्षेप में, यह कहा जा सकता है कि सूचना का अधिकार लोकतंत्र और विकास के लिए सबसे मूलभूत पूर्वशर्त है। इस कानून में कई कमियां हो सकती हैं परंतु उन्हें धीरे-धीरे दूर किया जा सकता है। इस कानून को किसी भी प्रकार से कमजोर नहीं किया जाना चाहिए। हमें यह नहीं भूलना चाहिए कि भारतीय इतिहास में पहली बार आम नागरिकों के हाथों में शक्ति का कोई

हथियार दिया गया है। आज आम नागरिक नौकरशाही और राजनीतिक आकाओं से प्रश्न पूछ सकता है जो निश्चित तौर पर भ्रष्टाचार के विरुद्ध लड़ने में और पूरे प्रशासन-तंत्र को ज्यादा जवाबदेह, पारदर्शी, जनता की जरूरतों के अनुकूल बनाने में मदद करता है।

संदर्भ-ग्रंथ (References)

[1] ब्रिटेन में और वैश्विक स्तर पर नागरिक चार्टर से संबंधित विभिन्न प्रावधानों के लिए, देखें, Peter K. Falconer and Kathleen Ross, 'Citizen's Charters and Public Service Provision: Lessons from the UK Experience', *International Review of Administrative Sciences*, Vol. 65, No. 3, 1 September 1999, pp. 339-51.

[2] सैमुअल पॉल ने भारत में कार्यरत नागरिक चार्टर से संबंधित एक अध्ययन *इकोनॉमिक एंड पॉलिटिकल वीकली* में प्रकाशित एक लेख में किया है। विस्तृत जानकारी के लिए देखें, Samuel Paul, (2008) 'India's Citizen's Charters: In Search of a Champion', *Economic and Political Weekly*, Vol. 43, No. 7, 16 Feb. 2008.

[3] सिन्हा, मनोज, (2010), *प्रशासन एवं लोकनीति*, नई दिल्ली : ओरियंट ब्लैकस्वॉन, 2010.

[4] Nigam, Shalu, (2008), *About Your Right to Information*, New Delhi : We The People Trust, 2008.

[5] Jenkins, Rob and Anne Marie Goetz, (1999), "Accounts and Accountability: Theoretical Implications of the Right-to-Information Movement in India", *Third World Quarterly*, Vol 20, No.3, 1999, pp. 603-622.

[6] Shreyaskar, Pankaj K.P., (2014), 'Known Unknowns' of RTI : Legitimate Exemptions or Conscious Secrecy?", *Economic & Political Weekly*, Vol. XLIX, No. 24, June 14, 2014.

[7] *वही.*

Falconer, Peter K. and Kathleen Ross, (1999), "Citizen's Charters and Public Service Provision: Lessons from the UK Experience", *International Review of Administrative Sciences*, Vol. 65, No. 3, 1 September 1999, pp. 339-51.

Gandhi, Shailesh, (2012), "Protecting India's Sunshine Law", *Economic & Political Weekly*, Vol. XLVII, No. 44, New Delhi, November 3, 2012.

Government of India, *Citizens Charter in India*, Department of Personnel and Training, New Delhi, 2013.

Kejriwal, O.P., (2006), "Right to Information Act : Loopholes and Road Ahead", *Economic & Political Weekly*, Vol. 41, No. 11, 18 March 2006.

Kurian, Jessy, (2011), *The Right to Information Act, 2005*, New Delhi : Indian Social Institute, 2011.

पांडे, सुची और शेखर सिंह, *सूचना का अधिकार कानून 2005*, अनुवाद: कमाल अहमद, नई दिल्ली : नेशनल बुक ट्रस्ट, 2009.

Saxena, Prabodh, (2009),"Public Authority and the RTI", *Economic & Political Weekly*, Vol. XLIV, No.16, April 18, 2009.

Shreyaskar, Pankaj K.P., (2013), "Investigating Compliance of the RTI Act", *Economic & Political Weekly*, Vol. XLVIII, No.9, March 2, 2013.

12

भारत में सुशासन की पहल: कॉर्पोरेट सामाजिक दायित्व

Good Governance Initiatives in India: Corporate Social Responsibility

राहुल कुमार सिंह

महत्त्वपूर्ण शब्द सामाजिक दायित्व, असतत मान्यता, पूर्वानुमान, ट्रिपल बॉटम लाइन, न्यासिता, स्वदेशी प्रबंधन।

कथ्य *इस अध्याय का मुख्य उद्देश्य सुशासन के अंतर्गत कॉर्पोरेट सामाजिक दायित्व (सीएसआर) का अध्ययन है। सीएसआर की अवधारणा को समझने के लिए इसके सैद्धांतिक पहलुओं एवं सामाजिक दायित्व के विभिन्न आयामों को समझना अति-आवश्यक है। इसकी आवश्यकता एवं महत्ता परिवेश, परिस्थिति एवं संस्कृति से काफी हद तक प्रभावित एवं निर्धारित होती है। हालांकि, भूमंडलीकरण के कारण आज ''कॉर्पोरेट सामाजिक दायित्व'' की अवधारणा में ''सामान्यीकरण'' की प्रवृत्ति पाई जाती है। इस अध्याय में भारतीय परिप्रेक्ष्य में ''कॉर्पोरेट सामाजिक दायित्व'' के प्रस्ताव की चर्चा की गई है। बदलते हुए परिवेश में, भारतीय समाज ने आर्थिक विकास का मॉडल प्रस्तुत करते हुए किन-किन सामाजिक दायित्वों को सैद्धांतिक रूप से चिन्हित किया एवं उसे व्यवहार में लाने का प्रयास किया। जो सुशासन को स्थापित करने में सहायक सिद्ध होती रही हैं। भारत के संदर्भ में सीएसआर की अवधारणा एवं कार्यप्रणाली की विवेचना करना महत्त्वपूर्ण है। इस परिप्रेक्ष्य में सीएसआर का आशय किसी व्यवसाय के ऐसे दायित्व से लगाया जाता है जिससे ''समाज कल्याण'' हो। दूसरे शब्दों में, व्यवसाय के व्यवस्थापकों एवं प्रबंधकों द्वारा सुशासन की परिकल्पना को साकार रूप देना। इस अध्याय में मूल रूप से भारतीय संदर्भ में ''कॉर्पोरेट सामाजिक दायित्व'' को समय, दर्शन एवं धर्म से व्याख्यायित किया गया है। इस प्रकार यह अध्याय, सुशासन के सैद्धांतिक पक्ष एवं कार्यप्रणाली की ओर प्रकाश डालते हुए उसे आर्थिक संगठनों में समन्वय की प्रक्रिया को इंगित करता है।*

बीसवीं सदी के उत्तरार्द्ध से ''सुशासन'' की अवधारणा आर्थिक एवं सामाजिक विकास के क्षेत्र में प्रसिद्ध रही है। प्राय: यह सवाल उठता है कि सामाजिक, आर्थिक एवं पर्यावरणीय चुनौतियों का सामना आज विश्व

कैसे करे? कैसे गरीबी से निपटा जाए और प्रगति के पथ पर अग्रसर हुआ जाए? कुछ अध्येताओं का मानना है कि इन सभी चुनौतियों की जड़ें "मानव की लालची प्रवृत्ति" का परिणाम होती हैं, एवं कुछ "ईश्वरीय प्रवृत्ति" के कारण भी।[1] अतः इन सभी चुनौतियों से मुक्ति पाने के लिए मनुष्य को अपनी लालची प्रवृत्तियों से समझौता करते हुए सामाजिक दायित्व की तरफ बढ़ना होगा। वहीं दूसरी तरफ, राज्य को भी आर्थिक एवं सामाजिक विकास के लिए प्रभावी कदम उठने होंगे।

आज सुशासन के क्षेत्र में राज्य उत्प्रेरक की भूमिका का निर्वहन करता है। इसके लिए राज्य व्यक्ति एवं निजी व्यवसाय के क्रियाकलापों पर भी ध्यान रखता है। इस प्रकार प्रभावकारी राज्य व्यक्ति एवं निजी व्यवसाय को आर्थिक विकास के साथ-साथ सामाजिक दायित्व के लिए भी प्रोत्साहित करता है। सुशासन के इस दौर में, "कॉर्पोरेट सामाजिक दायित्व" एक उभरती हुई अवधारणा हैं।[2] इसलिए "कॉर्पोरेट सामाजिक दायित्व" को व्याख्यायित करना अकादमिक जगत के लिए अति-आवश्यक रहा है। सुशासन व्यक्ति एवं समाज दोनों के पूर्ण विकास में सहायक सिद्ध होता है। हालांकि "कॉर्पोरेट सामाजिक दायित्व" की अवधारणा प्रस्तुत करते समय अध्येताओं के बीच काफी वाद-विवाद रहा है और इसकी कोई एक सर्वमान्य परिभाषा नहीं दी जा सकी है।[3] जब सीएसआर की अवधारणा की विषय-वस्तु पर विचार करते हैं तो प्रायः मन-मस्तिष्क में कुछ शब्द जैसे "व्यवसाय" "नीति" "निकाय नागरिकता" एवं "निकाय सामाजिक कार्य' आदि गूंजने लगते हैं। "कॉर्पोरेट सामाजिक दायित्व" की अवधारणा "बिजनेस एथिक्स" "कॉर्पोरेट सिटिजनशिप" "कॉर्पोरेट सामाजिक कार्य" जैसे प्रतिस्पर्धी शब्दों से संबंध रखती है। इस प्रकार हम देखते हैं कि ये सभी शब्द कहीं न कहीं "सामुदायिक" "नैतिकताओं" (Community Morals)–जबाबदेही (Accountability) का बोध कराते है।[4]

"कॉर्पोरेट सामाजिक दायित्व" को समझने से पहले सामाजिक दायित्व पर प्रकाश डालना आवश्यक है। "सामाजिक दायित्व" से तात्पर्य ऐसे कृत्यों के लिए नीतिबद्ध होना अथवा नैतिक रूप से जिम्मेदार होना जो किसी व्यक्ति, संस्था अथवा समूचे समाज के जीवन की गुणवत्ता में सुधार लाने में योगदान करें। इस प्रकार, "कॉर्पोरेट सामाजिक दायित्व" का आशय व्यवसायिक गतिविधियों के आत्म विनियमन से है जो टिकाऊ उद्यमिता तक ले जाने के साथ-साथ समाज के विकास में अपना योगदान देता हो। दूसरे शब्दों में, कॉर्पोरेट सामाजिक दायित्व के अंतर्गत किसी व्यवसाय का उद्देश्य केवल लाभ अर्जन करना ही नहीं, वरन् वृहत सामाजिक मुद्दों के प्रति संवेदनशील होना भी है; जहां वह

व्यवसाय केवल अधिकारी एवं प्रबंधक को ही लाभ पहुंचाने तक सीमित न हो, बल्कि उस व्यवसाय के सभी साझेदारों सहित उपभोक्ता, पर्यावरण एवं आस पास का समाज भी लाभान्वित हो। इस प्रकार से समाज के प्रति इस दायित्व को कॉर्पोरेट के नैतिक कृत्य के रूप में भी समझा जाता है, जिसे ''लोकपरोपकार'' (Philanthropy) की संज्ञा दी जाती है। इसके अंतर्गत कॉर्पोरेट आर्थिक विकास, पर्यावरण संरक्षण, लोकपरोपकार के प्रति वचनबद्ध होता है। टिकाऊ उद्यमिता संगठनात्मक परिवर्तन के उद्देश्य से वर्तमान और भावी पीढ़ियों के लिए संसाधनों, निवेश, प्रौद्योगिकीय विकास के दीर्घकालिक आवंटन की ओर उन्मुख होता है। तदनुसार, टिकाऊ उद्यमिता अधिकांशत: ऐसे बड़े उद्यमों द्वारा अपनाई जाती है जो अधिक संख्या वाले हितधारकों जैसे ग्राहकों, आपूर्तिकर्ताओं, विनियामकों आदि से अर्ध-विधिक अथवा स्वनियामक नीति के रूप में संपर्क में आते हैं, जिसे ''कॉर्पोरेट सामाजिक दायित्व (सीएसआर, CSR)'' कहते हैं। 'व्यवसाय का वह वृहत दायित्व जिसका उद्देश्य लाभ अर्जन के साथ-साथ सामाजिक विषयों से सरोकार रखते हुए ऐसे कार्यों का संपादन करना है जिससे पर्यावरणीय, मूल्यों, संस्कृति, निर्णय प्रक्रिया, रणनीति एवं परिचालनों में पारदर्शिता रखी जा सके।[5]

प्रत्येक कॉर्पोरेट निकाय के भिन्न-भिन्न उद्देश्य होने के बावजूद उनसे ''सामाजिक दायित्व'' की अपेक्षा की जाती है। कॉर्पोरेट के प्रबंधकों से भी उम्मीद की जाती है कि वे ''कॉर्पोरेट सामाजिक दायित्व'' को ध्यान में रखते हुए संचालन करे; जिससे कि इसका सकारात्मक प्रभाव निकायों के हिस्सेदारों पर भी पड़े। आज बहुत सारे संगठनात्मक नेतृत्व ''सामाजिक दायित्व'' को नजरंदाज करने से पड़ने वाले दूरगामी दुष्परिणामों से अवगत एवं सचेत भी हैं। कॉर्पोरेट से संबंधित किसी भी रणनीति को बनाते हुए नेतृत्वकर्ता को 'सामाजिक दायित्व' के प्रति संवेदनशील एवं नव-परिवर्तनशील होने की जरूरत है, जिसके माध्यम से सामाजिक, आर्थिक एवं पर्यावरणीय चुनौतियों से प्रभावकारी ढंग से निपटा जा सके। इसके लिए आवश्यक है कि निकाय व्यवस्थापक एवं प्रबंधक आधुनिक क्षेत्र के ''सामाजिक नव-परिवर्तनशीलता'' से अवगत रहे। ऐसे कृत्यों के निर्वहन से व्यवसाय को हो सकता है कि इससे आर्थिक रूप से लघुकालिक हानि का सामना करना पड़े लेकिन दीर्घकालिक लाभ होता है। अत: कॉर्पोरेट के इस ''सामाजिक दायित्व'' को ''जिम्मेदार कंपनी'' का भी नाम दिया जाता है।[6]

इस प्रकार हम कह सकते हैं कि ''कॉर्पोरेट सामाजिक दायित्व'' कॉर्पोरेट के एक विस्तृत दायित्व का द्योतक है जो समाज के पूर्ण विकास में अपनी

भूमिका निभाता है। विषेशकर जिस समाज में उस कॉर्पोरेट का संचालन होता है, उस समाज के सामाजिक मूल्यों के प्रति संवेदनशील होना। ऐसे में सीएसआर कॉर्पोरेट के प्रबंधकों के ऐसे कार्यों को प्रदर्शित करता है जिसके माध्यम से व्यवसाय के हिस्सेदारों को चिन्हित करना, उनकी आवश्यकताओं को ध्यान में रखने के साथ-साथ सामाजिक मूल्यों को दैनंदिन (डे टू डे) के निर्णय बनाने में शामिल करना है।[7]

कॉर्पोरेट सामाजिक दायित्वः सैद्धांतिक आयाम एवं व्याख्या
(Corporate Social Responsibility: Theoretical Aspects and Explanation)

कई विद्वानों ने सीएसआर को अपने-अपने दृष्टिकोण से परिभाषित एवं व्याख्यायित किया है, लेकिन इसकी कोई एक सार्वभौमिक परिभाषा स्वीकार नहीं की जा सकी। अंततः आज हम सीएसआर के माध्यम से व्यापार/कॉर्पोरेट की विस्तृत एवं व्यापक गतिविधियों का वर्णन एवं मूल्यांकन करते हैं, ऐसी परिस्थिति में, सीएसआर की अवधारणा बहुविषयक हो चुकी है। इसीलिए इसकी विषयवस्तु दर्शनशास्त्र, समाजशास्त्र, धर्मशास्त्र, अर्थशास्त्र, राजनीतिशास्त्र आदि के अंतर्गत पाई जाती है। सीएसआर व्यवसायिक गतिविधि के दोनों पहलुओं लागत (Cost) एवं लाभ (Benefit) से संबंध रखता है। यह किसी भी व्यावसायिक गतिविधि के लागत एवं लाभ के प्रबंधन की ऐसी प्रक्रिया है जिसके तहत आतंरिक एवं बाह्य हितधारकों को ध्यान में रखा जाता है। जहां आतंरिक हितधारकों का तात्पर्य कर्मचारियों, शेयर-धारकों एवं निवेशकों से है तथा बाह्य हितधारकों के अंतर्गत सार्वजनिक प्रशासन की संस्थाएं, समुदाय के सदस्यगण, नागरिक समाज समूहों एवं अन्य लोग आते हैं।[8] कैरोल (1994) के अनुसार, सीएसआर का तात्पर्य ऐसी व्यवसायिक गतिविधियों से है, जो आर्थिक, कानूनी, नैतिक एवं परोपकारी जिम्मेदारियों को आत्मसात हों उससे जुड़ी हुई हों।[9] इससे स्पष्ट होता है कि सीएसआर किसी भी व्यवसाय के ऐसे सामाजिक दायित्व को तय करता है, जिसमें संसाधनों का इस प्रकार से आवंटन हो कि संपूर्ण समाज को लाभ पहुंचा या जा सके।

सामान्यतः सीएसआर के क्षेत्र में निम्नलिखित चार सिद्धांत[10] प्रचलित हैं-

1. यांत्रिक सिद्धांत (Instrumental Theory)

यांत्रिक सिद्धांत के सिद्धांतकारों का मानना है कि निकाय या "कॉर्पोरेट" धन-सृजन (Wealth Creation) का एक साधन मात्र है, और यही इसका एकमात्र सामाजिक

दायित्व भी है। फ्रीडमैन (Friedman 1960)[11] ने कॉर्पोरेट को आर्थिक हित का ही केवल साधन माना है। इनके अनुसार व्यवसाय को केवल व्यवसाय का हित ही देखना चाहिए।

2. राजनीतिक सिद्धांत (Political Theory)

राजनीतिक सिद्धांत के अंतर्गत के सिद्धांतकारों ने निकाय/कॉर्पोरेट की "सामाजिक शक्ति" (सोशल पावर) पर बल दिया है। खासतौर पर सिद्धांतकारों ने कॉर्पोरेट के "समाज के साथ संबंधों" को दर्शाते हुए कॉर्पोरेट के राजनीतिक क्षेत्र में इसके दायित्व एवं भूमिका को स्पष्ट किया है; जो कि कॉर्पोरेट की शक्ति से जुड़ा हुआ है।

3. संपूर्णात्मक सिद्धांत (Integrative Theory)

संपूर्णात्मक सिद्धांत के अंतर्गत सिद्धांतकारों का विचार है कि "व्यवसाय को सामाजिक मांगों को एकीकृत करना चाहिए'। सिद्धांतकारों ने यह भी तर्क दिया है कि किसी भी व्यवसाय की निरंतरता एवं संवृद्धि संपूर्ण समाज के विकास पर निर्भर करती है, यहां तक कि उस व्यवसाय का अस्तित्त्व भी।

4. नैतिक सिद्धांत (Ethical Theory)

नैतिक सिद्धांत के अंतर्गत सीएसआर के सिद्धांतकार व्यवसाय और समाज के बीच संबंधों में नैतिक मूल्यों का होना अति आवश्यक बताते हैं। इसे सीएसआर की समाज के प्रति उच्चस्तरीय प्रतिबद्धता के रूप में भी देखा जाता है। इसके अंतर्गत व्यवसाय का कोई गुप्त/अप्रत्यक्ष प्रयोजन नहीं होता।

कॉर्पोरेट सामाजिक दायित्व: आवश्यकता एवं महत्ता
(Corporate Social Responsibility: Necessity and Importance)

"पृथ्वी प्रत्येक मनुष्य की आवश्यकताओं को पूरा करने में पर्याप्त संसाधन उपलब्ध करवाती है, लेकिन उस व्यक्ति के लालच को नहीं।"

—महात्मा गांधी[12]

विगत वर्षो के दौरान सुशासन के क्षेत्र में "कॉर्पोरेट सामाजिक दायित्व" की भूमिका महत्त्वपूर्ण हुई है। आज सुशासन को कॉर्पोरेट की सफलता के लिए अहम माना जाने लगा है। यहां सुशासन से तात्पर्य कॉर्पोरेट प्रबंधकों द्वारा सामाजिक सरोकार के विषय पर ध्यान एवं कंपनी के क्रियाकलापों में उनके नेतृत्व से है। सैमुअल इदोवु (Idowu 2010) का कहना है कि विश्व समाज आज

धीरे-धीरे समझने लगा है कि हम सभी को उत्तरदायित्वपूर्ण व्यवहार करते हुए अपने अनुत्तरदायी व्यवहार को बदलने की भी जरूरत है, जिससे मानवता को प्रभावित किया जा सके। आज जब विश्व जलवायु परिवर्तन, भूमंडलीय तापक्रम वृद्धि और अनाज संकट के दौर से गुजर रहा है तो कॉर्पोरेट की सामाजिक दायित्व की भूमिका अहम हो जाती है क्योंकि आज इस स्थिति से जूझने का एक महत्त्वपूर्ण कारण पूर्व में कॉर्पोरेट का उद्देश्य केवल मुनाफा कमाना रहा, जहां सामाजिक दायित्व के मुद्दे की अवहेलना की गई; परिणामस्वरूप, इन समस्यायों से निपटने हेतु राष्ट्र-राज्य कॉर्पोरेट जगत से उन सामाजिक दायित्व की अपेक्षा करने लगा, जिससे कि भविष्य के भयावह संकट से बचा जा सके।[13]

पुराने आर्थिक मॉडल जो सीएसआर के पहले प्रचलित थे उसके बारे में मेरविन किंग (Mervyn King) का मानना है कि वो असतत मान्यता (Unsustainable Assumption) पर आधारित था; जिसके अंतर्गत असीमित प्राकृतिक संपदा, क्षय पदार्थ को अवशोषित करने की भूमंडल की असीमित क्षमता एवं कॉर्पोरेट का दायित्व केवल पूंजी लगाने वाले के प्रति जैसी ही अवधारणाओं पर आधारित थे। आर्थिक विकास की यह पुरानी अवधारणा दीर्घकालिक विकास के लिए घातक सिद्ध हुई। अतएव अध्येताओं ने कॉर्पोरेट के अंतर्गत सुशासन को स्थापित करने की वकालत की। इस सुशासनीय कॉर्पोरेट अवधारणा को "कॉर्पोरेट सामाजिक दायित्व" का नाम दिया गया, जिसमें कॉर्पोरेट प्रबंधकों से एक तरफ उस कॉर्पोरेट से जुड़े व्यक्ति तो वहीं दूसरी तरफ समाज एवं प्राकृतिक वातावरण के प्रति जिम्मेदारी तय की गई, जिससे चिरस्थायी विकास की अवधारणा को प्राप्त किया जा सके।[14]

कॉर्पोरेट सामाजिक दायित्व का संबंध व्यवसाय रूपी संगठन के ऐसे दायित्व से है, जिसके निर्णयों एवं क्रियाकलापों का प्रभाव समाज, पर्यावरण एवं व्यवसाय की समृद्धि पर पड़ता है। इसका प्रभाव पीपुल (लोग), प्लेनेट (गृह) एवं प्रोफिट (लाभ) (People, Planet and Profit (3Ps)) तीनों पर पड़ता है, जिसे "ट्रिपल बॉटम लाइन" की संज्ञा दी जाती है। इन तीनों को व्यवसाय इकाई के "तीन स्तंभों" के रूप में देखा जाता है। ब्रिटन जॉन एल्किंगटन (Briton John Elkington) ने 1997 में 'ट्रिपल बॉटम लाइन' को परिभाषित करते हुए कहा कि व्यावसायिक संस्थाओं का कार्य मालिक एवं पूंजी के लिए केवल लाभ प्राप्त करने तक ही सीमित नहीं बल्कि इससे कही ज्यादा है। यहां, लोग (मानवीय पूंजी) (People – Human Capital), समाज (Society) को सूचित करता है, जहां से व्यवसाय अपने कार्यों का संचालन करता है। पृथ्वी (प्राकृतिक पूंजी) (Planet – Natural

Capital) टिकाऊ पर्यावरण प्रथाओं को प्रदर्शित करता है, एवं लाभ (Profit) सभी संबंधित पक्षों द्वारा साझा किया जाता है।[15]

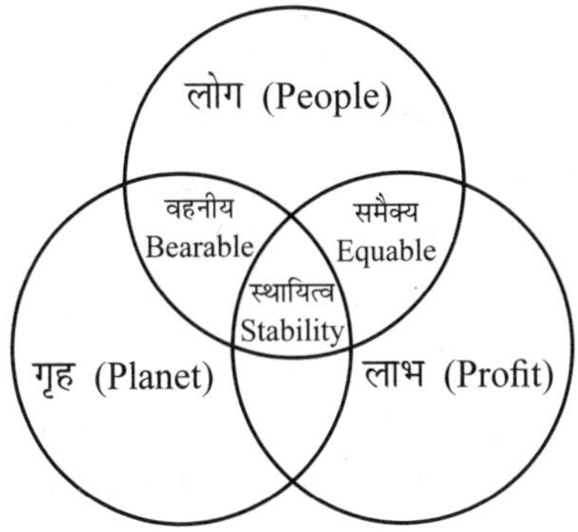

स्रोत: ICSI (2015)

विद्वान आधुनिक समय में ''कॉर्पोरेट सामाजिक दायित्व'' की महत्ता को दर्शाते हुए कहते हैं कि आधुनिक बाजार में कॉर्पोरेट की सफलता के लिए सामाजिक दायित्व आवश्यक एवं अनिवार्य शर्त बन गया है। भूमंडलीकरण के दौर में आज राष्ट्र-राज्यों की सीमाएं सिकुड़ती प्रतीत होती हैं, जहां हम विश्व बाजार की संकल्पना को परिभाषित करते हैं। इस विश्व-बाजार में प्रतिस्पर्धा भी निरंतर बढ़ती जा रही है। इसलिए कॉर्पोरेट संस्थाओं के लिए भी यह जरूरी है कि केवल सैद्धांतिक रूप से सामाजिक दायित्व की बातें वेबसाइटों और पत्रिकाओं में ही न डाली जाएं, बल्कि इस पर अमल करने का प्रयास भी किया जाए।

आर्थिक संवृद्धि बनाम सामाजिक दायित्व
(Economic Growth versus Social Responsibility)

कॉर्पोरेट के बारे में यह आम धारणा है कि उसका मुख्य उद्देश्य लाभ-अर्जन है, लेकिन सीएसआर के तहत समाज कल्याण की दृष्टि से समाज की ''संपत्ति संरक्षक'' के रूप में भी कॉर्पोरेट की भूमिका को स्वीकार किया गया। इस प्रकार कॉर्पोरेट प्रबंधकों द्वारा जन कल्याण की भावना प्रदर्शित होनी चाहिए। हालांकि, विद्वानों के बीच ''कॉर्पोरेट सामाजिक दायित्व'' बहुत ही विवादास्पद मुद्दा रहा है। उदाहरण के लिए फ्रीडमन (1962)[17] कॉर्पोरेट का विवेचन करते हुए मानते हैं कि 'व्यवसाय को व्यवसाय के रूप में ही होना चाहिए'। वही

अब्रम्स (Abrams 1954)[18] सीएसआर को बल प्रदान करते हुए कहते हैं कि किसी भी व्यवसाय का यह दायित्व होता है कि उचित कार्यप्रणाली में संतुलन स्थापित करे, अर्थात् उस कंपनी के हर हकदार (जैसे कि कर्मचारी, ग्राहक और बड़े पैमाने पर जनता) या उनके समूह के साथ लाभांश का न्यायोचित ढंग से वितरण किया जाए, जिसमें जन कल्याण की भावना जागृत हो। इसके अतिरिक्त फ्रेडरिक (1994)[19] का कहना है कि लाभ को अधिकतम करना ही व्यवसाय का एकमात्र उद्देश्य नहीं होना चाहिए, बल्कि ''निगमों'' (corporations)' का समाज के प्रति कर्त्तव्यबोध भी होना चाहिए। कोई व्यवसाय हिस्सेदारों, कॉर्पोरेट अध्यादेश एवं व्यवसाय अनुबंध के तहत ही अपने क्रियाकलापों को सीमित न रखे, बल्कि उसे संपूर्ण जनकल्याण से प्रेरित होना चाहिए। इस प्रकार की कंपनी को सामाजिक जिम्मेदार कंपनी के रूप में जाना जाता है। सामाजिक दायित्व को निभाने वाली ऐसी कंपनी, आर्थिक रूप से भी अपने व्यवसाय के लिए लाभप्रद होती हैं। स्टिगलीज (Stiglitz 2006) का मानना है कि किसी भी व्यवसाय का अपने ग्राहकों के प्रति बुरा व्यवहार कंपनी की छवि को नुकसान भी पहुंचा सकता है। अतएव आर्थिक दृष्टिकोण के पहलू से भी कॉर्पोरेट सामाजिक दायित्व को किसी व्यवसाय के लिए व्यावसायिक वर्ग के द्वारा लाभप्रद देखा जाने लगा है। यह कहा जा सकता है कि कार्पोरेट सामाजिक दायित्व किसी व्यवसाय के लिए जितनी ''नैतिक'' विषय-वस्तु है, उतनी ही ''आर्थिक'' भी।[20]

विगत वर्षों में व्यासायिक संस्थाओं की ''मूल्य सृजन क्षमता'' को चिन्हित कर इसे आर्थिक-सामाजिक एवं पर्यावरणय (ESE – Economic-Social and Environmental) के साथ जोड़ने की रणनीति तैयार की गई है। इस प्रकार, सीएसआर के उत्कर्ष का रास्ता अनेक कारकों पर निर्भर करता है। किस महाद्वीप में निगम/निकाय/व्यवसाय को संचालित किया जाता है एवं संस्था के प्रति सीएसआर के नेतृत्व/प्रबंधन का दृष्टिकोण किस प्रकार का है। निकाय/कॉर्पोरेट/ विषय वस्तु संबंधित इस क्षेत्र के बहुत सारे अध्येताओं एवं लेखकों ने भिन्न भिन्न प्रकार के मुद्दों को सीएसआर के अध्ययन क्षेत्र के विचार सीमा में समाहित किया है।[21]

कोटलर (Kotler) एवं ली (Lee) (2005)[22] ने कुछ इस प्रकार के मुद्दों एवं विचारों को सीएसआर क्रियाकलापों के अंतर्गत रखा है–

(*i*) वे मुद्दे जो समुदाय के स्वास्थ्य का ध्यान रखें। (*ii*) जो सुरक्षा को प्रोत्साहित करें। (*iii*) जिससे शिक्षा में सुधार लाया जा सके। (*iv*) प्राकृतिक वातावरण को बनाए रखते हुए जीवन की गुणवत्ता में सुधार लाना। (*v*) समुदाय

एवं आर्थिक विकास की ओर ध्यान देना। (*vi*) वैसे विचार एवं मुद्दे जो मनुष्य की आवश्यकताओं एवं आकांक्षाओं की सुगमतापूर्वक पूर्ति करें।

आर्ची कैरोल (Archie Carroll 1979)[23] कॉर्पोरेट के सामाजिक दायित्वों में चार प्रकार के दायित्वों को समाहित किया है, जिसे कैरोल मॉडल के भी नाम से जाना जाता है।

1. कॉर्पोरेट का आर्थिक दायित्व: इस दायित्व का संबंध व्यवसाय के आर्थिक लक्ष्य से है, जिसमें व्यवसाय का उद्देश्य अपने ''अस्तित्व'' को बचाने के साथ लाभ-अर्जन एवं आर्थिक वृद्धि होती है।

2. कॉर्पोरेट का वैध (कानूनी) दायित्व: इस दायित्व के अंतर्गत जिस देश में व्यवसाय का संचालन हो रहा हो, उस देश के कानून का पालन करना है।

3. कॉर्पोरेट का नैतिक दायित्व: कॉर्पोरेट के नैतिक दायित्व का आशय न्यायोचित एवं निष्पक्ष रूप से किसी व्यापार के क्रियाकलाप से संबंधित है।

4. कॉर्पोरेट का लोकहितैषी दायित्व: ऐसे दायित्व का पालन करना किसी व्यवसाय के व्यवस्थापकों एवं प्रबंधकों के विवेक पर निर्भर करता है, जिसके तहत व्यवसाय परोपकार के उद्देश्य को ध्यान में रखते हुए व्यक्ति एवं समाज कल्याण की ओर अग्रसर होता है।

कॉर्पोरेट सामाजिक दायित्व के ये चारों अवयव एक-दूसरे से परस्पर जुड़े हुए हैं। इसलिए कॉर्पोरेट के शीर्ष पर व्यवस्थापकों एवं प्रबंधकों का आकलन उनके वित्तीय प्रदर्शन के द्वारा ही नहीं किया जा सकता, बल्कि उनके सकारात्मक एवं अंशदायी कार्यों जैसे ग्राहकों, कर्मचारियों, अन्य हितधारकों और प्राकृतिक एवं भौतिक वातावरण के प्रति संवेदनशीलता से भी उनका मूल्यांकन किया जाता है। विकसित पश्चिमी देशों के लोकतांत्रिक देशों में कॉर्पोरेट सामाजिक दायित्व को कानूनी ढांचा भी प्रदान किया गया है। आज जब हम उपभोक्ता के तौर पर बाजार में किसी वस्तु को खरीदने जाते हैं तो उस वस्तु पर आई.एस.ओ. (ISO) मार्का का अंकन देखते हैं। यह ''इंटरनेशनल स्टैंडर्ड आर्गेनाइजेशन'' (ISO) मार्का उस संगठन/ व्यवसाय/ कॉर्पोरेट की सामाजिक दायित्व के प्रति संवेदनशीलता को भी दर्शाता है। यह बताता है, कि अमुक कंपनी किस प्रकार से कंपनी के हितधारकों, उपभोक्ता, समाज एवं पर्यावरण के साथ अपना संबंध स्थापित करते हुए सामाजिक दायित्व के प्रश्नों को हल करती है।[24] परिणामस्वरूप, उपभोक्ताओं को भी उस संगठन के बारे में जानने में सुविधा होती जिससे वह किसी वस्तु को खरीदते समय सावधानी बरत सकता है।

परिस्थिति, परिवेश एवं संस्कृति के सापेक्ष अध्ययन
(Study with Respect to Circumstance, Environment and Culture)

सीएसआर को समझने के लिए दो चीजें महत्त्वपूर्ण हैं- पहला तो उस परिवेश की जानकारी होना जिस महादेश, देश एवं क्षेत्र में उस कॉर्पोरेट संस्थाओं का क्रियान्वयन हुआ हो, क्योंकि अलग-अलग परिवेश में सामाजिक चुनौतियां अलग-अलग होती हैं। सामाजिक दायित्व का भौगोलिक परिप्रेक्ष्य इसलिए भी महत्त्वपूर्ण हो जाता है कि वहां के लोगों का सामाजिक दायित्व-विषयक दर्शन के बारे में कैसा दृष्टिकोण रहा है या है। यह अलग अलग समाज में अलग-अलग भी हो सकता है। और दूसरा ''परिस्थिति'' को भी ध्यान में रखना पड़ता है। समय के परिप्रेक्ष्य में सीएसआर का अध्ययन करना चाहिए जिसमें कॉर्पोरेट जगत उस परिस्थिति विशेष के सामाजिक दायित्वों से सामंजस्य स्थापित करता है। समय के साथ भी समस्याएं बदलती है, और समस्याओं के बदलने के साथ-साथ उसके निराकरण संबंधी सिद्धांत या दर्शन भी बदलने पड़ते है। अत: जरूरी है कि बदलती हुए परिस्थिति एवं परिवेश को ध्यान में रखते हुए 'कॉर्पोरेट सामाजिक दायित्व' का अध्ययन हो एवं कॉर्पोरेट संस्था भी अपने सामाजिक कृत्यों का संपादन करते हुए उपरोक्त दोनों बातों को अमल में लाए।[25] हालांकि भूमंडलीकरण से दुनिया सिमटती हुई प्रतीत हो रही है, उदाहरण के लिए अभूतपूर्व वित्तीय संकट का असर एक विशेष परिवेश पर ही नहीं बल्कि पूरे विश्व पर पड़ा। अत: दीर्घकालीन आर्थिक प्रगति प्रत्येक देश का उद्देश्य बनीं, जिसमें कॉर्पोरेट की सामाजिक दायित्व के प्रति संवेदनशीलता की भी अपेक्षा की गई।

कुछ विद्वानों ने कॉर्पोरेट के प्रबंधन एवं सीएसआर के विषय को संस्कृति के संदर्भ में व्याख्यायित किया। इनके अनुसार, यदि कंपनी के क्रियाकलापों एवं सामाजिक दायित्वों का संपादन उस परिवेश की संस्कृति से प्रभावित होता है तो वह प्रभावकारी एवं लाभकारी सिद्ध होता है।[26] इन विद्वानों का मानना है कि सीएसआर की सफलता की कुंजी बहुत हद तक उस खास परिवेश की सांस्कृतिक नैतिकता के अंतर्गत कंपनी के कार्यों के क्रियान्वयन से है। इस प्रकार के प्रबंधन को 'स्वदेशी प्रबंधन' की भी संज्ञा दी जाती है। इस प्रकार स्वदेशी प्रबंधन के सिद्धांत बहुत ही प्रासंगिक सिद्ध हुए हैं, जो स्थानीय परिस्थितियों और सामाजिक सांस्कृतिक कारकों एवं प्रथाओं पर आधारित होते हैं।

भारतीय परिप्रेक्ष्य में कॉर्पोरेट सामाजिक दायित्व
(Corporate Social Responsibility in Indian Perspective)

'कॉर्पोरेट सामाजिक दायित्व' को एशियाई देशों के परिप्रेक्ष्य में एशियाई दर्शन एवं विचारों से समझा जा सकता है, जो मुख्यत: ''कन्फ्यूशीवाद'' एवं ''हिंदू धर्म'' के विचार पर टिका रहा है।[27] हालांकि इन दर्शनों में सीएसआर जैसा शब्द प्रचलित नहीं रहा है, जैसा कि आधुनिक समय में हम इसकी चर्चा करते हैं। कुछ विद्वानों का मानना है कि ''कॉर्पोरेट सामाजिक दायित्व'' पर दार्शनिक एवं धार्मिक दृष्टिकोण का गहरा प्रभाव पड़ा है। इस प्रकार के दृष्टिकोण रखने वाले विचारकों का मानना है कि दार्शनिक एवं धार्मिक सिद्धांतों के समन्वयन एवं प्रोत्साहन से कंपनी की रचनात्मकता में वृद्धि होती है। व्यस्थापकों एवं प्रबंधकों द्वारा ईमानदारी से कार्यों का संपादन होता है। इस प्रकार कंपनी ग्राहकों का विश्वास बनाए रखती है, जिससे एक तरफ ग्राहकों को व्यक्तिगत संतुष्टि मिलती हैं, वहीं दूसरी तरफ व्यवस्थापक एवं प्रबंधक अपने कार्यों के प्रति प्रतिबद्ध होते हैं, जिससे अंतत: व्यवसाय भी लाभान्वित होता है। ''धर्म'' एवं ''दर्शन'' मानव मूल्यों के व्यवहार एवं विकास में महत्त्वपूर्ण भूमिका निभाते हैं, जिसका व्यापार एवं कॉर्पोरेट प्रबंधन के संचालन पर असाधारण प्रभाव पड़ता है एवं सीएसआर के उद्देश्यों को सुनिश्चित करने में मदद मिलती है।[28]

जब हम भारतीय संदर्भ में ''कॉर्पोरेट सामाजिक दायित्व'' की जड़ों को टटोलते हैं तो इसकी शुरुआत ''वेदान्तिक परिप्रेक्ष्य'' में पाते हैं। इसके संदर्भ में बालाकृष्णनन मुनियापन का विचार हैं कि वेदान्तिक दृष्टिकोण से सीएसआर व्यक्ति/व्यवस्थापक/प्रबंधक के स्वविवेक के आधार पर ''स्वधर्म'' (निर्धारित कर्तव्य), कर्म (एक्शन) के साथ साथ ''पंच ऋण'' (पांचगुना ऋण) का क्रियान्वयन या संपादन है। इस प्रावधान के अंतर्गत किए जाने वाले कार्यों को सामाजिक दायित्व के अधिकार क्षेत्र में रखा जाता है। वेदांत के आधार पर सीएसआर को विश्लेषित करते हुए बालाकृष्णन का मानना है कि सीएसआर अपने आदर्श रूप में ''व्यक्तिगत सामाजिक दायित्व'' (ISR) है, जो कि वृहत रूप में ''सार्वभौमिक सामाजिक दायित्व'' (USR) का दृष्टिकोण धारण कर लेता है। इस प्रकार ''कॉर्पोरेट सामाजिक दायित्व'' ''व्यक्तिगत सामाजिक दायित्व'' एवं ''सार्वभौमिक सामाजिक दायित्व'' के बीच की कड़ी है। इस प्रकार इन तीन प्रकार के सामाजिक दायित्व को किसी भी कंपनी के नेतृत्वकर्ता के लिए आवश्यक ''धर्म'' एवं ''कर्म'' माना जाता रहा है।[29]

वैदिक साहित्य में सीएसआर वर्णन किया गया है। कई प्राचीन ग्रंथ जो संस्कृत एवं अन्य प्राचीन भारतीय भाषाओं में लिखे गए हैं, उनसे भी सीएसआर झलकता है। *रामायण, महाभारत, उपनिषद* और *पुराण,* भगवत गीता जिसे प्रमुख वेदांत दर्शन माना जाता है। इसके माध्यम से हमें यह पता चलता है कि लालच (Lust) और तृष्णा (Desire) 'कॉर्पोरेट सामाजिक दायित्व' के लिए घातक सिद्ध हो सकती हैं। यह लालच एवं तृष्णा दोनों क्रोध का रूप भी धारण कर लेती है। अतएव व्यवस्थापक एवं प्रबंधक को उपरोक्त दोनों चीजों का परित्याग करना चाहिए जिससे कि क्रोध पर काबू पाते हुए कॉर्पोरेट की सामाजिक जिम्मेदारी का निर्वहन कर सके।[30]

वेदांत के अनुसार, व्यवसाय/व्यापार को समाज का अभिन्न अंग माना गया है, जिसका ध्येय सही साधनों का प्रयोग करते हुए धनार्जन से है, जिससे पूरे समाज को लाभ प्राप्त हो सके। समाज कल्याण के उद्देश्य से सुशासन की स्थापना की बात की गई है। इस प्रकार वैदिक साहित्य में प्रस्तुत "सर्वलोक हितम" के सिद्धांत को हितधारकों एवं समाज की भलाई एवं संपूर्ण विकास के रूप में देखा जाता है। कॉर्पोरेट में "धर्म" की आवश्यकता एवं महत्ता पर विशेष बल दिया गया है। यहां "धर्म" का आशय सभी प्राणियों के कल्याण के रूप में लगाया गया है। इस प्रकार, सीएसआर का तात्पर्य कॉर्पोरेट की "नैतिक" एवं "सामाजिक" प्रतिबद्धता से जुड़ जाता है। वेदांतिक परिप्रेक्ष्य में सीएसआर कल्याण, प्रगति, विकास एवं सभी प्राणियों की खुशी को बढ़ावा देने की बात करता है; जो एक वेदांतिक लोकप्रिय प्रार्थना से भी स्पष्ट होता है "लोका समस्त सुखिनो भवन्तु"। इसका आशय है 'सभी खुश हो स्वस्थ हो'। आर्थिक क्रियाकलाप के दौरान भी इन उद्देश्यों को ध्यान में रखने की सलाह दी गई, जिसे आज के सीएसआर के परिप्रेक्ष्य में समझ सकते हैं।[31]

हिंदू संस्कृति सदैव इस बात पर बल देती है कि अपना नैतिक व्यवहार ही स्वयं एवं दूसरे को भी खुशी प्रदान कर सकता है। धन एवं संसाधनों का उपयोग अपनी खुशी के साथ-साथ दूसरे की खुशी के लिए भी किया जाना चाहिए। परिणामस्वरूप, भारतीय संदर्भ में सीएसआर को परोपकारिता एवं नैतिकता रूपी साधनों द्वारा समाज कल्याण व सामाजिक आर्थिक विकास रूपी साध्य प्राप्त करने के रूप में देखा गया है। कौटिल्य ने भी अपने ग्रंथ "*अर्थशास्त्र*" में संगठन के हितधारकों की खुशी ध्यान में रखने की सलाह दी। कौटिल्य का भी मानना है कि जीवन की वास्तविक खुशी केवल धन अर्जन के द्वारा ही नहीं बल्कि सही कार्यों का संपादन सही ढंग से करने में है।[32] प्राचीन महाकाव्य *भगवद गीता*

के दृष्टिकोण से व्यवसाय के प्रबंधन का अध्ययन करते हुए चार्ल्स चाउ होई ही (Charles Chow Hoi Hee) ने व्यवसाय के ''लाभ-केंद्रित दृष्टिकोण'' को ''उद्देश्य-केंद्रित दृष्टिकोण'' के साथ समन्वय के रूप में प्रस्तुत किया है। इसके अंतर्गत सतत लाभप्रद व्यवसाय के लिए क्षमता, पूंजी एवं संपर्क (Capability, Capital and Connection - 3Cs) की आवश्यकता पर बल दिया है।[33]

बहुत समय तक भारत में, 'कॉर्पोरेट सामाजिक दायित्व' का कॉर्पोरेट के वैसे 'स्वैच्छिक' क्रियाकलाप जो अध्यात्म, नैतिकता एवं परोपकारिता द्वारा संचालित हो, से जुड़ा रहा है। भारतीय औद्योगीकरण के परिप्रेक्ष्य में महात्मा गांधी ने 'सामाजिक दायित्व' पर बल देते हुए न्यासिता (Trusteeship) का सिद्धांत दिया। इस सिद्धांत में उन्होंने पूंजीपतियों को ''पूंजी के संरक्षणकर्ता'' के रूप में देखा है।[34] इस सिद्धांत के माध्यम से एक ओर जहां औद्योगीकरण के लिए पूंजीपतियों या व्यावसायिक वर्ग के प्रति लोगों की उम्मीद बढ़ाने की कोशिश की है, वहीं दूसरी तरफ पूंजीपति (पूंजी के संरक्षणकर्ता) को लोगों के उत्थान के लिए पूंजी के इस्तेमाल के लिए प्रेरित किया है। परिणामस्वरूप भारत की आजादी के पूर्व हम देखते हैं कि बहुत सारे पूंजीपतियों ने महात्मा गांधी के इस सिद्धांत का अनुपालन करते हुए अस्पृश्यता, महिलाओं के सशक्तीकरण और ग्रामीण विकास के कार्यकमों में महत्त्वपूर्ण भूमिका निभाई। महात्मा गांधी ने भारतीय परिप्रेक्ष्य में ''सर्वोदय'' के सिद्धांत को प्रतिपादित किया, जिसका मुख्य उद्देश्य ''समाज कल्याण'' है। उनका मानना है कि व्यासायिक वर्ग की आध्यात्मिकता एवं नैतिकता पर बल दिया जाए जिससे वे परोपकारिता के माध्यम से गरीबों के उत्थान के लिए आगे आएं। दूसरी तरफ पिछड़े वर्ग को आर्थिक विकास की ओर अग्रसर किया जाए। इस प्रकार इस प्रक्रियात्मक प्रक्रिया के तहत ''समाज कल्याण'' को स्थापित किया जाए।

उदारीकरण के साथ यह धारणा अंतर्निहित है कि निजी कंपनियों को खुली छूट दिए बिना विकास की गति को त्वरित नहीं किया जा सकता। इसके साथ ही भारतीय नीतिकारों एवं अध्येताओं ने व्यवसाय की लालची प्रवृत्ति की ओर भी इशारा करते हुए 'कॉर्पोरेट सामाजिक दायित्व' की आवश्यकता पर बल दिया है। परिणामस्वरूप निजी व्यवसाय के आर्थिक दायित्व को कानूनी, नैतिक एवं परोपकारी दायित्वों के साथ देखने की कोशिश की जाती है, जिससे की व्यवसाय के केवल ''लाभार्जन'' की लालची प्रवृत्ति पर अंकुश लगाया जा सके। सीएसआर के इस विचार के पीछे ऐसी धारणा है कि कॉर्पोरेट को अपने ''सामाजिक दायित्व'' के प्रति सचेत करते हुए हाशिये वाली आबादी

(Marginalised Population) का कल्याण करना। इस प्रकार भारत में सीएसआर अर्थशास्त्र और नैतिकता के बीच एक सेतु का काम करता है, जिसे कानून के माध्यम से अनिवार्य बना दिया गया है।

भारतीय परिप्रेक्ष्य में सीएसआर के अध्ययन को चार चरण, में विभाजित कर समझा जाता है। जिसमें पहला चरण प्राचीन समय से 1880 तक का है। यह समय औद्योगीकरण के पहले का है। इस के दौरान संस्कृति, धर्म, परंपरा एवं पारिवारिक मूल्यों का प्रभाव सीएसआर के क्रियाकलापों पर रहा। दूसरा चरण, 1880–1960 तक माना जाता है। यह समय ''भारतीय स्वतंत्रता आंदोलन'' का भी रहा जिसमें देशभक्ति चरमोत्कर्ष पर रही एवं औद्योगीकरण की प्रक्रिया में लोक-कल्याण की भावना पर विशेष बल दिया गया। इस दौरान महात्मा गांधी के विचारों का प्रभाव देश के सामाजिक-आर्थिक विकास के ढांचे पर पड़ा। तीसरा चरण, 1960–1980 का है जो ''मिश्रित अर्थव्यवस्था'' का दौर रहा है। इस दौरान ''सार्वजनिक क्षेत्र'' को विकास का इंजन एवं 'निजी क्षेत्र' को backsheet माना गया। यद्यपि सीएसआर की अवधारणा इस दौरान भी लोकप्रिय नहीं रही, अंतिम चरण, 1980 से अब तक का है जिसमें सापेक्षिक उदारीकरण (laissez fair) को अपनाया गया। इस दौरान उदारीकरण, निजीकरण एवं भूमंडलीकरण (LPG) को भारत सरकार द्वारा नीतियों में आत्मसात किया गया है जिससे आर्थिक संवृद्धि हुई एवं इसके साथ ही कंपनियां अपनी व्यवसाय कार्यनीतियों में सीएसआर के क्रियाकलापों को समाहित करने लगी। पश्चिमी प्रभाव एवं ग्राहकों की जागरूकता ने भी इस दौरान सीएसआर के विकास में योगदान दिया है।[35]

कंपनी अधिनियम, 2013 (The Companies Act, 2013)

उपरोक्त विवेचनो से यह स्पष्ट है कि भारत में कॉर्पोरेट जगत द्वारा सामाजिक कार्यों के लिए व्यय कोई नई विषय-वस्तु नहीं है। कंपनियों की इस स्वैच्छिक कार्यवाही को एक अनिवार्य आवश्यकता के साथ मिश्रित कर दिया गया है। कुछ विचारकों का मानना है कि पूंजीवादी व्यवस्था में मुक्त बाजार के तहत कंपनियों का मुख्य कार्य लाभ-अर्जन होता है। परिणामस्वरूप, कंपनियां सामाजिक सरोकार के विषयों जैसे - शिक्षा, स्वास्थ्य एवं पर्यावरण, आदि को नजरंदाज करने लगती हैं, जिसका दूरगामी दुष्परिणाम देखने को मिलता है। ऐसी स्थिति में, समाज अथवा राज्य सीएसआर के कानूनी प्रावधान द्वारा कंपनियों को दिशा-निर्देशित करते हुए उनसे सामाजिक सरोकार के मूल्यों पर ध्यान इंगित करने की अपेक्षा करता है।[36]

कॉर्पोरेट सामाजिक दायित्व सार्वजनिक नीति पर आधारित है। इसलिए इसका कानून के साथ संबंध नकारा नहीं जा सकता। सरकार इस व्यवसाय जगत द्वारा किए जाने वाले ऐसे योगदान के रूप में देखती है, जिससे कि देश के सतत (Sustainable) विकास के लक्ष्यों को प्राप्त किया जाए।[37] भारत सरकार द्वारा कॉर्पोरेट सामाजिक दायित्व के निर्वाह हेतु नया कंपनी अधिनियम, 2013 लाया गया, जो 1 अप्रैल 2014 से प्रभावी हुआ। इसके अंतर्गत, कुछ कंपनियों (प्राइवेट लिमिटेड या पब्लिक लिमिटेड, सूचीबद्ध या गैर-सूचीबद्ध) को कॉर्पोरेट सामाजिक जिम्मेदारी पर एक न्यूनतम राशि खर्च करना अनिवार्य बना दिया गया, जिससे कि कंपनियों का दायित्व केवल आर्थिक ही नहीं बल्कि, सामाजिक एवं पर्यावरण के प्रति भी सजग रूप से बना रहे। इसका उद्देश्य कॉर्पोरेट गवर्नेंस में सुधार करना है। इस कानून ने पुराने कंपनी अधिनियम 1956 की जगह ली।

इस अधिनियम के सेक्शन-135[38] के तहत यह प्रावधान है कि-

(*i*) जिस कंपनी के पास 500 करोड़ या उससे अधिक शुद्ध संपत्ति/कुल मूल्य अथवा

(*ii*) 1000 करोड़ रूपये का कारोबार या इससे अधिक है, अथवा

(*iii*) किसी भी वित्तीय वर्ष के दौरान पांच करोड़ या उससे अधिक शुद्ध लाभ अर्जित कर रहा हो।

वह सामाजिक दायित्व समिति बोर्ड गठित करेगा। उस समिति में तीन या तीन से अधिक निदेशकों का समावेश होगा, जिसमें से कम से कम एक निदेशक स्वतंत्र निदेशक के रूप में होगा। बोर्ड को यह सुनिश्चित करना होगा कि कंपनी अपने तीन वर्ष के औसत लाभ का हर वित्तीय वर्ष में कम-से-कम 2 प्रतिशत सीएसआर पर खर्च करे।

इसके अंतर्गत सीएसआर में निम्नलिखित गतिविधियों को शामिल किया गया है-

(*i*) चरम भूख और गरीबी का उन्मूलन;

(*ii*) शिक्षा को बढ़ावा देना;

(*iii*) लैंगिक समानता को बढ़ावा देना और महिलाओं को सशक्त बनाना;

(*iv*) बाल मृत्यु दर को कम करने और मातृ स्वास्थ्य में सुधार;

(*v*) मानव इम्यूनो वायरस का मुकाबला करने, इम्यून डेफिसियंसी सिंड्रोम, मलेरिया और अन्य बीमारियों का निदान;

(*vi*) पर्यावरणीय स्थिरता सुनिश्चित करना;

(*vii*) रोजगार व्यावसायिक कौशल को बढ़ाने;

(*viii*) सामाजिक व्यापार परियोजनाएं;

(*ix*) प्रधानमंत्री राष्ट्रीय राहत कोष तथा केंद्र या राज्य सरकारों द्वारा महिला, अल्पसंख्यक, अनुसूचित जाति, अनुसूचित जनजाति, अन्य पिछड़ा वर्ग के सामाजिक-आर्थिक विकास, राहत और कल्याण के लिए स्थापित कोष में योगदान;

(*x*) इस तरह के अन्य मामलों को भी लाया जा सकता है।[39]

इस प्रकार भारत में कंपनियों के द्वारा भिन्न-भिन्न प्रकार के सामाजिक उद्देश्यों को ध्यान में रखकर सीएसआर पर व्यय किया जाता है। ओएनजीसी (Oil and Natural Gas Corporation) उच्च शिक्षा, छात्रवृत्ति, समाज के वंचित वर्गों को अनुदान, स्कूलों आदि के निर्माण जैसी परियोजनाओं पर व्यय करता है, वहीं सेल (Steel Authority of India Limited) पर्यावरण संरक्षण, स्वास्थ्य, शिक्षा, स्वरोजगार कार्यक्रम, एवं खेल के क्षेत्र में व्यय करता है। भेल (Bharat Heavy Electricals Limited) सामाजिक आर्थिक एवं सामुदायिक विकास के तहत शिक्षा उन्नति, गांवों की स्वच्छता आदि कार्यक्रमों को चलाता है। समाज के आर्थिक रूप से कमजोर वर्गों के नेत्रहीन भारतीयों के लिए रिलायंस इंडस्ट्रीज ''प्रोजेक्ट दृष्टि'' के तहत उनकी दृष्टि-ज्योति को फिर से जगाने का काम कर रही है। टीसीएस (टाटा कंसल्टेंसी सर्विसेज) को सामुदायिक विकास के लिए एशियन सीएसआर का पुरस्कार मिला। इनफोसिस, विप्रो, मारूति सुजुकी, आदि जैसी कंपनियां भी पर्यावरण, शिक्षा, ऊर्जा संरक्षण, कौशल, सामाजिक पुनर्वास, स्वास्थ्य आदि क्षेत्रों में सीएसआर के माध्यम से कार्य कर रही हैं। आई.टी.सी. भी ''ट्रिपल बॉटम लाइन''' अवधारणा के साथ काम कर रही है, जिसका संबंध अर्थव्यवस्था, पर्यावरण एवं समाज के विकास से है।[40]

कॉर्पोरेट सामाजिक दायित्वः व्यावहारिक चुनौतियां
(Corporate Social Responsibility: Operational Challenges)

'अच्छे लोगों को जिम्मेदारी से कार्य करने के लिए कानून बनाने की जरूरत नहीं है जबकि बुरे लोग कानूनों में से भी रास्ता निकाल लेंगे।'

–प्लेटो

उदारीकरण के बाद निकायों की संख्या में अत्यधिक बढ़ोतरी हुई है। परिणामस्वरूप सीएसआर के मुद्दे पर बहस की शुरुआत भी हुई। राज्य की भूमिका किसी भी निजी व्यवसाय में कितनी होनी चाहिए? राज्य एवं निजी व्यवसाय अपनी-अपनी प्रकृति के हिसाब से एक-दूसरे के पूरक अथवा प्रतिस्पर्धी आदि विषयों पर चर्चाए होने लगी। लोकतंत्र में सरकार जनता के चुने हुए प्रतिनिधियों

के माध्यम से शासन संचालित करती है। उन प्रतिनिधियों को समाज के सभी वर्गों के प्रति जवाबदेही भी तय करनी पड़ती है। जहां लोगों का प्रतिस्पर्धी हित भी सामने आता है। उस समय सरकार का दायित्व उन प्रतिस्पर्धी हितों के बीच कड़ी का काम करते हुए ''सामाजिक न्याय'' एवं लोक कल्याण को स्थापित करना होता है। इसके ठीक विपरीत कॉर्पोरेट की प्रकृति लाभ अर्जन की होती है। इस प्रकार व्यवसाय या निगम का उद्देश्य सीमित हो जाता है। जहां राज्य का उद्देश्य वृहत होता है। राज्य के उद्देश्यों के अंतर्गत सामाजिक कर्तव्यों का निर्वहन भी अहम स्थान रखता है; जिससे कि राज्य का संचालन सुचारू रूप से चलता है। इस प्रकार राज्य एवं व्यवसाय का उद्देश्य एक-दूसरे से प्रतिस्पर्धी हो जाता है। यदि राज्य निजी क्षेत्र में अपनी भूमिका को कम करे तो इसका फायदा उठाते हुए व्यावसायिक वर्ग आर्थिक सीमा क्षेत्र का विस्तार एवं नए उद्यम की शुरुआत भूमि अधिग्रहण के द्वारा करने लगते हैं। उस समय सरकार कानूनी रूप से सीएसआर का पालन कॉर्पोरेट से करवाती है। अतः यह कहा जाता है कि सीएसआर कॉर्पोरेट हित पर सामाजिक हित की जीत का साधन है। कुछ अध्येताओं ने इसे कॉर्पोरेट की नैतिक जिम्मेदारी के रूप में देखा।

इसके साथ ही उनका ये भी मानना है कि कंपनी केवल अपनी छवि को बचाने के लिए सैद्धांतिक रूप से कॉर्पोरेट सामाजिक दायित्व की बात करती है। व्यावहारिक रूप से वो व्यवसाय का हित ही देखती है। भारत के संदर्भ में भी देखा गया है कि कॉर्पोरेट जगत सरकार की उदारवादी नीति का फायदा उठाते हुए सामाजिक दायित्व के प्रश्न की व्यावहारिक रूप से अवहेलना कर देता है। भारत में यह ज्वलंत मुद्दा रहा है कि अमुक निगम/निकाय आर्थिक विकास की ओट में भूमि अधिग्रहण कर रहा है, जिससे कि कभी-कभी अनुसूचित जनजातियों के मानवाधिकारों का भी उल्लंघन होता है।

निष्कर्ष के तौर पर कहा जा सकता है कि कॉर्पोरेट सामाजिक दायित्व (सीएसआर) एक ऐसे विषय के रूप में उभर रहा है, जो मानव अस्तित्त्व के सभी पहलुओं पर अपना प्रभाव डालता है। आज विश्व की उभरती हुई अर्थव्यवस्था वाले देशों में कॉर्पोरेट अपनी सामाजिक गतिविधियों के माध्यम से अपने सामाजिक दायित्व को सुनिश्चित करते हुए नजर आते हैं। ऐसी स्थिति में हमें सीएसआर का अध्ययन करते हुए परिवेश एवं परिस्थिति का विशेष ध्यान रखना होगा। बहुत ज्यादा मुनाफा कमाने वाले निगमों/उद्योगों/व्यवसायों/निकायों के सामाजिक रूप से गैर जिम्मेदार होने की आशंका होती है- अधिक से अधिक लाभ अर्जित करना उनका उद्देश्य हो जाता है, जिसके कारण वे ''सामाजिक दायित्व'' के प्रश्नों को

उपेक्षित करने लगते हैं या उस पर उचित ढंग से ध्यान नहीं देते। ठीक वैसे ही यह भी धारणा उजागर होती है कि घाटेवाले व्यवसाय सामाजिक रूप से लापरवाह होते हैं। इसलिए उसे हानि का सामना करना पड़ता है। अतएव आज व्यवसाय/उद्यम की जिमेदारियां तीन पी (3Ps) में अंत:स्थापित होती है–लोग, पृथ्वी एवं लाभ (People, Planet and Profit)। इन तीनों में संतुलन बनाना अति आवश्यक है तथा इसका क्रियान्वयन ''कॉर्पोरेट सामाजिक दायित्व'' के द्वारा किया जाना चाहिए। भारतीय समाज दर्शन एवं धर्म के आधार पर सीएसआर को परिभाषित एवं व्याख्यायित करता रहा है जिसका उद्देश्य नैतिकता, सदाचारिता, परोपकारिता द्वारा समाज कल्याण को प्रतिपादित करना रहा है। हालांकि मनुष्य की लालची प्रवृत्तियों के कारण व्यवसाय अपनी नैतिक जिम्मेदारियों का निर्वहन उचित ढंग से संपादित करने में अक्षम रहा है, जिसके कारण भारत में इसे लागू करने हेतु कानूनी रूप से भी सीएसआर को सुदृढ़ बनाने की कोशिश की जा रही है।

संदर्भ-ग्रंथ (References)

[1] John O. Okpara & Samuel O. Idowu (eds.) (2013), Corporate Social Responsibility: Challenges, Opportunities and Strategies for 21st Century Leaders, London: Springer, p. ix.

[2] S. Mays, (2003), "Corporate Sustainability – An Investor Perspective", The Mays Report., Canberra: Department of the Environment and Heritage, p. 12. [Online: web] Accessed from <http://www.bt.com.au/downloads/commentaries/i_RE_The_Mays_Report_Final.pdf> on 22th July 2016.

[3] Balakrishnan Muniapan, (2014), "The Roots of Indian Corporate Social Responsibility (CSR) Practice from Vedantic Perspective", in Kim Cheng Patrick Low, Samuel O. Idowu and Sik Liong Ang, (eds.), Corporate Social Responsibility in Asia: Practice and Experience, London: Springer, p. 24.

[4] Mark S. Schwartz and Archie B. Carroll, (2008), "Integrating and Unifying Commentating and Complementary Frameworks: The Search for a Common Core in the Business and Society Field", Business and Society, 47 (2): 148-186.

[5] Harpreet Kaur, (2016), Governance: Issues and Challenges, New Delhi: Kitab Mahal, p. 205.

[6] John O. Okpara & Samuel O. Idowu (eds.), (2013), Corporate Social Responsibility: Challenges, Opportunities and Strategies for 21st Century Leaders, London: Springer, p. ix-xvii

[7] John O. Okpara & Samuel O. Idowu (eds.), (2013), "Corporate Social Responsibility: A Review of the Concept and Analysis of the Business Case for Corporate Social Responsibility in the Twenty-First Century", in John O. Okpara & Samuel O. Idowu (eds.), (2013), Corporate Social Responsibility: Challenges, Opportunities and Strategies for 21st Century Leaders, London: Springer, p. 3-4

[8] Tom Fox, Halina Ward & Bruce Howard, (2002), "Public Sector Roles in Strengthening Corporate Social Responsibility: A Baseline Study", The World Bank, p. 1, [Online: web] Accessed from <http://documents.worldbank.org/curated/en/284431468340215496/pdf/346550CSR1CSR1interior.pdf> on 2nd July 2016.

[9] A. Carroll, (1994), "Social Issues in Management Research", Business and Society 33(1): 5-25.

[10] Seema Sharma, (2011), "Corporate Social Responsibility in India", Indian Journal of Industrial Relations, 46 (4), p.638.

[11] M. Friedman, (1960), Capitalism and Freedom, Chicago: University of Chicago Press, cited in Sharma, Seema, (2011), "Corporate Social Responsibility in India", Indian Journal of Industrial Relations, 46 (4), p.639.

[12] Kim Cheng Patrick Low, Samuel O. Idowu and Sik Liong Ang (eds.), (2014), Corporate Social Responsibility in Asia: Practice and Experience, London: Springer, p. ix.

[13] S. O. Idowu (2010). "Professionals' Perspectives of CSR: An introduction", In S. O. Idowu & W. Leal Filho (eds.), Professionals Perspectives of CSR, Berlin: Springer, cited in S.O. Idowu, Claus Strue Fredriksen, Asli Yükse, Mermod & Morten Ebe Juul Nielsen (eds.), (2015), Corporate Social Responsibility and Governance: Theory and Practice, London: Springer, p. xii.

[14] Claus Strue Fredriksen Idowu, Asli Yüksel Mermod & Morten Ebe Juul Nielsen (eds.) (2015), Corporate Social Responsibility and Governance: Theory and Practice, London: Springer, p. xii.

[15] ICSI (2015), The Institute of Company Secretaries of India, "Corporate Social Responsibility: An Engine for Inclusive Growth", p.2 [Online: web] Accessed from <https://www.icsi.edu/WebModules/CompaniesAct2013/CSR%20Final%2002022015.pdf> on 24th December 2016.

[16] Samuel O. Idowu (eds.), (2014), Corporate Social Responsibility in Asia: Practice and Experience, London: Springer, p. ix.

[17] M. Friedman (1962, September), 'The Social Responsibility of Business is to Increase its Profits'. New York Times, cited in John O. Okpara & Samuel O. Idowu (eds.), (2013), "Corporate Social Responsibility: A Review of the Concept and Analysis of the Business Case for Corporate Social Responsibility in the Twenty-First Century", in John O. Okpara & Samuel O. Idowu (eds.) (2013), Corporate Social Responsibility: Challenges, Opportunities and Strategies for 21st Century Leaders, London: Springer, p. 4.

[18] F. Abrams, (1954), "Management Responsibilities in a Complex World", in A. B. Carroll (eds.), (1979), Business Education for Competence and Responsibility. Chapel Hill, NC: University of North Carolina Press, cited in John O. Okpara & Samuel O. Idowu (eds.) (2013), "Corporate Social Responsibility: A Review of the Concept and Analysis of the Business Case for Corporate Social Responsibility in the Twenty-First Century", in John O. Okpara & Samuel O. Idowu (eds.) (2013), Corporate Social Responsibility: Challenges, Opportunities and Strategies for 21st Century Leders, London: Springer, p. 4.

[19] W. C. Frederick, (1994), From CSR1 to CSR2: The Maturing of Business and Society Thought, Business and Society, 33(2), 150–64, cited in John O. Okpara & Samuel O. Idowu (eds.), (2013), "Corporate Social Responsibility: A Review of the Concept and Analysis of the Business Case for Corporate Social Responsibility in the Twenty-First Century", in John O. Okpara & Samuel O. Idowu (eds.) (2013), Corporate Social Responsibility: Challenges, Opportunities and Strategies for 21st Century Leders, London: Springer, p. 4.

[20] Joseph E. Stiglitz, (2006), Making Globalization Work, New York and London: W.W. Norton and Company, p. 198.

[21] John O. Okpara & Samuel O. Idowu, (2013), Corporate Social Responsibility: Challenges, Opportunities and Strategies for 21st Century Leders, London: Springer, p. xvi.

[22] P. Kotler & N. Lee (2005), Corporate Social Responsibility. Hoboken, NJ: John Wiley, cited in John O. Okpara & Samuel O. Idowu (2013), Corporate Social Responsibility:

Challenges, Opportunities and Strategies for 21st Century Leders, London: Springer, p. xvi.

[23] Archie B. Carroll (1979), "A Three-Dimensional Conceptual Model of Corporate Performance, The Academy of Management Review, 4 (4), p. 499-500

[24] Kim Cheng Patrick Low, Samuel O. Idowu and Sik Liong Ang (eds.), (2014), Corporate Social Responsibility in Asia: Practice and Experience, London: Springer, p. ix.

[25] Maria-Gabriella Baldarelli, Mara Del Baldo and Caterina Ferrone, (2015), "The Relationships Between CSR, Good Governance and Accountability in the Economy of Communion (EoC) Enterprises", in Claus Strue Fredriksen Idowu, Asli Yükse, Mermod & Morten Ebe Juul Nielsen (eds.), Corporate Social Responsibility and Governance: Theory and Practice, London: Springer, p. 32.

[26] G. D. Sharma, (2001), Management and the Indian Ethos, New Delhi: Rupa & Co., cited in Balakrishnan Muniapan (2014), "The Roots of Indian Corporate Social Responsibility (CSR) Practice from Vedantic Perspective", in Kim Cheng Patrick Low, Samuel O. Idowu and Sik Liong Ang (eds.), Corporate Social Responsibility in Asia: Practice and Experience, London: Springer, p. 20.

[27] Kim Cheng Patrick Low, Samuel O. Idowu and Sik Liong Ang, (eds.) (2014), Corporate Social Responsibility in Asia: Practice and Experience, London: Springer, p. ix.

[28] Balakrishnan Muniapan, (2014), "The Roots of Indian Corporate Social Responsibility (CSR) Practice from Vedantic Perspective", in Kim Cheng Patrick Low, Samuel O. Idowu and Sik Liong Ang (eds.), Corporate Social Responsibility in Asia: Practice and Experience, London: Springer, p. 23.

[29] *Ibid,* P-19-20.

[30] *Ibid,* P-22.

[31] *Ibid,* P-25-26.

[32] *Ibid,* P-28-29.

[33] Charles Chow Hoi Hee, (2007), "A Holistic Approach to Business Management: Perspectives from the Bhagavad Gita", Singapore Management Review, 29 (1): 73-84., p. 73.

[34] Harpreet Kaur, (2016), Governance: Issues and Challenges, New Delhi: Kitab Mahal, p. 218.

[35] Monica Singhania, Navendu Sharma and Yagnesh J. Rohit, (2013), "Corporate Social Responsibility: An Indian Perspective", John O. Okpara & Samuel O. Idowu (eds.), Corporate Social Responsibility: Challenges, Opportunities and Strategies for 21st Century Leders, London: Springer, p. 208.

[36] Satish Y. Deodhar, (2015), "India's Mandatory CSR, Process of Compliance and Channels of Spending", Working Paper, IIMA (Indian Institute of Management Ahmedabad, p. 2-3. [Online: web] Accessed from <http://www.iimahd.ernet.in/assets/snippets/workingpaperpdf/16048663442015-05-01.pdf> on 26 December 2016.

[37] ICSI (2015), The Institute of Company Secretaries of India, "Corporate Social Responsibility: An Engine for Inclusive Growth", p. III [Online: web] Accessed from <https://www.icsi.edu/WebModules/CompaniesAct2013/CSR%20Final%2002022015.pdf> on 24th December 2016.

[38] Ministry of Corporate Affairs (2013), Government of India, Ministry of Corporate Affairs, The Gazette of India, The Companies Act, 2013, 29 August 2013, p. 80. [Online: web] Accessed from <http://www.mca.gov.in/Ministry/pdf/CompaniesAct2013.pdf> on 4th December, 2016.

[39] Ministry of Corporate Affairs (2013), Government of India, Ministry of Corporate Affairs, The Gazette of India, The Companies Act, 2013, 29 August 2013, p. 294. [Online: web]

Accessed from <http://www.mca.gov.in/Ministry/pdf/CompaniesAct2013.pdf> on 4th December, 2016.

[40] Anupam Sharma and Ravi Kiran, (2012), "Corporate Social Responsibility Initiatives of Major Companies of India with Focus on Health, Education and Environment", African Journal of Basic and Applied Sciences, 4 (3): 95-105.

[41] Raymond V. Crilmartin, (2003), Ethics and the Corporate Culture, Massachusetts: Bentley Centre for Business Ethics, p.8 [Online: web] Accessed from http://www.bentley.edu/sites/www.bentley.edu.centres/files/centres/cbe/gilmartin-monograph.pdf> On 20th December, 2016.

[42] John O. Okpara & Samuel O. Idowu (2013), Corporate Social Responsibility: Challenges, Opportunities and Strategies for 21st Century Leders, London: Springer, p. xv.

संदर्भ-ग्रंथ सूची
(Bibliography)

Aakella, K.V., (2015), 'Technology in Governance – Case of MGNREGS in Andhra Pradesh', *Economic and Political Weekly*, vol. 50, no. 13, March 28, pp. 24-26.

Acemoglu, Daron, and James A. Robinson, (2006), *Economic Origins of Dictatorship and Democracy,* Cambridge Books, Cambridge University Press.

Acharya, Shankar and Rakesh Mohan, (eds.), (2010), *Indian Economy: Performance and Challenges*, New Delhi: Oxford University Press.

Agarwal, Anil, Narayan Sunita & Sharma Anju, (eds.), (1999), *Green Politics, Centre for Science and Environment*, New Delhi.

Agarwal, Bina, (2013), *Gender and Green Governance: The Political Economy of Women's Presence Within and Beyond Community Forestry*, Oxford University Press, Oxford.

Agarwal, Bina (2016), *Gender Challenges: Environmental Change and Collective Action,* Oxford University Press, Oxford.

Agere, Sam, (2000), *Promoting Good Governance: Principles, Practices and Perspectives,* Management and Training Division, Commonwealth Secretariat. UK.

Agrawal, Manmohan, (2006), *'Understanding India's Political Economy'*, International Studies, vol. 43, no. 1, pp. 93-99.

Ahluwalia, Isher Judge & I.M.D.Little, (1998), 'Introduction', in Isher Judge Ahluwalia and I.M.D. Little (eds.), *India's Economic Reforms and Development: Essays for Manmohan Singh*, New Delhi: Oxford University Press, pp. 1-20.

Ahmad, J. K., S.Devarajan, S.Khemani & S. Shah, (2005), 'Decentralization and Service Delivery', World Bank Policy Research Working Paper, (3603).

Arun, T.K., (2005), 'Nurture the Grass Roots', *The Economic Times*, New Delhi, 14th April.

Attfield, Robin, (2003), *Environmental Ethics: An Overview for the Twenty-First Century,* Polity Press, Cambridge, UK.

Barry, John, (2016), *Environment and Social Theory: Routledge Introduction to Environment Series*, (Second Edition), Routledge, NY.

Baru, Sanjaya, (1995) 'Continuity and Change in Indian Industrial Policy', in T.V. Satyamurthy (ed.), *Industry and Agriculture in India : Since Independence*, Oxford University Press,, Delhi.

Basu, Rumki, (2000), *Economic Liberalization and Poverty Alleviation : Social Sector Expenditures and Centre-State Relations*, Deep & Deep, New Delhi.

Bell, Daniel, (1999), *The Coming of Post-Industrial Society : A Venture in Social Forecasting,* New York : Basic Books, (First Published, 1973).

Besley, T. & M.Ghatak, (2007), 'Reforming Public Service Delivery', *Journal of African Economies*, vol. 16(suppl 1),pp. 127-156.

Bhagwati, Jagdish & T.N. Srinivasan, (1993), India's Economic Reforms, Ministry of Finance, Government of India, New Delhi.

Bhagwati, Jagdish, (1998), 'The Design of Indian Development', in Isher Judge Ahluwalia and I.M.D. Little, (eds.), *India's Economic Reforms and Development: Essays for Manmohan Singh*, New Delhi: Oxford University Press, pp. 23-39.

Bhatnagar, S., (2013), 'E-Governance and Corruption in Service Delivery', *Economic and Political Weekly*, vol. 48, no. 01, January 5, pp. 35-37.

Bulkeley, Harriet & Arthur P.J. Mol, (2003), 'Participation and Environmental Governance: Consensus, Ambivalence and Debate', *Environmental Values,* Vol. 12, No. 2, May, pp. 143–54.

Bussell, J., (2012), *Corruption and Reform in India: Public Services in the Digital Age,* Cambridge University Press, Cambridge, pp. xii+306.

Byres, Terrence J., (ed.), (1997), *The State Development Planning and Liberalization in India*, Studies on South Asia (SOAS), Oxford University Press, Delhi.

Carroll, A., (1994), 'Social Issues in Management Research', *Business and Society*, vol. 33, no. 1, pp. 5-25.

Chakrabarty, B.& M. Bhattacharya, (eds.), (2008), *The Governance Discourse: A Reader,* Oxford University Press, USA.

Chakrabarty, B. & P. Chand, (2012), *Public Administration in a Globalizing World: Theories and Practices*, Sage Publications, New Delhi.

Chand, Vikram , (2006),'Institutional Innovations in Public Service Delivery in India: Cases and Lessons', *Reinventing Public Service Delivery in India: Selected Case Studies*. Sage Publications, New Delhi, 17-56..

Chatterjee, Partha, (2000), 'Development Planning and the Indian State', in Zoya Hasan, (ed.), *Politics and the State in India*, Oxford University Press, New Delhi.

Chatterjee, Partha, (2010), 'The State', in Niraja Gopal Jayal and Pratap Bhanu Mehta, (eds.), *The Oxford Companion to Politics in India*, New Delhi: Oxford University Press, pp. 3-14.

Davies, A., (2001), 'What Silence Knows–Planning, Public Participation and Environmental Values', *Environmental Values*, Vol. 10, No. 1, February, pp. 77–102.

Deb, Debal , (2009), *Constructing Inclusive Freedom and Sustainability*, Daanish Books, Delhi.

Deodhar, Satish Y., (2015), 'India's Mandatory CSR, Process of Compliance and Channels of Spending', Working Paper, IIMA (Indian Institute of Management Ahmedabad, p. 2-3.[Online: web] accessed from<http:èkèkwww.iimahd.ernet. inèkassetsèksnippetsèkworkingpaperpdfèk16048663442015-05-01.pdf>on 26 December 2016.

Deolalikar, A. B., S. Jha & P. F. Quising, (eds.), (2015), *Governance in Developing Asia: Public Service Delivery and Empowerment*. Edward Elgar Publishing, Northampton, USA.

Desai, Meghnad, (1998), 'Development Perspectives: Was There Alternative to Mahalanobis?', in Isher Judge Ahluwalia and I.M.D. Little, (eds.), *India's Economic Reforms and Development: Essays for Manmohan Singh*, New Delhi: Oxford University Press, pp. 40-47.

Desai, Vandana, Robert B.Potter, (2014), *The Companion to Development Studies*, (Third Edition), Routledge, New York.

Desouza, P. R., (2002), 'Decentralisation and Local Government: The 'Second Wind' of Democracy in India', in Zoya Hasan, E. Sridharan and R. Sudarshan, (eds.), *Constitution: Ideas, Practice and Controversies*, Permanent Black, New Delhi.

Devarajan, Shantayanan & Ritva Reinikka, (2002), *Making Services Work for Poor People*, Mimeo: The World Bank Group.

Dewan, M. L., (1995), *Towards a Sustainable Society: Perceptions*, Clarion Books, New Delhi.

Doyle, Timothy, McEachern Doug & Mac Gregor Sherilyn, (2016), *Environment and Politics: Routledge Introduction to Environment Series* (3rd edition), Routledge, New York.

Dreze, J. & A. Sen, (2002), 'The Practice of Democracy', in Jean Dreze and Amartya Sen, (eds.), *India: Development and Participation*, Oxford University Press, Delhi.

Dua, B.D., M.P. Singh, & Rekha Saxena, (eds.), (2003), *Indian Federalism in the New Millennium*, Manohar, New Delhi.

DuPlessis, A., (2008), 'Public Participation, Good Environmental Governance and Fulfillment of Environmental Rights', *Potchefstroom Electronic Law Journal*, Vol. 11, No.2, pp. 170-201.

Esty, Daniel C., (1998), 'Non-Governmental Organizations at the World Trade Organization: Cooperation, Competition, or Exclusion', *Journal of International Economic Law*, vol. 1, no. 1, pp. 123-148.

Esty, Daniel C., (2002), 'The World Trade Organization's Legitimacy Crisis', *World Trade Review*, vol. 1, no. 1, pp. 7-22.

Falconer, Peter K. & Kathleen Ross, (1999), 'Citizen's Charters and Public Service Provision: Lessons from the UK Experience', *International Review of Administrative Sciences*, vol. 65, no. 3, 1 September, pp. 339-51.

Fischer, F., (2000), *Citizens, Experts and the Environment*, Duke University Press, Durham, NC.

Fox, Tom, Halina Ward & Bruce Howard, (2002), 'Public Sector Roles in Strengthening Corporate Social Responsibility: A Baseline Study', The World Bank, [Online: web] accessed from <http:èkèkdocuments.worldbank.orgèkcuratedèkenèk284431468340215496èkpdfèk346550CSR1CSR1interior.pdf> on 2 July 2016.

Frankel, Francine, (2006), *India's Political Economy, 1947-2004*, Oxford University Press, New Delhi.

Frederick, W. C., (1994) ,'From CSR1 to CSR2: The Maturing of Business and Society Thought', *Business and Society*, vol. 33, no. 2, pp. 150–64.

Gadgil, Madhav & Ramachandra Guha, (2000), *The Use and Abuse of Nature*, Oxford University Press, Oxford, New York.

Gandhi, Shailesh, (2012), 'Protecting India's Sunshine Law', *Economic & Political Weekly*, vol. XLVII, no. 44, 3 November.

Graham, J., B. Amos & T. Plumptre, (2003), Principles for Good Governance in the 21st Century, Institute on Governance (IOG), Canada, Policy Brief No. 15, August.

Guy Peters, B., (2012), 'Governance as Political Theory', in David Levi-Faur. ed. The Oxford *Handbook of Governance*, Oxford University Press, New York, chapter 2, pp. 19-32.

Habermas, Jurgen, (1987), The Theory of Communicative Action, vol. II, Life World and System: A Critique of Functionalist Reason (Trans. From the German by Thomas McCarthy), Cambridge, Polity Press (First Published in German in 1981).

Hee, Charles Chow Hoi, (2007), 'A Holistic Approach to Business Management: Perspectives from the Bhagavad Gita', *Singapore Management Review*, vol. 29, no. 1, pp. 73-84.

Heritier, P., & P. Silvestri, (eds.), (2012), *Good Government, Governance, Human Complexity.* Luigi Einaudi's Legacy and Contemporary Societies, Leo Olschki, Firenze.

Humphreys, P.C., (1998), *Improving Public Service Delivery* (Vol. 7), Institute of Public Administration, Dublin, Ireland.

Idowu, Claus Strue Fredriksen, Asli Yüksel Mermod & Morten Ebe Juul Nielsen, (eds.), (2015), *Corporate Social Responsibility and Governance: Theory and Practice,* London: Springer.

Idowu, S. O., (2010), 'Professionals' Perspectives of CSR: An introduction', in S. O. Idowu & W. Filho, Leal, (eds.), *Professionals perspectives of CSR, Berlin*: Springer,

Idowu, Samuel O., (eds.), (2014), *Corporate Social Responsibility in Asia: Practice and Experience*, London: Springer.

Institute of Development Studies, University of Sussex, (2001), 'Bringing Citizen Voice and Client Focus into Service Delivery', Case Study Series: Education Guarantee Scheme, Madhya Pradesh, India.

Irvin, R. A. & J. Stansbury, (2004), 'Citizen Participation in Decision Making: Is it Worth the Effort?', *Public Administration Review*, vol. 64, no. 1, pp. 55-65.

Isenberg, Andrew C., (2014), The Oxford Handbook of Environmental History, Oxford University Press, London.

Jayal, N., (1997), 'The Governance Agenda-Making Democratic Development Dispensable', *Economic and Political Weekly*, vol. 32, no. 08, February 22, pp. 407- 412.

Jayal, N., (2001), 'Reinventing the State: The Emergence of Alternative Models of Governance in India in the 1990s', in Niraja Gopal Jayal and Sudha Pai, (eds.), *Democratic Governance in India – Challenges of Poverty, Development and Identity,* Sage Publications, New Delhi, pp. 132-150.

Jenkins, Rob & Anne Marie Goetz, (1999), 'Accounts and Accountability: Theoretical Implications of the Right-to-Information Movement in India', Third World Quarterly, vol. 20, no. 3, pp. 603-622.

Joseph, Sara, (2001), 'Democratic Good Governance – New Agenda for Change', *Economic and Political Weekly*, vol. 36, no. 12, March 24, pp. 1011-14.

Kacowicz, Arie M.M., (1999), 'Regionalization, Globalization and Nationalism: Divergent or Overlapping?', Alternatives, vol. 24, no. 4, October-December.

Kapur, Devesh, (2010), 'The Political Economy of the State', in Niraja Gopal Jayal and Pratap Bhanu Mehta, (eds.), *The Oxford Companion to Politics in India*, Oxford University Press, New Delhi, pp. 443-456.

Kaur, Harpreet, (2016), *Governance: Issues and Challenges*, Kitab Mahal, New Delhi.

Kejriwal, O.P., (2006), 'Right to Information Act: Loopholes and Road Ahead', *Economic and Political Weekly*, vol. 41, no. 11, 18 March.

Khan, Mushtaq Husain, George Giacaman & Inge Amundsen, (eds.), (2004), *State Formation in Palestine: Viability and Governance During a Social Transformation,* Routledge, London.

Kohali, Atul, (2006), 'Politics of Economic Growth in India, 1980-2005: Part II, The 1990s and Beyond', *Economic and Political Weekly*, vol. 41, no. 14, April 8, pp. 1361-69.

Kohali, Atul, (2010), 'Politics and Redistribution', in Niraja Gopal Jayal and Pratap Bhanu Mehta, (eds.), *The Oxford Companion to Politics in India*, Oxford University Press, New Delhi, pp. 499-509.

Kotler, P. & N. Lee, (2005), *Corporate Social Responsibility*, Hoboken, John Wiley, NJ

Kumar, Deepak, Vinita Damodaran & Rohan D'Souza, (2011), *The British Empire and the Natural World: Environmental Encounters in South Asia* Oxford University Press, Oxford, New York.

Kurien, C.T., (1996), Economic Reforms and The People, Madhyam Books, Delhi.

Low, Kim Cheng Patrick, Samuel O. Idowu & Sik Liong Ang, (eds.), (2014), *Corporate Social Responsibility in Asia: Practice and Experience*, London: Springer.

Marzuki, Azizan, (2015), 'Challenges in the Public Participation and the Decision Making Process', *Sociologija I prostor*, vol. 53, no. 1 (201), pp. 21-39.

McGee, R., (2002), 'Participating in Development', in Martin Minogue and Uma Kothari, (eds.), *Development Theory and Practice: Critical Perspective*, Palgrave, Basingstoke.

McNeely, Connie L., (2000), 'The Determination of Statehood', in Frank J. Lechner and John Boli, (eds.), *The Globalization Reader*, Blackwell Publishers, Oxford, UK, 2000.

Ministry of Corporate Affairs, (2013), Government of India, Ministry of Corporate Affairs, The Gazette of India, The Companies Act, 2013, 29 August, [Online: web] accessed from <http:èkèkwww.mca.gov.inèkMinistryèkpdfèkCompaniesAct2013.pdf> on 4 December, 2016.

Ministry of Panchayatiraj, Government of India, Annual Report 2015-16, accessed fromhttp:èkèkwww.ceecec.netèkcase-studiesèkmendha-lekha-using-self-governance-to-achieve-ecological-prosperity-and-livelihood-securityèk on 12 March 2017.

Ministry of Urban Development, Government of India, (2010), Enhancing Public Participation through Effective Functioning of Area Sabha, (Project Report No. 2009UD04), The Energy and Resources Institute, New Delhi.

Mokta, M., (2013),'Public Service Delivery in India: Challenges and Opportunities', Public Affairs and Governance, vol. 1, no. 1, pp. 37-46.

Mukherjee, Rahul, (2010), 'The Political Economy of Reforms', in Niraja Gopal Jayal, and Pratap Bhanu Mehta, (eds.), *The Oxford Companion to Politics in India*, Oxford University Press, New Delhi, pp. 483-498.

Muniapan, Balakrishnan, (2014), 'The Roots of Indian Corporate Social Responsibility (CSR) Practice from Vedantic Perspective', in Kim Cheng Patrick Low, Samuel O. Idowu and SikLiong Ang. (eds.), *Corporate Social Responsibility in Asia: Practice and Experience*, London: Springer.

Nayar, Baldev Raj, (2007), 'Globalization and India's National Autonomy', in Baldev Raj Nayar, (ed.), *Globalization and Politics in India*, Oxford University Press, New Delhi, pp. 346-383.

Nelson, N. & S. Wright, (1995), *Power and Participatory Development: Theory and Practice,* Intermediate Technology Publications, London.

Nigam, Shalu, (2008), *About Your Right to Information*, New Delhi: We The People Trust.

Ohmae, Kenichi, (2000), 'The end of the Nation State', in Frank J. Lechner and John Boli, (eds.), *The Globalization : Reader*, Blackwell Publishers Ltd., USA.

Osborne, D. and T. Gaebler, (1992), *Reinventing Government: How the Entrepreneurial*

Spirit is Transforming the Public Sector, Addison-Wesley Publishing Company, Boston.

Owens, Susan, (2000), 'Engaging the Public: Information and Deliberation in Environmental Policy', Environment and Planning A, vol. 32, pp. 1141–8.

Paul, Samuel, (2008), 'India's Citizen's Charters: In Search of a Champion', *Economic and Political Weekly*, vol. 43, no. 7, 16 February.

Pellizzoni, L., (2003), 'Uncertainty and Participatory Democracy', *Environmental Values*, vol. 12, no. 2, pp. 195-224.

Planning Commission, (2002), 'Decentralisation and Panchayati Raj Institutions (PRIs)' in Mid-Term Appraisal of the Ninth five year plan, 1997-2002, [online], accessed from http:èkèkplanningcommission.nic.inèkplansèkmtaèkmta-9702èkmta-ch10.pdf, on 6 April 2017.

Prasad, Archana, (2008), *Environment, Development and Society in Contemporary India,* Macmillan India Limited, New Delhi.

Pring, G. & S.Y. Noé, (2002), 'The Emerging International Law of Public Participation Affecting Global Mining, Energy, and Resource Development', in D.M. Zillman, A. Lucas and G. Pring, (eds.), *Human Rights in Natural Resource Development: Public Participation in the Sustainable Development of Mining and Energy Resources*, Oxford University Press, Oxford.

Public Affairs Center, (2002), *State of India's Public Services: Benchmarks for the New Millennium*. Public Affairs Center, Bangalore, India.

Putnam, R., (2000), *Bowling Alone: The Collapse and Revival of American Community*, Simon and Schuster, New York.

Rajan Ravi S., (2006), *Modernising Nature: Forestry and Imperial Eco-Development 1800-1950*, Orient Longman, New Delhi.

Ramachandra, Guha, (2000), *Environmentalism: A Global History*, Allen Lane, Penguin Books, India.

Rowe, G. & L.J. Frewer, (2005), 'A Typology of Public Engagement Mechanisms', Science, Technology, & Human Values, vol. 30, no. 2, pp. 251-290.

Santiso, C., (2001), 'Good Governance and Aid Effectiveness: The World Bank and Conditionality', *The Georgetown Public Policy Review*, vol. 7, no. 1, Fall 2001, pp.1-22.

Sanyal, Kalyan, (2007), *Rethinking Capitalist Development: Primitive Accumulation, Governmentality and Post-Colonial Capitalism, Routledge*, London, New York and New Delhi.

Sarmah, Jayanta Krishna, (2013), 'E-Governance and E-Democracy: New Paradigm of Citizens-Government Relationship', World Focus, November.

Sartory, Giovanni, (1984), 'Guidelines for Concept Analysis', in G. Sartori, (ed.), *Social Science Concepts*, Sage Publications, Beverly Hills, California.

Saxena, Prabodh, (2009), 'Public Authority and the RTI', *Economic & Political Weekly*, vol. XLIV, no.16, April 18.

Second Administrative Reforms Commission, Twelfth Report, (2009), Citizen Centric Administration, The Heart of Governance, Government of India, New Delhi.

Sen, Amartya, (1998), 'Theory and Practice of Development', in Isher Judge Ahluwalia and I.M.D. Little, (eds.), *India's Economic Reforms and Development: Essays for Manmohan Singh*, New Delhi: Oxford University Press, pp. 73-84.

Sen, Amartya, (1999), *Development as Freedom*, London: Oxford University Press.

Shah, A., (2007), Participatory Budgeting: Public Sector Governance and Accountability Series, World Bank.

Sharma, Anupam & Ravi Kiran, (2012), 'Corporate Social Responsibility Initiatives of Major Companies of India with Focus on Health, Education and Environment', *African Journal of Basic and Applied Sciences*, vol. 4, no. 3, pp. 95-105.

Sharma, R.S., (1989), Origin of the State in India: D.D. Kosambi Memorial Lecture, 1987, University of Bombay Publication, Bombay.

Sharma, R.S., (1991), *Aspects of Political Ideas and Institutions in Ancient India*, 3rd edition; Motilal Banarsidas, Delhi.

Sharma, Seema, (2011), 'Corporate Social Responsibility in India', *Indian Journal of Industrial Relations*, vol. 46, no. 4.

Shiva, Vandana, (1988), *Staying Alive: Women Ecology and Survival in India, Women Unlimited*, Zed Press, New Delhi and London.

Shivananda, Shetty and Kumar,(2016), 'Opaqueness of Environmental Information in India', *Economic and Political Weekly*, vol. 51, no.30, 23 July.

Shreyaskar, Pankaj K.P., (2013), 'Investigating Compliance of the RTI Act', *Economic and Political Weekly*, vol. XLVIII, no.9, March 2.

Shreyaskar, Pankaj K.P. (2014) '"Known Unknowns" of RTI: Legitimate Exemptions or Conscious Secrecy?', *Economic & Political Weekly*, vol. XLIX, no. 24, June 14.

Shurmer-Smith, Pamela, (2000), *India: Globalization and Change*, Arnold, London.

Singh, Baldev, (1996), *Decentralisation, Panchayati Raj and District Planning*, Atlantic Publishers and Distributors, New Delhi.

Singh, M.P., (1994), 'Indian State: Historical Context and Change', *The Indian Historical Review*, vol. XXI, no. 1-2, July.

Singh, M.P. & Rekha Saxena, (1999), 'India Independent: The First Half Century of Political Development and Decay', *The Indian Historical Review*, vol. XXVI, July.

Singhania, Monica, Navendu Sharma & Yagnesh J. Rohit, (2013), 'Corporate Social Responsibility: An Indian Perspective', John O. Okpara & Samuel O. Idowu. (eds.), *Corporate Social Responsibility: Challenges, Opportunities and Strategies for 21st Century Leaders*, Springer, London.

Smits, Katherine, (2016), 'Applying Political Theory', Palgrave Macmillan, London, New York.

Srinivas, M.N. & G.S. Aurora, (2004), 'From Structural Poverty and Adjustment of Structural Change', in G.S. Aurora,(ed.), *Economics Reforms : The Social Concerns*, Academic Foundation in Association with Institute for Social and Economic Change, Bangalore.

Stiglitz, Joseph E., (2006), *Making Globalization Work*, W.W. Norton and Company, New York and London.

Stoker, G., (2006), *Why Politics Matters: Making Democracy Work*, Palgrave, London.

Suraj Saigal, (2002), Literature Review on Service Delivery in India. World Bank, Washington, DC, accessed fromhttp:èkèkdocuments.worldbank.orgèkcuratedèkenèk710301468771256270èkLiterature-review-on-service-delivery-in-India on 13 August 2017.

Suri, K. C., (2006), 'Political Economy of Agrarian Distress', *Economic and Political Weekly*, vol. 41, no. 16, 22 April, pp. 1523-29.

Tendulkar, Suresh D., (1998), 'Indian Economic Policy Reforms and Poverty: An Assessment', in Isher Judge Ahluwalia, and I.M.D. Little, (eds.), *India's Economic Reforms and Development: Essays for Manmohan Singh, Oxford University Press*, New Delhi, pp. 280-310.

Thayyil, N., (2016), 'Public Participation in Environment Clearances in India: Prospect for Democratic Decision-Making', *Journal of the Indian Law Institute*, vol. 56, no. 4, pp. 463-92.

Toffler, Alvin, (1981), *Future Shock: The Third Wave*, Bantham Books, New York.

Turner, Mark & David Hulme, (1997), *Governance, Administration and Development: Making the State Wor*k, Kumarian Press, Colorado, US.

UNCED,(1992), Agenda 21, accessed from <https:èkèksustainable development. un.orgèkoutcomedocumentsèkagenda21> on 18 July 2017.

UNEP, (2005), Millennium Ecosystem Assessment, 2005, accessed from https:èkèkgroups. nceas.ucsb.eduèksustainability-scienceèk2010%20weekly-sessionsèksession-5-2013-10.11.2010-the-environmental-services-that-flow-from- natural-capitalèksupplemental-readings-from-the-readerèkMEA%20synthesis%202005. pdfèkview> on 12 February 2017.

UNEP, (2005), Register Of International Treaties And Other Agreements In The Field Of The Environment, accessed from <http:èkèkstaging.unep. orgèkdelcèkPortalsèk119èkpublicationsèkregister;Int;treaties;contents.pdf> on 18 July 2017.

UNEP, (2012), Global Environment Outlook 5: Environment for the Future we Want, accessed from <http:èkèkwww.unep.orgèkgeoèkassessmentsèkglobal-assessmentsèkglobal-environment-outlook-5> on 18 July 2017.

United Nations Commission on Sustainable Development, (2007), Framing Sustainable Development The Brundtland Report – 20 Years On, accessed from, <http:èkèkweb. archive.orgèkwebèk20120417131934èkhttp:èkèkwww.un.orgèkesaèksust devèkcsdè kcsd15èkmediaèkbackgrounder;brundtland.pdf> on 17 April 2016.

United Nations,(1983), 'Process of Preparation of the Environmental Perspective to the Year 2000 and Beyond',General Assembly Resolution 38èk161, 19 December.

United Nations, (1987), Report of the World Commission on Environment and Development: Our Common Future or Brundtland Commission Report, 1987, accessed from http:èkèkwww.un-documents.netèkour-common-future.pdf on 14 February 2017.

Viswanathan, Shiv, (2009), 'The Search For Cognitive Justice', accessed from on http:èkèkwww.india-seminar.comèk2009èk597èk597;shiv;visvanathan.htm, on 5 February 2017.

World Bank, (2006), India- Reforming Public Services in India - Drawing Lessons from Success. World Bank, Washington, DC, accessed fromhttp:èkèkdocuments.worldbank. orgèkcuratedèkenèk96363146 8268192259èkIndia-Reforming-public-services-in-India-drawing-lessons-from-success on 12 February 2017.

World Commission on Environment and Development, (1987), Report of the World Commission on Environment and Development: Our Common Future accessed from <http:èkèkwww.un-documents.netèkour-common-future.pdf> on 18 July 2017.

Wyatt, Andrew, (2004), 'South Asia', in Anthony Payne, (ed.), The New Regional Politics of Development, Palgrave Macmillian, Houndmills, Besingstoke, Hampshire, UK.

अनुक्रमणिका
(Index)